国家科学技术学术著作出版基金资助出版

能源效率及碳强度测度的理论方法与应用研究

王兆华　何威俊　著

科学出版社

北京

内 容 简 介

本书针对能源效率和碳强度测度过程中面临的主要科学问题开展系统研究，核心内容由能源效率测度、碳强度测度和碳排放影响因素研究等三个方面构成。能源效率测度部分主要研究静态能源效率和动态能源效率的测度方法，分别讨论在不同生产技术下动态能源效率的测度方法以及能源效率变动的原因；碳强度测度部分主要研究了碳强度的驱动因素以及碳强度减排的实施路径建模方法，以典型区域和城市为例系统地讨论为实现特定的碳强度减排目标的路径选择；碳排放影响因素部分主要研究影响碳排放的关键因素，包括生活垃圾的不同处理方法的碳排放的核算方法及影响因素。

本书适用于能源经济、资源与环境管理等相关专业的高年级本科生和研究生，也可供能源经济与气候变化领域的科技工作者和相关决策者参考。

图书在版编目（CIP）数据

能源效率及碳强度测度的理论方法与应用研究/王兆华，何威俊著. —北京：科学出版社，2023.4
　ISBN 978-7-03-075333-5

Ⅰ．①能… Ⅱ．①王… ②何… Ⅲ．①能源效率-研究-中国 ②二氧化碳-排气-研究-中国 Ⅳ．①F206 ②X511

中国国家版本馆 CIP 数据核字（2023）第 059010 号

责任编辑：任锋娟 周春梅 / 责任校对：赵丽杰
责任印制：吕春珉 / 封面设计：耕者设计工作室

科 学 出 版 社 出版
北京东黄城根北街 16 号
邮政编码：100717
http://www.sciencep.com

北京中科印刷有限公司 印刷
科学出版社发行　各地新华书店经销

*

2023 年 4 月第 一 版　　开本：787×1092　1/16
2023 年 4 月第一次印刷　　印张：14 3/4
字数：349 000

定价：158.00 元
（如有印装质量问题，我社负责调换〈中科〉）
销售部电话 010-62136230　编辑部电话 010-62135397-2015（BF02）

前　　言

近年来，全球气候变化已深入影响了生态环境、经济发展以及地缘局势，由此导致的温室气体减排已逐渐成为社会各界重点讨论的议题。作为全球主要的能源消费国和二氧化碳排放国，我国积极致力于应对全球气候变化，并成为全球首个将应对全球气候变化纳入国家发展方案中的发展中国家。2020 年 9 月 22 日，习近平主席在第七十五届联合国大会一般性辩论上发表重要讲话，指出"中国将提高国家自主贡献力度，采取更加有力的政策和措施，二氧化碳排放力争于 2030 年前达到峰值，努力争取 2060 年前实现碳中和"。要实现碳达峰和碳中和的目标，除了转变经济发展模式、实施节能减排战略外，还需逐步降低化石能源的占比，提高能源的利用效率。有效地改善能源利用效率和碳排放强度是实现碳达峰和碳中和的重要举措之一。显然，要提高能源利用效率，实现国民经济低碳发展的目标不仅需要政府的高度重视和企业的积极参与，还需要科学的理论体系和方法论的支撑，特别是从实证的角度对我国不同层面的能源利用效率和碳强度展开系统化的测度。

能源效率和碳排放强度的测度一直是学术界的热点话题，国内外的学者已经对其展开了大量的研究工作，形成了较为科学的理论体系。尽管如此，由于测度方法的多样性以及一些不确定因素的存在，不同研究方法对同一问题的研究结果差异较大，这给决策者带来一定的困扰，同时诸如动态能源效率的测度、碳强度减排目标实施路径的设计等一些关键的科学问题仍有待进一步深入讨论，相关理论体系仍有待进一步完善。基于此认识，在广泛查阅国内外参考文献的基础上，本书对能源效率和碳排放强度现有的测度理论和方法，以及它们的优点和局限性进行了系统的总结与综述，为相关学者在研究方法的遴选上提供一定的参考价值。在此基础上，本书从理论建模的角度对动态能源效率的测度、碳强度减排实施路径的设计、生活垃圾的碳排放核算等诸多关键科学问题展开了系统的讨论。具体地，本书对生产可能集的概念进行拓展、通过引入全局生产可能集的概念，有效地克服了跨期能源效率不直接比较以及相关理论模型不存在可行解的局限性；通过拓展传统的 STIRPAT 模型，构建了区域层面未来碳强度的预测模型，为我国碳强度减排方案的设计提供有价值的参考；基于 IPCC 的方法，构建了卫生填埋、简易填埋、焚烧和堆肥等四种城市生活垃圾处理过程中的碳排放测度方法，从理论上对不同城市生活垃圾处理方式的碳排放量的趋同性和差异性展开了分析。本书的研究工作不仅对丰富和完善能源效率和碳强度现有理论体系具有积极的作用，对我国碳达峰和碳中和目标实现路径的设计也具有重要意义。

本书是作者在长期从事能源资源与环境管理的研究基础上形成的，得到了国家自然科学基金（72141302，72140002）、国家杰出青年科学基金（71625003）、教育部哲学社会科学研究重大课题攻关项目（21JZD027）的资助，在此一并表示感谢。

尽管本书在大家的鼎力支持下付梓完稿，但考虑到书中仍可能存在不足，心中总是有点忐忑不安。无论如何，还是要对在撰写和出版过程中给予大力支持的各位专家和朋友表示衷心的感谢。感谢北京理工大学魏一鸣教授、廖华教授、王科教授在本书撰写过程中给予的积极建议和指导，感谢北京师范大学陈彬教授、首都经济贸易大学王永贵教授、北京化工大学余乐安教授和中国石油大学周鹏教授在研究过程中给予的大力支持。与此同时，全书的研究工作在王兆华教授团队的科研例会上经过多次讨论，许多参会成员对本书的内容提出了宝贵建议，并在撰写过程中做出了实质性的贡献，他们是张斌博士、王博博士、丰超博士、陈庆响硕士、殷方超硕士、刘通凡硕士、孙军伟硕士、耿丽伟硕士、曾桦林硕士等。此外，邹朋宇、乙艺、张妹、程强生、原子越等同学完成了本书部分章节的整理和校对工作。在此一并对以上老师和同学表示感谢！作者在撰写本书的过程中参考了许多文献，在此向相关作者表示诚挚的谢意！

最后，感谢国家科学技术学术著作出版基金委员会，尤其感谢该委员会评审专家无私、客观、科学的评价和对本书的认可。感谢科学出版社的各位领导和编辑为本书出版付出的辛勤劳动和大力支持！

限于作者的学识和精力有限，本书的研究可能存在不完善的地方，敬请各位专家学者批评指正！

王兆华　何威俊

2023 年 1 月

目　　录

图 目 录

表　目　录

第1章 绪 论

1.1 研 究 背 景

1.1.1 气候变化已成为全球性的共同议题

近年来，全球气候变化已成为人类社会广泛关注的话题。由气候变化导致的海平面上升、气象灾害和极端天气的频发、生物物种的灭绝和农作物减产已经严重影响了全球的生态系统及人类社会的可持续发展。影响全球气候变化的因素是多方面的，既包括自然的因素，也包括人类活动的因素。越来越多的研究表明，人类活动对全球气候系统的影响是确定的。政府间气候变化专门委员会（Intergovernmental Panel on Climate Change, IPCC）第三次评估报告显示，人类社会在过去 50 年中观测到的气候变化有 66% 的可能性是由人类活动引起的。IPCC 的第四次评估报告将这一可能性提高到了 90%；IPCC 的第五次评估报告更是将这一可能性提高到了 95%（IPCC，2014）。报告指出，1951~2010年的全球平均地表温度的上升有 95% 的可能性是由人类活动排放的温室气体引起的。温室气体是指能将阳光带来的部分热量和地表释放的部分热量截留在地球大气中的气体，常见的温室气体包括二氧化碳（CO_2）、甲烷（CH_4）、氧化亚氮（N_2O）等 30 余种气态化合物。《京都议定书》中重点控制的人类活动产生的 6 种温室气体有二氧化碳、甲烷、氧化亚氮、氢氟碳化物（HFCs）、全氟化碳（PFC_s）、六氟化硫（SF_6）。其中，二氧化碳在大气中存留的时间较长，产生的温室效应占所有温室气体产生的温室效应的 60% 以上，已成为增温效应最明显的温室气体之一（IPCC，2014）。

作为一个典型的全球性问题，气候变化事关全球的生物多样性和人类社会的可持续发展。缓解气候变化需要全球各国通力合作。已有研究表明，缓解气候变化最有效的方式之一就是尽可能地减少人类活动所排放的二氧化碳，以降低大气中二氧化碳的浓度。然而，由于为缓解气候变化所展开的温室减排，尤其是二氧化碳减排需要付出高昂的经济成本，会严重影响各减排主体的经济发展速度，因此，全球各国一直在就温室气体减排，尤其是二氧化碳减排责任的划分展开激烈的谈判。1992 年 5 月，联合国政府间谈判委员会通过了《联合国气候变化框架公约》，这是世界上第一部为缓解全球变化、控制温室气体排放的国际公约和应对气候变化进行国际合作的一个基本框架。尽管该公约规定了多个国家的温室气体减排目标和减排方案，但由于减排责任的划分未达成一致，一直以来，《联合国气候变化框架公约》的各缔约方并未达成具有法律效力的明确的减排责任，尤其是一些发达国家在规避自身减排责任的同时，将减排的矛头指向中国。为了改变各缔约方减排积极性不高、减排责任划分不清的不良局面，在 2015 年于法国巴黎举行的《联合国气候变化框架公约》第 21 次缔约方大会上，气候谈判模式较之前发生了根本性的转变。大会创造性地采用自下而上的"国家自主贡献"减排方案替代之前自上而下的"摊派式"的强制减排模式。在此次会议上，超过 190 个国家和地区提交了应对气候变化"国家自主贡献"方案，涵盖了全球碳排放的 98% 左右。这种谈判模式的转变极大地缓解了之前的谈判压力。大会的主要成果《巴黎协定》指出各缔约方应积极应对气候变化，把全球平均温升控制在前工业化水平的 2℃ 以内，并努力将温升控制在 1.5℃ 以内，尽快实现温室气体排放达峰。IPCC 的第五次评估报告指出，只有 2100 年温室气体的浓度控制在 $4.5×10^{-4}$，2℃ 的温控目标才有可能实现（66% 的可能性），这为全球应对气候变化带来巨大挑战。

1.1.2 我国能源消费和碳排放的现状及特征

作为目前全球最大的能源消费国和二氧化碳排放国之一，我国在缓解全球气候变化的过程中发挥着重要的作用。在过去几十年间，我国的经济发展和各项建设取得了巨大成就，但也为此付出了巨大的资源和环境代价。例如，单位国内生产总值（gross domestic product，GDP）的能耗水平及碳排放水平均显著高于世界平均水平，粗放低效的生产方式和不可持续的消费方式依然存在，由此引起的资源和环境问题也开始凸显，尤其是近年来，环境污染越来越成为社会公众关注的焦点。高额的碳排放及相对较低的碳排放效率使我国面临来自国际社会的巨大减排压力。在这样的背景下，通过完善相关政策法规来加强环境管制，进一步遏制日益严峻的环境问题已成为我国政府当前的主要措施。近年来，我国政府不断加大环境污染治理的投资规模，在遏制环境进一步加剧恶化方面取得了一定的成效。在这些政策法律法规的约束下，我国的能源消费量及二氧化碳排放量呈现以下特征（何威俊，2019）。

1）我国能源消费总量、碳排放总量仍持续增加，但增长速度放缓。《中国统计年鉴2016》发布的相关数据显示，"十五"（2001—2005 年）、"十一五"（2006—2010 年）、"十二五"（2011—2015 年）期间，我国的能源消费总量分别为 101.3 亿吨标准煤、161.5 亿吨标准煤和 206.2 亿吨标准煤，能源消费总量依然呈逐年上升的趋势。在这 3 个五年规划期间，我国能源消费量每年的平均增长率分别为 13.6%、5.2%、2.2%，增长速度显著放缓；我国的碳排放总量分别为 212.6 亿吨、362.5 亿吨和 474.4 亿吨（CEADs，2016），而每年的平均增长率分别为 14.2%、6.9% 和 0.6%。我国的碳排放量和能源消费量呈相似的变化趋势，尽管排放总量仍然持续增加，但是每年的平均增长速度显著放缓。

2）煤炭消费量占能源消费总量的比重逐渐下降，石油、天然气、电力及可再生能源的比重逐年增加。一直以来，我国的能源储量都呈现"富煤、贫油、少气"的特征。煤炭在我国国民经济发展中发挥了重要的推动作用。客观上，煤的碳含量相对较高，直接使用会存在燃烧不充分、碳排放量较大、污染环境等缺点。但是，近年来我国煤炭在能源消费总量中的比重已逐渐下降。自"十一五"以来，我国煤炭的比例由 2005 年的72.4% 下降至 2015 年的 63.7%；石油的比例由 17.8% 上升至 18.3%；天然气的比例由 2.4% 上升至 5.9%，而电力及其他可再生能源的比例由 7.4% 上升至 13.3%（国家统计局能源统计司，2017）。我国于 2016 年超越美国成为全球最大的可再生能源生产国和消费国

（BP，2017）。近10年，我国可再生能源消费量占全球的比例由2%提升至20.5%。2016年，我国贡献了全球可再生能源产量增量的41%。我国正在引领可再生能源的加速发展（新华社，2017）。

3）能源使用的效率和碳排放效率逐年提高，能源强度和碳排放强度大幅下降。能源强度和碳排放强度分别是指单位GDP的能源消费量和碳排放量，它们在一定程度上分别反映能源使用效率和碳排放效率，其值越小，效率越高，反之越低。早期，我国的能源消费强度和碳排放强度均较高。但是近年来，随着能源结构的优化、产业结构的调整及节能减排政策的约束，我国的能源消费强度与碳排放强度呈逐年下降趋势。据计算，我国的能源消费强度由2005年的1.33吨/万元下降至2015年的0.77吨/万元（2005年不变价），而相应的碳排放强度由2005年的2.82吨/万元下降至2015年的1.67吨/万元（2005年不变价），生产单位GDP所消耗的能源及排放的二氧化碳显著降低，我国的能源使用效率及碳排放效率近年来均有了显著提高。

4）我国的能源效率及碳排放强度的区域差异明显。我国幅员辽阔，各区域之间的资源禀赋、经济发展水平、能源消费结构、经济结构均存在显著差异。这也使得各地区之间的能源使用效率及碳排放效率不尽一致，能源消费强度与碳排放强度存在显著的区域差异。从整体上看，东部地区的能源消费强度和碳排放强度低于中西部地区，东、中、西部地区内的省份的能源强度和碳排放强度也存在显著差异。以2015年为例，东部地区的北京市的能源消费强度和碳排放强度分别为0.41吨标准煤/万元和0.54吨/万元，而同为东部地区的山东省的能源消费强度和碳排放强度分别为0.69吨标准煤/万元和1.54吨/万元。西部地区的四川省的能源消费强度和碳排放强度分别为0.85吨标准煤/万元和1.38吨/万元，而同为西部地区的宁夏回族自治区的能源消费强度和碳排放强度分别为2.81吨标准煤/万元和7.99吨/万元。我国的能源消费强度与碳排放强度呈现显著的区域差异性。

1.1.3　我国应对气候变化的政策举措

作为一个负责任的大国，我国一直积极地致力于缓解全球气候变化，并颁布多项政策法规来控制温室气体排放。我国在2005年制定的《中华人民共和国国民经济和社会发展第十一个五年规划纲要》中明确提出了"十一五"期间单位GDP能源消耗要降低20%左右，主要污染物排放总量要减少10%的节能减排目标。毫无疑问，化石能源的燃烧是温室气体的主要排放源之一，降低单位GDP的能耗将显著降低温室气体的排放。2007年，国务院颁布了《中国应对气候变化国家方案》，这使得我国成为全球第一个将应对气候变化纳入国家发展方案中的发展中国家。方案明确了我国2010年之前应对气候变化的具体目标、根本原则及重点领域（王建明，2016）；2009年，在哥本哈根气候变化会议前夕，我国政府公布了控制温室气体排放的行动目标，决定到2020年单位GDP二氧化碳排放比2025年下降40%~45%；为了有效地实现该长期目标，在《中华人民共和国国民经济和社会发展第十二个五年规划纲要》中进一步明确了短期内的节能减排目标，并指出我国"十二五"期间的单位GDP的能耗水平要下降16%，单位GDP的碳排放要下降17%。2014年9月，国家发展和改革委员会印发《国家应对气候变化规划

（2014—2020 年）》，进一步明确了 2020 年单位 GDP 二氧化碳排放比 2005 年下降 40%～45% 的减排目标，以及 2020 年非化石能源占一次能源消费 15% 的能源结构调整目标，并逐渐构建全国范围内的碳配额交易市场。为了进一步致力于控制温室气体排放，2014 年 11 月，中国和美国两个最大的能源消费国和碳排放国联合发布了《中美气候变化联合声明》，中美两国在该声明中对各自 2020 年以后缓解气候变化的行动提出了明确的目标。美国制定了将 2025 年的碳排放强度在 2005 年的基础上降低 26%～28%，并努力降低 28% 的减排目标。我国计划在 2030 年左右实现二氧化碳排放达峰，并尽可能提前达峰，同时计划将 2030 年我国非化石能源的占比提高到 20% 左右。中美两国联合发布的《中美气候变化联合声明》对缓解全球变暖具有重要的现实意义。

在此基础上，我国 2020 年进一步提高了缓解全球气候变化的自主贡献力度，采取了更有力的措施来控制碳排放，将《中美气候变化联合声明》中的"2030 年左右实现碳达峰"强化为"2030 年前实现碳达峰"，并进一步提出了在 2060 年前实现碳中和的宏大目标，即我国要在 2060 年左右实现二氧化碳的"净零"排放。碳达峰和碳中和目标不仅对缓解全球气候变化具有重要意义，还是我国实现生态文明建设的内在要求。一方面，应对全球气候变化是一个全球性的问题，是世界各国的共同责任，目前一些国家提出了碳中和的远景目标，我国作为一个有担当的大国参与到这项全球治理活动中对缓解全球气候变化具有重要意义；另一方面，我国已将生态文明建设作为统筹推进"五位一体"总体布局和协调推进"四个全面"战略布局的重要内容，并提出了创新、协调、绿色、开放、共享的新发展理念。这要求我国的经济发展是可持续、绿色和协调的，因而，实现碳达峰和碳中和是我国生态文明建设的内在要求。

综上所述，我国在缓解全球气候变化的过程中做出了积极的努力，承担了大国的责任，自上而下采取了积极的举措应对全球气候变化。

1.1.4　缓解全球气候变化的有效途径

缓解全球气候变化的有效途径就是控制由人类活动产生的二氧化碳排放，将大气中的温室气体，尤其是二氧化碳的浓度控制在合理范围内。对于我国来讲，应对气候变化的重要举措就是如期实现我国提出的碳达峰和碳中和目标。许多研究表明，如期实现碳达峰和碳中和目标要从两个方面入手：一是从过程上入手，通过技术手段增加碳储存和碳捕获；二是从源头上入手，通过技术和管理手段降低碳排放。前者需大力发展新技术，后者则需采取多样化的举措。一方面，要优化我国的产业结构，持续降低第二产业在我国国民经济中的占比。主要原因在于目前我国的第二产业仍占据较大的比重，而这些行业是典型的高能耗和高排放行业，要有效控制碳排放，需大幅控制第二产业的规模；另一方面，降低化石能源在我国能源消费总量中的占比。众所周知，化石能源的利用是主要的碳排放来源之一，因此要控制碳排放需降低化石能源的占比，需要全球各国积极致力于新能源的开发和应用，但由于技术瓶颈的存在，短期内很难显著提高非化石能源在一次能源中的占比。事实上，要控制化石能源的占比，除了开发清洁能源外，还需提高化石能源的利用效率。在经济产出一定的前提下，若化石能源的利用效率提高，则化石能源总的消费量就会相应地降低，从而间接地达到节能的效果。事实上，已有很多国际组织和专家将节能看作继煤炭、石油、天然气、核能之后的全球第五大能源（魏一鸣和廖华，2010）。提高能源效率是实现节能的最直接的方式。另一种控制二氧化碳排放的方法是提高二氧化碳的排放效率、降低单位经济产出的二氧化碳排放量，即降低二氧化碳排放强度。

我国尽管实施了一系列节能减排措施，能源效率和碳强度均有了较大程度的改善，但是节能减排的空间依然较大。图1.1展示了1995—2014年我国与世界主要发达国家和地区的碳强度变化趋势。从图1.1中可以发现，尽管我国碳强度总体呈下降趋势，但仍高于世界主要发达国家和地区。因而，我国的碳强度仍有较大的下降空间。除此之外，由于我国幅员辽阔，各地区之间的资源禀赋、技术水平均存在较大差异，地区之间的碳强度存在显著的差异性，同时，各地区之间的碳强度减排潜力各有不同。如何降低碳强度是决策者和相关领域的学者重点关注的话题。因而，本书将对碳强度的改变从经济结构、能源结构、能源效率等角度展开分析，以识别降低碳强度的有效途径。

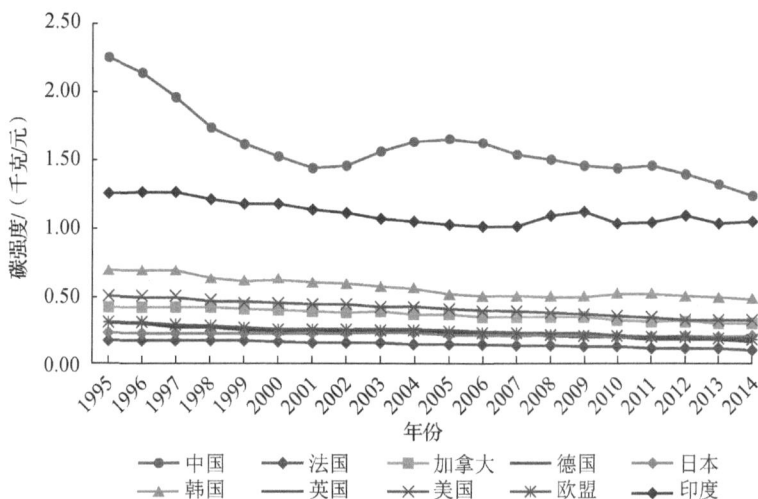

图 1.1　1995—2014年我国与世界主要发达国家和地区碳强度变化趋势对比

1.2　研究问题的提出

缓解全球气候变化最重要的途径就是控制人类活动产生的二氧化碳排放量。为了有效地控制人类活动排放的二氧化碳，需要从两个方面着手。一方面，控制化石能源的燃烧，提高化石能源的利用效率。通过提高化石能源的利用效率来降低化石能源的需求量，从而控制二氧化碳的排放量。另一方面，通过资源的有效配置和技术进步降低单位GDP的二氧化碳排放，即降低二氧化碳排放强度。显然，对我国各个地区的能源效率和碳强度展开系统精确的测度是改善能源效率和降低碳强度的重要前提。然而，目前学术界关于我国能源效率及二氧化碳强度的测度理论和方法仍然存在诸多局限性。

首先，当前已有的研究对能源效率概念的界定不清，同时对一些典型行业的能源效率缺乏系统深入的测度和分析。其次，煤炭资源是我国能源系统的重要组成部分，为我国社会经济的发展提供重要的能源支撑。同时，诸多研究和报告已经指出煤炭的利用存在低效率和高排放的缺点，这导致煤炭资源的利用成为我国重要的二氧化碳排放源。提高能源效率和改善能源结构势必降低煤炭资源在我国能源消费总量中的比重，这将对多个典型行业的发展造成显著影响。然而当前的研究对我国煤炭产业链的演化趋势以及其他产业链与煤炭产业链之间的经济距离还缺乏全面系统的分析。最后，关于碳强度测度的研究，目前已有的研究较多地关注碳强度的影响因素分析，而对碳强度减排目标的制定及实现路径缺乏较为科学全面的研究和讨论。这些研究局限性为本书的研究提供了较大的创新空间。

为了弥补目前理论研究的局限性，本书将以我国能源效率和碳强度的测度为研究主线，围绕能源效率的测度、碳强度的影响因素分析、碳强度目标实现路径及煤炭产业链的演化分析等主要科学问题，系统地探讨和回答我国如何通过提高能源效率和降低碳强度来应对与缓解我国当前面临的减排压力。具体地，本书将试图回答以下科学问题。

1）为了准确地测度能源效率及改进能源效率，本书提出以下科学问题：能源效率的概念与内涵应该如何界定？在此基础上，应该如何科学地构建能源效率指标来测度我国区域和行业层面的能源效率？我国交通运输业的能源效率近年来的变化趋势如何？能源效率的变化与哪些因素有关？它们都如何影响能源效率？

2）我国能源结构具有"富煤、贫油、少气"的特点。煤炭在我国能源结构中占据着主导地位，国民经济产业都不同程度地和煤炭产业链相关。与此同时，煤炭燃烧的低效率和高排放也导致煤炭燃烧成为我国主要的二氧化碳排放源之一。提高能源效率势必要减少煤炭的低效率使用，以及其他产业链对煤炭产业链的依赖程度。那么，我国煤炭产业链近年来的演变趋势如何？各产业链与煤炭产业链之间的依赖程度如何变化？

3）碳强度是一个综合经济发展和碳排放的重要指标。我国多项节能减排政策均与碳强度相关。如何规划碳强度减排目标的实施路径是一个关键的科学问题。本书首先关注的是北部沿海地区与北京市的二氧化碳排放强度主要受哪些因素的影响，哪些因素对二氧化碳排放强度起着决定性的作用。北部沿海地区与北京市碳强度目标的实现是一个复杂的系统工程，在不同时期的碳强度目标具体应如何实现？未来实现的条件如何？

4）城市生活垃圾是当代社会面临的一个严峻问题。城市生活垃圾的处理也是我国重要的二氧化碳排放源之一。然而不同城市生活垃圾处理方式的二氧化碳排放量如何、哪些因素将影响我国城市生活垃圾的碳排放量等一系列科学问题都是亟须解决的。这也是本书关注的重点问题之一。

总之，本书以国家发展战略需求及当前已有研究的局限性为出发点，以能源效率和碳强度测度为研究主线，从理论建模和实证分析的角度系统地探讨能源效率和碳强度如何测度、碳强度减排目标路径如何实施等一系列人们重点关注的科学问题。

1.3　当前能源效率与碳强度测度理论体系的局限性

提高能源效率和降低碳强度是缓解我国减排压力的重要举措之一,节约能源已被国际社会称为"第五大能源"。然而,节约能源最有效的途径之一便是提高能源的使用效率。事实上,在总体产出不变的前提条件下,能源使用效率的提高将有效地降低总的能源消耗量。类似地,降低碳强度可以有效地降低总的碳排放量,这对缓解全球的气候变化具有重要意义。然而,如何测度能源效率与碳强度,哪些因素会影响能源效率和碳强度,以及如何提高能源的使用效率和降低碳强度是巨大的挑战。一方面,能源效率的概念在不同的层面上有不同的内涵与外延。对于一个国家来说,人们通常关注其能源的宏观效率,对比相同能源消耗前提下,谁的经济产出多;对于一个产业来说,人们通常关注其实物效率,如生产 1 吨水泥消耗多少能源;而对于能源要素与非能源要素之间的关系,在成本的视角下,人们更关注能源的配置效率。不同层面的能源效率测度方式迥异。另一方面,由于研究对象的差异性,研究者在能源效率及碳强度测度过程中的出发点和考虑的因素并非一致,进而导致测度结果的准确性和稳健性有待进一步提高。能源效率测度领域内的学者主要关注的问题包括国家、地区、企业等不同层面上的静态能源效率测度、动态能源效率测度及不同类型能源的使用效率的测度;而碳强度测度领域内的学者关心的主要问题包括碳强度的影响因素、碳强度的减排潜力,以及碳强度减排路径的规划与政策的制定。

围绕能源效率与碳强度测度领域的关键科学问题,学术界展开了科学有效的探索,针对每个具体的热点问题,构建了科学的研究方法,形成了较为完善的能源效率与碳强度测度理论体系。在当前理论体系中,已有研究构建的能源效率测度方法主要包括参数的测度方法、非参数的测度方法及基于经济学理论的方法。已有的碳强度测度理论则主要包括指数分解理论、结构分解理论、投入产出分析理论、非参数的测度理论及经济学理论。其中,指数分解理论与结构分解理论主要解决哪些因素会影响碳强度这一科学问题;非参数的测度方法主要解决碳强度减排潜力的问题;经济学理论与投入产出分析理论则主要解决碳强度减排的实施路径和措施这一科学问题。这些已有的理论模型和方法构成了能源效率与碳强度测度的理论体系。

尽管如此,目前的能源效率与碳强度测度理论体系仍然存在一定的局限性。这些局限性主要体现在以下几个方面。

1）对同一问题的各类研究方法的优缺点缺乏系统的总结和归纳。这给后来的研究者在方法论的选择上带来了一定的困扰。例如,在能源效率的测度方法中,包括参数的测度方法、非参数的测度方法及经济学理论的测度方法。尽管非参数的测度方法的测度过程较为简便,但其结果对数据的敏感度较高,一个数据的变动对整个测度结果的准确性有较大的影响。参数的测度方法对数据的依赖性较小,但是其测度过程中对参数的估计是一个难题,不同的估计方法得到的估计结果差异较大,从而影响测度结果的准确性,也给决策者在研究结果的遴选上带来一定的困扰。

2）对动态能源效率的测度方法有待进一步改进和完善。在现有理论体系中，大多数研究采用单个时期的生产技术测度能源效率，由于各时期的生产技术存在差异，评估得到的不同时期的能源效率往往不能直接比较。这给探究引起能源效率改变的关键因素带来一定的困难。

3）在现有理论体系中，能源效率与碳强度测度的内涵有待进一步扩展，对一些关键的科学问题有待进一步研究。例如，能源效率测度的研究大多仅关注能源效率的测算，对能源效率的收敛性、能源效率的动态变化及其深层次的影响因素缺乏更进一步的探讨。关于碳强度的测度更多地关注不同层面的碳强度变化的影响因素，而缺乏对碳强度减排目标的制定及其实现路径展开进一步的研究和讨论。

4）相关理论体系需要进一步完善。已有的研究中，不同研究者使用相同方法对同一对象的能源效率与碳强度测度的结果相差迥异。这表明现有的部分能源效率与碳强度测度理论体系并不完善，方法论有待进一步优化，研究结果的稳健性还需进一步提升。

现有能源效率与碳强度测度理论体系的局限性为本书研究工作的开展提供了动机。本书旨在对已有的能源效率与碳强度测度的理论方法进行系统的总结归纳，进一步完善已有的理论体系，为后来研究者在能源效率与碳强度测度理论方法的选择上提供科学的建议。

1.4　研究意义

全球气候变化是人类 21 世纪共同面临的最大威胁和挑战之一，是经济和社会发展的主要约束因素。目前的科学研究表明，在 2050 年左右，大气中的二氧化碳含量应低于 4×10^{-4} 才有较高的可能性将本世纪地球温度上升控制在 2℃ 以内。对气候变化的责任和行动目标的讨论成为最近 20 年国际谈判和合作的一个焦点。作为《联合国气候变化框架公约》的缔约方之一，我国一向致力于推动节能减排行动。尽管我国目前面临十分迫切的发展任务，需要不断提高生产力，逐步改善人民生活水平，增加人民幸福指数，同时，我国正处于产业转型发展及城镇化的重要时期，我国的产业结构、能源结构存在一定的客观问题，但是我国始终把应对气候变化作为重要战略任务。

为有效应对气候变化，实现经济发展与降低二氧化碳减排的协同发展，本书以能源效率和碳强度测度为研究主线，围绕能源效率指标如何构建、能源效率如何测度、碳强度目标如何制定、实现路径如何选择等关键科学问题展开科学系统的研究。从总体上看，本书的研究工作有现实和理论两个层面的意义。

1.4.1　现实意义

我国地域广阔，地理位置、自然资源分布不均，导致不同区域的经济发展水平十分不均衡。由于经济发展水平、能源的利用效率、人口密集程度等因素的不同，不同的区域之间的能源消费量及二氧化碳排放量也表现出较大差异。对重点区域、行业的能源效率展开系统的测度将有助于该区域、行业改善能源效率，为其能源效率的改善措施的制定提供有价值的指导。我国制定了碳达峰和碳中和等诸多碳强度减排目标。显然，这是一个宏观的减排指标，各地区如何根据该宏观减排指标制定适合自身的碳强度减排目标成为一个重要问题。本书从区域碳强度的影响因素出发，通过构建多学科交叉的理论方法预测碳强度的变化趋势，为碳强度减排目标的制定提供理论依据和科学的政策建议。

在科学制定碳强度减排目标的基础上，对典型地区的碳强度减排目标的实施路径展开系统科学的研究同样具有重要的现实意义。本书将深入探讨北京市实现碳强度目标的政策路径，有针对性地进行节能减排对于从根本上改善北京市资源利用效率和环境绩效，合理有效地推动产业结构调整具有深远的现实意义。北京市正处于经济发展和社会转型的关键时期，资源环境的约束与经济高速发展之间的矛盾日益突出。而且，经过产业结构的调整，北京未来落后产能的淘汰空间逐渐减少，选择何种路径进一步深化节能减排工作，实现碳强度目标成为当前亟待解决的问题。本书抓住北京建设"世界城市"的契机，分析和探索适合北京经济社会发展现状的碳强度目标体系，优化节能减排路径，从而最大化资源利用效率和环境效益，实现产业与环境的协调发展。

对我国目前主要的二氧化碳排放源之一——城市生活垃圾处理产生的二氧化碳展开科学的测度和分析，对于促进生活垃圾高效低碳处理机制的发展、环境绩效的提高和实现生态文明建设具有深远的现实意义。随着我国城镇化进程的加快，大量人口涌入城市，城市生活垃圾快速增长，生活垃圾处理产生的碳排放的负面影响增强，预防和控制城市生活垃圾碳排放受到我国政府和学者的重视。2007 年，国务院颁布的《中国应对气候变化国家方案》已将加强城市垃圾管理作为减缓温室气体排放的重点领域之一。多位学者对我国城市生活垃圾处理方式及其碳排放量进行分析研究，寻找适合我国国情的碳排放量核算模型，并分析其发展趋势。但是，我国的城市生活垃圾管理和治理还有很多问题，如分类回收机制还没有完全实现、生活垃圾处理方式还是以高排放的填埋方式为主等。因此，研究城市生活垃圾碳排放及其影响因素对于减缓气候变暖、促进生态文明建设具有重要的现实意义。

1.4.2　理论意义

对我国能源效率和碳强度的测度问题展开系统的研究具有重要的理论意义。目前已有的关于能源效率的研究仍存在诸多局限性。最显著的问题是对能源效率的概念界定不清，这直接导致了不同研究的研究结果相差迥异，给决策者关于研究结果的遴选造成巨大困扰；与此同时，对重点地区、行业的能源效率测度的研究存在方法单一、视角缺乏新颖性等缺点，相关研究仍有待深入。本书对能源效率概念进行系统的界定，并对重点地区、行业的能源效率的关键科学问题的研究将有效弥补当前研究的局限性，对丰富已有的能源效率测度理论体系具有重要作用。

在对碳强度目标的设定开展研究时，为区别一般的目标分解，本书将借助碳强度回归模型，预测重点地区的碳强度走势，进而设定省区碳强度目标。这将从理论上极大地丰富省区碳强度目标的设定方法。针对北京市的经济社会发展现状，开展碳强度减排目标的政策分析和路径选择的研究，对于丰富我国低碳经济研究体系具有重要的学术价值。关于碳强度减排目标的分析与探索是随着气候变化和温室气体减排而衍生的新研究领域，该领域涉及如何完善碳强度目标的测评方法，如何在既定的碳强度目标下有效地实现碳减排等一系列问题。本书系统地探索北京市在国家宏观减排目标及自身减排目标的约束下，如何根据自身经济社会发展现状构建科学的碳强度减排方法，设计和选择合理的碳强度减排的实现路径，这对于丰富和发展低碳经济理论具有重要的创新价值。与此同时，本书还综合核算我国城市生活垃圾碳排放量，并分析其影响因素，这对完善生活垃圾处理的碳排放的理论研究有重要意义。

总之，本书关于能源效率与碳强度测度的研究具有重大的现实意义与深远的理论意义。另外，本书在支撑我国相关宏观节能减排政策制定，如期实现碳达峰和碳中和目标的同时，对丰富能源效率和碳强度测度相关领域的理论体系也具有重要作用。

1.5　本书的核心概念与内容体系

提高能源效率和降低碳强度是有效缓解全球气候变化、控制二氧化碳排放的有效手段。基于此认识，本书将围绕能源效率及碳强度的测度方法与实证研究展开。事实上，能源效率的概念具有丰富的内涵，不同学者对能源效率的定义存在一定差异，其相应的经济含义也不尽一致。总体上，能源效率可以分为能源宏观效率、能源实物效率、能源物理效率、能源价值效率、能源要素配置效率、能源要素利用效率及能源经济效率（魏一鸣和廖华，2010）。具体地，能源宏观效率一般从宏观的角度度量一个国家或者地区的能源效率，通常能源宏观效率被定义为单位经济产出的能源消费量，这里的经济产出通常使用 GDP 或者地区生产总值来衡量。能源实物效率则更多地从微观的角度去衡量生产一个产品或者一道工序的能源效率，因而能源实物效率通常定义为单位产品所消耗的某种能源或者一个工序消耗的某种能源，特别地，度量一个产品或者工序的能源效率时没有考虑价值量，因而能源实物效率是一个技术指标（魏一鸣和廖华，2010）。能源物理效率通常采用热力学指标来表示，反映能源开采、加工及转换过程中所有能源的投入热值与最终产出的有效热值之间的比值（彭莉莎和李容，2016）。能源价值效率指标则将能源的成本纳入能源效率的指标体系，通过度量不同地区消耗的能源的价值量来构建的能源效率指标称为能源价值效率（魏一鸣和廖华，2010）。能源要素配置效率则主要从经济学的角度考量能源的效率问题，该效率指标主要测度了在既定的要素价格情形下，决策者可以通过改变要素的组合方式或者配置方式来降低要素支出的成本。能源要素利用效率则测度了在既定的要素组合方式下可以减少的要素需求量（魏一鸣和廖华，2010）。能源经济效率是一个综合指标，它从经济的角度反映能源的利用情况，它不仅反映要素的配置效率，还反映能源的利用效率。一般地，学术界将能源经济效率定义为能源要素配置效率与能源要素利用效率的乘积。本书主要研究能源要素利用效率，本书第 3 章将详细介绍各能源效率指标的构建，以及能源要素利用效率的多种测度方法。

碳强度被定义为单位 GDP 的碳排放。作为一个综合反映经济水平及碳排放水平的指标，碳强度越低，表明该碳排放主体的排放技术越先进。本书中的碳强度测度主要围绕碳强度的影响因素分解、碳强度减排目标的设定及碳强度减排目标的实施路径展开。

通过改进传统的 IPAT 模型，可以从人口、技术、财富等角度洞察影响碳强度大小的主要因素，进而为碳强度的降低提供可靠的思路和策略。在此基础上，本书还将讨论碳强度目标的制定及目标的实现路径。碳强度减排目标的实现涉及多方面的努力，需要制定科学合理的策略。降低碳强度涉及能源结构的调整、经济发展速度的控制、产业结构的调整及技术水平的改进。本书关于碳强度减排目标实施路径的研究主要关注在既定的减排目标下，一个减排主体（国家或地区等）如何通过改进技术、调整能源结构、设置分阶段目标及调整产业结构等策略实现碳强度减排目标，并且确保效率尽可能高、成本尽可能低。

　　基于此，本书将围绕能源效率及碳强度测度的理论和实证研究展开，具体回答能源效率如何测定、我国区域间的能源效率是否收敛、能源效率变化的内在机理是什么、哪些因素是碳强度的主要影响因素以及如何设定碳强度的减排目标及如何设定碳强度减排目标实施路径等科学问题。本书的主要内容框架如图 1.2 所示。

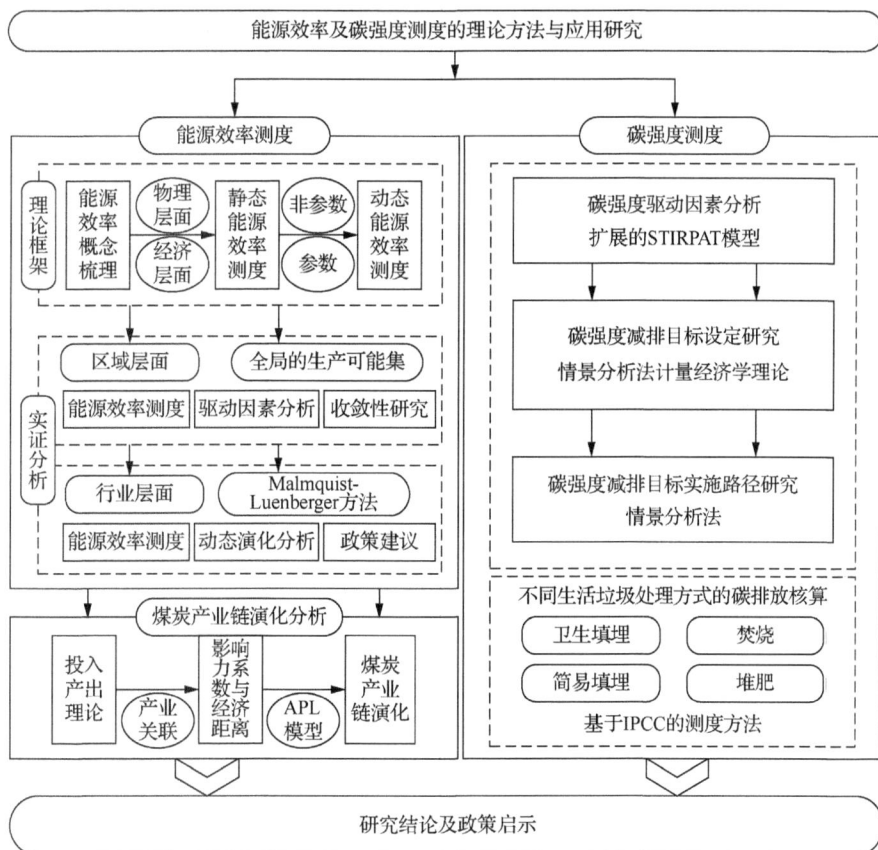

图 1.2　本书的主要内容框架

　　具体地，本书从理论上将构建能源效率指标及能源效率测度模型，并以典型地区和行业为研究对象从静态和动态两个角度展开系统的实证研究。关于碳强度的测度，本书将对 STIRPAT 模型进行拓展，讨论碳强度的影响因素并分析不同影响因素对碳强度变化的贡献；在此基础上，本书将对碳强度目标的设定及实现的路径展开系统的分析。为此，本书将首先从能源效率研究、低碳经济研究、碳排放研究的角度对现有的文献展开系统的综述和总结，为本书的研究提供文献基础；其次，本书将对能源效率与碳强度测度的一般方法进行总结，为本书的后续研究提供理论基础和方法论的支撑；再次，以典型区域和交通运输业为例展开能源效率测度的理论方法和应用研究，此研究将主要构建能源效率指标及能源效率测度模型，并对我国典型的地区及行业的能源效率从静态和动态两个角度展开系统的实证分析。

　　在深入讨论碳强度影响因素的基础上，本书将对我国碳强度减排目标的实现路径的建模方法及应用展开系统研究，并以北部沿海地区为例展开实证分析。本书将重点关注碳强度减排目标实施路径的科学问题，并系统使用情景分析法对北部沿海地区碳强度目标的实现路径展开系统的探索。煤炭产业是我国国民经济的支撑产业。煤炭的使用是二氧化碳等温室气体的主要来源之一，各行业在一定程度上均会依赖煤炭产业。能源效率的提高离不开煤炭产业链的优化和改进。基于此，本书将借助投入产出模型对我国煤炭产业链演化趋势展开科学的分析，对煤炭产业链间的关联性展开科学的测度。接下来，本书将对简易填埋、卫生填埋、堆肥及焚烧等常见的城市生活垃圾处理方式的二氧化碳排放进行核算，在此基础上，对城市生活垃圾处理的碳排放的影响因素展开分析，为我国城市生活垃圾处理方式的选择从减碳的角度给出科学的建议。最后，作者将对本书的主要内容及研究结论进行总结和展望，为后续的研究提供方向。

第 2 章　理论基础与相关研究进展

随着能源危机与全球气候变化问题的日益严峻，关于能源效率和碳排放的研究引起了国内外学者的广泛关注。本章将在厘清相关概念的基础上，从能源效率研究、低碳经济研究、碳排放研究 3 个方面对能源效率与碳排放领域的研究进行系统的梳理和综述，识别当前研究的热点问题和局限性，为本书的研究提供文献基础。

2.1　能源效率与碳强度的概念及内涵

一般地，在一个生产过程中，效率被定义为单位投入的产出或者单位产出的投入。作为本书的重点研究对象，能源效率的概念具有丰富的内涵。从时间的角度，能源效率通常被分为静态能源效率与动态能源效率。一般地，静态能源效率是指一个经济体在某一单个时期的效率值，而动态能源效率则指一个经济体在一个时段内能源效率的改变。在概念上，世界能源理事会将能源效率定义为能源服务产出量与能源使用量（或投入量）的比值（WEC，2008）。在实际的研究中，部分学者将其定义为一个决策单元（经济体）的最优能源消费量与实际能源消费量的比值（Iftikhar et al.，2018），该比值越接近 1，则表明能源效率越高，反之能源效率越低。目前，学术界对能源效率的概念认识基本一致，而对能源效率内涵的认知还存在较大差异。魏一鸣和廖华（2010）从热力学和经济学的角度，将能源效率细分为能源宏观效率（通常用单位 GDP 的能耗来度量）、能源实物效率（单位产品的能耗）、能源物理效率（通常指能源开采、加工转运、终端利用等效率）、能源价值效率（以不同能源的价格作为权重加总得到的效率）、能源要素配置效率（在不改变产出的前提下，通过改变能源与其他之间的比例得到的效率）、能源要素利用效率（既定的要素组合方式下可以减少的能源需求量）与能源经济效率（能源要素配置效率与能源要素利用效率的乘积）。

接下来，本节将重点介绍能源要素利用效率。

假设在一个生产过程中，一个决策单元（decision making unit，DMU）使用能源要素 (E) 和非能源要素 (N) 去生产一种经济产出 (Y)。图 2.1 中，YY' 的右上方为一个等产量面，面上的点采用不同比例的能源要素和非能源要素投入，得到相同的产出。YY' 为一条最优的等产量线，线上的点的能源要素和非能源要素不能同时等比例地缩小。显然，决策单元 D_1 的资源利用并不是合理的，存在投入冗余的现象，在产出不变的前提下，其能源要素和非能源要素均可以等比例地减少至 R 点。根据 Farrell（1957）及魏一鸣和廖华（2010）的研究，决策单元 D_1 的能源要素利用效率可以定义为 $|OR|/|OD_1|$，其能源要素利用效率则为 $|OR|$ 和 $|OD_1|$ 在横轴上的投影的比值，即 $|OE_1^1|/|OE_0^1|$。对于决策单元

D_2 来说，其能源要素利用效率为 $|OP|/|OD_2|$。考虑其能源要素效率时，决策单元 D_2 沿着原点投影到 P 点时，并非实现了最优的配置比例，在产出和非能源投入不变的条件下，其能源要素仍可以减少至 Q 点。因此，决策单元 D_2 的能源利用效率为 $\left(\dfrac{|OP|}{|OD_2|}\cdot|OE_0^2|-|E_1^2E_2^2|\right)/|OE_0^2|$，即 $|OE_2^2|/|OE_0^2|$。通常，我们将能源要素的调整量 $|E_1^2E_2^2|$ 称为松弛变量。显然，$|OE_2^2|/|OE_0^2|\leqslant 1$，且比值越接近 1，说明决策单元的能源要素利用效率越高，反之越低。

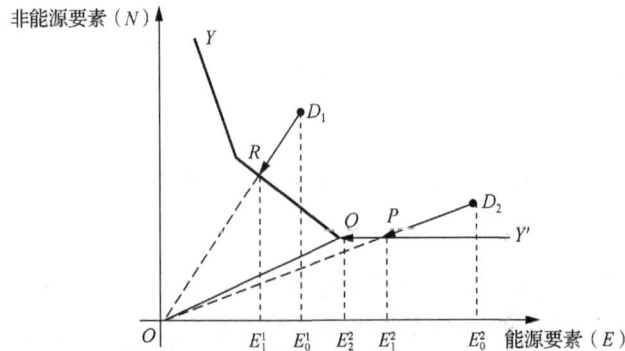

图 2.1　能源要素利用效率示意图

能源要素利用效率其实是一种技术效率，其测度的是对现有能源资源最优利用的程度。它有两个层面的含义：一是在既定能源投入要素的前提下实现产出最大化的能力；二是在产出水平一定的前提下能源投入水平最小化的能力。与之相近的是能源要素配置效率，它测度的是在一定投入要素价格条件下实现投入产出最优组合的能力。在不引起歧义的前提下，本书将能源要素利用效率简称为能源效率，通过综合运用多种理论方法，探讨在产出水平给定的条件下，能源要素的最小化程度，或者在能源要素给定的前提下，决策单元将产出水平的最大化的能力。

碳强度是一个广泛使用的综合指标。一般地，碳强度是指单位经济产出的碳排放量，它度量生产单位经济产出所产生的碳排放。在不同层面上，碳强度有不同的内涵。对一个国家来说，其碳强度往往是指单位 GDP 所产生的碳排放（Chen et al.，2019；Lin and Zhu，2017）；对一个地区来说，其碳强度一般是指单位地区生产总值所产生的碳排放（Cao et al.，2019；Long et al.，2015）；而一个行业的碳强度则是指其单位工业增加值的碳排放量（Wang et al.，2018）。有些学者也将电力系统的碳强度定义为单位能源的碳排放量（Khan et al.，2018）。在学术界，一些研究将碳强度的倒数称为"碳生产率"，它度量了单位碳排放所生产的经济产出（Zhang et al.，2018；Yu et al.，2017）。

碳强度指标从一定程度上能够反映一个经济体的经济发展质量。一般地，一个经济体的碳强度越低，其经济发展越低碳；反之，则越高碳。根据世界银行的统计数据，美国、英国和欧盟等发达国家和地区的碳强度要显著低于中国和印度等发展中国家。从变化趋势上看，中国和印度等发展中国家的碳强度呈显著下降的趋势，而发达国家的碳强度的变化幅度较小，维持在一个较低的水平。因而，从碳强度的角度上看，发达国家的经济发展质量要优于中国和印度等发展中国家。

因而，如何科学有效地降低碳强度是我国等一些高碳发展中国家和地区面临的一个重要问题。目前我国制定了一系列关于降低碳强度的减排目标。例如，2015 年的《中美元首气候变化联合声明》提出将我国 2030 年的单位 GDP 二氧化碳排放在 2005 年的基础上降低 60%～65% 的减排目标。如何科学地实现这些减排目标也是整个国际社会重点关注的话题。因而，碳强度的测度不仅包括碳强度大小的测度，还包括碳强度影响因素的测度，以及碳强度减排的实施路径的测度。

接下来，本章将详细总结和综述能源效率研究、碳强度研究及低碳经济研究的进展，识别现有理论体系存在的局限性，为本书研究工作的开展提供理论基础和文献支撑。

2.2　能源效率测度的研究进展

从是否考虑能源效率变化的角度，可以将能源效率分为静态能源效率和动态能源效率两类。静态能源效率主要关注决策单元在一个时间点处的能源利用效率，而动态能源效率则主要关注一个决策单元在一个时间段内能源效率的变化。本节将从静态能源效率测度和动态能源效率测度两个方面对能源效率的研究进展进行系统的综述。

2.2.1　静态能源效率测度的研究进展

近年来，随着能源消费量的急剧增长及生态环境的恶化，能源效率的测度已受到学术界越来越多的讨论和关注，并且取得了丰硕的研究成果，形成了现有的能源效率测度理论体系（Kang and Lee，2016；袁晓玲等，2019；Wilson et al.，1994）。由 2.1 节可知，能源效率的概念具有丰富的内涵，从不同的角度可以定义不同的能源效率，包括从时间角度、热力学及经济学的角度等（Patterson，1996）。然而，当前学术界对能源效率的研究主要侧重能源利用效率的测度，探讨在既定投入产出要素的前提下，能源需求量的减少程度。

Hu 和 Wang（2006）较为系统地研究了能源效率的定义及典型的测度方法。该研究将能源效率定义为最优能源投入与实际能源投入的比值。事实上，这里的最优能源投入即为在产出不变的条件下能源投入要素的最小值，它测度了决策单元在不改变产出水平的前提下缩减能源要素投入的能力，这种定义方式正是源于能源要素利用效率的定义。在这个定义的框架下，实际能源投入是可以观测到的，属于已知量，故而能源效率的测度可转化为对决策单元在产出水平不变的条件下的最优能源投入（最小能源投入）的测度。在测度过程中，根据是否考虑能源投入以外的非能源投入，可以将能源效率分为单要素能源效率与全要素能源效率两大类。

1.　单要素能源效率

传统的单要素能源效率反映的是能源投入与有效产出的一个比例关系，通常以能源消耗强度的倒数来表示。它是对传统资本生产率和劳动生产率分析的一种补充，对考察能源消耗在经济中的作用比较有效（袁晓玲等，2009）。与此同时，该方法以计算简单、可操作性强等优势而得到广泛的应用。然而，它的缺陷也是显而易见的。一方面，单要素能源效率衡量的是能源投入与有效产出的一个比例关系，它无法度量潜在的能源技术效率（Wilson et al.，1994）；另一方面，能源本身作为一种单一的投入要素，必须与人力、资本等非能源要素相结合才能实现生产并获得产出（Hu and Wang，2006）。传统的单要素能源效率指标忽略了其他投入要素与产出之间的关系，因而无法反映劳动力、资本等生产要素对能源的替代作用。

2. 全要素能源效率

为了弥补单要素能源效率指标在现实应用中的种种缺陷，学术界根据全要素生产率理论，在充分考虑实际生产过程中各生产要素的替代作用的基础上，提出了全要素能源效率的概念和测度方法。根据 2.1 节中关于能源效率的定义，全要素能源效率中的"全要素"体现在测度最优能源投入时，不仅考虑了能源投入和产出水平，还考虑了除能源投入要素之外的非能源投入要素，如资本水平、劳动力，以及非期望产出。显然，相比单要素能源效率，全要素能源效率更加科学合理，更能反映生产实际。准确测度全要素能源效率的关键在于科学地测度并考虑多种要素的最优能源投入。然而准确测度最优能源投入的前提是准确地刻画最优投入-产出曲线，即生产前沿，通过测度待评价决策单元到生产前沿的距离来测度最优能源投入。目前，常见的通过刻画生产前沿来测度能源效率的方法主要包括参数的和非参数的两种。

参数的方法是首先将生产函数设为含有未知参数的形式，其次利用观测到的数据和随机前沿分析方法对生产函数中的参数进行估计（Boyd，2008），最后通过测度待评价决策单元到生产前沿的距离来度量能源效率。该方法的主要优点在于能够有效地降低数据的噪声，其局限性在于参数的估计过程较为复杂，结果的稳健性需要进一步检验。在 Boyd（2008）的基础上，参数的能源效率测度方法得到了进一步的发展，并被许多学者广泛采用。Xie 等（2018）构建了超对数形式的生产函数，并利用 Shepard 距离函数构建能源效率指标对我国交通运输行业的能源效率展开了实证分析。Ruiz-Fuensanta（2016）通过估计二次型的生产函数，对西班牙的区域能源效率展开了测度。探究不同生产函数形式下的能源效率测度问题将极大地丰富能源效率测度理论体系，对后续研究在生产函数的形式的选择上具有重要的借鉴意义。类似的研究还包括 Kang 和 Lee（2016）及 Lin 和 Long（2015）。

值得一提的是，这些研究在测度能源效率的过程中存在一个共同的假设条件：所有待评价决策单元的技术水平是相同或者相近的，所有待评价的决策单元的能源效率在同一生产前沿下进行测度。事实上，这是一个很严苛的假设。一个经济体的内部区域之间不仅能源结构、经济结构存在显著差异，技术水平也存在较大差异。以我国为例，东部沿海地区较为发达，其经济结构中以第三产业为主，技术水平、能源利用效率往往较高；而中西部地区，尤其是西部地区的经济主要靠第二产业驱动，由于行业内部结构的差异，其能源利用效率、技术水平往往较低。因而在能源效率测度过程中，用东部地区的标准去衡量中西部地区的能源利用水平是不合理的。在此背景下，技术水平较高的地区与技术水平较低的地区在同一生产前沿下进行比较欠妥当。为了解决该问题，Lin 和 Du（2013）构建了多前沿的参数的能源效率测度方法。具体地，该研究按照技术水平的差异程度，将待评价的决策单元分为若干组，确保每一组的决策单元的技术水平是相近的。在此基础上，每个组的决策单元单独构成一个生产前沿，各决策单元的能源效率在各自组构成的生产前沿下进行测度。这种测度方法有效地克服了在能源效率测度过程中个体之间技术水平存在较大差异的局限性。这种多前沿的能源效率测度方法被广泛应用于能源效率测度理论和实证研究中。

　　另一类能源效率测度方法是非参数的。它与参数的能源效率测度方法最大的差异在于其不需要对生产函数做形式上的假设，它是利用决策单元之间投入和产出的线性组合来刻画生产前沿的。最常用的非参数的能源效率测度方法最早是由 Charnes 等（1978）提出的数据包络分析（data envelopment analysis，DEA），该方法最大的优点在于测度具有多投入多产出的决策单元的相对效率时的便捷性。因而，DEA 方法被广泛地应用于能源效率的测度。Hu 和 Wang（2006）提出了基于 DEA 的全要素能源效率测度方法。该研究在利用 DEA 测度能源效率时，在充分考虑各种投入要素之间的相互作用的条件下，投入要素不仅包含能源投入，还包含资本、劳动等非能源投入。该方法能够有效解决单要素能源效率方法所面临的问题，可以较为客观、准确地度量一个国家或行业的能源利用水平，具有很强的普适性，因此近年来得到了广泛应用，并已逐渐成为国内外研究能源效率问题的最常用的方法之一。基于数据包络分析方法，Hu 和 Kao（2007）测算了 1991—2007 年 17 个亚太经合组织（Asia-Pacific Economic Cooperation，APEC）国家的全要素能源效率，并对节能目标的制定进行了阐述；Mukherjee（2007，2008）使用全要素能源效率测度方法分别对美国和印度制造部门的能源效率进行了测度；李世祥和成金华（2008）对我国主要的 13 个省份的工业部门的能源效率进行了测算；武春友和吴琦（2009）采用了超效率 DEA 模型对 2006 年我国 30 个省份的全要素能源效率进行了测算，并对提高能源效率的举措提出了针对性的意见和建议。

　　随着全球以温室效应为代表的生态环境问题的日渐突出，在测算能源效率的过程中，环境因素也逐渐受到重视，许多学者在这方面做了大量的工作。王姗姗和屈小娥（2011）将二氧化硫作为非期望产出，使用 DEA-Malmquist 生产率指数测算了我国制造业的全要素能源效率；王兵等（2011）运用基于 DEA 的方向距离函数方法测算了 1998—2007 年环境约束下的我国省级能源效率，并对其影响因素进行了实证检验；汪克亮等（2012）则将二氧化碳排放纳入全要素能源效率测度框架，测算了我国 2000—2007 年的省级能源效率，并对节能潜力进行了估算。

2.2.2　动态能源效率测度的研究进展

　　2.2.1 小节系统地总结了静态能源效率测度的研究进展。事实上，决策者不仅关注一个经济体的静态能源效率，还关注其在一个时间段内的改变，即动态能源效率。研究动态能源效率不仅可以观测一个经济体在某时间段内能源效率的改变，还可以揭示在时间序列上导致全要素能源效率值上升或下降的具体原因，这将有助于采取有针对性的措施提高能源效率。

在现有能源效率测度理论体系中，测度动态能源效率的常用方法是最初由 Färe 等（1994）提出的 DEA-Malmquist 指数法，该方法结合了 DEA 模型和 Malmquist 指数模型。运用 DEA-Malmquist 指数模型可以将全要素能源效率变动指数分解为纯技术效率变动指数、规模效率变动指数和技术进步变动指数。从经济含义上来讲，通过分解得来的 3 个指数分别代表了能源利用过程中的管理、规模及技术变动水平对能源效率变动的影响。基于 DEA-Malmquist 指数，许多研究对我国全要素能源效率在时间序列上的变化趋势以及变化的成因和影响因素进行了大量的探讨和研究。屈小娥（2009）运用 1990—2006 年我国省际面板数据和 DEA-Malmquist 指数模型将我国区域全要素能源效率变动指数分解为纯技术效率变动指数、技术进步变动指数和规模效率变动指数，并从管理、规模及技术 3 个方面探讨了 1990—2006 年我国各区域全要素能源效率上升或下降的原因，对后来能源效率及能源政策领域的研究具有重要的借鉴意义。魏楚和沈满洪（2007a）对我国 1995—2004 年各省份的能源效率进行了测算，发现这个时期内能源效率呈现"先上升，再下降"的趋势，并对影响能源效率的因素进行了分析。董锋等（2010）运用 DEA-Malmquist 指数考察技术进步对全要素能源效率的影响。张伟和吴文元（2011）基于 DEA-Malmquist 指数对长三角都市圈全要素能源效率变动指数进行了测算。李金凯等（2012）、魏玮和宋一弘（2012）、孙久文和肖春梅（2012）、陈德敏和张瑞（2012）等均采用 DEA-Malmquist 模型针对不同的地理区间或时空区间的区域全要素能源效率指数进行了测算和分析。

虽然使用 DEA-Malmquist 指数可以研究全要素能源效率的变动，并进一步将其分解为技术变动、纯技术效率变动和规模效率变动，但基于 DEA-Malmquist 指数的实证分析，只能得出各区域全要素能源效率的前后期变动状况及变动的原因，不能反映全要素能源效率的高低，动态模型的实证结果无法反映各区域之间的差异，因而基于 DEA-Malmquist 指数来研究我国的区域全要素能源效率存在一定的缺陷。

2.2.3 文献启示

基于以上综述不难发现，能源效率的测度是一个广受关注的话题，在近年来得到了较为系统的研究，并形成了以参数的和非参数的方法为主的能源效率测度理论体系。尽管如此，该领域仍有重要问题有待进一步解决。一方面，测度结果的稳健性有待进一步提高。许多研究表明，能源效率的测度依赖方法的选择，不同的测度方法得到的结果相差迥异，因而如何提高研究结果的稳健性是一个亟待解决的重要问题。另一方面，在能源效率测度过程中，投入产出指标的选择有待进一步优化。能源效率的测度依赖投入产出关系。在绝大多数研究中，能源被看作投入要素之一，但事实上，在能源的生产过程中，能源也是一种产品，因而如何确定投入产出的指标也是一个需要重点关注的话题。另外，从实证分析层面看，虽然国内已有相当多的学者和专家将 DEA 方法应用于我国的能源效率评价，但大多只从静态或者动态这种单一的层面来进行研究，这存在一定的局限性，不够全面，且大多数文献所研究的时间跨度比较短（一般在 10 年以内）。在研究区域能源效率时，大多基于传统的"三大区域（东、中、西部）"来做研究，而已有研究表明，传统的"三大区域"划分法存在一定的缺陷。这些理论和实证研究方面的局限性为本书研究工作的开展提供了创新的空间。

2.3　碳排放相关理论研究进展

本节将从碳排放的影响因素、减少碳排放的政策工具和技术措施、碳强度的影响因素、碳强度减排目标的设定，以及城市生活垃圾处理的碳排放等几个方面对碳排放的研究进展进行系统的综述和总结，为本书的研究工作提供文献基础。

2.3.1　碳排放的影响因素研究进展

近年来，国内外对碳排放影响因素及影响程度的研究逐渐增多，其中具有代表性的研究方法包括投入产出模型（梁进社等，2007）、IPAT 模型、STIRPAT 模型（York et al.，2003）、对数平均迪氏分解法（logarithmic mean Divisia index method，LMDI）（Ang，2005）、适应性加权迪氏分解法（adaptive weighting Divisa，AWD）、广义的费雪指数法（the genernalized Fisher index opproach，GFI）、Kaya Index（查冬兰和周德群，2007）和省域聚类分析等。

大量研究显示经济增长和技术进步是影响二氧化碳排放的最显著的因素。Wang 等（2005）采用 LMDI 方法对我国 1957—2000 年的二氧化碳排放进行了分解，结果表明代表技术因素的能源强度是减少碳排放的最重要因素。另外，经济增长也促进了碳排放的增加。魏巍贤和杨芳（2010）运用 1997—2007 年我国省份的面板数据对我国二氧化碳排放的影响因素进行实证分析，着重研究了技术进步（包括自主研发和技术引进）对二氧化碳减排的贡献。结果显示，我国二氧化碳排放总量的上升与经济总量的增长呈正相关；自主研发、技术引进对我国的二氧化碳减排具有显著的促进作用。李国志和李宗植（2011）利用 STIRPAT 模型对碳排放与各影响因素之间的关系进行分析，并利用 Kaya 方法对碳排放变化进行因素分解，结果表明，碳排放与经济增长之间呈现倒"U"形曲线关系，并且存在较强的排放惯性。因素分解结果显示，经济增长是碳排放最主要的驱动因素，技术进步对碳减排有较强的促进作用，但具有一定的随机性。程永凡等（2011）和徐国泉等（2006）的研究显示经济发展和技术进步对碳排放具有显著影响。

除经济增长外，人口、城镇化等社会因素对二氧化碳排放也有显著影响。Inmaculada 和 Antonello（2011）利用实证的方法研究了发展中国家城镇化水平对二氧化碳排放的影响，结果显示两者之间存在倒"U"形曲线关系，Phetkeo 和 Shinji（2010）也发现了同样的结果。Salvador 等（2008）采用 Lotka-Volterra 模型探讨了人口、GDP、能源消耗与碳排放量的相互关系，结果表明人口规模是二氧化碳排放的驱动因素，同时人口结构也对碳排放有影响。魏一鸣等（2008）运用 STIRPAT 模型分析了二氧化碳排放的影响因素，认为人口对二氧化碳排放量的影响很大，尤其是 15~64 岁人口所占比例；并利用对数平均迪氏指数分解的方法对碳排放量进行了指数分解，结果显示人口增长促进了二氧化碳排放的增加，其影响仅次于人均 GDP。陈莹敏和朱丽香（2011）利用 Kaya 恒等式，分析了影响福建省 2000—2009 年的碳排放的关键因素，结果显示人口增长因素对于碳排放的增加有一定的促进作用。许冬兰和刘晓芳（2011）的研究结果同样显示人口与碳排放量呈正向相关关系。

随着研究的不断深入，学者们考虑了更多新的因素。邵帅等（2010）考虑了能源消费结构因素并在研究模型中引入了政策虚拟变量。Sissiqi（2000）认为碳排放量与能源消费的增加几乎一致。李国志和李宗植（2011）认为碳排放存在较强的排放惯性，即本期二氧化碳排放量与上一期排放量关系密切。Paul 和 Michael（2009）以 1989—2003 年世界 169 个国家的面板数据为样本，研究了各国人均碳排放量与对美国出口量之间的关系，结果显示人均碳排放量与出口有着显著的关系，孙敬水等（2011）的研究也得到了类似的结论。

2.3.2　减少碳排放的政策工具及相关技术研究进展

减少碳排放的政策工具有很多，以应用范围来看，可从国家和国际两个不同层面进行讨论。国家层面的政策工具主要有排放税、排放权贸易、补贴、抵押返还系统、自愿协议和直接的政府投入或投资等。国际层面的政策工具主要包括国际排放权贸易、联合履约、国际自愿协议、清洁发展机制、协调排放税、国际排放税、直接国际资金和技术转移等（刘兰翠，2006）。在上述众多的政策工具中，排放税和排放贸易制度是控制温室气体排放最重要的两类政策工具（European Environment Agency，1996）。目前，国际上主要的二氧化碳减排技术有：提高能源利用效率和转换率，节约用能，如采用整体煤气联合循环（integrated gasification combined cycle，IGCC）、天然气联合循环（natural gas combined cycle，NGCC）等新型发电技术；采用燃料替代，大力发展低碳的化石燃料、核能、可再生能源和新能源；从化石能源的利用中分离和回收二氧化碳并加以封存（陈晓进，2006）。这些方案中相对节能和高效的用能技术、新能源技术及碳捕获和碳封存技术的发展已经引起学术界和决策者的广泛关注，其中碳捕获和碳封存技术尤其受到重视（魏一鸣等，2008）。从近 10 年的碳排放强度增长率看，我国各省份均呈下降趋势，尤其北京下降最为明显，这主要归功于北京市政府大力调整产业结构，积极应用节能技术，如为鼓励清洁技术出台了一系列政策及金融手段，征收污水处理费（税），率先成立了北京环境交易所等。

通过以上分析发现，影响二氧化碳排放的因素比较复杂，从已检索的相关文献来看，这些因素主要包括经济增长、技术进步、人口增长、城镇化水平、产业结构、能源消费结构和国际贸易分工等，但是不同地区的影响因素不尽相同。研究对象由宏观变成微观，针对特定地域和情形的研究将是未来研究的趋势。通过对减排政策工具和技术研究的文献回顾可以看出，大部分工作集中在分析某种减排措施对碳排放的影响上，缺乏对各种工具的综合考虑，以及某种政策工具可能带来的多重影响分析。这对于制定总体减排战略还远远不够，有待在理论和实践中进一步论证实施综合减排措施产生的各种效果。

2.3.3　碳强度研究进展

关于碳强度的研究主要是在前期碳排放影响因素的研究发展而来的，在探讨二氧化碳排放影响因素的过程中，大量学者对经济和二氧化碳排放的关系做了研究，其中最具有代表性的就是早期的环境库兹涅茨曲线（environmental Kuznets curve，EKC）理论。随着对环境问题研究的不断深入，大量的研究转变为对温室气体排放强度的研究，特别是近年来对二氧化碳排放强度的研究日渐成为环境研究的重点领域之一。目前对于碳强度的研究主要集中在碳强度的差异性研究和碳减排目标研究。其中，碳强度的差异性研究主要集中在地区间的差异和行业间的差异两个方面。Ang 和 Zhang（1999）指出二氧化碳排放的强度在不同的国家和时期可能存在较大的差异。魏一鸣等（2008）分析了不同经济发展阶段的二氧化碳排放强度和经济发展之间的关系，分别研究了世界整体水平、典型发达国家（美国和日本）、代表性的发展中国家（中国和印度）的二氧化碳排放强度与人均实际 GDP 之间的变化关系，客观反映了碳强度的地区间差异。一些研究分别对电力部门、生产部门、货物运输部门、居民服务部门、私人交通等部门的碳强度进行了探索，并对影响不同部门碳强度的最主要因素展开了分析，结果显示不同部门间碳强度数值存在较大差异，且主导因素也不尽相同。Chung 等（2009）、Perch-Nielsen 等（2010）分别针对韩国和瑞士等国家的不同行业碳强度情况进行了研究，并对其影响因素进行了探讨。

2.3.4　碳强度减排目标研究进展

随着气候谈判的不断升温，许多国家基于"共同而有区别的责任"给出了各自的分配方案建议。例如，McKibbin-Wilcoxen 方案是一种长期配额和年度配额的混合方案，具有一定的灵活性，但是并没有考虑历史责任的因素，没有引入国际合作机制。2005年，荷兰环境评估局提出了"达到欧盟 2 度气候目标"方案。这个方案设定不同的二氧化碳当量稳定水平，针对不同的稳定水平提出了一组多气候排放轨迹。在 2008 年国际能源署（International Energy Agency，IEA）的年会上专门讨论了不同气候变化情景下的前景、技术与政策措施。我国学者丁仲礼在其 2009 年发表的文章中论证了"人均累计排放指标"最能体现"共同而有区别的责任"原则和公平正义准则，并进一步为各国制定了碳排放空间。

2009 年 11 月 26 日，中国政府公布了到 2020 年单位 GDP 的二氧化碳排放比 2005年下降 40%～45%的行动目标。如何实现这一目标，如何进行区域碳减排责任分配引起专家学者的关注。林卫斌和俞燕山（2011）对我国实现碳强度目标的路径进行了研究，认为要想实现这一目标需同时降低能耗强度与调整能源结构，而有效降低能耗强度的根本出路在于推进能源产业市场化改革，纠正能源价格扭曲，并加强对环境污染的社会性管制。李全生和郁璇（2012）对碳排放区域格局与区域经济发展的关系展开研究，在人均碳排放原则与 2020 年各省份的碳排放配额预测数据的基础上，根据我国区域经济发展不均衡和碳排放量不均等的现实，提出国家应在区域间建立碳强度减排机制和碳减排项目合作机制。李燕等（2012）基于国家碳排放强度降低的目标，对高排放强度省区 2010—2020 年的碳排放进行了情景分析，并以甘肃为例分析了其 2005—2010 年碳排放的基本状况和碳排放强度降低的原因，根据不同的经济发展速度、能源强度和减排目标设定了多种不同的碳排放情景，并对不同情景进行了地区间的对比。

通过以上分析发现，随着碳排放与经济关系的研究和能源强度研究的不断深入，碳强度的研究已经成为热点话题，但目前的研究多从全球或国家的宏观层面上探讨各国的分配机制，且并没有一项被各国公认的机制。中观层面上，对行业间碳强度的分解虽然有文献做了初步探讨，但并没有形成系统的理论。针对我国碳强度目标实现情况的研究也多是在国家的大目标下展开的，忽略了地区间差异，难以为各省份或者地区提供切实有效的路径选择。

2.3.5　城市生活垃圾处理的碳排放研究进展

1. 可持续发展理论

1980 年，《世界自然保护大纲》第一次将"可持续发展"这个词作为术语提出来（IUCN，1980）。"可持续发展"是"可持续性"和"持续发展"的结合，强调既要重视发展，也要重视资源、社会和环境等各方面能够保持在一定的水平上。《世界自然保护大纲》中"可持续发展"的内涵被归纳为：建立可以极少地产生污染物和废料的技术或者工艺系统，同时加强环境系统的生产和更新能力，在不减少环境资源的基础上，最终实现经济的持续发展，以及持续地提高生活品质。或者可以这样说，"可持续发展"是指人类能够在相当长的一段时间里，在不破坏环境承载力与资源的前提下，使"经济—社会—自然"这个复合系统得到协调发展。1987 年，世界环境与发展委员会发表了《我们共同的未来》的报告。该报告从理论上阐述了可持续发展是人类解决环境与发展问题的根本原则，认为"可持续发展是在满足当代人需求的同时，不损害人类后代满足其自身需求的能力"，并指出满足人类的需要和愿望是发展的主要目标，它包含经济和社会循序渐进的变革。显然，该定义中包含两个重要的概念：一是"需要"，尤其是世界上贫困人口的基本需要，应放在特别优先的地位来考虑；二是"限制"，即技术状况和组织对环境满足当前和未来需要能力施加的限制。可持续发展的指导思想要求决策者在制定政策时，必须确保经济增长绝对建立在生态基础上，遵循生态法则，确保这些基础受到保护和发展，以使其可以支持长期的增长，解决环境问题的根源。生产者责任延伸理论正是遵循这样一种原则，通过对生产者设计对环境更友好产品的责任和产品消费后回收和处理处置责任的"两极"延伸，实现生产者对产品生命周期的环境保护负责。通过对产品上游阶段设计，消费后下游阶段回收、处置再循环责任追加，降低产品潜在的环境危害风险，这种责任制度的追加客观上降低了产品的环境危害性及回收处理的难度，能最大限度地实现因产品引发的环境风险的防范及环境生态价值的维护，并且可以大大降低能源及原材料的使用量，实现资源的有序有效利用，确保经济的可持续发展。

2. 环境权理论

20 世纪 70 年代，美国学者萨克斯提出了环境资源的"共有说"和"公共委托说"。他在其学说中指出：由于环境资源的自然属性及其对人类社会的重要性，其应被认定为全体国民的"公共财产"，任何人都不能独自对其任意行使占有权、支配权和对其进行任意损坏（周训芳，2003）。在此基础上，有人提出了环境权的观点，这种观点认为每个公民都有在良好的环境下生活的权利，应受到法律的保护。环境资源作为一种公共物品，具有非竞争性、非排他性及衡量尺度的不确定性的属性，因此，如果一部分人对环境资源的开发利用不适当就会侵害另一部分人的利益。为了使公众的环境权得到保障，必须约束危害他人环境权利的行为。

3. 循环经济理论

循环经济的思想萌芽于 20 世纪 60 年代美国经济学家肯尼思·鲍尔丁提出的"宇宙飞船理论"（周训芳，2003）。该理论的核心是，如果人们像过去那样不合理地开发资源和破坏环境，一旦超过地球的超载能力，就会像宇宙飞船那样走向毁灭。人类应以"循环式经济"代替传统的"单程式经济"，即人类社会的经济活动应该从效仿以线性为特征的机械论规律转向服从以反馈为特征的生态学规律。在鲍尔丁提出循环经济概念后，国际社会对此进行了深入的研究，目前国际社会所达到的共识是，循环经济的核心内涵是一种环境友好的社会经济增长和发展模式。

循环经济的建立依赖一组以"减量化（reducing）、再使用（reusing）、再循环（recycling）"为内容的行为原则，即 3R 原则。每一个原则对循环经济的成功实施都是必不可少的。减量化或减物质化原则属于输入端方法，旨在减少进入生产和消费流程的物质量；再使用或反复利用原则属于过程性方法，目的是延长产品和服务的时间强度；再循环或再生利用原则属于输出端方法，通过把废弃物再次变成资源以减少最终处理量（周珂，2006；林晖，2010；王丽杰等，2013）。

4. 关于城市生活垃圾的研究现状

城市生活垃圾在处理过程中产生的碳排放是温室气体的重要来源。为了制定针对生活垃圾的碳减排策略，国内外学者分别采用 IPCC 推荐的方法（赵磊等，2010；徐思源等，2010）、基于清洁发展机制核算方法（Elhanandeh and Elzein，2009；陈移峰等，2007）和生命周期评价（life cycle analysis，LCA）方法（瞿贤等，2008；邵立明等，2009）对生活垃圾填埋、焚烧等不同处理方式的碳排放展开了研究，并对生活垃圾处理技术和整个处理系统的碳排放进行分析，提出了相应的措施，如改进的工艺技术（赵由才等，2009）、恰当的分类系统（Calabro，2009）和优化的工艺流程等（Zhao et al.，2009；Batool and Chuadhry，2009；Mohareb et al.，2008）。

尽管核算生活垃圾处理的温室气体排放的方法很多，但计算的结果趋势趋同。Mohareb 等（2011）对比了《IPCC1996 指南》《IPCC2006 指南》、美国环保署的垃圾减量模型（waste reduction model，WARM）和加拿大气候保护城市联盟等使用的 4 种不同的生活垃圾碳排放计算模型，发现在填埋垃圾已经较为稳定的情况下，4 种方法计算出来的碳排放结果基本相同。但是如果引进其他垃圾处理方法对填埋垃圾进行分流后，《IPCC2006 指南》计算出的结果会明显大于其他 3 种模型的计算结果。《IPCC1996 指南》推荐的核算方法提供了大量的缺省值，适合生活垃圾处理产生的碳排放的估算（Mohareb et al.，2011）。

国内外学者针对生活垃圾温室气体排放的核算开展了相关研究。Bogner 和 Matthews（2003）使用《IPCC1996 指南》推荐方法研究了 1980—1996 年全球垃圾填埋场每年的甲烷排放量和甲烷回收利用情况。研究结果显示，美国和一些发达国家的甲烷回收率逐年增长，而甲烷排放量在逐年减少（Bogner and Matthews，2003）。陈移峰等（2007）

采用《IPCC1996 指南》推荐的经验公式估算了我国每年垃圾填埋沼气中产生的温室气体排放量，提出垃圾填埋沼气具有巨大的回收利用潜能，并针对填埋、堆肥、焚烧这 3 种常见的垃圾处理方式，提出了将垃圾焚烧回收能源、有机垃圾高温堆肥改为厌氧消化、回收并利用沼气发电、收集并利用填埋沼气发电的温室气体减排措施(陈移峰等，2007)。张婷等（2011）分析了 2001—2010 年合肥市生活垃圾的产量和物理组成变化，采用《IPCC1996 指南》的经验模型，并根据合肥市生活垃圾的管理和处置现状选择相应的计算参数，分析了 2001—2010 年合肥市垃圾填埋产生的碳排放变化趋势。赵磊等（2010）分别采用《IPCC2006 指南》推荐的经验公式和 LCA 方法对生活垃圾 3 种不同的处理方式产生的碳排放进行了计算和对比，发现 LCA 方法虽然考虑了垃圾处理全过程，但诸多数据难以获得，不能被确定为权威的核算方法。李欢等（2011）利用 IPCC 的质量平衡模型，在核算生活垃圾处理技术的碳排放的基础上，通过低碳化程度评价方法，建立了面向不同层次的生活垃圾低碳化策略。朱文婷和韦保仁（2011）根据《PAS2050 规范》的指导，结合 LCA 方法和 LandGEM 模型，对苏州市生活垃圾填埋和焚烧处理的生命周期过程进行了碳足迹核查，详细列出了垃圾处理过程中可能的温室气体排放源，计算各排放源的电耗或能耗，并通过与温室气体排放系数相乘最终转化为苏州市生活垃圾处理温室气体排放量（朱文婷和韦保仁，2011）。潘玲阳等（2011）通过问卷调查与实地采样两种方法，分析不同地区家庭生活垃圾产生的特征，并通过 LCA 方法，对比混合填埋、混合堆肥、混合焚烧及分类处理 4 种垃圾处理方案的温室气体排放，提出相应的垃圾管理对策。

影响城市生活垃圾处理的碳排放的因素有很多，大体可以分为两个方面：生活垃圾产量和组分，以及生活垃圾处理和利用方案。

很多学者通过研究发现生活垃圾产量和组分随着居民生活水平的提高和生活方式的改变发生了很大的变化（张婷等，2011）。刘永德等（2005）以太湖流域的一个行政村为研究对象，依托新建的生活垃圾收集系统的运行和对村民的社会经济状况调查，分析了该村生活垃圾产生的特征及影响因素，发现村民收入水平的增长、实际务农劳动力的减少、家庭养殖的萎缩、燃料的气体化和水冲卫厕的普及与垃圾量增长间存在一定的相关性。杜吴鹏等（2006）采用数学统计方法，通过对中国城市生活垃圾量的变化趋势及影响因子分析，证实了城市生活垃圾的产生与非农业人口数量、国民经济发展水平、城市建成区面积，以及城市人口数量和城市数量等因子有较好的相关关系。梁广生等（2003）采用多元线性回归分析主要考虑影响垃圾产生量的内在因素，包括人口（用非农业人口、暂住人口和旅游人口之和反映）、社会经济发展水平（用 GDP、社会商品零售总额、道路清扫面积和供热采暖面积 4 项指标反映）和居民生活水平（用非农业居民的年消费和居民燃气率来反映）3 个方面。

低碳化的生活垃圾处理和利用方式能有效地减少生活垃圾的碳排放。不同属性的垃圾有不同的处理方式，近年来很多学者对城市生活垃圾处理方式的选择做了大量研究，希望能为城市生活垃圾处理方式的选择提供决策依据。聂永丰（2010）对城市生活垃圾低碳处理的方式和设施建设进行了详细的比较研究，认为垃圾中的有机物主要可通过回收堆肥等进行无害化处理，或做成动物饲料，也可以将垃圾中的有机物发酵产生的温室气体甲烷作为燃料。垃圾中的可回收废弃物是具有利用价值的资源，可以通过多次分拣获取，有效减少能源消耗与环境破坏。垃圾中可燃物成分及一些不能利用的物品，需要采取填埋、焚烧或者其他的处理方式。郝丽等（2012）研究了西安市 2002—2010 年生活垃圾填埋处理过程中直接和间接温室气体排放量的变化，发现西安市生活垃圾填埋处理方式的减排潜力很大，加强垃圾回收和分类、改造生活垃圾填埋场地和开发利用沼气能源，能有效实现节能减排。

Mariëlle 等（2013）采用仿真模型对比了废弃物回收利用和焚烧两种方式的能源节约量和二氧化碳减排，结果表明，参考荷兰 2008 年的废弃物处理情况，高质量的回收利用每年可以减少 230 万吨二氧化碳排放，而焚烧仅能达到回收利用的约 1/3，每年仅减少 70 万吨二氧化碳排放，尽管如此，还应进一步综合评估废弃物高质量回收利用政策的经济性和技术性。Leão 和 Tan（1998）研究了圣保罗回收利用塑料、金属、纸和玻璃后对二氧化碳排放的影响，结果表明，在没有回收利用的情况下每年的二氧化碳排放量为 33 万吨，在有回收利用的情况下每年的二氧化碳排放量减少为 13 万吨，减排效果显著，若考虑经济等方面的因素，焚烧是相对最好的选择。

5. 生活垃圾减排政策综述

1972 年，经济合作与发展组织（Organization for Economic Cooperation and Development，OECD）环境委员会提出了"污染者付费原则"（polluter pays principle，PPP），规定污染者必须承担削减污染措施的费用。1974 年，该机构提出 PPP 基本上是无补贴原则，污染者应该承担采用污染控制措施的全部费用。1976 年，OECD 联合委员会制定的《综合废弃物管理政策》中的第一条指出：为达到环境保护目标，合理使用能源和资源，联合委员会建议考虑使用经济强制手段以保证这一目标的实现。近年来，环保资源利用被纳入 PPP 中，也就是在"污染者付费原则"的基础上增加了"使用者付费原则"（user pays principle，UPP），而对于一些特殊的污染问题，使用者付费原则往往要比污染者付费原则更有效。Wertz（1976）最早研究了用户收费对居民垃圾排放数量的影响。

我国很多学者开展了城市生活垃圾处理机制改革方面的研究。蒋建国（2005）对国内外城市在环境卫生基础设施建设与管理方面的先进经验进行了详细比较，深入分析了我国城市环境卫生基础设施建设和管理存在的问题，并提出解决问题的可行性建议。朱占波（2008）通过系统分析垃圾处理设施的建设与运营模式，提出了政府与企业合作的可持续发展模式。徐艳华（2007）提出我国垃圾处理的管理体制改革进展缓慢，政府主管部门直接负责垃圾处理设施建设和运行管理，存在政企不分、政事不分和管干不分等问题，建议进一步打破垄断，实现投资管理市场化，组建经济实体，建立现代企业制度，使其尽快成为自主经营、自负盈亏的法人实体和市场主体。

通过以上文献的梳理，我们发现目前国内外学者对城市生活垃圾碳排放的研究主要集中在方法论上，主要是对生活垃圾碳排放量的测算和发展趋势研究。总体来看，对城市生活垃圾处理的碳排放影响因素的研究还比较少，同时存在以下局限性：①传统的研究大多是比较不同生活垃圾在不同处理方式下的碳排放量，综合测算生活垃圾碳排放量及研究其发展趋势的文献较少；②较少文献以面板数据为基础从时间和地点两个维度对比分析生活垃圾碳的排放量；③虽然有很多学者展开了生活垃圾产量影响因素的研究，但缺乏对生活垃圾碳排放量影响因素的系统分析。

2.4　低碳经济研究进展

全面把握国际、国内关于低碳经济的研究现状，积极借鉴已有的成功经验，既是推进节能减排工作的必然途径，也是本研究的逻辑起点。低碳经济指通过更少的自然资源消耗和环境污染，获得更多的经济产出，其实质是能源效率和清洁能源结构问题，核心是能源技术创新和制度创新，目标是减缓气候变化和促进人类的可持续发展（庄贵阳，2005），它与可持续发展理念和资源节约型、环境友好型社会的要求是一致的（金乐琴和刘瑞，2009）。

从各国对低碳经济理论的研究来看，主要集中于理论内涵的延伸，以及减排成本，区域、城市低碳经济示范和低碳经济评价体系等方面。宋德勇和卢忠宝（2009）、陈柳钦（2009）等从各国发展低碳经济的政策工具设计的角度，提出了低碳经济的 5 种理论：基础市场失灵理论，产权理论，信息不对称、委托-代理理论，不确定性理论，生态工业学理论。环境经济学家借助库兹涅茨曲线关系的逻辑，提出了环境库兹涅茨曲线的概念（Grossman and Krueger，1995），认为环境质量同经济增长一样也呈倒"U"形曲线关系，Schmalensee 等（1998）和 Ankarhem（2005）都验证了二氧化碳排放与人均收入之间的倒"U"形曲线关系，但也有例外的情况。Shimada 等（2007）构建了一种描述城市尺度低碳经济长期发展情景的方法，并将此方法应用到日本滋贺地区。依据我国能源比例和全球二氧化碳排放源，部分学者借鉴国内外相关研究，构建了低碳经济综合评价模型，如国内学者的基于层次分析法（analytic hierarchy process，AHP）的低碳经济综合评价、基于物质流分析法（Substance flow analysis，SFA）的低碳经济综合评价、投入-产出（I-O）模型、宏观经济模型（凯恩斯模型）、可计算的一般均衡模型（computable general equilibrium，CGE）和动态能源优化模型等（刘冰，2011）。随着理论研究的不断成熟，低碳经济的思想正逐渐由理论应用到实践。

从各国发展低碳经济的实践来看，发展低碳经济主要包括以下几种方式：产业的低碳化，包括将高碳产业的上、下游产业链低碳化，以及降低高碳产业经济在整个国民经济中的比例（吴垠，2009）；优化能源结构，调整能源使用方式和能源消费结构，使能源沿着从高碳到低碳、从低效到高效、从不清洁到清洁、从不可持续到可持续的方向发展（冯之浚和牛文元，2009）；技术创新，包括节能和清洁能源、煤的清洁高效利用、可再生能源、核能、碳捕集和封存等涉及温室气体排放的新技术（任力，2009）；管理模式创新，实施"立体式"控制的经济发展模式，从污染源头开始治理，对生产的全过程进行控制（王文军，2009）；增加碳汇，通过加强森林的可持续经营和植被恢复及保护，开展造林、再造林碳汇项目；引导低碳消费和低碳生活，可引导家庭合理消费、个人文明消费、企业低碳生产与消费，并且政府要合理引导消费，坚持低碳化运作（陈晓春和张喜辉，2009）。

　　低碳经济发展的动力和核心是技术创新，我国要顺利实现低碳经济很大程度上取决于低碳技术创新。低碳技术创新是一个通过技术范式的转变来实现对原有技术经济系统进行破解并形成新的系统的过程，正如 Berkhout（2001）指出的那样，真正的革命性创新（低碳技术）起于毫末，但最终将通过技术与社会系统的共同进化创造一个新的社会经济系统。因此，对低碳技术系统构建的研究十分有必要。以往对技术创新体系的研究基本集中于以技术创新的主体为主线进行架构建设，分别以政府、企业、科研院所等创新主体为依托进行技术创新体系的设计。黄栋（2010）在《低碳技术创新与政策支持》一文中提出低碳技术创新具有周期性的特征，其生命周期可以分为研究开发（R&D）、示范推广和产业化应用 3 个阶段。赵卓和肖利平（2010）对低碳经济和技术创新的关系进行了研究，认为低碳是技术创新的方向和指引，技术创新是实现低碳经济的内在驱动力。

　　目前，关于低碳经济及其相关理论的概念及含义有很多，但是对它们之间的关系缺乏系统的梳理，一些基本理论和基本关系不够清晰，影响公众、企业甚至政府对低碳经济的正确认识。对于发展低碳经济的方式还要按照各地区经济发展程度的差异进行有区别的研究。从现有的文献来看，学者们对低碳经济的研究已经取得了很大的进展，国内学者在借鉴国外低碳经济理论和实践的基础上，也提出了我国实施低碳经济的政策和协调发展机制，但这些研究主要是针对某个单一方面进行的，并未形成较为完善的体系，因此对低碳经济体系性的研究还具有很大的空间。

2.5　煤炭产业链演化趋势研究进展

1. 国外学者的研究

　　国外学者对煤炭的研究主要集中在采选业、煤炭产业的绿色供应链及采选业经营等方面。

　　1）对采选业的研究。Dietzenbacher 和 Vander Linden（1997）对欧洲 7 国采选业的前向关联、后向关联和空间关联进行了研究，结果显示 7 国的生产结构十分相似，比利时及荷兰对其余 6 国的依赖程度较高；Cristóbal 和 Biezma（2006）等对欧盟的采选业进行了分析，发现德国的煤炭开采业、瑞典的铁矿开采业及奥地利等国的采矿和采石业是 3 个最关键的子部门；Paulo 和 Janaina（2016）对巴西的采矿业进行了微观层面的关联度分析，发现采矿产业的创新会对其他产业的创新产生影响，产业内各利益部门希望通过这些联系降低成本，但是政府和企业都没有采取积极措施来保护这些联系；Csiminga 等（2015）对罗马尼亚煤炭产业的竞争性优势进行了研究，并对该行业的竞争潜力和它的决定因素进行评估。

　　2）对绿色供应链的研究。Simonov 等（2015）介绍了一个应用在采选业的绿色供应链的全面框架，该框架可以用于实际管理决策等方面，为今后在矿业行业绿色供应链实践中的重要的未来研究奠定了基础；Simonov 等（2016）采用了先前所提出的全面的绿色供应链管理理论，确定了该框架内部之间的相互联系和影响，并确定了绿色供应链管理框架对采矿业相关组织绩效的持续影响（经济、环境和社会三重底线）。Akhilesh

和 Kamalakanta（2013）对印度采选业实施绿色供应链管理的挑战进行了研究，研究发现主要的屏障是社会缺乏环境意识、立法力度不强及社会压力不足。

3）对采选业经营方面的研究主要讨论了采选业如何在社会许可政策下开展经营、履行社会责任和义务，以及煤炭经营对社会结构等各方面的影响（John and Deanna，2013；Jason and Scott，2012）。

2. 国内学者的研究

国内学者对煤炭产业链的研究主要集中在煤炭产业链的发展模式、煤炭产业与循环经济和煤炭产业链效率评估 3 个方面。

1）针对煤炭产业链的发展模式的研究。任一鑫等（2004a）对煤炭企业的价值链进行了研究，并对构建煤炭企业产业链的必要性进行了分析，认为煤炭企业科学地进行业务重组，优化产业价值链是提升企业竞争力的必然趋势；在此基础上，他们以兖矿集团为例对煤炭产业链的发展模式进行了初步的探讨，认为煤炭产业链的发展模式主要包括 3 种，即以供应链为核心的产业链模式、以基本价值主链为核心的产业链模式及价值链延伸方向的产业链模式（任一鑫等，2004）。陆刚等（2005）将我国大型煤炭企业的产业链构成模式归纳总结为 5 种，分别是煤炭、电力综合开发模式，煤炭、电力、焦油、化工综合开发模式，煤炭、电力、高能耗产业综合开发模式，煤炭、气（液）化综合开发模式，以及煤炭、电力、路（港、航）综合开发模式。宋威和张汝根（2009）分析了黑龙江煤炭产业链延伸的背景和模式，认为黑龙江基于煤炭产业的纵向产业链短，可以从地区比较优势方面决定产业链的延伸方向，同时结合矿区的现有技术来降低经营风险。战彦领（2009）对我国煤炭产业链的演化机理与整合路径进行了研究，分析了煤炭产业链在深度和广度上延伸的影响因素，并对如何延伸产业链的问题进行了探讨。

2）针对煤炭产业与循环经济的研究。王纲等（2011）针对我国煤炭产业发展循环经济面临的问题与挑战进行了研究，提出了发展煤炭循环经济的基本原则和思路，构建了基于循环经济的煤炭产业链，并介绍了洁净煤技术、煤炭清洁生产技术和煤炭开采伴生物的综合利用技术，这是发展煤炭产业循环经济的 3 种核心技术。袁锋等（2010）对循环经济产业链的典型发展模式进行了研究，并以我国淮南矿业集团为例，分析和论证了其煤炭循环经济产业链的发展模式。何华兵（2006）在对国内外煤炭企业发展过程中存在的问题和经验进行调查分析的基础上，针对传统经济模式和循环经济模式的差异特征进行了研究，并借鉴国外发展循环经济的经验与教训，构建了我国发展煤炭企业循环经济的一般模式。赵淑英和王鑫（2009）对煤炭产业发展循环经济的优势进行了分析，对煤炭纵向主导产业链发展模式和横向耦合产业链发展模式进行了研究，结合这两种模式构建了我国煤炭产业循环经济的综合发展模式，并对陕北能源化工基地的发展实践进行了分析和论证。翁翼飞等（2008）对我国国有大型煤炭企业发展循环经济的 4 种模式——西山模式、同煤模式、兖矿模式和抚矿模式进行了研究，分析了各个模式的共有特性，认为煤炭企业发展循环经济需遵循循环经济的共有性质，同时需要因地制宜，构建自身特有的发展模式。

3）针对煤炭产业链效率评估的研究。李世祥等（2015）对我国的煤炭产业效率及规制效应进行了分析，指出在 2007—2012 年我国煤炭产业平均全要素生产率相对稳定，但技术效率出现了恶化趋势，规模较大企业的全要素生产率和技术效率都高于规模较小企业，而特大型企业的规模效率却不一定高。王志宏等（2012）研究了煤炭及相关产业的产业关联情况，确定了煤炭产业链的基本类型，同时利用 DEA 方法对我国 19 个地区的煤炭产业链效率进行了评价和分析，结果表明，我国不同煤炭产业链效率的差别比较大，东部地区的产业链效率明显高于西部地区。吕涛等（2009）以 DEA 方法为基础构造了区域产业链效率评价的一般方法，并对各省区煤炭产业链的技术效率、规模效率和整体经济效率进行了计算和比较，研究结果表明，不同省区之间煤炭产业链效率差别较大，东部地区产业链效率高于中西部地区，产业链效率损失主要体现在技术效率上。李兰兰等（2012）等对我国煤炭产业链进行了系统仿真与优化，研究认为煤炭产业链中上游与下游企业的关联程度需要强化，煤炭产业集中程度、煤炭企业的总投资比例及环保投资比例需要提高，煤炭企业的生产投资比例需要降低。

2.6　本　章　小　结

本章主要对相关科学问题的研究进展进行了梳理。首先对效率的内涵、测度方法进行了回顾，对什么是效率这个本质问题进行了剖析；其次对研究效率引申出来的能源效率问题进行分析，利用效率的本质含义提出研究能源效率问题的方法；再次对非期望产出的处理方法进行了总结，分析和梳理已有文献的研究思路和解决方式；最后对碳排放的影响因素、碳强度的研究进展进行了总结和梳理。通过系统的分析发现：

1）从研究方法上看，现有文献已经构建了较为系统的方法探究能源效率定义与测度、碳强度的影响因素以及碳排放与经济增长之间的关系等关键科学问题。但是相关理论体系仍然存在一定的局限性。首先，测度能源效率的生产可能集的概念有待进一步延拓。当前的研究大多采用单期的生产可能集来测度能源效率，由该方法测度的能源效率存在不能直接进行比较的局限性。其次，动态能源效率的测度还有待进一步改进，在研究能源效率的变动的因素时，许多研究忽略了规模效率这一关键因素。最后，在测度碳强度的影响因素时，现有研究存在影响因素考虑不全、不同的研究选择的影响因素存在较大差异、测度的结果也存在较大差异的局限性。因此，在碳强度的影响因素选择及方法的建立上仍存在提升的空间。

2）从具体实践来看，大量研究已有的理论方法对我国区域、行业和企业层面的能源效率和碳强度的影响因素等开展了较为系统的研究。但在新的节能减排政策背景下，我国典型区域应该如何设计节能减排路径还有待进一步讨论。

提高能源效率和降低碳强度不仅是科学技术问题，还是经济、社会、环境和发展的问题，具有高度复杂性、综合性和系统性。有关碳强度的研究仍在不断推进，力求研究成果更具科学性和实用性。当前的研究热点主要是讨论如何将理论与现实相结合，探索一条适合中国国情的以低碳经济为基础，以节约能源资源、提高利用效率和开发可再生能源为主线的可持续发展道路。我国正处于工业化、城镇化加快发展的重要阶段，积极响应国家号召，努力实现碳强度目标，缓解我国减排压力，是未来我国经济社会发展义不容辞的责任。加强对碳强度实证的研究对于政府了解温室气体排放现状和水平，进行产业结构调整，制定节能减排政策工具有较强的应用价值。另外，开展碳强度的学术研究，在一定程度上丰富了低碳经济和节能减排的相关理论，为以后相关研究的开展提供了有益的参考。

第 3 章　能源效率与碳强度测度的一般理论与方法

能源是推动国民经济快速发展的重要动力之一。然而，能源尤其是化石能源的使用存在显著的负外部性，它在推动经济发展的同时，其使用过程中所排放的二氧化碳给缓解全球气候变暖带来了严峻的挑战。因此，提高能源效率、降低能源的使用量，不仅能为经济长期地稳定增长提供动力，也是实现可持续发展的有效举措之一。当前，许多文献已经对能源效率及碳强度展开了广泛的研究，但是由于对概念的界定不清、测度方法的差异，研究结果也相差迥异。为此，本章将对已有文献进行系统梳理，对能源效率及碳强度的测度方法进行系统的归纳总结，为本书的研究提供理论支撑。

3.1　静态能源效率测度的一般理论与方法

根据 2.1 节的讨论可知，要测度一个决策单元的能源效率，最主要的工作就是测度最优等产量线或者说生产前沿。当前，学术界构建了多种方法来测度该生产前沿，总体上，按照是否需要假设生产函数可以分为非参数的能源效率测度方法和参数的能源效率测度方法两种。本节将重点归纳总结这两种方法。

3.1.1　非参数的能源效率测度方法

非参数的能源效率测度方法的建立主要借助 DEA 理论，它于 1978 年首先由 Charnes 等提出，并被广泛应用于教育、银行、医院和环境等领域的相对效率和绩效的评估（Charnes et al., 1978）。在 DEA 的理论框架中，最显著的特点是生产过程被看作一个"黑箱"，决策者不需要对生产函数形式做具体的假设，仅通过各决策单元的投入产出数据来对其效率或者绩效展开评价。本节将对 DEA 方法的基本思想做简要介绍。

1. DEA 的基本思想

对于利用一定的投入要素（如劳动力、资本等）去生产一定产出的决策单元（如商业银行、医院、发电装置等）来说，决策者总是期待利用最小的投入得到最大的产出。事实上，这里的"最小投入"和"最大产出"都是一个相对概念。测度决策单元将投入转化为产出的能力涉及生产效率的评价问题。要评价一个决策单元的生产效率，首先要构建效率指标。对于仅有一个投入要素和一个产出要素的决策单元来说，生产效率指标比较容易构建，可以直接构建为产出要素和投入要素的比值。通过比较该比值便可以得出各决策单元的生产效率的高低。对于具有多个投入和多个产出的决策单元来说，在评价其效率水平之前，首先也要构建效率指标。通常地，我们将该效率指标定义为加权产

出和与加权投入和的比值（Charnes et al., 1978），即决策单元 o 的效率指标可以表示为

$$h_o = \frac{\sum\limits_{r=1}^{s} u_r y_{ro}}{\sum\limits_{i=1}^{m} v_i x_{io}} \tag{3.1}$$

式中，x_{io} 表示决策单元 o 的第 i 个投入要素；v_i 表示第 i 个投入要素的权重；m 表示投入要素的个数；$\sum\limits_{i=1}^{m} v_i x_{io}$ 度量了决策单元 o 的 m 个投入要素的加权和；y_{ro} 表示决策单元 o 的第 r 个产出要素；u_r 表示第 r 个产出要素的权重；s 表示产出要素的个数；$\sum\limits_{r=1}^{s} u_r y_{ro}$ 度量了决策单元 o 的 s 个产出要素的加权和；h_0 表示由决策单元 o 的加权产出和与加权投入和的商构成的效率指标。

按此方法，每个决策单元均可构建一个效率指标，通过人为地选取一个公共权重向量，决策者便可得到每个决策单元具体的效率值。然而，人为地赋权存在一定的主观性，由此得到的评价结果会导致一定的争议。为了更加准确客观地评价各个决策单元的生产效率，Charnes 等（1978）首次提出了使用最优化的方法确定权重。具体地，评价决策单元 o 的效率时，将其效率指标 h_o 作为目标函数，而所有待评价决策单元的效率指标 h_j（$j=1,2,3,\cdots,n$；n 表示所有待评价决策单元的个数）介于 0 到 1 之间为约束条件。通过该优化模型得到决策单元 o 的权重，从而客观公正地得到其效率值。该优化模型用数学语言可以表述为（Charnes et al., 1978）

$$\max h_o = \frac{\sum\limits_{r=1}^{s} u_r y_{ro}}{\sum\limits_{i=1}^{m} v_i x_{io}}$$

约束条件：

$$\frac{\sum\limits_{r=1}^{s} u_r y_{rj}}{\sum\limits_{i=1}^{m} v_i x_{ij}} \leqslant 1, j=1,2,\cdots,n;$$

$$u_r \geqslant 0; v_i \geqslant 0; r=1,2,\cdots,s; i=1,2,\cdots,m. \tag{3.2}$$

模型中权重变量 v_i 和 u_r（$r=1,2,\cdots,s; i=1,2,\cdots,m$）为决策变量，其余变量均为已知参数。通过求解该模型便可以得到决策单元 o 的权重向量。由于目标函数为决策单元 o 的效率指标，故而通过优化模型（3.2）求解得到的权重对决策单元 o 是最有利的，是决策单元 o 的最优权重。对于每个待评价的决策单元，决策者均可以构建一个类似模型（3.2）的最优化模型，得到待评价决策单元的最优权重向量，进而得到最优权重下的效率值。因而，通过最优化模型求得的权重对每一个待评价决策单元来说都是最优的。相比之前的公共权重，这种差异化的最优权重有效地避免了因评价结果的差异引起的争端。值得一提的是，从最优化的角度看，模型的约束条件中 $h_j \leqslant 1$ 并不是本质的。事实

上，该约束条件可以一般化为 $h_j \leqslant R$（R 为任意正数），但是考虑后续模型的变形及经济含义，$R=1$ 更科学合理。显然，$\max h_o \leqslant 1$。因而，所有决策单元的效率值均介于区间 $(0,1]$，故而模型（3.2）得到的效率指标是一个标准化的效率指标。值得一提的是，模型（3.1）定义的效率指标与热力学中的效率定义是一致的，具体的分析过程见 Charnes 等（1978）。需要指出的是，由模型（3.2）评价得到的效率值为一个相对效率。这主要是由两个方面的原因导致的：①每一个决策单元的效率指标 $h_j \leqslant 1$ 中的"1"不是本质的，原则上，决策者可以将其设为任何正实数，当决策者取"2"时，效率最高决策单元的效率就为 2，因而所得的效率是一个相对值；②评价结果依赖参与评价的决策单元，当加入新的决策单元后，模型的整个约束条件已经发生改变，评价结果也会相应地发生变化。从这个角度讲，模型（3.2）得到的效率也是一个相对的概念。通常，学术界将模型（3.2）称为 CCR 模型，鉴于模型的目标函数及约束条件均为商的形式，因而也将其称为商的形式的 CCR 模型。

显然，模型（3.2）是一个非线性模型，这给求解带来一定的困难。为此，可以使用 Charnes 等（1978）提出的 Charnes-Cooper 变换将模型（3.2）转换为线性规划问题。具体地，令 $\sum_{i=1}^{m} v_i x_{io} = t^{-1}$，$\omega_i = t v_i$，$\mu_i = t u_i$，则非线性规划模型（3.2）可以等价于如下线性规划问题：

$$\max h_o = \sum_{r=1}^{s} \mu_r y_{ro}$$

约束条件：

$$\sum_{r=1}^{s} u_r y_{rj} - \sum_{i=1}^{m} v_i x_{ij} \leqslant 0, j = 1, 2, \cdots, n;$$

$$\sum_{i=1}^{m} v_i x_{io} = 1;$$

$$\mu_i \geqslant 0; \omega_i \geqslant 0; r = 1, 2, \cdots, s; i = 1, 2, \cdots, m. \qquad (3.3)$$

通过 Charnes-Cooper 变换，我们将评价决策单元相对效率的非线性模型（3.2）等价地转化为线性模型（3.3）。由于模型（3.3）的目标函数是一个加权和，故而，学术界将其称为和形式的 CCR 模型。考虑 Charnes-Cooper 变换的等价性，两个模型的最优值是相等的，即 $\dfrac{\sum_{r=1}^{s} u_r^* y_{ro}}{\sum_{i=1}^{m} v_i^* x_{io}} = \sum_{r=1}^{s} \mu_r^* y_{ro}$，其中，$u_r^*(r=1,2,\cdots,s)$ 与 $v_i^*(1,2,\cdots,m)$ 为模型（3.2）的最优解，而 $\mu_r^*(r=1,2,\cdots,s)$ 则是模型（3.3）的最优解。

由对偶理论可知，线性规划的对偶模型不仅与原模型有相同的最优值，还从另一个角度解释了线性规划模型的经济含义。线性规划（3.3）的对偶模型可以表示为

$$\min h_o = \theta$$

约束条件：

$$\sum_{j=1}^{n} \lambda_j x_{ij} \leqslant \theta x_{io}, i = 1, 2, \cdots, m;$$

$$\sum_{j=1}^{n} \lambda_j y_{rj} \geqslant y_{ro}, r = 1, 2, \cdots, s;$$

$$\lambda_j \geqslant 0, j = 1, 2, \cdots, n. \tag{3.4}$$

式中，λ_j 和 θ 表示各个约束条件所对应的对偶变量。

在模型（3.4）中，所有待评价决策单元的投入与产出要素通过 λ_j 的线性组合联系在一起。由对偶理论可知 $\theta^* = \sum_{r=1}^{s} \mu_r^* y_{ro}$，其中，$\mu_r^* (r = 1, 2, \cdots, s)$ 为模型（3.3）的最优解，而 θ^* 为模型（3.4）的最优解。显然，$0 < \theta^* \leqslant 1$。当 $0 < \theta^* < 1$ 时，待评价决策单元 o 是 DEA 无效的；当 $\theta^* = 1$ 时，待评价决策单元 o 是 DEA 有效的（Charnes et al.，1978）。和形式的 CCR 模型（3.3）转化为对偶模型之后，其效率值 θ^* 是有经济含义的，它度量了待评价决策单元在产出不变的前提下，其投入要素相对于其他决策单元能够减小的最大程度，如图 3.1 所示。

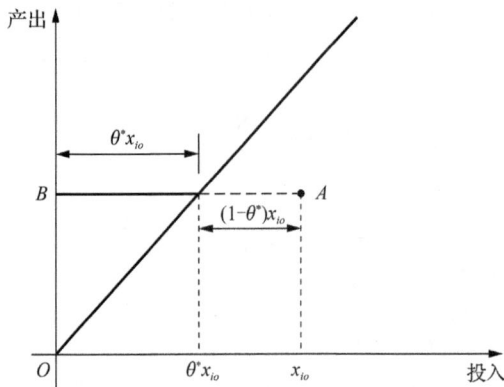

图 3.1　CCR 模型的经济含义示意图

事实上，模型（3.4）可以抽象地表示为 $\min\{\theta \mid (\theta x_{io}, y_{ro}) \in T\}$，其中，

$$T = \{(x, y) \mid \sum_{j=1}^{n} \lambda_j x_{ij} \leqslant x, \sum_{j=1}^{n} \lambda_j y_{rj} \geqslant y, \lambda_j \geqslant 0,$$

$$i = 1, 2, \cdots, m, j = 1, 2, \cdots, n, r = 1, 2, \cdots, s\} \tag{3.5}$$

通常，集合 T 被称作生产可能集（production probability set，PPS），由于它刻画了决策单元将投入转化为产出的能力，因此，生产可能集也被称作生产技术。几何直观上，模型（3.4）可以看作生产计划 $(\theta x_{io}, y_{ro})$ 在生产可能集内调整，直至在不影响产出的前提下投入要素最小。从这个层面上讲，模型（3.4）也被称作包络形式的 CCR 模型。商形式的 CCR 模型、和形式的 CCR 模型及包络形式的 CCR 模型是等价的（Charnes et al.，1978）。

值得一提的是，模型（3.4）是规模报酬不变的，其得到的效率为综合效率，不仅包含纯技术效率，还包含规模效率。要单独测度纯技术效率需要构建规模报酬可变的 CCR 模型。规模报酬可变（variable return to scale，VRS）的 CCR 模型可以表示成如下形式：

$$\min h_o = \theta$$

约束条件：

$$\sum_{j=1}^{n} \lambda_j x_{ij} \leqslant \theta x_{io}, i = 1, 2, \cdots, m;$$

$$\sum_{j=1}^{n} \lambda_j y_{rj} \geqslant y_{ro}, r = 1, 2, \cdots, s;$$

$$\sum_{j=1}^{n} \lambda_j = 1;$$

$$\lambda_j \geqslant 0, j = 1, 2, \cdots, n. \tag{3.6}$$

相比规模报酬不变的 CCR 模型，规模报酬可变的 CCR 仅在约束条件中加了等式约束 $\sum_{i=1}^{n} \lambda_j = 1$。由于该模型中假设规模报酬是可变的，故而，由其测度得到的效率值仅为纯技术效率，两者的商便是规模效率。一般地，规模报酬可变的 CCR 模型（3.6）也被称作 BCC 模型，最早由 Banker 等（1984）提出。

模型（3.2）、模型（3.3）、模型（3.4）和模型（3.6）充分体现了 DEA 建模的基本思想及其内涵，是 DEA 理论体系的基础模型。通过对基础模型的改进与优化，DEA 理论被广泛应用于公共事业单位、银行、能源与环境领域的效率评价，是能源效率、碳排放效率等测度的重要工具。

在构建 DEA 模型研究能源效率、碳排放效率和碳强度之前，我们需要对 DEA 理论做进一步扩充。这是因为，与传统的效率评价不同，由于化石能源的使用，能源效率及碳排放效率的评价问题涉及非期望产出等环境要素。在建模过程中，对非期望产出的处理与期望产出的处理有本质的不同，因而我们需要首先对生产可能集的概念进行延拓。下面将对环境生产可能集的构建及其主要性质进行梳理和总结。

2. 环境生产可能集

由于本书主要关注能源效率与碳强度的测度等能源与环境领域的关键问题，本书构建的生产可能集中将包含诸如二氧化碳、二氧化硫和氮氧化合物（NO_X）等环境要素。为了与不考虑环境要素的生产可能集区分，本书将包括环境要素的生产可能集称为环境生产可能集（Wang et al.，2015）。

一般地，我们假设一共有 H 个待评价的决策单元，每个决策单元使用 N 种类型的投入，包括 N_1 个能源要素投入（E）和 N_2 个非能源要素投入（NE），去生产 M 种类型的经济产出（Y），这里 $N_1 + N_2 = N$。考虑能源要素的投入，我们在产出中考虑了 Z 种环境要素（U），即非期望产出，如二氧化碳、二氧化硫等。为此，环境生产可能集(PPS)可以一般化表示为

$$PPS = \{(E, NE, Y, U) \mid (E \text{和} NE \text{可以产生} Y \text{和} U)\} \tag{3.7}$$

通常，环境生产可能集（3.7）也被称作环境生产技术或环境参考技术（Wang et al.，2015）。一般地，环境生产可能集 PPS 满足以下条件：①平凡性；②锥性；③凸性；

④可处置性；⑤最小性（魏权龄，2004）。特别地，投入和期望产出满足强可处置性，即如果 $(E, NE, Y, U) \in PPS$，则对任意的 $E' > E$，$NE' > NE$，$Y' > Y$，均有 $(E, NE', Y, U) \in PPS$，$(E', NE, Y, U) \in PPS$，$(E, NE, Y', U) \in PPS$。非期望产出是弱可处置的，它有两个层面的含义：一方面，非期望产出减排将导致期望产出的降低；另一方面，非期望产出不能完全消除，即如果 $(E, NE, Y, U) \in PPS$，则对于任意的 $0 < \theta \leqslant 1$，均有 $(E, NE, \theta Y, \theta U) \in PPS$，同时，如果 $U = 0$，则 $Y = 0$。包含环境要素的生产可能集的直观图如图3.2（a）所示。很容易证明，满足以上5条公理的规模报酬不变（constant return to scale，CRS）的生产可能集可以表示为（Honma and Hu，2009）

$$PPS = \{(E, NE, Y, U) \mid \sum_{h=1}^{H} \lambda_h E_{hj} \leqslant E, j = 1, 2, \cdots, N_1;$$

$$\sum_{h=1}^{H} \lambda_h NE_{hi} \leqslant NE, i = 1, 2, \cdots, N_2;$$

$$\sum_{h=1}^{H} \lambda_h Y_{hm} \geqslant Y, m = 1, 2, \cdots, M;$$

$$\sum_{h=1}^{H} \lambda_h U_{hz} = U, z = 1, 2, \cdots, Z;$$

$$\lambda_h \geqslant 0; h = 1, 2, \cdots, H\}. \tag{3.8}$$

式中，λ_h 表示第 h 个决策单元的强度变量；E_{hj}、NE_{hi}、Y_{hm}、U_{hz} 分别表示第 h 个决策单元的第 j 个能源投入、第 i 个非能源投入、第 m 个经济产出及第 z 个环境要素。

投入与产出通过强度变量的线性组合联系在一起。值得一提的是，生产可能集（3.8）是规模报酬不变的，这一条件在现实生产中很难满足。一般地，在现实生产中，规模报酬是可变的，如图3.2（b）所示。通常，在生产过程之初，规模报酬递增（increasing return to scale，IRS）。投入规模的增加，往往会获得更大的产出回报，如图3.2（b）中 AC 段所示。然而，受设备、劳动力的最大生产能力及管理水平所限，随着投入的增加，规模报酬会达到一个临界点，如图3.2（b）中 C 点所示，此后产出的增加比例会逐渐小于投入的增加比例，规模报酬递减（decreasing return to scale，DRS），直至产出不再随着投入的增加而增加，如图3.2（b）中 CD、DE 段所示。

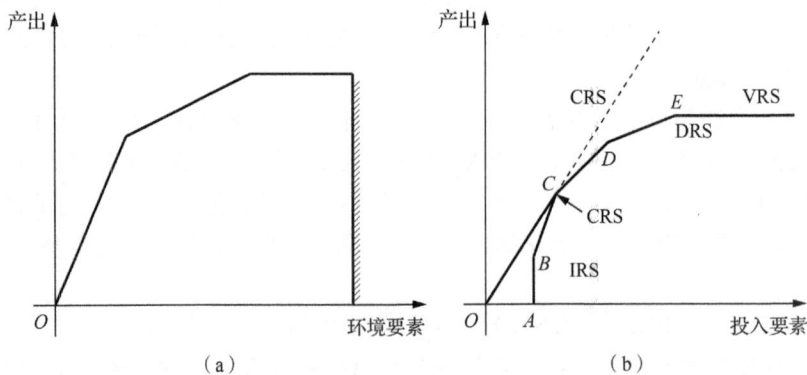

图3.2 规模报酬可变条件下生产可能集示意图

为此，相关学者提出了规模报酬可变的环境生产可能集。用集合的语言，规模报酬可变的环境生产可能集可以表示为（Färe et al.，1994）

$$
\begin{aligned}
\mathrm{PPS} = \{ (E,\mathrm{NE},Y,U) \mid & \sum_{h=1}^{H} \lambda_h E_{hj} \leqslant E, j=1,2,\cdots,N_1; \\
& \sum_{h=1}^{H} \lambda_h \mathrm{NE}_{hi} \leqslant \mathrm{NE}, i=1,2,\cdots,N_2; \\
& \sum_{h=1}^{H} \theta \lambda_h Y_{hm} \geqslant Y, m=1,2,\cdots,M; \\
& \sum_{h=1}^{H} \theta \lambda_h U_{hz} = U, z=1,2,\cdots,Z; \\
& \sum_{h=1}^{H} \lambda_h = 1; \\
& 0 < \theta \leqslant 1 \\
& \lambda_h \geqslant 0; h=1,2,\cdots,H. \}
\end{aligned}
\tag{3.9}
$$

式中，各个参数的含义与环境生产可能集（3.7）中的相同。

与规模报酬不变的环境生产可能集相比，规模报酬可变的环境生产可能集的约束条件中仅多了参数 θ，以及等式约束条件 $\sum_{h=1}^{H} \lambda_h = 1$。很容易发现，规模报酬可变的环境生产可能集中出现了非线性约束条件，为了建模及求解的方便，需将生产可能集（3.9）转化为线性的约束。为此，令 $\theta \lambda_h = \mu_h$，$(1-\theta)\lambda_h = \pi_h$，则生产可能集（3.9）可以等价地转化为

$$
\begin{aligned}
\mathrm{PPS} = \{ (E,\mathrm{NE},Y,U) \mid & \sum_{h=1}^{H} (\mu_h + \pi_h) E_{hj} \leqslant E, j=1,2,\cdots,N_1; \\
& \sum_{h=1}^{H} (\mu_h + \pi_h) \mathrm{NE}_{hi} \leqslant \mathrm{NE}, i=1,2,\cdots,N_2; \\
& \sum_{h=1}^{H} \mu_h Y_{hm} \geqslant Y, m=1,2,\cdots,M; \\
& \sum_{h=1}^{H} \mu_h U_{hz} = U, z=1,2,\cdots,Z; \\
& \sum_{h=1}^{H} (\mu_h + \pi_h) = 1; \\
& \mu_h \geqslant 0, \pi_h \geqslant 0, h=1,2,\cdots,H. \}
\end{aligned}
\tag{3.10}
$$

式中，π_h 表示强度变量；其他参数的经济含义与环境生产可能集（3.9）中的一致。

通常，环境生产可能集（3.10）构成的生产技术称为 Kuosmanen 技术（Kuosmanen and Podinovski，2009）。

3. 能源效率指标的构建及测度

基于环境生产可能集，我们可对决策单元的能源效率进行评估。在 2.1 节中讨论到，

能源的利用效率等于最优能源投入量与实际能源投入量的比值。显然，对一个待评价的决策单元来说，其某一时期的能源实际投入量，即观测值是一定的。因而，能源效率值取决于能源的最优投入量。现实中，在不同的假设情景下，待评价决策单元的最优能源投入量是不同的，需要通过构建不同的模型来求解能源要素的最优投入量。下面将从多个角度，通过构建不同的模型求解能源要素的最优投入量。本部分将重点考虑以下几种假设条件下的能源效率指标的构建及能源效率的测度。

假设情景 1：非能源投入与产出不变。

在这种假设情形下，模型仅需对能源投入进行优化，这种情形适合径向的效率评价方法。不失一般性，本节假设只投入一种能源要素（如有多种，可按标准煤进行换算）、N_2 种非能源投入要素，生产一种期望产出（若有多种，可按其价值进行换算），以及 Z 种非期望产出。

在非能源投入量及产出量不变的条件下，决策单元 DMU_o 的最优能源投入量可以通过如下数学规划模型得到：

$$\min \alpha + \varepsilon \left[(S_E^+ / E_o) + \sum_{i=1}^{N_2} (S_{NE,i}^+ / NE_{o,i}) + (S_Y^- / Y) \right]$$

约束条件：

$$\sum_{h=1}^{H} \lambda_h E_h + S_E^+ = \alpha E_o;$$

$$\sum_{h=1}^{H} \lambda_h NE_{hi} + S_{NE,i}^+ = NE_{o,i}, i = 1, 2, \cdots, N_2;$$

$$\sum_{h=1}^{H} \lambda_h Y_h - S_Y^- = Y_o;$$

$$\sum_{h=1}^{H} \lambda_h U_{hz} = U_{o,z}, z = 1, 2, \cdots, Z;$$

$$\sum_{h=1}^{H} (\mu_h + \pi_h) = 1;$$

$$S_E^+ \geqslant 0; S_{NE,i}^+ \geqslant 0; S_Y^- \geqslant 0; \lambda_h \geqslant 0; h = 1, 2, \cdots, H. \quad (3.11)$$

式中，α 表示能源消费量的调节系数；S_E^+、$S_{NE,i}^+$、S_Y^- 分别表示能源投入量、第 i 种非能源投入量，以及期望产出的对应的松弛变量；ε 表示一个极小的正数。

模型（3.11）旨在不影响期望产出的前提下尽可能地减少能源投入。若该模型的最优解为 $(\tilde{\lambda}_h, \tilde{S}_E^+, \tilde{S}_{NE}^+, \tilde{S}_Y^-, \tilde{\alpha})$，则决策单元 DMU_o 的最优能源投入量为 $\tilde{\alpha} E_o - \tilde{S}_E^+$，故而其能源利用效率为

$$EF_o^{R,CRS} = \frac{\tilde{\alpha} E_o - \tilde{S}_E^+}{E_o} \quad (3.12)$$

式中，R 表示径向的效率测度方式；CRS 表示规模报酬不变。不难证明，最优化模型（3.11）的最优值 $\tilde{\alpha} \leqslant 1$，故而，能源效率指标 $0 < EF_o^{R,CRS} \leqslant 1$。$EF_o^{R,CRS}$ 越大，能源效率越高，反之能源效率越低。特别地，当且仅当 $\tilde{\alpha} = 1$ 且 $\tilde{S}_E^+ = 0$ 时，$EF_o^{R,CRS} = 1$，表明此时该决策单

元的能源效率相对最高，能源投入量没有缩减的空间。

显然，模型（3.11）是规模报酬不变的。这对所有待评价决策单元来说是一个苛刻的假设。规模报酬可变的假设更符合生产实际。基于此，在规模报酬可变的条件下，借助模型（3.10），该能源效率的测度模型可以构建为

$$\min \alpha + \varepsilon[(S_E^+ / E_o) + \sum_{i=1}^{N_2}(S_{\mathrm{NE},i}^+ / \mathrm{NE}_{o,i}) + (S_Y^- / Y_o)]$$

约束条件：

$$\sum_{h=1}^{H}(\mu_h + \pi_h)E_h + S_E^+ = \alpha E_o;$$

$$\sum_{h=1}^{H}(\mu_h + \pi_h)\mathrm{NE}_{hi} + S_{\mathrm{NE},i}^+ = \mathrm{NE}_{o,i}, i=1,2,\cdots,N_2;$$

$$\sum_{h=1}^{H}\mu_h U_h - S_Y^- = Y_o;$$

$$\sum_{h=1}^{H}\mu_h U_{hz} = U_{o,z}, z=1,2,\cdots,Z;$$

$$\sum_{h=1}^{H}(\mu_h + \pi_h) = 1;$$

$$S_E^+ \geqslant 0, S_{\mathrm{NE},i}^+ \geqslant 0, S_Y^- \geqslant 0, i=1,2,\cdots,N_2;$$

$$\mu_h \geqslant 0, \pi_h \geqslant 0, h=1,2,\cdots,H. \tag{3.13}$$

式中，各参数与模型（3.10）及模型（3.11）中的一致。

若模型的最优解为 $(\hat{\mu}_h, \hat{\pi}_h, \hat{S}_E^+, \hat{S}_{\mathrm{NE}}^+, \hat{S}_r^-, \hat{\alpha})$，则决策单元 DMU_o 的最优能源投入量为 $\hat{\alpha}E_o - \hat{S}_E^+$，故而其能源效率指标可以表示为

$$\mathrm{EF}_o^{R,\mathrm{VRS}} = \frac{\hat{\alpha}E_o - \hat{S}_E^+}{E_o} \tag{3.14}$$

式中，VRS 表示规模报酬可变；$\mathrm{EF}_o^{R,\mathrm{VRS}}$ 的含义与 $\mathrm{EF}_o^{R,\mathrm{CRS}}$ 的含义类似，两者不过是在不同环境生产可能集的基础上得到的能源效率指标。

假设情景 2：非能源投入与非期望产出不变，能源投入尽可能地少，期望产出尽可能地多。

与假设情景 1 不同，假设情景 2 需要在能源投入尽可能少、期望产出尽可能多的前提条件下构建能源效率指标。基于此，模型需要从两个相反方向同时优化能源投入与期望产出。借鉴已有的理论和建模经验，此时需要基于方向距离函数模型构建能源效率指标。关于方向距离函数模型的理论和实证研究由来已久（Chung et al.，1997；He et al.，2018），其最主要的优点在于可以同时从相反方向优化多个指标。在假设情景 2 下，最优能源投入的测度模型可以表示为

$$\max \delta$$

约束条件：

$$\sum_{h=1}^{H} \lambda_h E_h \leqslant (1-\delta)E_o;$$

$$\sum_{h=1}^{H} \lambda_h \mathrm{NE}_{hi} \leqslant \mathrm{NE}_{o,i}, i=1,2,\cdots,N_2;$$

$$\sum_{h=1}^{H} \lambda_h Y_h \geqslant (1+\delta)Y_o;$$

$$\sum_{h=1}^{H} \lambda_h U_{hz} = U_{o,z}, z=1,2,\cdots,Z;$$

$$\lambda_h \geqslant 0; h=1,2,\cdots,H. \tag{3.15}$$

式中，各参数的含义与模型（3.11）中的一致，而 δ 表示调节系数。

很容易发现，δ 越大，能源投入的系数 $1-\delta$ 越小，而经济产出的系数 $1+\delta$ 越大。故而，模型（3.15）通过优化 δ，同时最小化能源投入与最大化期望产出，实现了同时向相反方向优化变量的目的。若模型（3.15）的最优解为 $(\tilde{\lambda}_1, \tilde{\lambda}_2, \cdots, \tilde{\lambda}_H, \tilde{\delta})$，待评价决策单元 o 的最优能源投入可以表示为 $(1-\tilde{\delta})E_o$，故而其能源效率指标可以构建为

$$\mathrm{EF}_o^{\mathrm{DDF,VRS}} = \frac{(1-\tilde{\delta})E_o}{E_o} = 1 - \tilde{\delta} \tag{3.16}$$

式中，DDF 表示方向距离函数。

显然，当 $\delta > 0$ 时，决策单元 o 的能源效率小于 1，这表明，决策单元 o 当前的能源投入量有待优化，可以进一步减少。特别地，当 $\delta = 0$ 时，决策单元 o 的能源效率为 1，即在产出不降低的前提下，当前的能源投入没有缩减的空间，当前的能源资源配置是相对最优的。同样地，模型（3.15）是规模报酬不变的。类似地，我们可以构建规模报酬可变条件下的能源效率指标。限于篇幅，这里就不详细展开。

3.1.2　参数的能源效率测度方法

3.1.1 小节中介绍的非参数的能源效率测度方法未对生产函数的形式进行假设，该非参数的测度方法的优点在于计算方便，但其局限性在于对数据的敏感性较高，个别异常的数据会对计算结果产生较大影响。为此，一些研究对生产函数的形式做具体的假设，构建了参数的能源效率测度方法（Lin and Du，2013）。

为了更好地定义能源效率，本小节将首先定义谢泼德能源距离函数（Lin and Du，2013）。与 3.1.1 小节类似，假设共有 N 个待评价的决策单元，各决策单元投入能源要素（E）和非能源要素劳动力（L）和资本存量（K），得到经济产出与非期望产出（U）。根据 Lin 和 Du（2013）和 Zhou 等（2012），本书用国内生产总值来度量经济产出（Y），则第 i 个决策单元的谢泼德能源距离函数可以定义为

$$D_E(E_i, K_i, L_i, Y_i, U_i) = \sup\left\{\theta : \left(\frac{1}{\theta}E_i, I_i, Y_i, U_i\right) \in \mathrm{PPS}\right\} \tag{3.17}$$

式中，PPS 表示生产可能集；θ 表示能源投入调整系数；$\sup\{x\}$ 表示变量 x 的上确界。

显然，谢泼德能源距离函数（3.17）度量了在非能源投入要素及产出量保持不变的

前提下，最优能源投入量与实际能源投入量的比值。若谢泼德距离函数（3.17）为 θ^*，则该决策单元的能源效率（EF）可以定义为

$$\mathrm{EF}_i^P = \frac{\text{最优能源投入}}{\text{实际能源投入}} = \frac{\frac{1}{\theta^*}E_i'}{E_i} = \frac{1}{D_E(E_i,K_i,L_i,Y_i,U_i)} \tag{3.18}$$

式中，P 表示参数的能源效率测度。

通过式（3.18）的定义，我们将能源效率与该决策单元的谢泼德能源距离函数联系在一起，将能源效率测度转化为谢泼德能源距离函数的测度（Zhou 等，2012）。为此，我们需要对谢泼德能源距离的函数形式做具体的假设。一般地，当前许多研究常常使用 Cobb-Douglas 函数（Wei，2007）、超对数函数（Lin 和 Du，2013）及二次型函数（He 等，2018）等来刻画方向距离函数。本章主要使用超对数的距离函数来测度能源效率。一般地，超对数的距离函数在数学上可以表示为（Lin 和 Du，2013）

$$\begin{aligned}
\ln D_E(E_i,K_i,L_i,Y_i,U_i) = {} & \alpha_0 + \alpha_E \ln E_i + \alpha_K \ln K_i + \alpha_L \ln L_i + \alpha_Y \ln Y_i + \alpha_U \ln U_i \\
& + \alpha_{EE} \ln E_i \cdot \ln E_i + \alpha_{EK} \ln E_i \cdot \ln K_i + \alpha_{EL} \ln L_i \cdot \ln E_i \\
& + \alpha_{KK} \ln K_i \cdot \ln K_i + \alpha_{KL} \ln K_i \cdot \ln L_i + \alpha_{LL} \ln L_i \cdot \ln L_i \\
& + \alpha_{YY} \ln Y_i \cdot \ln Y_i + \alpha_{UU} \ln U_i \cdot \ln U_i + \alpha_{EY} \ln E_i \cdot \ln Y_i \\
& + \alpha_{EU} \ln E_i \cdot \ln U_i + \alpha_{KY} \ln K_i \cdot \ln Y_i + \alpha_{KU} \ln K_i \cdot \ln U_i \\
& + \alpha_{LY} \ln L_i \cdot \ln Y_i + \alpha_{LU} \ln L_i \cdot \ln U_i + \alpha_{YU} \ln Y_i \cdot \ln U_i + v_i
\end{aligned} \tag{3.19}$$

式中，α_0，α_E，$\cdots$，α_{YU} 表示待定的系数；$v_i \sim N(0,\sigma^2)$ 表示统计噪声。

一般地，谢泼德距离函数关于能源投入是线性同质的（Lin 和 Du，2013），故而，

$$\begin{aligned}
\ln D_E(E_i,K_i,L_i,Y_i,U_i) &= \ln[E_i \cdot D_E(1,K_i,L_i,Y_i,U_i)] \\
&= \ln E_i + \ln D_E(1,K_i,L_i,Y_i,U_i)
\end{aligned} \tag{3.20}$$

根据式（3.19）和式（3.20）可以进一步化简为

$$\begin{aligned}
\ln D_E(E_i,K_i,L_i,Y_i,U_i) = {} & \ln[E_i \cdot D_E(1,K_i,L_i,Y_i,U_i)] \\
= {} & \ln E_i + \alpha_0 + \alpha_K \ln K_i + \alpha_L \ln L_i + \alpha_Y \ln Y_i \\
& + \alpha_U \ln U_i + \alpha_{KK} \ln K_i \cdot \ln K_i + \alpha_{KL} \ln K_i \cdot \ln L_i \\
& + \alpha_{LL} \ln L_i \cdot \ln L_i + \alpha_{YY} \ln Y_i \cdot \ln Y_i + \alpha_{UU} \ln U_i + \ln U_i \\
& + \alpha_{KY} \ln K_i \cdot \ln Y_i + \alpha_{KU} \ln K_i \cdot \ln U_i + \alpha_{LY} \ln L_i \cdot \ln Y_i \\
& + \alpha_{LU} \ln L_i \cdot \ln U_i + \alpha_{YU} \ln Y_i \cdot \ln U_i + v_i
\end{aligned} \tag{3.21}$$

整理式（3.21）可得

$$\begin{aligned}
-\ln E_i = {} & \alpha_0 + \alpha_K \ln K_i + \alpha_L \ln L_i + \alpha_Y \ln Y_i \\
& + \alpha_U \ln U_i + \alpha_{KK} \ln K_i \cdot \ln K_i + \alpha_{KL} \ln K_i \cdot \ln L_i \\
& + \alpha_{LL} \ln L_i \cdot \ln L_i + \alpha_{YY} \ln Y_i \cdot \ln Y_i + \alpha_{UU} \ln U_i \cdot \ln U_i \\
& + \alpha_{KY} \ln K_i \cdot \ln Y_i + \alpha_{KU} \ln K_i \cdot \ln U_i + \alpha_{LY} \ln L_i \cdot \ln Y_i \\
& + \alpha_{LU} \ln L_i \cdot \ln U_i + \alpha_{YU} \ln Y_i \cdot \ln U_i + v_i - \mu_i
\end{aligned} \tag{3.22}$$

式中，各参数的含义与式（3.21）中的相同；$\mu_i = \ln D_E(E_i,K_i,L_i,Y_i,U_i)$，为一非负的随机变量，并与 v_i 相互独立。

为了估计第 i 个决策单元的能源效率，我们只需要估计随机变量 μ_i，这可通过 Coelli

等（1998）提供的软件实现。在此基础上，能源效率可以表示为

$$\mathrm{EF}_i^P = \frac{1}{D_E(E_i,K_i,L_i,Y_i,U_i)} = \mathrm{e}^{-\mu_i} \tag{3.23}$$

由 μ_i 的非负性可知，能源效率指标 EF_i^P 介于 0 到 1 之间，因此，它是一个标准化的效率指标，其经济含义与由非参数的测度方法得到的效率指标相同。值得一提的是，本节仅选择了方向距离函数的超对数形式来构建参数的能源效率指标。毫无疑问，我们还可以选择方向距离函数的其他形式来构建能源效率指标，其构建的过程与超对数形式的构建方法类似。本书将不再一一讨论。

3.2　动态能源效率的测度一般理论和方法

3.1.2 小节构建了待评价决策单元的能源效率测度方法，这本质上是度量的静态能源效率。毫无疑问，在一个时间段内，由于管理及技术水平的变化，待评价决策单元的能源效率是变化的。如何度量能源效率的变化，以及哪些因素会导致能源效率的改变是本节主要解决的问题。本节将介绍当前学术界最常使用的度量能源效率动态变化的方法，即 Malmquist-Luenberger 指数方法及 Luenberger 指数方法。前者从不同时期能源效率商的角度测度能源效率的动态变化，后者则从能源效率差的角度测度能源效率的动态改变。

3.2.1　传统的 Malmquist-Luenberger 指数方法

Malmquist 指数首先由瑞典经济学家 Malmquist 提出，他于 1953 年利用该指数分析不同时期的消费变化 Malmquist（1953）。随着能源环境问题的日益突出，Chung 等（1997）在原始 Malmquist 指数的基础上提出了 Malmquist-Luneberger 指数，该改进后的指数将环境要素纳入指标体系，为度量能源、环境效率变化提供了理论基础。具体地，度量待评价决策单元 o 从第 t 期到第 $t+1$ 期的能源效率改变的 Malmquist-Lueneberger 指数可以定义为（Chung et al.，1997）

$$\mathrm{ML}(x_o^t,y_o^t;x_o^{t+1},y_o^{t+1}) = \left[\frac{\mathrm{EF}^{t+1}(x_o^{t+1},y_o^{t+1})}{\mathrm{EF}^{t+1}(x_o^t,y_o^t)} \cdot \frac{\mathrm{EF}^t(x_o^{t+1},y_o^{t+1})}{\mathrm{EF}^t(x_o^t,y_o^t)}\right]^{\frac{1}{2}} \tag{3.24}$$

式中，x_o^t 表示待评价决策单元 o 的投入向量，包含资本、劳动力、能源等投入要素；y_o^t 表示待评价决策单元 o 的产出向量，包含期望产出和非期望产出；$\mathrm{EF}^{t+1}(x_o^t,y_o^t)$ 表示决策单元 o 第 t 期的投入产出在第 $t+1$ 期的技术水平下的能源效率；$\mathrm{EF}^t(x_o^{t+1},y_o^{t+1})$ 表示决策单元 o 第 $t+1$ 期的投入产出在第 t 期的技术水平下的能源效率；$\mathrm{EF}^{t+1}(x_o^{t+1},y_o^{t+1})$ 及 $\mathrm{EF}^t(x_o^t,y_o^t)$ 表示当期的投入产出在当期的技术水平下的能源效率；$\mathrm{ML}(x_o^t,y_o^t;x_o^{t+1},y_o^{t+1})$ 表示决策单元 o 从第 t 期到第 $t+1$ 期的度量能源效率改变的 Malmquist-Lueneberger 指数。

这样定义 Malmquist-Lueneberger 指数的原因在于同一决策单元不同时期的能源效率由于参照的技术水平不一样而不能进行直接比较。故而，Malmquist-Lueneberger 指数将待评价决策单元两个时期的能源效率的变化定义为两个时期的投入产出水平在两个时期的技术水平下的能源效率的商的几何平均值。若 $\mathrm{ML}(x_o^t,y_o^t;x_o^{t+1},y_o^{t+1})>1$，则表明决

策单元 o 第 $t+1$ 期的能源效率较第 t 期有提升；反之，若 $\mathrm{ML}(x_o^t, y_o^t; x_o^{t+1}, y_o^{t+1}) < 1$，则表明第 $t+1$ 期的能源效率较第 t 期有下降。特别地，$\mathrm{ML}(x_o^t, y_o^t; x_o^{t+1}, y_o^{t+1}) = 1$ 表明两个时期的能源效率没有显著改变。

为了识别导致能源效率改变的主要因素，Chung 等（1997）对能源效率的 ML 指数 $\mathrm{ML}(x_o^t, y_o^t; x_o^{t+1}, y_o^{t+1})$ 做了进一步分解。为此，

$$
\begin{aligned}
\mathrm{ML}(x_o^t, y_o^t; x_o^{t+1}, y_o^{t+1}) &= \left[\frac{\mathrm{EF}^{t+1}(x_o^{t+1}, y_o^{t+1})}{\mathrm{EF}^{t+1}(x_o^t, y_o^t)} \cdot \frac{\mathrm{EF}^t(x_o^{t+1}, y_o^{t+1})}{\mathrm{EF}^t(x_o^t, y_o^t)} \right]^{\frac{1}{2}} \\
&= \frac{\mathrm{EF}^{t+1}(x_o^{t+1}, y_o^{t+1})}{\mathrm{EF}^t(x_o^t, y_o^t)} \cdot \left[\frac{\mathrm{EF}^t(x_o^t, y_o^t)}{\mathrm{EF}^{t+1}(x_o^t, y_o^t)} \cdot \frac{\mathrm{EF}^t(x_o^{t+1}, y_o^{t+1})}{\mathrm{EF}^{t+1}(x_o^{t+1}, y_o^{t+1})} \right]^{\frac{1}{2}} \\
&= \mathrm{TEC}(x_o^t, y_o^t; x_o^{t+1}, y_o^{t+1}) \cdot \mathrm{TC}(x_o^t, y_o^t; x_o^{t+1}, y_o^{t+1}) \quad （3.25）
\end{aligned}
$$

式中，$\mathrm{TEC}(x_o^t, y_o^t; x_o^{t+1}, y_o^{t+1}) = \dfrac{\mathrm{EF}^{t+1}(x_0^{t+1}, y_0^{t+1})}{\mathrm{EF}^t(x_o^t, y_o^t)}$，表示从第 t 期到第 $t+1$ 期技术效率的改变对能源改变的贡献；$\mathrm{TC}(x_o^t, y_o^t; x_o^{t+1}, y_o^{t+1}) = \left[\dfrac{\mathrm{EF}^t(x_o^t, y_o^t)}{\mathrm{EF}^{t+1}(x_o^t, y_o^t)} \cdot \dfrac{\mathrm{EF}^t(x_o^{t+1}, y_o^{t+1})}{\mathrm{EF}^{t+1}(x_o^{t+1}, y_o^{t+1})} \right]^{\frac{1}{2}}$，表示两个时期技术水平的改变对能源效率改变的贡献。

至此，我们对能源效率的改变从技术水平的变化及技术效率的变化两个角度展开了讨论，对导致能源效率改变的因素进行了识别。

3.2.2　传统的 Luenberger 指数方法

Malmquist-Luenberger 指数从两个时期的能源效率商的角度测度了能源效率的改变，与之相似的是 Luenberger 指数，它从两个时期的能源效率的差的角度测度能源效率的改变。故式（3.24）相应地变为

$$
\begin{aligned}
\mathrm{LU}(x_o^t, y_o^t; x_o^{t+1}, y_o^{t+1}) = \frac{1}{2} \{ &[\mathrm{EF}^{t+1}(x_o^{t+1}, y_o^{t+1}) - \mathrm{EF}^{t+1}(x_o^t, y_o^t)] \\
&+ [\mathrm{EF}^t(x_o^{t+1}, y_o^{t+1}) - \mathrm{EF}^t(x_o^t, y_o^t)] \} \quad （3.26）
\end{aligned}
$$

式中，$\mathrm{EF}^{t+1}(x_o^{t+1}, y_o^{t+1})$、$\mathrm{EF}^t(x_o^t, y_o^t)$ 等指标的经济含义与式（3.24）中的一样；$\mathrm{LU}(x_o^t, y_o^t; x_o^{t+1}, y_o^{t+1})$ 表示测度能源效率动态改变的 Luenberger 指标。

与 Malmquist-Luenberger 指数构建的思想相似，Luenberger 指标采用待评价决策单元两个时期的投入产出水平分别在两个时期的技术水平下的能源效率的差的算数平均值来度量待评价决策单元在两个时期的能源效率的改变。相应地，若 $\mathrm{LU}(x_o^t, y_o^t; x_o^{t+1}, y_o^{t+1}) > 0$，则说明待评价决策单元第 $t+1$ 期的能源效率较第 t 期有上升；$\mathrm{LU}(x_o^t, y_o^t; x_o^{t+1}, y_o^{t+1}) < 0$，则说明待评价决策单元的能源效率下降。特别地，$\mathrm{LU}(x_o^t, y_o^t; x_o^{t+1}, y_o^{t+1}) = 0$ 意味着待评价决策单元在两个时期的能源效率没有显著的改变。

与 Malmquist-Luenberger 指标相似，Luenberger 指数也可以进行进一步分解，以识别导致能源效率改变的主要因素。为此，

$$\begin{aligned}
\mathrm{LU}(x_o^t, y_o^t; x_o^{t+1}, y_o^{t+1}) &= \frac{1}{2}\{[\mathrm{EF}^{t+1}(x_o^{t+1}, y_o^{t+1}) - \mathrm{EF}^{t+1}(x_o^t, y_o^t)] \\
&\quad + [\mathrm{EF}^t(x_o^{t+1}, y_o^{t+1}) - \mathrm{EF}^t(x_o^t, y_o^t)]\} \\
&= [\mathrm{EF}^{t+1}(x_o^{t+1}, y_o^{t+1}) - \mathrm{EF}^t(x_o^t, y_o^t)] \\
&\quad + \frac{1}{2}\{[\mathrm{EF}^t(x_o^t, y_o^t) - \mathrm{EF}^{t+1}(x_o^t, y_o^t)] \\
&\quad + [\mathrm{EF}^t(x_o^{t+1}, y_o^{t+1}) - \mathrm{EF}^{t+1}(x_o^{t+1}, y_o^{t+1})]\} \\
&= \mathrm{LTEC}(x_o^t, y_o^t; x_o^{t+1}, y_o^{t+1}) + \mathrm{LTC}(x_o^t, y_o^t; x_o^{t+1}, y_o^{t+1})
\end{aligned} \quad (3.27)$$

式中，$\mathrm{LTEC}(x_o^t, y_o^t; x_o^{t+1}, y_o^{t+1}) = \mathrm{EF}^{t+1}(x_o^{t+1}, y_o^{t+1}) - \mathrm{EF}^t(x_o^t, y_o^t)$；$\mathrm{LTC}(x_o^t, y_o^t; x_o^{t+1}, y_o^{t+1}) = \frac{1}{2}\{[\mathrm{EF}^t(x_o^t, y_o^t) - \mathrm{EF}^{t+1}(x_o^t, y_o^t)] + [EF^t(x_o^{t+1}, y_o^{t+1}) - \mathrm{EF}^{t+1}(x_o^{t+1}, y_o^{t+1})]\}$。

$\mathrm{LTEC}(x_o^t, y_o^t; x_o^{t+1}, y_o^{t+1})$ 测度了待评价决策单元技术效率的改变对其能源效率改变的贡献，而 $\mathrm{LTC}(x_o^t, y_o^t; x_o^{t+1}, y_o^{t+1})$ 则测度了技术水平改变对其能源效率的改变的贡献。故而，Luenerger 指数同样可以从技术效率改变及技术改变的角度对能源效率的改变进行分解，这为能源效率的改进提供了科学的视角和手段。

3.2.3 全局的动态能源效率测度方法

至此，对传统的 Malmquist-Luenberger 指数和 Luenberger 指数的构建及分解介绍完毕。值得指出的是，在传统的 Malmquist-Luenberger 指数及 Luenberger 指数的基础上，当前学术界对 Malmquist-Luenberger 指数的构建进行了进一步的探索。一类是使用全局的生产可能集（global production probability），也称全局的生产技术。该方法的思路是将所有待评价决策单元的所有时期的投入产出水平合并到一起构成一个统一的生产技术，所有待评价决策单元的能源效率均在该统一的生产技术下评估得到（Wang et al., 2015）。由于所有待评价决策单元，以及同一个待评价决策单元不同时期的能源效率均在同一个生产技术下评估得到，因此得到的能源效率值是可以直接比较的，故而全局的 Malmquist-Luneberger 指数及 Luenberger 指数的构建将大大地简化。接下来将详细介绍全局生产技术。

简单地说，全局生产技术是将多个时期的生产技术合并为一个整体，多个时期的生产技术构成一个统一的生产技术。一般地，由 T 个时期的生产技术形成的全局生产技术（PPS^G）可以表示为 $\mathrm{PPS}^G = \mathrm{PPS}^1 \bigcup \mathrm{PPS}^2 \bigcup \cdots \bigcup \mathrm{PPS}^T$。根据单期生产技术模型（3.8），数学上，全局生产技术模型可以表示为

$$\begin{aligned}
\mathrm{PPS}^G = \{(E, \mathrm{NE}, Y, U) \mid &\sum_{t=1}^{T}\sum_{h=1}^{H} \lambda_h^t E_{hj}^t \leqslant E, j = 1, 2, \cdots, N_1; \\
&\sum_{t=1}^{T}\sum_{h=1}^{H} \lambda_h^t \mathrm{NE}_{hi}^t \leqslant \mathrm{NE}, i = 1, 2, \cdots, N_2; \\
&\sum_{t=1}^{T}\sum_{h=1}^{H} \lambda_h^t Y_{hm}^t \geqslant Y, m = 1, 2, \cdots, M; \\
&\sum_{t=1}^{T}\sum_{h=1}^{H} \lambda_h^t U_{hz}^t = U, z = 1, 2, \cdots, Z; \\
&\lambda_h^t \geqslant 0, t = 1, 2, \cdots, T, h = 1, 2, \cdots, H.\}
\end{aligned} \quad (3.28)$$

式中,各参数的含义与式(3.8)中的一致。相比单期的生产技术,全局生产技术模型(3.28)仅多了时间因素。在全局生产技术下, 评价决策单元 o 第 t 期的能源效率的方向距离函数模型可以表示为

$$\max \delta_o^t$$

约束条件:

$$\sum_{t=1}^{T}\sum_{h=1}^{H}\lambda_h^t E_h^t \leqslant (1-\delta_o^t)E_o^t;$$

$$\sum_{t=1}^{T}\sum_{h=1}^{H}\mathrm{NE}_{hi}^t \leqslant \mathrm{NE}_{o,i}^t, i=1,2,\cdots,N_2;$$

$$\sum_{t=1}^{T}\sum_{h=1}^{H}\lambda_h^t Y_h^t \geqslant (1+\delta_o^t)Y_o^t;$$

$$\sum_{t=1}^{T}\sum_{h=1}^{H}\lambda_h^t U_{hz}^t = U_{o,z}^t, z=1,2,\cdots,Z;$$

$$\lambda_h^t \geqslant 0, t=1,2,\cdots,T, h=1,2,\cdots,H. \tag{3.29}$$

式中, δ 表示调节参数。

这里为了方便起见, 模型(3.29)同样只考虑了一种能源投入和一种期望产出。若模型的最优解记为 $(\hat{\lambda}_1^1,\hat{\lambda}_2^1,\cdots,\hat{\lambda}_H^T,\hat{\delta}_o^t)$, 则决策单元 o 第 t 期的能源效率可以表示为

$$\mathrm{EF}_o^G(t) = \frac{最优能源投入}{实际能源投入} = \frac{(1-\hat{\delta}_o^t)E_o^t}{E_o^t} = 1-\hat{\delta}_o^t \tag{3.30}$$

式中, $\mathrm{EF}_o^G(t)$ 表示第 t 期决策单元 o 在全局生产技术下的能源效率, 很显然 $0 < \mathrm{EF}_o^G(t) \leqslant 1$。$\mathrm{EF}_o^G(t)$ 越大, 表示能源效率越高, 反之越低, 其经济含义与在单期生产技术下得到的能源效率一致。

很容易发现, 决策单元 o 第 t 期的能源效率 $\mathrm{EF}_o^G(t)$ 与其第 $t+1$ 期的能源效率 $\mathrm{EF}_o^G(t+1)$ 是在同一生产技术 PPS^G 下评价得到的, 因而, 两者是可以直接比较的, 这为动态能源效率的测度提供了方便。

基于此, 决策单元 o 第 $t+1$ 期的能源效率相对于第 t 期的能源效率的改变可以定义为

$$\mathrm{ML}_o^G(t,t+1) = \frac{\mathrm{EF}_o^G(t+1)}{\mathrm{EF}_o^G(t)} \tag{3.31}$$

式中, $\mathrm{ML}_o^G(t,t+1)$ 度量了决策单元 o 在全局生产技术下的 Malmquist-Luenberger 指数, 它度量了决策单元 o 第 t 期和第 $t+1$ 期的能源效率的改变。

若 $\mathrm{ML}_o^G(t,t+1) > 1$, 则表明在全局生产技术下, 决策单元 o 第 $t+1$ 期的能源效率在第 t 期的基础上提升了, 反之则是下降了。显然, 相比单期生产技术下的 Malmquist-Luenberger 指数, 全局生产技术下的 Malmquist-Luenberger 指数在构建方法上大大简化了。

同样地, 可以对全局生产技术下的 Malmquist-Luenberger 指标进行分解, 其具体的分解方式可以表示为

$$
\begin{aligned}
\mathrm{ML}_o^G(t,t+1) &= \frac{\mathrm{EF}_o^G(t+1)}{\mathrm{EF}_o^G(t)} \\
&= \frac{\mathrm{EF}_o^{t+1}(t+1)}{\mathrm{EF}_o^t(t)} \cdot \frac{\mathrm{EF}_o^G(t+1)/\mathrm{EF}_o^{t+1}(t+1)}{\mathrm{EF}_o^G(t)/\mathrm{EF}_o^t(t)} \\
&= \mathrm{TEC}_o^G(t,t+1) \cdot \mathrm{TC}_o^G(t,t+1)
\end{aligned}
\tag{3.32}
$$

其中，

$$
\mathrm{TEC}_o^G(t,t+1) = \frac{\mathrm{EF}_o^{t+1}(t+1)}{\mathrm{EF}_o^t(t)}
$$

$$
\mathrm{TC}_o^G(t,t+1) = \frac{\mathrm{EF}_o^G(t+1)/\mathrm{EF}_o^{t+1}(t+1)}{\mathrm{EF}_o^G(t)/\mathrm{EF}_o^t(t)}
$$

式中，$\mathrm{EF}_o^{t+1}(t+1)$ 表示决策单元 o 第 $t+1$ 期投入产出在第 $t+1$ 期的生产技术下评估得到的能源效率；$\mathrm{EF}_o^t(t)$ 表示决策单元 o 第 t 期投入产出在第 t 期的生产技术下评估得到的能源效率。

$\mathrm{TEC}_o^G(t,t+1)$ 测度了决策单元 o 在第 t 期和第 $t+1$ 期之间技术效率的改变，而 $\mathrm{TC}_o^G(t,t+1)$ 则测度了第 t 期和第 $t+1$ 期之间技术的改变。因此，全局生产技术下的 Malmquist-Luenberger 指数也可以分解为技术效率的改变和技术的改变。很显然，相比单期生产技术下的 Malmquist-Luenberger 指数、全局生产技术下的 Malmquist-Luenberger 指数的分解也被极大地简化了。

然而该方法最大的局限性是将不同时期的决策单元合并到一起处理而忽略了不同时间的技术水平的改变，缺乏对技术进步的有效刻画。另一种方法则与之相反，它将同一时期的决策单元按照其技术水平的差异进一步划分为若干个小组，确保技术水平相近的待评价决策单元尽可能地被分到同一小组（Wang et al.，2017），然后分别在小组内对各待评价决策单元的能源效率展开评估。由于小组内的待评价决策单元的技术水平是相近的，故而评估得到的能源效率仅与技术效率有关，而与技术水平关系较小。这为 Malmquist-Luenberger 指标的构建提供了新的思路。

3.3　基于指数分解的碳强度影响因素测度理论和方法

碳强度反映了单位经济产出的碳排放，一定程度上衡量了一个排放主体的技术水平。当前，我国各项碳减排措施旨在降低碳强度。然而，碳强度本质上是一个静态的综合指标，仅仅考虑其发展变化的趋势，无法得出导致碳强度变化的具体驱动因素。基于此，学术界通过运用数学恒等式，将碳强度分解为若干影响碳强度的因子的乘积，以期得到导致碳强度变化的驱动因素。通常，分解方法及驱动因素的选择需要有经济学上的理论基础。当前，因子分解分析方法已形成较为完善的理论体系。早在 20 世纪 70 年代，Ehrlich 和 Holden（1971）就提出了方程 $I=PAT$，并用来反映人类活动（P 表示人口，A 表示财富，T 代表技术水平）对环境的影响。在此基础上，Kaya（1989）提出了 Kaya

恒等式，以此测度经济规模、人口数量等因素与人类活动隐含碳的关系。在 Kaya 恒等式的基础上，迪氏指数分解法（Divisia index decomposition）、对数平均迪氏指数分解法、对数平均权重迪氏分解法（logarithmic mean weight Divisia method）等一系列指数分解方法被相应提出（Ang，1999；Ang，2005；Ang et al.，2015；Hasanbeigi et al.，2013）。然而这些方法都有一定的局限性，它们不能有效地刻画最终需求部门变化对碳排放产生的间接影响。为此，基于投入产出表的结构分解分析方法（structural decomposition analysis，SDA）应运而生，并被广泛应用于能源环境领域的研究（Peters et al.，2007；Guan et al.，2009；Su and Ang，2012）。本节将详细介绍这些分解分析方法。

结合经济学理论及现有研究的成果，一个地区的产业结构、能源结构、单位能源的碳排放量及技术水平等均会影响该地区的碳强度，故而，本节仅考虑产业结构、能源结构、单位能源的碳排放量等影响碳强度的因素。一般地，令 C 表示一个地区第 t 期的碳排放量，G 表示该地区第 t 期的经济产出，则第 t 期该地区的碳强度 CI 可以表示为

$$\mathrm{CI}_t = \frac{C_t}{G_t} = \sum_i \sum_j \frac{C_{ijt}}{G_t} \quad (3.33)$$

式中，C_{ijt} 表示第 t 期第 i 个部门第 j 种能源消费产生的碳排放量。

进一步地，式（3.33）可以分解为

$$\mathrm{CI}_t = \frac{C_t}{G_t} = \sum_i \sum_j \frac{C_{ijt}}{G_t} = \sum_i \sum_j \frac{G_{it}}{G_t} \cdot \frac{E_{it}}{G_{it}} \cdot \frac{E_{ijt}}{E_{it}} \cdot \frac{C_{ijt}}{E_{ijt}} = \sum_i \sum_j \mathrm{ES}_{it} \cdot \mathrm{EI}_{it} \cdot \mathrm{ER}_{ijt} \cdot A_{ijt} \quad (3.34)$$

式中，$\mathrm{ES}_{it} = G_{it} / G_i$ 表示该时期第 i 个部门的经济产出占总经济产出的比例，它反映了该地区的经济结构；$\mathrm{EI}_{it} = E_{it} / G_{it}$ 表示该时期第 i 个部门的能源强度，它反映了该地区的能源使用效率；$\mathrm{ER}_{it} = E_{ijt} / E_{it}$ 表示该时期第 i 个部门的第 j 种能源的占比，它反映了该地区的能源结构；$A_{ijt} = C_{ijt} / E_{ijt}$ 表示该地区第 i 个部门的第 j 种能源的碳排放水平，它反映了该地区的技术水平。

在此基础上，学术界构建了两种方法测度碳强度的改变，分别是加法的指数分解方法和乘法的指数分解方法。

加法的指数分解方法用第 0 期和第 T 期的碳强度差来反映 $0 \sim T$ 时期碳强度的改变，并将该时间段内碳强度的改变分解为多种效应的和（Ang，1999），即

$$\Delta\mathrm{CI} = \mathrm{CI}_T - \mathrm{CI}_0 = \Delta\mathrm{CI}_{\mathrm{ES}} + \Delta\mathrm{CI}_{\mathrm{EI}} + \Delta\mathrm{CI}_{\mathrm{ER}} + \Delta\mathrm{CI}_A \quad (3.35)$$

式中，$\Delta\mathrm{CI}_{\mathrm{ES}}$、$\Delta\mathrm{CI}_{\mathrm{EI}}$、$\Delta\mathrm{CI}_{\mathrm{ER}}$、$\Delta\mathrm{CI}_A$ 分别表示经济结构、能源强度、能源结构及技术水平对碳强度变化的贡献。

为了准确地度量这 4 部分对碳强度改变的贡献，我们使用链式法则对式（3.34）两边关于时间 t 求导，可以得到

$$\frac{\mathrm{dCI}_t}{\mathrm{d}t} = \sum_i \sum_j \frac{\mathrm{dES}_{it}}{\mathrm{d}t} \cdot \mathrm{EI}_{it} \cdot \mathrm{ER}_{ijt} \cdot A_{ijt} + \sum_i \sum_j \mathrm{ES}_{it} \cdot \frac{\mathrm{dEI}_{it}}{\mathrm{d}t} \cdot \mathrm{ER}_{ijt} \cdot A_{ijt}$$

$$+ \sum_i \sum_i \mathrm{ES}_{it} \cdot \mathrm{EI}_{it} \cdot \frac{\mathrm{dER}_{ijt}}{\mathrm{d}t} \cdot A_{ijt} + \sum_i \sum_j \mathrm{ES}_{it} \cdot \mathrm{EI}_{it} \cdot \mathrm{ER}_{ijt} \cdot \frac{\mathrm{d}A_{ijt}}{\mathrm{d}t} \quad (3.36)$$

与碳排放不同，由于碳强度不满足累加原则，即 $\mathrm{CI}_t \neq \sum_i \mathrm{CI}_{it}$，我们不能直接使用对数

平均值的迪式分解方法（谌伟和李荷华，2015）。为了能够使用该方法，我们引入新的函数 π_t, π_{ijt}：$\pi_t = \sum_i \sum_j \mathrm{CI}_{ijt}$，$\pi_{ijt} = \mathrm{ES}_{it} \cdot \mathrm{EI}_{it} \cdot \mathrm{ER}_{ijt} \cdot A_{ijt}$，并将新函数代入式（3.36）中，则

$$\frac{\mathrm{dCI}_t}{\mathrm{d}t} = \sum_i \sum_j \frac{\mathrm{dES}_{it}}{\mathrm{d}t} \cdot \frac{\pi_{ijt}}{\mathrm{ES}_{it}} + \sum_i \sum_j \frac{\mathrm{dEI}_{it}}{\mathrm{d}t} \cdot \frac{\pi_{ijt}}{\mathrm{EI}_{it}} + \sum_i \sum_j \frac{\mathrm{dER}_{ijt}}{\mathrm{d}t} \cdot \frac{\pi_{ijt}}{\mathrm{ER}_{ijt}} + \sum_i \sum_j \frac{\mathrm{d}A_{ijt}}{\mathrm{d}t} \cdot \frac{\pi_{ijt}}{A_{ijt}} \quad (3.37)$$

对式（3.36）两边关于时间 t 在区间 $[0,T]$ 积分有

$$\int_0^T \frac{\mathrm{dCI}_t}{\mathrm{d}t} \mathrm{d}t = \sum_i \sum_j \int_0^T \frac{\mathrm{dES}_{it}}{\mathrm{ES}_{it}\mathrm{d}t} \cdot \pi_{ijt}\mathrm{d}t + \sum_i \sum_j \int_0^T \frac{\mathrm{dEI}_{it}}{\mathrm{EI}_{it}\mathrm{d}t} \cdot \pi_{ijt}\mathrm{d}t$$
$$+ \sum_i \sum_j \int_0^T \frac{\mathrm{dER}_{ijt}}{\mathrm{ER}_{ijt}\mathrm{d}t} \cdot \pi_{ijt}\mathrm{d}t + \sum_i \sum_j \int_0^T \frac{\mathrm{d}A_{jit}}{A_{jit}\mathrm{d}t} \cdot \pi_{ijt}\mathrm{d}t \quad (3.38)$$

显然，式（3.38）不能直接求解，为了计算式（3.38）中的积分，我们需要将积分中的参数 π_{ijt} 外移。根据积分第一中值定理，一定存在区间 $[0,T]$ 上的一点使 $\int_0^T \frac{\mathrm{dES}_{it}}{\mathrm{ES}_{it}\mathrm{d}t} \cdot \pi_{ijt}\mathrm{d}t = \pi_{ij\zeta} \int_0^T \frac{\mathrm{dES}_{it}}{\mathrm{ES}_{it}\mathrm{d}t}\mathrm{d}t$，本书取 $\pi_{ij\zeta}$ 为 π_{ijt} 在区间 $[0,T]$ 的对数平均值，其中对数平均值函数的定义为

$$L(a,b) = \begin{cases} \dfrac{a-b}{\ln a - \ln b}, & a \neq b \\ a, & a = b \end{cases} \quad (3.39)$$

在此基础上，式（3.38）可以进一步化简为

$$\mathrm{CI}_T - \mathrm{CI}_0 = \sum_i \sum_j L(\pi_{ijT}, \pi_{ij0}) \cdot \ln \frac{\mathrm{ES}_{iT}}{\mathrm{ES}_{i0}} + \sum_i \sum_j L(\pi_{ijT}, \pi_{ij0}) \cdot \ln \frac{\mathrm{EI}_{iT}}{\mathrm{EI}_{i0}}$$
$$+ \sum_i \sum_j L(\pi_{ijT}, \pi_{ij0}) \cdot \ln \frac{\mathrm{ER}_{ijT}}{\mathrm{ER}_{ij0}} + \sum_i \sum_j L(\pi_{ijT}, \pi_{ij0}) \cdot \ln \frac{A_{ijT}}{A_{ij0}}$$
$$= \Delta\mathrm{CI}_{\mathrm{ES}} + \Delta\mathrm{CI}_{\mathrm{EI}} + \Delta\mathrm{CI}_{\mathrm{ER}} + \Delta\mathrm{CI}_{\mathrm{A}} \quad (3.40)$$

其中，

$$\Delta\mathrm{CI}_{\mathrm{ES}} = \sum_i \sum_j L(\pi_{ijT}, \pi_{ij0}) \cdot \ln \frac{\mathrm{ES}_{iT}}{\mathrm{ES}_{i0}}, \quad \Delta\mathrm{CI}_{\mathrm{EI}} = \sum_i \sum_j L(\pi_{ijT}, \pi_{ij0}) \cdot \ln \frac{\mathrm{EI}_{iT}}{\mathrm{EI}_{i0}}$$

$$\Delta\mathrm{CI}_{\mathrm{ER}} = \sum_i \sum_j L(\pi_{ijT}, \pi_{ij0}) \cdot \ln \frac{\mathrm{ER}_{ijT}}{\mathrm{ER}_{ij0}}, \quad \Delta\mathrm{CI}_{\mathrm{A}} = \sum_i \sum_j L(\pi_{ijT}, \pi_{ij0}) \cdot \ln \frac{A_{ijT}}{A_{ij0}} \quad (3.41)$$

其中，

$$L(\pi_{ijT}, \pi_{ij0}) = \frac{\pi_{ijT} - \pi_{ij0}}{\ln \pi_{ijT} - \ln \pi_{ij0}}$$

这里 $\Delta\mathrm{CI} = \mathrm{CI}_T - \mathrm{CI}_0$ 度量了该地区碳强度在 $[0,T]$ 上的改变，而 $\Delta\mathrm{CI}_{\mathrm{ES}}$、$\Delta\mathrm{CI}_{\mathrm{EI}}$、$\Delta\mathrm{CI}_{\mathrm{ER}}$、$\Delta\mathrm{CI}_A$ 分别度量了经济结构、能源强度、能源结构及技术水平的改变对碳强度变化的贡献。这种碳强度影响因素分解方法在学术界被称为加法的迪氏分解法（additive Divisia decomposition approach），该方法具有全分解、无残差的优点（Dong et al.，2018）。

乘法的指数分解方法则是用两个时期碳强度的商来测度碳强度的变化，并将碳强度

的商分解为多种因素的乘积（Ang，2005）。具体地，一个地区第 T 期和第 0 期的碳强度的商可以表示为

$$D_{CI} = \frac{CI_T}{CI_0} = \frac{\sum_i \sum_j ES_{iT} \cdot EI_{iT} \cdot ER_{ijT} \cdot A_{ijT}}{\sum_i \sum_j ES_{i0} \cdot EI_{i0} \cdot ER_{ij0} \cdot A_{ij0}} = D_{ES} \cdot D_{EI} \cdot E_{ER} \cdot D_A \qquad (3.42)$$

式中，D_{CI} 测度了碳强度在区间 $[0,T]$ 上的改变；D_{ES}、D_{EI}、D_{ER}、D_A 分别度量了经济结构、能源强度、能源结构及技术水平对碳强度改变的贡献。

为了得到 D_{ES} 等影响因素的具体表达式，我们对式（3.37）两边同时除以 CI_t，并考虑 $\pi_{ijt} = C_{ijt}$，则有

$$\frac{dCI_t}{CI_t dt} = \sum_i \sum_j \frac{dES_{it}}{ES_{it} dt} \cdot \frac{C_{ijt}}{CI_t} + \sum_i \sum_j \frac{dEI_{it}}{EI_{it} dt} \cdot \frac{C_{ijt}}{CI_t} + \sum_i \sum_j \frac{dER_{ijt}}{ER_{ijt} dt} \cdot \frac{C_{ijt}}{CI_t} + \sum_i \sum_j \frac{dA_{ijt}}{A_{ijt} dt} \cdot \frac{C_{ijt}}{CI_t} \qquad (3.43)$$

对两边同时积分有

$$\int_0^T \frac{dCI_t}{CI_t dt} = \int_0^T \sum_i \sum_j \frac{dES_{it}}{ES_{it} dt} \cdot \frac{C_{ijt}}{CI_t} + \int_0^T \sum_i \sum_j \frac{dEI_{it}}{EI_{it} dt} \cdot \frac{C_{ijt}}{CI_t}$$

$$+ \int_0^T \sum_i \sum_j \frac{dER_{ijt}}{ER_{ijt} dt} \cdot \frac{C_{ijt}}{CI_t} + \int_0^T \sum_i \sum_j \frac{dA_{ijt}}{A_{ijt} dt} \cdot \frac{C_{it}}{CI_t} \qquad (3.44)$$

显然，式（3.44）不能直接积分，为了能够积分，根据谌伟和李荷华（2015），取

$$\frac{C_{ijt}}{CI_t} = \frac{L(CI_{ijT}, CI_{ij0})}{L(CI_T, CI_0)} \qquad (3.45)$$

有

$$\frac{CI_T}{CI_0} = \exp\left\{ \sum_i \sum_j \frac{L(CI_{ijT}, CI_{ij0})}{L CI_T, CI_0} \cdot \ln \frac{ES_{iT}}{ES_{i0}} \right\} \cdot \exp\left\{ \sum_i \sum_j \frac{L(CI_{ijT}, CI_{ij0})}{L(CI_T, CI_0)} \cdot \ln \frac{EI_{iT}}{EI_{i0}} \right\}$$

$$\cdot \exp\left\{ \sum_i \sum_j \frac{L(CI_{ijT}, CI_{ij0})}{L(CI_T, CI_0)} \cdot \ln \frac{ER_{ijT}}{ER_{ij0}} \right\} \cdot \exp\left\{ \sum_i \sum_j \frac{L(CI_{ijT}, CI_{ij0})}{L(CI_T, CI_0)} \cdot \ln \frac{A_{ijT}}{A_{ij0}} \right\} \qquad (3.46)$$

这里，$D_{ES} = \exp\left\{ \sum_i \sum_j \frac{L(CI_{ijT}, CI_{ij0})}{L(CI_T, CI_0)} \cdot \ln \frac{ES_{iT}}{ES_{i0}} \right\}$，$D_{EI} = \exp\left\{ \sum_i \sum_j \frac{L(CI_{ijT}, CI_{ij0})}{L(CI_T, CI_0)} \cdot \ln \frac{EI_{iT}}{EI_{i0}} \right\}$，

$D_{ER} = \exp\left\{ \sum_i \sum_j \frac{L(CI_{ijT}, CI_{ij0})}{L(CI_T, CI_0)} \cdot \ln \frac{ER_{ijT}}{ER_{ij0}} \right\}$，$D_A = \exp\left\{ \sum_i \sum_j \frac{L(CI_{ijT}, CI_{ij0})}{L(CI_T, CI_0)} \cdot \ln \frac{ER_{AT}}{ER_{A0}} \right\}$。

它们分别测度了经济结构、能源强度、能源结构、技术水平对碳强度改变的贡献，其中，$\exp(x)$ 表示指数函数 e^x。这种分解方法在学术界被称为乘法的指数分解方法（Ang，2005）。

3.4 基于结构分解的碳强度影响因素测度理论和方法

虽然指数分解方法能够通过数据聚合的形式分析经济结构、人口因素、效率因素等

多种影响因素的变化对碳强度改变的贡献，但其局限性在于不能分析最终需求部门变化对碳强度产生的影响。为此，综合投入产出分析，数据更加完备、分析更为细致的结构分解模型（structural decomposition analysis，SDA）应运而生。结构分解分析的优点在于它以投入产出表为基础，将投入产出表中的部门信息综合考虑到碳强度的影响因素分解框架中（Dong et al.，2018；彭水军等，2015）。

表 3.1 给出了整合能源、经济及碳排放等 3 个要素的投入产出表，其中，经济要素以价值型为基础，而能源与碳排放要素则以实物型为基础。

表 3.1　不变价的能源-经济-碳排放投入产出表

投入/产出		中间使用 （农业、工业、筑业）	最终使用	总产出
中间投入	1 2 ⋮ n	X_{ij}	Y_i	X_i
增加值		Y_i		
总投入		X_j		
能源消费	1 2 ⋮ m	E_{ij}	E_i	
碳排放	1 2 ⋮ k	C_{ij}	C_i	

基于表 3.1 的能源-经济-碳排放投入产出表（Dong et al.，2018），总的碳排放可以表示为

$$C = \mathbf{CI} \cdot (I - A)^{-1} \cdot Y \tag{3.47}$$

式中，C 表示总的碳排放矩阵；$\mathbf{CI}$ 表示各行业的碳强度构成的碳强度矩阵；A 表示直接消耗系数矩阵；$(I - A)^{-1}$ 表示 n 阶的里昂惕夫逆矩阵；Y 表示最终使用部分。

事实上，碳排放强度矩阵与能源强度矩阵是相联系的，即 $\mathbf{CI} = R \cdot \mathbf{EI}$。这里，$\mathbf{EI}$ 表示各行业的能源强度矩阵；R 表示由单位能源的碳排放系数构成的矩阵。为了进一步研究能源结构对最终碳排放的影响，我们将能源结构纳入碳强度与能源强度的关系式中（Dong et al.，2018），即 $\mathbf{CI} = R \cdot \mathbf{EM} \cdot \mathbf{EI}$，这里 $\mathbf{EM}$ 表示能源结构矩阵。故而，总碳强度 $\mathbf{CI}$ 可以表示为

$$\mathbf{CI} = \frac{C}{\mathrm{GDP}} = \frac{R \cdot \mathbf{EM} \cdot \mathbf{EI} \cdot (I - A)^{-1} \cdot Y}{\mathrm{GDP}} \tag{3.48}$$

式中，GDP 表示国内生产总值。

根据 Dong 等（2018），最终需求 Y 可以进一步分解为最终国内产品的结构矩阵（K）、最终需求的结构矩阵（$\mathbf{DS}$）及 GDP 的乘积，即

$$Y = K \cdot \mathbf{DS} \cdot \mathrm{GDP} \tag{3.49}$$

故而，式（3.48）可以进一步表示为

$$\mathbf{CI} = \frac{\mathbf{C}}{\mathbf{GDP}} = \mathbf{R} \cdot \mathbf{EM} \cdot \mathbf{EI} \cdot \mathbf{L} \cdot \mathbf{K} \cdot \mathbf{DS} \qquad (3.50)$$

这里，$\mathbf{L} = (\mathbf{I} - \mathbf{A})^{-1}$。综上，我们将碳强度矩阵分解为碳排放系数矩阵、能源结构矩阵、能源强度矩阵、里昂惕夫逆矩阵、最终国内产品结构矩阵及最终需求矩阵的乘积。

在此基础上，使用结构分解方法，第 T 期和第 0 期的碳强度的差异可以表示为

$$\Delta\mathbf{CI} = R_T \cdot \mathbf{EM}_T \cdot \mathbf{EI}_T \cdot L_T \cdot K_T \cdot \mathbf{DS}_T - R_0 \cdot \mathbf{EM}_0 \cdot \mathbf{EI}_0 \cdot L_0 \cdot K_0 \cdot \mathbf{DS}_0 \qquad (3.51)$$

根据 Dong 等（2018）及 Dietzenbacher 和 Los（2010），式（3.50）中能源结构矩阵 $\mathbf{EI}$ 与投入产出表的系数矩阵具有显著的相关性，为了使分解有意义，我们使用增项和减项的方法来消除这一相关性。具体地，

$$\Delta\mathbf{CI} = \Delta R \cdot \mathbf{EM}_T \cdot \mathbf{EI}_T \cdot L_T \cdot K_T \cdot \mathbf{DS}_T + R_0 \cdot \Delta\mathbf{EM} \cdot \mathbf{EI}_T \cdot L_T \cdot K_T \cdot \mathbf{DS}_T$$
$$+ R_0 \cdot \mathbf{EM}_0 \cdot (\mathbf{EI}_T \cdot L_T - \mathbf{EI}_0 \cdot \tilde{L}_1) K_T \cdot \mathbf{DS}_T + R_0 \cdot \mathbf{EM}_0 \cdot \mathbf{EI}_0 \cdot (L_T - \tilde{L}_1) K_T \cdot \mathbf{DS}_T$$
$$+ R_0 \cdot \mathbf{EM}_0 \cdot \mathbf{EI}_0 \cdot L_0 \cdot \Delta K \cdot \mathbf{DS}_0 + R_0 \cdot \mathbf{EM}_0 \cdot \mathbf{EI}_0 \cdot L_0 \cdot K_T \cdot \Delta\mathbf{DS} \qquad (3.52)$$

式中，$\mathbf{EI}_T \cdot L_T - \mathbf{EI}_0 \cdot \tilde{L}_1$ 和 $L_T - \tilde{L}_1$ 分别表示消除相关性之后的能源结构系数矩阵和投入结构矩阵。

更进一步地，我们可以将式（3.36）重记为

$$\Delta\mathbf{CI} = \Delta\mathbf{CI}_R + \Delta\mathbf{CI}_{EM} + \Delta\mathbf{CI}_{EI} + \Delta\mathbf{CI}_L + \Delta\mathbf{CI}_K + \Delta\mathbf{CI}_{DS} \qquad (3.53)$$

故而，我们使用结构分解方法将第 T 期和第 0 期的碳强度的改变分解为 6 部分，分别是 $\Delta\mathbf{CI}_R$、$\Delta\mathbf{CI}_{EM}$、$\Delta\mathbf{CI}_{EI}$、$\Delta\mathbf{CI}_L$、$\Delta\mathbf{CI}_K$、$\Delta\mathbf{CI}_{DS}$。它们分别度量了该经济系统的碳排放系数、能源结构、能源强度、生产结构、最终国内产品结构、最终需求结构的改变对碳强度改变的贡献大小。相比 3.2.1 小节中介绍的指标分解方法，这种分解方法的主要优点在于深刻地刻画了最终需求部门的变化对碳强度改变的影响（彭水军等，2015）。

3.5　碳强度减排潜力的测度理论和方法

在第 1 章中我们已经讨论到，碳强度测度了单位经济产出的碳排放量。一般地，碳强度越低，意味着碳排放的技术水平与排放效率越高，排放相同的碳排放所产生的经济效益越高。一直以来，我国的碳强度均处于一个较高的排放水平，碳强度的减排潜力较发达国家更大。故而，我国的碳强度还有多大的减排潜力、如何制定科学合理的碳强度减排策略等诸多科学问题引起了学术界的广泛关注。学术界对碳强度减排潜力的测度展开了卓有成效的探索。本节将系统地总结和阐述目前学术界关于碳强度下降潜力测度的一般理论方法。

事实上，与能源效率测度的思路类似，碳强度减排潜力的测度也依赖技术水平的选择。毫无疑问，在不同的技术水平下，同一决策单元的碳强度减排潜力的测度结果是存在差异的，故而，在构建碳强度减排潜力的测度方法之前，我们依然需要对技术水平进行描述。

与 3.2.1 小节类似，环境生产可能集的一般性描述可以表示为

$$P = \{(E,K,L,Y,C) \mid E,K,L 可以生产 Y 与 C\} \qquad (3.54)$$

式中，E、K、L 分别表示能源消耗、资本及劳动力；Y 表示经济产出。

由于本节主要考虑碳强度的减排潜力的测度，故而，在非期望产出中本节仅考虑碳排放 C。技术 P 是所有可能的投入产出组合的集合。与 3.2.1 小节类似，技术 P 满足生产可能集的公理，并且投入要素与期望产出是强自由可处置的，而碳排放则是弱自由可处置的。由于 3.1.1 小节中已经详细地讨论了强自由可处置性和弱自由可处置性的经济含义，这里不再展开讨论。事实上，用描述法刻画的一般技术水平式（3.54）不利于测度碳强度的减排潜力。为此，我们需要对技术水平的本质进行描述，使用数学的方法进一步刻画技术水平。目前，学术界较为广泛使用的方法之一为非参数技术水平刻画，其描述过程在 3.1.1 小节中已有讨论。它的本质是使用决策单元的分段线性组合来刻画技术水平，其具体的描述公式可以表达为（Wang et al., 2018）

$$P = \{(E,K,L,Y,C)\} \mid \sum_{h=1}^{H} \lambda_h E_h \leqslant E; \sum_{h=1}^{H} \lambda_h K_h \leqslant K;$$

$$\sum_{h=1}^{H} \lambda_h L_h \leqslant L; \sum_{h=1}^{H} \lambda_h Y_h \geqslant Y;$$

$$\sum_{h=1}^{H} \lambda_h C_h = C, \lambda_h \geqslant 0, h = 1,2,\cdots,H\} \qquad (3.55)$$

式中，H 表示所有待评价的决策单元的个数；λ_h 表示第 h 个决策单元的强度变量；技术 P 中的投入要素与产出要素通过强度变量的分段线性凸组合联系在一起。值得一提的是，环境参考技术（3.55）是规模报酬不变的。

基于环境参考技术（3.55），我们将构建方向距离函数模型来测度碳强度的减排潜力。方向距离函数最早由 Chambers 等（1996）提出，并被广泛应用于能源与环境领域的效率评价的研究中。原始的方向距离函数旨在寻求最大期望产出的同时将非期望产出降到尽可能低。原始的方向函数模型数学上为一个最优化模型，具体可表示为（Wang 等，2018）

$$D^R(E_o,K_o,L_o,Y_o,C_o; \boldsymbol{g}_1) = \max \beta$$

约束条件：

$$\sum_{h=1}^{H} \lambda_h E_h \leqslant E_o;$$

$$\sum_{h=1}^{H} \lambda_h K_h \leqslant K_o;$$

$$\sum_{h=1}^{H} \lambda_h L_h \leqslant L_o;$$

$$\sum_{h=1}^{H} \lambda_h Y_h \geqslant (1+\beta)Y_o;$$

$$\sum_{h=1}^{H} \lambda_h C_h = (1-\beta)C_o;$$

$$\lambda_h \geqslant 0, h = 1,2,\cdots,H. \qquad (3.56)$$

式中，$D^R(E_o,K_o,L_o,Y_o,C_o;\boldsymbol{g}_1)$ 表示待评价决策单元 DMU$_o$ 在方向向量 $\boldsymbol{g}_1$ 下的方向距离函数值；方向向量 $\boldsymbol{g}_1=(0,0,0,Y_o,-C_o)$；$\beta$ 表示调节系数。

　　方向距离函数（3.56）的目的在于通过最大化调节系数 β，在最大化期望产出的同时将非期望产出碳排放降到最低。然而，该原始方向距离函数模型的局限性在于其对期望产出和非期望产出碳排放调整的速率和幅度是一致的，这导致了调节系数 β 取最大值的时候，期望产出或者碳排放仍然有调整的空间，仍然存在冗余现象，从而使最终得到的优化结果并不是全局最优的。故而一些研究对传统的方向距离函数模型做了拓展和更新。

　　在此基础上，目前已有文献对模型的修正点之一便是让期望产出和非期望产出的调节系数不一致。由于在改进的方向距离函数模型中两者的调节系数不相等，一些研究也将这类改进的方向距离函数模型称为非径向方向距离函数模型。具体地，根据 Zhang 等（2013），非径向的方向距离可以表示为

$$D^{NR}(E_o,K_o,L_o,Y_o,C_o;\boldsymbol{g}_2)=\sup\{\boldsymbol{\omega}'\boldsymbol{\beta}:(E,K,L,Y,C)+\boldsymbol{g}_2\cdot\mathrm{diag}(\boldsymbol{\beta})\in P\} \quad （3.57）$$

式中，$\boldsymbol{\omega}=(\omega_E,\omega_K,\omega_L,\omega_Y,\omega_C)$ 表示决策者赋予各调节系数的标准化权重向量，它是一个外生变量，同时，$\omega_E+\omega_K+\omega_L+\omega_Y+\omega_C=1$，且 $\boldsymbol{\omega}\geq 0$；$\boldsymbol{g}_2$ 为方向向量，一般取 $\boldsymbol{g}_2=(-E_o,-K_o,-L_o,Y_o-C_o)$；$\boldsymbol{\beta}=(\beta_E,\beta_K,\beta_L,\beta_Y,\beta_C)$ 表示投入要素、期望产出及非期望产出的调节系数构成的向量，且 $\boldsymbol{\beta}\geq 0$；$\mathrm{diag}(\boldsymbol{\beta})$ 表示由 $\boldsymbol{\beta}=(\beta_E,\beta_K,\beta_L,\beta_Y,\beta_C)$ 的元素为对角元素构成的对角矩阵；$\boldsymbol{g}_2\cdot\mathrm{diag}(\boldsymbol{\beta})$ 表示矩阵的乘法法则下方向向量 $\boldsymbol{g}_2$ 与矩阵 $\mathrm{diag}(\boldsymbol{\beta})$ 的乘积。

　　非径向方向距离函数模型（3.57）本质上也是一个最优化模型，它旨在最大化期望产出的同时，将投入要素及非期望产出要素控制得尽可能小，只不过它对各元素调整的幅度不尽一致，这有效地避免了冗余现象的发生，从一定程度上保证了最优解的全局性。

　　根据环境参考技术的特定形式，非径向方向距离函数可以进一步具体化为

$$D^{NR}(E_o,K_o,L_o,Y_o,C_o;\boldsymbol{g}_1)=\max \omega_E\beta_E+\omega_K\beta_K+\omega_L\beta_L+\omega_Y\beta_Y+\omega_C\beta_C$$

约束条件：

$$\sum_{h=1}^{H}\lambda_h E_h \leq (1-\beta_E)E_o;$$

$$\sum_{h=1}^{H}\lambda_h K_h \leq (1-\beta_K)K_o;$$

$$\sum_{h=1}^{H}\lambda_h L_h \leq (1-\beta_L)L_o;$$

$$\sum_{h=1}^{H}\lambda_h Y_h \geq (1+\beta_Y)Y_o;$$

$$\sum_{h=1}^{H}\lambda_h C_h = (1-\beta_C)C_o;$$

$$\beta_E,\beta_K,\beta_L,\beta_Y,\beta_C \geq 0;$$

$$\lambda_h \geq 0, h=1,2,\cdots,H. \quad （3.58）$$

　　若模型（3.58）的最优解为 $(\boldsymbol{\lambda}^*,\beta_E^*,\beta_K^*,\beta_L^*,\beta_Y^*,\beta_C^*)$，则当前技术水平下，相对最优的碳排放可以记为 $(1-\beta_C^*)C_o$，而相对最优的经济产出可以记为 $(1+\beta_Y^*)Y_o$，故而理想的碳

强度可以记为 $\dfrac{(1-\beta_C^*)C_o}{(1+\beta_Y^*)Y_o}$。因为实际的碳强度为 $\dfrac{C_o}{Y_o}$，故而碳强度可下降的潜力（potential of carbon intensity reduction，PCIR）可以定义为

$$PCIR = 1 - \frac{(1-\beta_C^*)C_o}{(1+\beta_Y^*)Y_o} \bigg/ \frac{C_o}{Y_o} = 1 - \frac{1-\beta_C^*}{1+\beta_Y^*} \tag{3.59}$$

显然，碳强度减排潜力 PCIR 介于 0 和 1 之间。PCIR 越大，说明碳强度减排的潜力越大，反之，碳强度减排潜力越小。特别地，若 PCIR=0，则说明碳强度没有下降的潜力，目前的碳排放技术已经处于最优情形。

3.6　本　章　小　结

本章对能源效率和碳强度测度的一般方法进行了系统的梳理和总结。可以发现，当前学术界对能源效率的测度主要采用参数和非参数的方法。两者各有其优点和局限性。非参数的测度方法的优点在于不用对生产函数的形式做具体的假设，便于计算，其局限性在于对数据的敏感性较高，数据的噪声会对结果造成显著的影响；参数的测度方法在于能够较为准确地刻画生产函数，对数据的敏感性较低，而其局限性在于计算过程较为复杂，需要对生产函数的参数进行估计。由于碳强度是一个静态的概念，反映了决策单元在某一时间点或某一时间段的单位经济产出的碳排放，因而当前学术界主要关注碳强度改变的测度。其中，指数分解方法及基于投入产出分析的结构分解方法被广泛地使用。指数分解方法主要分析经济结构、产业结构、能源结构及人口规模的改变对碳强度改变的贡献。结构分解方法则基于投入产出表，主要探讨最终需求部门的结构的变化对碳强度改变的影响。

第4章　区域能源效率的测度及其
收敛性和变化趋势研究

我国经济发展"高增长与高能耗、高污染并行"典型特征凸显，能源消耗和环境污染已经由经济增长软约束转变为硬约束。一直以来，能源利用效率总体偏低都是中国能源消费急剧增长的重要原因之一。如何做好节能减排，提高能源效率进而提升经济增长的质量逐渐成为我国经济发展亟待解决的重大难题。基于此，在保持一定经济增长的前提下寻求能源效率的提升，有利于兼顾经济增长和节能减排双重目标，这也是现阶段经济环境和生态环境大趋势下我国摆脱发展困境、实现经济成功转型升级的重要出路。除此之外，我国地域辽阔，由于地缘、政治、经济等因素，各地区之间在能源利用效率方面存在显著差距，缩小地区间能源效率的差距是我国当前经济技术发展水平下可能实现的节能潜力所在。因而，呈现能源效率现状及差异性，并厘清其影响因素进而探讨我国能源效率提升的实施路径，将为我国能源经济与环境政策方针的制定提供有效的理论依据。

鉴于此，本章将首先构建节能减排与经济增长的双重约束的能源效率测度模型，在此基础上，对我国区域层面的能源效率的收敛性及影响能源效率变化的关键因素展开系统的探讨，为各地区科学有效地规划节能减排实施路径提供理论依据。

4.1　我国区域层面的能源效率测度及其收敛性分析

第 3 章已经对 DEA 的基本理论及其在能源效率测度领域的发展和应用做了简要的介绍。DEA 方法发展至今，已出现了很多改进或者新的模型，其中应用最广的便是基于规模报酬不变的 DEA-CCR 模型和基于规模报酬可变的 DEA-BCC 模型。这两种模型的共同点在于都只能用于同期决策单元的效率比较，是测度静态能源效率最常用的模型之一。DEA-CCR 模型的局限性在于其规模报酬不变的假设。这是一个严苛的假设条件，在实践中大多数生产活动是规模可变的。因此，本章将采用规模报酬可变的 DEA-BCC 模型构建静态全要素能源效率测度模型。在此基础上，使用传统的 DEA-Malmquist 模型对前后期决策单元的能源效率进行比较，评价研究决策单元全要素能源效率的变动情况，以用来做动态的效率分析。

值得一提的是，DEA 方法是一种评价多输入、多输出同类部门间相对有效性的方法（马占新，2010），即 DEA 方法对于决策单元的核心要求是具有可比性。然而，对于 DEA-BCC 模型的使用，一些研究把同期单纯地理解为同一年，将省际面板数据按照年份分成多个样本进行单独测算，这是对 DEA 方法的一种误读。部分研究的这种做法最终导致所研究的问题只能反映同一时期同一截面上的各省份的相对效率，研究的结果不能很好地反映时间轴上效率的变化情况。为克服该局限性，本章将我国各地区 1996—

2010 年的数据全部折算到 2000 年，假设处理后的不同地区、不同年份的样本处于同一时期，以使本章测度的全要素能源效率具有可比性，进而能够更加清晰地看出我国各地区的全要素能源效率的变动。

4.1.1　基于 DEA-BCC 模型的静态能源效率测度方法

DEA-BCC 模型是由 Banker 等（1984）在 Charnes 等（1978）的基础上提出的一种面向规模报酬可变的相对效率评价模型。具体地，假定有 n 个独立的决策单元 DMU，每个决策单元 DMU_j 的投入组合为 X_j，产出组合为 Y_j，则基于投入导向的 BCC 模型可以表示为

$$\theta^* = \min \theta$$

约束条件：

$$\sum_{j=1}^{n} X_j \lambda_j \leqslant \theta X_0;$$

$$\sum_{j=1}^{n} Y_j \lambda_j \geqslant Y_0;$$

$$\sum_{j=1}^{n} \lambda_j = 1;$$

$$\lambda_j \geqslant 0, j = 1, 2, \cdots, n. \tag{4.1}$$

式中，最优值 $\theta^* = \min \theta$ 表示决策单元 DMU_0 的效率值；λ_j 表示决策单元 DMU_j 的权重。

显然，当模型（4.1）取得最优值时，投入产出变量仍然可能存在松弛变量。为解决该问题，我们在模型（4.1）中加入松弛变量，将其转化为线性规划的标准形式（王兆华等，2013）：

$$\theta^* = \min \theta$$

约束条件：

$$\sum_{i=1}^{n} X_i \lambda_i + s^- = \theta X_0;$$

$$\sum_{i=1}^{n} Y_i \lambda_i - s^+ = Y_0;$$

$$\sum_{i=1}^{n} \lambda_i = 1;$$

$$\lambda_i \geqslant 0, i = 1, 2, \cdots, n; s^- \geqslant 0, s^+ \geqslant 0. \tag{4.2}$$

很显然，模型（4.2）的最优值 θ^* 处于 0 和 1 之间，当 $\theta^* = 1$，且 $s^- = s^+ = 0$ 时，称该决策单元为 DEA 有效；当 $\theta^* < 1$ 时，称该决策单元为 DEA 无效；θ^* 值越大，表示该决策单元效率越高。

至此，本节已经构建了基于 DEA-BCC 模型的静态能源效率测度模型。为了更好地观测能源效率的变化趋势及引起能源效率变化的主要因素，我们需要对动态能源效率展开测度。接下来，本节将介绍基于 DEA-Malmquist 模型的动态能源效率测度方法。

Malmquist 指数模型由 Malmquist 于 1953 年提出，此后，Caves 等（1982）、Färe 和 Grosskopf（1992），以及 Färe 等（1994）对 Malmquist 指数模型做了逐步的改进。

DEA-Malmquist 指数模型是 DEA 方法的扩展和补充，其核心是通过效率函数与距离函数的倒数关系，将基于距离函数定义的 Malmquist 指数转换为基于效率函数定义的 DEA-Malmquist 指数，用于效率变化的研究（刘英，2011）。目前，国内已有很多专家学者将 Malmquist 指数方法与 DEA 方法相结合来研究能源效率。例如，屈小娥（2009）运用 DEA-Malmquist 生产力指数研究我国省际全要素能源效率，这为我们提供了很好的借鉴。Coelli 等（1998）指出，对于 DEA 模型的选择（基于投入还是基于产出）在大多数情况下不会对结果产生生太大的影响。但由于中国的"十二五"规划纲要中对能源消费做了硬性的规定，即同样的经济增长，选择尽量少的能源消费。因此，本书采用基于投入导向型的 DEA 方法来研究中国八大地区全要素能源效率（王兆华等，2013）。Caves 等（1982）指出，基于投入的全要素能源效率指数可以表示为

$$M_i^{t,t+1}(x_i^{t+1}, y_i^{t+1}; x_i^t, y_i^t) = \sqrt{\frac{D_i^t(x_i^{t+1}, y_i^{t+1})}{D_i^t(x_i^t, y_i^t)} \cdot \frac{D_i^{t+1}(x_i^{t+1}, y_i^{t+1})}{D_i^{t+1}(x_i^t, y_i^t)}} \tag{4.3}$$

式中，x_i^t、y_i^t 分别表示第 i 个地区第 t 期的投入和产出要素；$D_i^t(x_i^{t+1}, y_i^{t+1})$ 表示当以第 t 期年生产技术集为参照时，第 i 个地区第 $t+1$ 期的相应的能源效率值；$D_i^t(x_i^t, y_i^t)$ 表示当以第 t 期年的生产技术集为参照时，第 i 个地区第 t 期相应的能源效率值；$D_i^{t+1}(x_i^{t+1}, y_i^{t+1})$ 表示当以第 $t+1$ 期的生产技术集为参照时，第 i 个地区第 $t+1$ 期相应的能源效率值；$D_i^{t+1}(x_i^t, y_i^t)$ 表示当以第 $t+1$ 期的生产技术集为参照时，第 i 个地区第 t 期相应的能源效率值。

基于投入的 DEA 的技术效率等于最少投入与实际投入的比值。本书所选择的投入要素为劳动力、能源消费、资本存量，产出为地区生产总值、正向环境指标，因此，这里 $x_i^t = (l_{it}, e_{it}, k_{it})$，$y_i^t = (\text{GDP}_{it}, p_{it})$。

若指数 $M^{t,t+1}(x_i^{t+1}, y_i^{t+1}; x_i^t, y_i^t) > 1$，则表示第 $t+1$ 期的能源效率相比第 t 期的能源效率呈增长趋势；若 $M^{t,t+1}(x_i^{t+1}, y_i^{t+1}; x_i^t, y_i^t) = 1$，则表示两个时期的效率不变；若 $M^{t,t+1}(x_i^{t+1}, y_i^{t+1}; x_i^t, y_i^t) < 1$，则表示两个时期的效率呈下降趋势。在规模报酬不变的情况下，可以进一步分解为（王兆华等，2013）

$$M_t^{t,t+1}(x_i^{t+1}, y_i^{t+1}; x_i^t, y_i^t) = \frac{D_i^{t+1}(x_i^{t+1}, y_i^{t+1} \mid \text{VRS})}{D_i^t(x_i^t, y_i^t \mid \text{VRS})}$$

$$\cdot \left[\frac{D_i^{t+1}(x_i^{t+1}, y_i^{t+1} \mid \text{CRS})}{D_i^t(x_i^t, y_i^t \mid \text{CRS})} \cdot \frac{D_i^t(x_i^{t+1}, y_i^{t+1} \mid \text{VRS})}{D_i^t(x_i^t, y_i^t \mid \text{VRS})} \right]$$

$$\cdot \sqrt{\frac{D_i^t(x_i^{t+1}, y_i^{t+1} \mid \text{CRS})}{D_i^{t+1}(x_i^{t+1}, y_i^{t+1} \mid \text{CRS})} \cdot \frac{D_i^t(x_i^t, y_i^t \mid \text{CRS})}{D_i^{t+1}(x_i^t, y_i^t \mid \text{CRS})}}$$

$$= \text{PCH}_i^{t,t+1} \cdot \text{SCH}_i^{t,t+1} \cdot \text{TCH}_i^{t,t+1} \tag{4.4}$$

式中，$\text{PCH}_i^{t,t+1}$ 表示第 i 个决策单元从第 t 期到第 $t+1$ 期的纯技术效率的变化；$\text{SCH}_i^{t,t+1}$ 表示第 i 个决策单元从第 t 期到第 $t+1$ 期的规模效率的变化；$\text{TCH}_i^{t,t+1}$ 表示第 i 个决策单元从第 t 期到第 $t+1$ 期的技术变化。

技术效率变化 $\text{PCH}_i^{t,t+1}$ 是指在规模报酬可变的条件下纯技术效率的变化，表示从第 t 年到第 $t+1$ 年各地区达到最佳实践的程度，$\text{PCH}_i^{t,t+1} > 1$、$\text{PCH}_i^{t,t+1} = 1$、$\text{PCH}_i^{t,t+1} < 1$ 分别表示纯技术效率提高、不变、降低；规模效率变化 $\text{SCH}_i^{t,t+1} > 1$ 表示第 $t+1$ 期比第 t 期更

接近最优规模报酬，反之亦然；技术进步 $\text{TCH}_i^{t,t+1}$ 测度了技术水平从第 t 年到第 $t+1$ 年的移动，$\text{TCH}_i^{t,t+1} > 1$、$\text{TCH}_i^{t,t+1} = 1$、$\text{TCH}_i^{t,t+1} < 1$ 分别表示技术进步、技术不变、技术退步。

4.1.2　指标选取与数据来源

本章的研究样本是 1996—2010 年我国 29 个省份（西藏、台湾、香港和澳门除外，为了保持数据的一致性，将重庆市的数据合并到四川）。投入指标为劳动力、资本存量、能源消费总量，期望产出指标为各地区的地区生产总值 GDP，非期望产出指标为环境污染排放物。原始数据来源：①《中国统计年鉴》（1997—2011 年）；②《中国能源统计年鉴》（1997—2011 年）；③《中国环境统计年鉴》（1997—2011 年）；④《中国省际物质资本存量估算：1952—2000》；⑤中国各省份统计年鉴（1997—2011 年）。下面将详细介绍各指标的选取及处理。

1. 资本存量

对于资本存量的估算，专家学者一般采用永续存盘法来估计每年的实际资本存量。张军等（2004）和单豪杰（2008）分别给出了自己的估算结果，其中张军等估算出了我国 1952—2000 年的资本存量，单豪杰则估算出了 1952—2006 年的资本存量。本部分采用张军等估算的资本存量的方法和思路，计算公式为

$$K_{i,t} = I_{i,t} + (1 - \delta_{i,t})K_{i,t-1}$$

式中，$K_{i,t}$ 表示地区 i 第 t 年的资本存量；$I_{i,t}$ 表示地区 i 第 t 年的投资；$\delta_{i,t}$ 表示地区 i 第 t 年的固定资本形成总额的经济折旧率。

根据张军等的做法，以 2000 年为计算基准，取 $\delta_{i,t} = 0.096$，并认为 i 地区第 t 年的固定资本形成总额即为 i 地区第 t 年的投资 $I_{i,t}$，向前推算至 1996 年，向后推算至 2010 年。计算过程中所使用的固定资本形成总额为根据各地区不同年份的固定资产投资价格指数平减至 2000 年以后的数据。

2. 劳动力

对于劳动力要素投入，国外的研究一般采用工作的小时数作为评价指标。国内通常的做法有两种：一是将社会从业人员总量作为劳动力要素，采用这种方法收集数据比较容易，计算较简单；二是考虑劳动者素质（教育），进行一定换算后将最终得到的人力资本作为劳动力投入。将人力资本作为劳动力投入从理论上来讲相比前者更加切合实际，但采用该方法收集数据比较困难，计算较复杂，在使用公式进行测算时带有较强的主观性，且目前还没有公认的较为标准的测算方式。因此，本部分选择采用社会从业人员总量作为劳动力投入，由于统计年鉴上的就业人员数为该地区当年年末的数据，这与该地区全年的实际劳动力有差距，因此，很多学者将上一年年末从业人员数与当年年末从业人员数的平均值作为当年的劳动力来进行计算。计算方式为当期劳动力=（上一期期末社会从业人员总人数+本期期末社会从业人员总人数）/2。

3. 能源消费总量

本章的能源消费总量即为《中国能源统计年鉴》中各地区的原始数据。

4. 地区生产总值

本章将 1996—2010 年各地区的地区生产总值（GDP）根据各地区各年份的 GDP 指数平减至 2000 年，以 2000 年为不变价格进行折算。

5. 非期望产出

这里沿袭臧传琴和刘岩（2012）的做法，并借鉴曾波等（2007）的研究成果，选取工业废水、工业废气、工业固体废物产生量作为环境污染指标，运用改进的熵值法将 3 项指标综合成一项环境污染指数 h，并采用乘法转换法得到正向环境指标 p。具体算法如下。

（1）数据标准化

$$x'_{ij} = \frac{x_{ij} - \min(x_j)}{\max(x_j) - \min(x_j)} + \xi \tag{4.5}$$

式中，x'_{ij} 表示 $j(j=1,2,3)$ 项污染物指标第 $i(i=1,2,\cdots,435)$ 个数据的标准化值，其中 $435=29\times15$，为 29 个省份 15 年的总体样本数；$\min(x_j)$ 表示第 j 项指标的最小值；$\max(x_j)$ 表示第 j 项指标的最大值；

由于这一步计算过程中会产生标准化值为零，在用对数求熵值时没有意义，因此，在计算过程中取无穷小量 ξ 为 10^{-100} 来避免这一问题的产生，因而不会影响计算结果。

最后定义：$y'_{ij} = \dfrac{x'_{ij}}{\sum\limits_{i=1}^{435} x'_{ij}}$。

（2）熵值 e 和效用值 d

第 j 项指标的熵值为

$$e_j = -k \sum_{i=1}^{435} y_{ij} \ln y_{ij} \tag{4.6}$$

由于本部分所采用的 435 个样本所代表的是 15 年间 29 个省份，因此可以认为这 435 个样本处于完全无序分布状态，此时 $k=1/\ln435$，第 j 项效用值 $d_j = 1 - e_j$。

（3）3 项指标的权重及综合指标的计算

相关计算公式为

$$w_j = \frac{d_j}{\sum\limits_{j=1}^{3} d_j} \tag{4.7}$$

式中，w_j 表示第 j 项指标在 3 项指标中的权重，$\sum\limits_{j=1}^{3} w_j = 1$；第 i 个样本的综合指标为

$h_i = \sum\limits_{j=1}^{3} w_j y_{ij}$，这里 h_i 代表第 i 个样本环境污染综合指标，h_i 越大，说明环境污染越严重。

（4）非期望产出环境污染综合指标的处理

目前对非期望产出的处理方式主要有：一是将非期望产出转换为投入要素；二是采用加法逆转法；三是采用乘法逆转法。Scheel（2001）的研究结果表明，乘法逆转法在

考察效率时比其他几种更为严格。因此，本部分在处理环境污染综合指标时采用同样的方法。转换后第 i 个样本的正向环境指标为 p_i。各地区处理后的 1996—2010 年各项指标数据的描述性统计如表 4.1 所示。

表 4.1　1996—2010 年各地区处理后数据的描述性统计

指标	单位	均值	标准差	最大值	最小值	观测数
劳动力	万人	2 291.7	1 607.2	6 866.7	229.0	435
能源消费总量	万吨（标准煤）	7 832.5	5 990.0	34 807.8	345.0	435
资本存量	亿元	11 801.7	12 110.1	72 177.5	415.6	435
地区生产总值	亿元	5 384.6	5 335.9	32 317.4	188.1	435
正向环境指标		1 445.3	3 219.7	25 693.5	82.6	435

4.1.3　实证结果

1. 基于静态模型的我国八大区域全要素能源效率变化趋势及现状分析

借助 DEA 计算软件 DEAP 2.1，以及已构建的基于 DEA-BCC 的能源效率测度模型和 4.1.2 小节收集得到的数据，计算得到我国八大区域基于投入的静态全要素能源效率值，相关结果如表 4.2 所示。

表 4.2　1996—2010 年我国八大区域的全要素能源效率测度结果

年份	北部沿海地区	黄河中下游地区	东北地区	东部沿海地区	长江中游地区	南部沿海地区	西南地区	西北地区	全国
1996	0.845	0.727	0.792	0.918	0.863	1.000	0.778	0.882	0.845
1997	0.840	0.732	0.813	0.918	0.854	0.995	0.758	0.863	0.840
1998	0.824	0.715	0.833	0.900	0.855	0.998	0.722	0.841	0.828
1999	0.830	0.717	0.863	0.915	0.853	0.997	0.692	0.825	0.827
2000	0.834	0.722	0.886	0.915	0.860	0.996	0.676	0.811	0.828
2001	0.824	0.716	0.894	0.919	0.847	0.992	0.655	0.805	0.821
2002	0.815	0.719	0.902	0.921	0.828	0.990	0.643	0.793	0.815
2003	0.799	0.710	0.912	0.907	0.804	0.959	0.628	0.781	0.801
2004	0.803	0.710	0.915	0.900	0.798	0.955	0.628	0.771	0.798
2005	0.803	0.699	0.907	0.889	0.795	0.948	0.620	0.764	0.792
2006	0.809	0.686	0.900	0.899	0.801	0.956	0.621	0.759	0.792
2007	0.832	0.677	0.891	0.922	0.817	0.972	0.627	0.759	0.800
2008	0.843	0.656	0.858	0.929	0.825	0.970	0.622	0.759	0.796
2009	0.849	0.630	0.836	0.944	0.829	0.974	0.617	0.751	0.792
2010	0.870	0.617	0.830	0.980	0.838	0.988	0.613	0.742	0.797
平均	0.828	0.695	0.869	0.918	0.831	0.979	0.660	0.794	0.811

注：①东北地区包括辽宁、吉林、黑龙江三省；②北部沿海地区包括北京、天津、河北、山东两市两省；③东部沿海地区包括上海、江苏、浙江一市两省；④南部沿海地区包括福建、广东、海南三省；⑤黄河中下游地区包括陕西、山西、河南、内蒙古三省一区；⑥长江中游地区包括湖北、湖南、江西、安徽四省；⑦西南地区包括云南、贵州、四川、重庆、广西三省一市一区；⑧西北地区包括甘肃、青海、宁夏、新疆两省两区。

（1）从整体层面看趋势

从总体上看，1996—2010 年我国全要素能源效率从 1996 年的 0.845 下降至 2010 年的 0.797，整体上呈现出一种下滑趋势。这一结论与魏楚和沈满洪（2007b）、师博和沈坤荣（2008）及屈小娥（2009）的研究结论并不完全一致。潜在的原因在于：1996—2006 年，我国的经济是一种高能耗、低产值、低效率的粗放式经济，环境遭到了极大的破坏，而魏楚和沈满洪（2007b）、师博和沈坤荣（2008）、屈小娥（2009）等的研究在产出的选择上只考虑了 GDP 这个产出指标，并没有考虑环境污染这个非期望产出，从而忽略了为环境污染所必须付出的代价，因此会得出 1998—2005 年我国的全要素能源效率总体呈现上升的趋势这样的结论。

1996—2000（"九五"规划）年，全国范围内全要素能源效率下滑幅度较小；2001—2005 年（"十五"规划），我国的全要素能源效率出现了大幅度的下滑，下滑幅度是 1996—2000 年的 2 倍多。主要原因在于：2001—2005 年是我国资本投资积累的一个时间段。首先，在产业结构上，2001—2005 年，特别是从 2003 年开始的新一轮投资高潮以后，三大产业在 2005 年 1—9 月的 GDP 的比例分别为：第一产业 12.7%、第二产业 56.9%、第三产业 30.4%。能源使用量较大的工业制造业（特别是重化学工业）在产业结构中的比重依然较大，与此同时，低能耗的服务业所占的比重下降。其次，2001—2005 年，对第二产业的大量投资在一定程度上导致了该产业内的规模和管理（纯技术效率）无效，同时由于没有放弃使用原有落后的机械设备，技术上甚至出现了退步。再次，在环境保护方面，"十五"规划期间，多项环境污染物排放量没有达到预定目标。这期间我国对煤炭能源的依赖度较高，但是由于设备落后，煤炭资源的利用度相对较低；很多使用煤炭资源的设备并没有装上"脱硫"装置，这使得在一些地区的污染物排放非常严重。种种原因最终导致"十五"规划期间我国全国范围内的全要素能源效率大幅度下降。

2006—2010 年（"十一五"规划），我国全要素能源效率从 2006 年的 0.792 上升至 0.797，出现了小范围上升。八大区域除东部沿海地区和南部沿海地区有小幅下降的趋势外，其余六个区域全要素能源效率均有上升的趋势，这主要得益于我国政府在"十一五"期间为实现节能减排而加大了淘汰落后产能的力度，严格控制能源的消耗，以减少污染物的排放，同时加快产业结构调整和升级，从而使得全要素能源效率出现了小幅上升的趋势。

（2）从区域层面看差异

南部沿海地区和东部沿海地区的平均全要素能源效率最高，分别为 0.979 和 0.918，作为改革开放的最前沿阵地，这两个地区在能源利用效率上拥有绝对的优势；东北地区、北部沿海地区、长江中游地区平均全要素能源效率均处在 0.8～0.9；西北地区平均全要素能源效率处在 0.7～0.8；西南地区和黄河中下游地区平均全要素能源效率处在 0.6～0.7。

自改革开放以来，得益于其得天独厚的地理位置，东南部沿海地区通过贸易和投资，引进了大量先进的管理制度和经验，购买了一批先进的技术设备，从而使其全要素能源效率一直处于全国领先地位。随着改革开放的深入，北部沿海地区、东北地区、长江中游地区则作为改革开放的第二地带，也在一定程度上受益于改革开放所带来的红利。黄河中下游地区地处中部，但其全要素能源效率值远低于其他中部地区。分析其主要原因在于，该地区的山西、内蒙古的能源禀赋十分充裕，市场分割扭曲了资源配置，从而造成全要素能源效率损失，使该地区的全要素能源效率一直处于低位。西南地区、西北地区则由于经济、历史、地理等因素，技术设备并没有得到很好的改善，管理和制度上也不够完善，因此，该地区的全要素能源效率一直处于较低水平。

（3）从区域层面看趋势

从区域层面看，北部沿海地区、东部沿海地区、长江中游地区、南部沿海地区的全要素能源效率均呈现先下降后上升的趋势，即变化趋势为一个"U"形；东北地区呈现先上升后下降的趋势，即变化趋势为一个倒"U"形；黄河中下游地区、西南地区、西北地区则一直处于下降状态。

2. 基于动态模型的区域全要素能源效率指数分解

图 4.1 给出了我国八大区域 1996—2010 年全要素能源效率的变化趋势。由图 4.1 可以看出，北部沿海地区、东部沿海地区、长江中游地区、南部沿海地区接近 2010 年的几年的全要素能源效率均呈上升趋势，而黄河中下游地区、东北地区、西南地区、西北地区的全要素能源效率则在近几年均呈下降趋势。因而，要想全面提高我国的全要素能源效率就必须扭转这些地区全要素能源效率下降的趋势。鉴于此，基于动态模型对这几个地区 2007—2010 年的全要素能源效率指数进行分解，以此来找出它们全要素能源效率下降的原因。

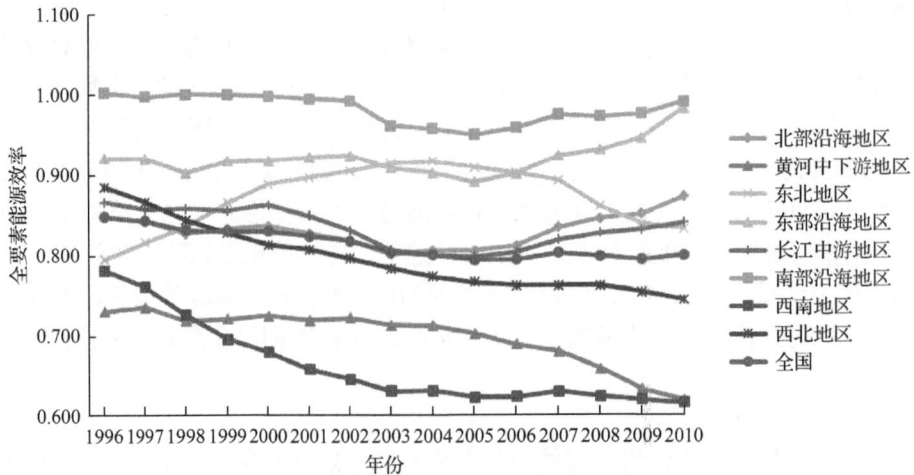

图 4.1　基于动态模型的我国八大经济区域全要素能源效率变动走向

利用 DEA-Malmquist 指数方法，表 4.3 给出了部分区域全要素能源效率的改变，以及对全要素能源效率改变的分解结果。下面将从纯技术效率改变、技术改变及规模效率改变的角度对全要素能源效率的改变展开系统的分析。

表 4.3 2007—2010 年部分地区全要素能源效率指数及其分解

能源效率指数及其分解		黄河中下游地区	东北地区	西南地区	西北地区	平均
2007—2008 年	全要素能源效率	0.942 0	0.957 0	0.943 0	0.946 2	0.947 1
	技术效率	0.959 5	0.962 8	0.968 5	0.975 3	0.966 5
	技术进步	0.981 8	0.994 0	0.973 8	0.970 3	0.979 9
	纯技术效率	1.004 8	1.005 3	1.001 0	1.007 5	1.004 6
	规模效率	0.955 0	0.957 7	0.967 5	0.968 0	0.962 0
2008—2009 年	全要素能源效率	0.897 6	0.939 5	0.911 7	0.913 8	0.915 6
	技术效率	0.935 9	0.966 6	0.961 7	0.947 1	0.952 9
	技术进步	0.959 0	0.972 0	0.948 0	0.964 8	0.960 9
	纯技术效率	1.004 5	1.002 0	1.006 3	0.991 3	1.001 0
	规模效率	0.931 8	0.964 7	0.955 8	0.955 5	0.951 9
2009—2010 年	全要素能源效率	0.938 9	0.976 7	0.939 2	0.911 7	0.941 6
	技术效率	0.952 8	0.979 0	0.959 9	0.915 1	0.951 7
	技术进步	0.985 5	0.997 7	0.978 5	0.996 3	0.989 5
	纯技术效率	1.000 0	0.999 7	1.007 8	0.962 5	0.992 5
	规模效率	0.952 8	0.979 3	0.952 5	0.950 8	0.958 8

（1）纯技术效率（制度和管理水平）

从表 4.3 中可以发现，黄河中下游地区、东北地区、西南地区的纯技术效率指数在 3 个时间段绝大部分大于 1，这说明这几个地区的制度和管理水平较高，对全要素能源效率起到了促进的作用；与此同时，西北地区的纯技术效率指数则从 1.007 5 下降至 0.962 5，这说明西北地区现有的制度和管理阻碍了全要素能源效率的提高。

（2）技术进步（技术水平）

黄河中下游地区、东北地区、西南地区、西北地区的技术进步指数在 3 个时间段均小于 1，这说明技术落后是这 4 个地区普遍存在的问题。其中，黄河中下游地区、西南地区、西北地区的问题最为严重，这 3 个地区作为中国内陆的中西部地区，缺乏先进的技术和设备，技术落后阻碍了其全要素能源效率的提高。东北地区处于东部，较易获得先进的技术和设备，但该地区技术落后的现象十分严重，存在大量的落后产能。

（3）规模效率

由表 4.3 可以看出，2009—2010 年 4 个地区的规模效率指数分别为 0.952 8、0.979 3、0.952 5、0.950 8，均小于 1，这说明这些地区现有的规模在很大程度上阻碍了本地区全要素能源效率的提高。结合全要素能源效率指数可以得出，对于东北地区而言，规模无效也是阻碍该地区发展的最主要原因。

3. 我国区域全要素能源效率的收敛性分析

目前，我国国内已有部分学者对全要素能源效率或者节能减排效率的收敛性分析做了相关研究。部分学者在研究区域全要素能源效率的收敛性时所选用的变量为全要素能源效率变动（Malmquist 指数），参见屈小娥（2009）、孙欣（2010）等，这样的做法存在一定的不妥之处。首先，有必要把全要素能源效率与全要素能源效率变动区分开来。全要素能源变动指数反映的是全要素能源效率的变化情况，它本身并不能代表全要素能源效率的高低。其次，倘若各区域全要素能源效率变动（Malmquist 指数）具有收敛性，那么意味着各区域全要素能源效率的变化趋于一致，这种情况下得到全要素能源效率差距的结论将长期存在，而不是收敛。

鉴于此，本部分借鉴 Barro 和 Sala-iMartin（1992）的方法并结合静态模型给出了一种适合测度我国区域能源效率收敛性的绝对收敛模型：

$$\sqrt{\frac{\theta_{it}}{\theta_{i0}}} = \beta \ln \theta_{i0} + \alpha_i + \varepsilon_{it} \tag{4.8}$$

式中，θ_{it} 表示 i 地区第 t 年的全要素能源效率；θ_{i0} 表示 i 地区初始年的全要素能源效率值；β 表示收敛系数；α_i 表示个体影响；ε_{it} 表示随机误差项。

若 $\beta < 0$，则表示存在绝对 β 收敛，它表明从长远看各地区的全要素能源效率将趋于相同的水平，也表明各地区之间的全要素能源效率的差异会逐渐缩小；若 $\beta > 0$，则表示不存在 β 收敛。

各省份间存在着诸多不随时间变动但与区域相关的一些影响效率的因素，如生活习惯、气候、政策因素等。从经济学的角度分析，此处对全国及八大地区内部省份的收敛模型统计估计采用固定效应模型会更为合适。因此，本部分采用固定效应模型进行统计估计，估计结果如表 4.4 所示。

表 4.4　全国及八大经济区域全要素能源效率收敛性检验结果

相关统计量	全国	北部沿海地区	黄河中下游地区	东北地区	东部沿海地区	长江中下游地区	南部沿海地区	西南地区	西北地区
系数 β	-0.121	-0.108	0.050	-0.040	-0.116	-0.209	-0.244	-0.176	-0.157
显著性	**	—	—	—	—	*	*	**	**
t 检验值	-6.191	-1.592	0.901	-0.640	-1.135	-2.896	-2.413	-5.474	-6.351
R	0.262	0.159	0.204	0.119	0.061	0.196	0.138	0.433	0.589
DW	1.312	0.970	1.327	0.570	1.095	2.066	1.547	1.252	1.714

注：—表示估计结果不显著，*表示结果在 5%的显著性水平下显著，**表示结果在 1%的显著性水平下显著。

结果表明，我国各省份间的全要素能源效率在整体上存在共同的收敛趋势，这表明我国各省份间的全要素能源效率最终将向同一个水平发展；长江中下游、南部沿海、西南地区、西北地区各自的内部省份间存在显著的"俱乐部"收敛，说明这 4 个地区内部各省份间的全要素能源效率差距正在逐步缩小；北部沿海、东部沿海、东北地区各自内部省份间的全要素能源效率收敛，但不显著；黄河中下游西区内部省份间的全要素能源效率发散，但不显著。

长江中游地区、南部沿海地区、西南地区、西北地区这 4 个地区各自内部的省份间，无论是能源禀赋，还是能源消费结构都极为相似，从而促使这些地区各自内部省份间全要素能源效率出现显著收敛。北京、天津、山东、河北同为北部沿海地区，上海、江苏、浙江同为东部沿海地区，但由于直辖市与省份间无论是能源禀赋还是能源消费结构、经济结构均存在很大的差异，北京、天津、上海这 3 个直辖市的能源禀赋较低，高耗能的第二产业比例较低，低耗能的第三产业却占据了较大的比例。与此同时，这两个地区的其他省份却正好与此相反，从而导致这两个地区内部省份间全要素能源效率收敛，但不显著。东北地区的辽宁、黑龙江的全要素能源效率均处在较高水平，且呈现不断增长的趋势，与此同时，吉林的全要素能源效率一直处于较低水平，且呈现不断下降的趋势，从而该地区虽然呈现一种微弱的收敛趋势，但不显著。黄河中下游地区内部省份间全要素能源效率微弱地发散，即该地区内部省份间的差距有扩大的趋势，这主要是由于作为能源生产大省，山西、内蒙古、河南、陕西这 4 个省份的地理位置相近，但它们之间的能源禀赋存在巨大的差异。

4.1.4 主要结论及建议

本节运用 1996—2010 年我国 29 个省份的面板数据，选取基于投入导向的 DEA-BCC 模型和 DEA-Mamlquist 指数模型，在考虑环境污染这个非期望产出的基础上从静态和动态两个层次分析 3 个"五年计划"期间中国区域能源效率变动走向，并结合静态模型给出了一种适合测度我国区域全要素能源效率收敛性的绝对收敛模型。结果表明：我国区域全要素能源效率在 1996—2005 年呈现整体下降趋势，而在 2006—2010 年出现小范围上升趋势。

东南沿海地区全要素能源效率处于绝对优势地位，北部沿海地区、东北地区呈追赶之势，黄河中下游地区、西南地区、西北地区全要素能源效率则一直处于低位；技术退步和规模无效是导致黄河中下游地区、西南地区、西北地区全要素能源效率低的主要因素，且西北地区存在着严重的制度和管理无效。从绝对收敛模型结果看，我国全要素能源效率在整体上显著收敛。分区域来看，长江中下游地区、南部沿海地区、西南地区、西北地区各自的内部省份间存在显著的"俱乐部"收敛，即该地区内部各省份间全要素能源效率的差距正在逐步缩小，黄河中下游地区则表现出一定的发散趋势。

基于前面的实证结论，本书给出以下两点建议。

1）加强地区间能源技术和管理方面的交流，加大力度淘汰落后产能，加快产业优化升级。目前我国整体上能耗强度还很高，能源利用效率偏低，因此，必须加大能源技术研发力度，加快更新、引进能源技术和设备，大力发展低能耗、高产值的高新技术产业，从整体上提高我国的能源利用效率。东南沿海地区应当充分利用自身在资金、能源技术方面的基础优势，大力研发节能技术，加快发展核能、太阳能等清洁能源，制定政策制度积极推广清洁能源；北部沿海地区、东北地区、长江中游地区应该结合自身的地域、经济、文化等优势加快产业结构调整和产业升级，加大力度淘汰落后产能，支持低能耗、高附加值的第三产业的发展；黄河中下游地区、西南地区、西北地区则需要充分发挥本地区的能源资源、人力资源等优势，引进东南沿海地区先进的能源技术和设备，学习它们先进的管理方法和经验，改善当地的投资环境，制定政策制度，吸引高新技术企业的入住，以此来促进当地的产业结构调整和升级。

2）加大环境保护和环境治理的力度。能源消费和使用的过程中往往伴随着污染物的产生和排放，应当合理制定奖惩制度，积极督促能源消费企业和个人采用先进的排污技术和设备，从源头上控制污染物的排放。

4.2　基于全局生产技术的全要素能源效率变化趋势及影响因素研究

为了科学有效地测度全要素能源效率的变化趋势及其主要影响因素，本节将首先结合 DEA 方法和方向距离函数构建体现经济增长与节能减排双重目标的全要素能源效率模型，同时寻找一种适合测算我国全国及东、中、西部等典型区域能源效率及其指数的方法；其次运用四阶段 DEA 的基本原理来实现外生运营环境的均等化，并结合全局 DEA-Malmquist-Luenberger 指数的拓展模型（该模型可以很好地克服传统 DEA-Malmquist 指数存在的虚假技术退步缺陷）来提取行业内部因素（技术、规模和管理水平），在此基础上运用 Tobit 回归模型厘清内、外部各因素对区域能源效率的影响；最后基于研究结果提出有针对性的管理对策。

4.2.1　全局的 DEA-Malmquist-Luenberger 指数及其拓展模型

根据 Chung 等（1997）定义 DEA-Malmquist-Luenberger 指数的方法，传统的 DEA-Mamlquist-Luenberger 指数可以定义为

$$\mathrm{ML}^{t,t+1} = \sqrt{\frac{1+D^t(e^t,k^t,l^t,\mathrm{gdp}^t,p^t;g)}{1+D^t(e^{t+1},k^{t+1},l^{t+1},\mathrm{gdp}^{t+1},p^{t+1};g)} \cdot \frac{1+D^{t+1}(e^t,k^t,l^t,\mathrm{gdp}^t,p^t;g)}{1+D^{t+1}(e^{t+1},k^{t+1},l^{t+1},\mathrm{gdp}^{t+1},p^{t+1};g)}} \quad (4.9)$$

为了进一步识别全要素能源效率改变的原因，$\mathrm{ML}^{t,t+1}$ 可进一步分解为

$$\mathrm{ML}^{t,t+1} = \mathrm{ECH}^{t,t+1} \cdot \mathrm{TCH}^{t,t+1} \quad (4.10)$$

其中

$$\mathrm{ECH}^{t,t+1} = \frac{1+D^t(e^t,k^t,l^t,\mathrm{gdp}^t,p^t;g)}{1+D^{t+1}(e^{t+1},k^{t+1},l^{t+1},\mathrm{gdp}^{t+1},p^{t+1};g)}$$

$$\mathrm{TCH}^{t,t+1} = \sqrt{\frac{1+D^{t+1}(e^t,k^t,l^t,\mathrm{gdp}^t,p^t;g)}{1+D^t(e^{t+1},k^{t+1},l^{t+1},\mathrm{gdp}^{t+1},p^{t+1};g)} \cdot \frac{1+D^{t+1}(e^t,k^t,l^t,\mathrm{gdp}^t,p^t;g)}{1+D^t(e^t,k^t,l^t,\mathrm{gdp}^t,p^t;g)}}$$

式中，$D^t(e^t,k^t,l^t,\mathrm{gdp}^t,p^t;g)$ 表示以第 t 期生产技术集为参照，第 t 期决策单元对应的距离函数；$D^t(e^{t+1},k^{t+1},l^{t+1},\mathrm{gdp}^{t+1},p^{t+1};g)$ 表示以第 t 期生产技术集为参照，第 $t+1$ 期决策单元对应的距离函数；其余两个距离函数的具体含义同理可得；$\mathrm{ECH}^{t,t+1}$ 表示技术效率变动指数；$\mathrm{TCH}^{t,t+1}$ 表示技术变动指数。

传统的 DEA-Malmquist-Luenberger 指数以单期截面决策单元的投入产出数据为生产技术集，容易造成技术进步的不连续性，因而通过此方法测算得到的结果存在虚假的技术退步缺陷。由 Oh（2010）提出的全局 DEA-Malmquist-Luenberger 指数与传统的

DEA-Malmquist-Luenberger 指数相比，全局 DEA-Malmquist-Luenberger 指数在测算生产率指数时具有更好的连续性和稳健性，相关介绍也可参考周五七和聂鸣（2012）。构建 DEA-Malmquist-Luenberger 指数模型，其具体形式为（王兆华和丰超，2015）

$$\text{GML}^{t,t+1} = \text{GECH}^{t,t+1} \cdot \text{GTCH}^{t,t+1} \tag{4.11}$$

其中，

$$\text{GECH}^{t,t+1} = \frac{1 + D^t(e^t, k^t, l^t, \text{gdp}^t, p^t; g)}{1 + D^{t+1}(e^{t+1}, k^{t+1}, l^{t+1}, \text{gdp}^{t+1}, p^{t+1}; g)}$$

$$\text{GTCH}^{t,t+1} = \left[\frac{1 + D^G(e^t, k^t, l^t, \text{gdp}^t, p^t; g)}{1 + D^t(e^t, k^t, l^t, \text{gdp}^t, p^t; g)} \bigg/ \frac{1 + D^G(e^t, k^t, l^t, \text{gdp}^t, p^t; g)}{1 + D^{t+1}(e^{t+1}, k^{t+1}, l^{t+1}, \text{gdp}^{t+1}, p^{t+1}; g)} \right]$$

式中，$D^t(e^t, k^t, l^t, \text{gdp}^t, p^t; g)$ 表示基于同期生产可能集的方向距离函数；$D^G(e^t, k^t, l^t, \text{gdp}^t, p^t; g)$ 表示基于全局生产可能集的方向距离函数。

如果 $\text{GECH}^{t,t+1} > 1$，则决策单元第 $t+1$ 期较第 t 期更接近当期的有效生产前沿面，存在效率改进；反之，则存在效率下降。如果 $\text{GTCH}^{t,t+1} > 1$，则决策单元第 $t+1$ 期较第 t 期对应的生产前沿面更加靠近全局的有效生产前沿面，此时，第 $t+1$ 期与第 t 期相比存在技术进步，反之，则存在技术退步。如果 $\text{GML}^{t,t+1} > 1$，则决策单元综合效率第 $t+1$ 期较第 t 期有增长，反之，则综合效率下降。

由于 Oh（2010）只是将 DEA-Malmquist-Luenberger 指数分解为技术效率 GECH 和技术进步 GTCH，为了进行更深入的研究，我们有必要将技术效率 GECH 做进一步的分解，本书借鉴 DEA-ML 指数的构造方法，在规模报酬不变的情况下将技术效率 GECH 分解为纯技术效率 GPCH 和规模效率 GSCH，具体分解形式为

$$\text{GECH}^{t,t+1} = \text{GPCH}^{t,t+1} \cdot \text{GSCH}^{t,t+1} \tag{4.12}$$

其中，

$$\text{GPCH}^{t,t+1} = \frac{1 + D^t(e^t, k^t, l^t, \text{gdp}^t, p^t; g \mid \text{VRS})}{1 + D^{t+1}(e^{t+1}, k^{t+1}, l^{t+1}, \text{gdp}^{t+1}, p^{t+1}; g \mid \text{VRS})}$$

$$\text{GSCH}^{t,t+1} = \left[\frac{1 + D^t(e^t, k^t, l^t, \text{gdp}^t, p^t; g \mid \text{CRS})}{1 + D^t(e^t, k^t, l^t, \text{gdp}^t, p^t; g \mid \text{VRS})} \right]$$

$$\bigg/ \frac{1 + D^{t+1}(e^{t+1}, k^{t+1}, l^{t+1}, \text{gdp}^{t+1}, p^{t+1}; g \mid \text{CRS})}{1 + D^{t+1}(e^{t+1}, k^{t+1}, l^{t+1}, \text{gdp}^{t+1}, p^{t+1}; g \mid \text{VRS})}$$

因此，结合式（4.11）和式（4.12）在规模报酬不变的情况下，DEA-GML 指数及其分解形式为

$$\text{GML}^{t,t+1} = \text{GPCH}^{t,t+1} \cdot \text{GSCH}^{t,t+1} \cdot \text{GTCH}^{t,t+1} \tag{4.13}$$

一般地，GPCH、GSCH 和 GTCH 的经济学含义分别对应了生产过程中的管理、规模和技术变动水平。

对于我国全国及东、中、西部三大地区能源效率指数的计算，大多数文献将地区内所覆盖的省际能源效率指数的平均值作为地区的能源效率指数，如屈小娥（2009）、董锋等（2010）。本书认为这样的做法存在两点不足：首先，由于地区内各省份间的能源生产、消费规模各不相同，将各省份的效率指数平均值作为地区整体的效率指数值，就会忽略省份

间的差异，最终导致求取平均所得的计算结果并不能真实地反映地区整体的效率指数水平；其次，虽然各效率指数间满足等式关系 $\text{GML}^{t,t+1} = \text{GPCH}^{t,t+1} \cdot \text{GSCH}^{t,t+1} \cdot \text{GTCH}^{t,t+1}$，但求取平均值后，该等式关系不再成立。鉴于此，本节在此给出地区能源效率指数的计算方法的步骤。

第一步：用 a 表示地区，i 表示地区 a 所覆盖的省份，通过省际的方向距离函数来求取地区方向距离函数，具体公式为（王兆华和丰超，2015）

$$D_a^G(e^t, k^t, l^t, \text{gdp}^t, p^t; g \mid \text{CRS}) = \frac{\sum_{i \in a} D_i^G(e^t, k^t, l^t, \text{gdp}^t, p^t; g \mid \text{CRS}) \cdot e_i}{\sum_{i \in a} e_i} \quad (4.14)$$

$$D_a^t(e^t, k^t, l^t, \text{gdp}^t, p^t; g \mid \text{CRS}) = \frac{\sum_{i \in a} D_i^t(e^t, k^t, l^t, \text{gdp}^t, p^t; g \mid \text{CRS}) \cdot e_i}{\sum_{i \in a} e_i} \quad (4.15)$$

$$D_a^t(e^t, k^t, l^t, \text{gdp}^t, p^t; g \mid \text{VRS}) = \frac{\sum_{i \in a} D_i^t(e^t, k^t, l^t, \text{gdp}^t, p^t; g \mid \text{VRS}) \cdot e_i}{\sum_{i \in a} e_i} \quad (4.16)$$

第二步：将第一步计算所得相应的地区方向距离函数带入模型（4.13）即可求得地区能源效率指数 GML_a 及其分解 GPCH_a、GSCH_a、GTCH_a。其中，在求解规模报酬不变的情况下，基于同期生产可能集的方向距离函数的线性规划模型可以写成

$$D^t(e^t, k^t, l^t, \text{gdp}^t, p^t; g \mid \text{CRS}) = \max \beta$$

约束条件：

$$\sum_{i=1}^{N} z_i^t e_i^t \leqslant (1 - \beta) e_{i0}^t;$$

$$\sum_{i=1}^{N} z_i^t k_i^t \leqslant k_{i0}^t;$$

$$\sum_{i=1}^{N} z_i^t l_i^t \leqslant l_{i0}^t;$$

$$\sum_{i=1}^{N} z_i^t \text{gdp}_i^t \geqslant (1 + \beta) \text{gdp}_{i0}^t;$$

$$\sum_{i=1}^{N} z_i^t p_i^t = (1 - \beta) p_{i0}^t;$$

$$z_i^t \geqslant 0, i = 1, 2, \cdots, N. \quad (4.17)$$

在求解规模报酬不变的情况下，基于全局生产可能集的方向距离函数的线性规划模型可以写成

$$D^t(e^t, k^t, l^t, \text{gdp}^t, p^t; g \mid \text{CRS}) = \max \beta$$

约束条件：

$$\sum_{t=1}^{T}\sum_{i=1}^{N}z_i^t e_i^t \leqslant (1-\beta)e_{i0}^t;$$

$$\sum_{t=1}^{T}\sum_{i=1}^{N}z_i^t k_i^t \leqslant k_{i0}^t;$$

$$\sum_{t=1}^{T}\sum_{i=1}^{N}z_i^t l_i^t \leqslant l_{i0}^t;$$

$$\sum_{t=1}^{T}\sum_{i=1}^{N}z_i^t \mathrm{gdp}_i^t \geqslant (1+\beta)\mathrm{gdp}_{i0}^t;$$

$$\sum_{t=1}^{T}\sum_{i=1}^{N}z_i^t p_i^t = (1-\beta)p_{i0}^t;$$

$$z_i^t \geqslant 0, i=1,2,\cdots,N, t=1,2,\cdots,T. \tag{4.18}$$

求解规模报酬可变下基于同期生产可能集的方向距离函数的线性规划模型可以写成

$$D^t(e^t,k^t,l^t,\mathrm{gdp}^t,p^t;g\,|\,\mathrm{CRS})=\max\beta$$

约束条件：

$$\sum_{i=1}^{N}z_i^t e_i^t \leqslant (1-\beta)e_{i0}^t;$$

$$\sum_{i=1}^{N}z_i^t k_i^t \leqslant k_{i0}^t;$$

$$\sum_{i=1}^{N}z_i^t l_i^t \leqslant l_{i0}^t;$$

$$\sum_{i=1}^{N}z_i^t \mathrm{gdp}_i^t \geqslant (1+\beta)\mathrm{gdp}_{i0}^t;$$

$$\sum_{i=1}^{N}z_i^t p_i^t = (1+\beta)p_{i0}^t;$$

$$\sum_{i=1}^{N}z_i^t = 1; z_i^t \geqslant 0, i=1,2,\cdots,N. \tag{4.19}$$

基于模型（4.19），决策单元 i_0 的能源效率可以定义为 $1-D^t(e^t,k^t,l^t,\mathrm{gdp}^t,p^t;|\,\mathrm{CRS})$。

4.2.2 区域全要素能源效率影响因素的识别方法

三阶段 DEA 模型（黄德春等，2012）和四阶段 DEA 模型（李兰冰，2012）利用非参数的线性规划和前沿方法来识别生产过程中的外部运营环境变量，通过投入产出的松弛向量的调整来剔除外部运营环境变量对生产效率的影响，即控制外部运营环境变量。本节在此基础上结合外部运营环境变量控制法，以及全局 DEA-Malmquist-Luenberger 指数的拓展模型来构建六阶段区域全要素能源效率影响因素的识别方法实现的具体阶段。

第一阶段：区域全要素能源效率影响因素的解剖。依据三阶段 DEA 模型和四阶段 DEA 模型的原理，区域全要素能源效率的影响因素可以分解为两类：一类是能源生产和消费行业/企业自身的内部的因素，如技术设备、管理水平等；另一类则是外部不可控的运营环境，如公共基础设施、总体产业结构等。例如，黄德春等（2012）选取 R&D

的投入量和第二产业比重作为外部运营环境变量，李兰冰（2012）选取产业结构、文化素质等指标作为外部运营环境变量。影响区域全要素能源效率的因素很多，本节在借鉴已有研究的基础上选取技术水平、管理效率、规模水平作为行业/企业内部自身的因素，同时选取以下 3 个主要外部运营环境变量（王兆华和丰超，2015）。

1）产业结构，以第二产业增加值占地区生产总值的比例表示。魏楚和沈满洪（2008）、吴琦和武春友（2009）、汪克亮等（2010）、王兵等（2011）的研究表明，第二产业为能源密集型产业，同时也是我国能源消费的主要行业之一，对我国全要素能源效率有显著的负影响。

2）基础设施，以单位面积的公路里程来衡量。发达的交通运输等基础设施，将大大降低能源生产要素资源配置过程中的成本，包括时间成本和经济成本，促进各要素在地区间的流动。李兰冰（2012）的研究结果也表明，改善基础设施条件将会减少能源生产投入要素的冗余，从而提高全要素能源效率。

3）经济开放程度，用地区进出口贸易总额占地区生产总值的比例来衡量。李未无（2008）的研究表明，一个地区的开放程度会通过影响能源价格水平、技能技术和资本的进出口等来间接地影响地区的能源效率，对外开放会对能源效率的提高有积极的影响。

区域全要素能源效率影响因素解剖图（图4.2），其中外部运营环境变量的选取及描述统计如表4.5所示。

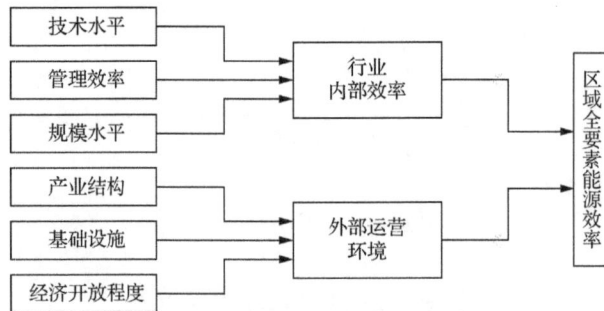

图4.2 区域全要素能源效率影响因素解剖图

表4.5 外部运营环境变量的选取及描述统计

项目	指标选取	单位	极小值	极大值	均值	标准差
产业结构	第二产业增加值/地区生产总值	%	22.50	61.50	47.89	7.57
基础设施	地区公路里程/地区总面积	千米/千米^2	0.03	1.89	0.64	0.41
经济开放程度	地区进出口贸易总额/地区生产总值	%	3.71	176.46	36.37	45.01

第二阶段：投入产出松弛量的计算。黄德春等（2012）、李兰冰（2012）基于 DEA-BCC 模型的角度来计算投入产出松弛量。如果是基于投入导向的 DEA-BCC 模型，则计算投入的松弛量；如果是基于产出导向的 DEA-BCC 模型，则计算产出的松弛量。本小节则

基于非径向的 DEA 方向距离函数模型来求解松弛量, 依据方向向量 $g(-e, 0, 0, \mathrm{gdp}, p)$, 计算能源消费总量、经济产出量、正向环境指标的松弛量。求解松弛量的方程为

$$e_{i0}^s = e_{i0} - \sum z_i e_i \tag{4.20}$$

$$k_{i0}^s = k_{i0} - \sum z_i k_i \tag{4.21}$$

$$p_{i0}^s = p_{i0} - \sum z_i p_i \tag{4.22}$$

第三阶段: 外部运营环境变量的识别。由于投入产出的松弛量的绝对大小除了受外部运营环境变量的影响外, 主要还取决于投入产出总体规模的大小, 外部运营环境变量对投入冗余率和产出不足率的影响要更为明显。因此, 本节将能源消费总量投入的冗余率, 以及经济产出和正向环境指标的产出不足率分别作为被解释变量来考察, 将产业结构、基础设施、经济开放程度作为解释变量来建立回归方程, 以此来定量地测算外部运营环境变量对投入冗余率和产出不足率的影响。具体模型为

$$\frac{e_i^s}{e_i} = f_e(C_i, \beta_e, u_i) \tag{4.23}$$

$$\frac{\mathrm{gdp}_i^s}{\mathrm{gdp}_i} = f_{\mathrm{gdp}}(C_i, \beta_{\mathrm{gdp}}, v_i) \tag{4.24}$$

$$\frac{p_i^s}{p_i} = f_p(C_i, \beta_p, w_i) \tag{4.25}$$

式中, e_i^s、gdp_i^s、p_i^s 分别表示由第二阶段计算所得的能源消费总量、经济产出量、正向环境指标的松弛量; C_i 表示第 i 个决策单元的一系列外生环境运营变量; β_e、β_{gdp}、β_p 表示对应的系数; u_i、v_i、w_i 表示各回归方程中的随机干扰项。

第四阶段: 对原始数据中能源消费总量、经济产出量、正向环境指标的调整。由第三阶段估计所得的各外生运营环境的相关系数, 可以进一步获得每个决策单位的投入产出松弛量的估计值。为了实现外生运营环境的均等化, 本节选取最差的运营环境为标杆, 对于处于优势运营环境下的决策单位通过增加投入量、减少产出量来剔除决策单元间由外生运营环境所造成的差异。估算模型为 (王兆华和丰超, 2015)

$$e_i^* = e_i \cdot (1 + \max_i\{C_i\beta_e\} - C_i\beta_e) \tag{4.26}$$

$$\mathrm{gdp}_i^* = \mathrm{gdp}_i \cdot (1 + \max_i\{C_i\beta_{\mathrm{gdp}}\} - C_i\beta_{\mathrm{gdp}}) \tag{4.27}$$

$$p_i^* = p_i \cdot (1 + \max_i\{C_i\beta_p\} - C_i\beta_p) \tag{4.28}$$

第五阶段: 将第四阶段调整后的投入产出量代入全局 DEA-Malmquist-Luenberger 指数及其分解模型中, 即可求得影响行业/企业内部效率的技术进步指数 GTCH[*]、纯技术效率指数 GPCH[*]、规模效率指数 GSCH[*], 分别对应技术、管理、规模三大影响因素。

第六阶段: Tobit 回归模型。将调整前的投入产出数据代入全局 DEA-Malmquist-Luenberger 指数模型, 求得调整前的 GML_0, 即区域全要素能源效率变动指数。为了进一步研究行业/企业内部及外部运营环境各因素对区域全要素能源效率的影响, 同时为了使各回归变量间具有一定的可比性, 这里选取产业结构变动指数 (industry)、经济开放程度变动指数 (open) 及基础设施变动指数 (infrastructure) 作为外部运营环境因素替

代指标，选取行业/企业内部的技术进步指数 $GTCH^*$、纯技术效率指数 $GPCH^*$、规模效率指数 $GSCH^*$ 分别作为企业/行业内部因素——技术、管理和规模的替代指标，并且将这 6 个因素指标作为解释变量，将区域全要素能源效率变动指数 GML_0 作为被解释变量来考察六大因素对区域能源效率变动的影响，以此来找出区域全要素能源效率的动力因素。由于区域全要素能源效率指数 GML_0 最低为 0，即被解释变量的数据在左侧被截断，因此，此处采用 Tobit 回归模型会更为合适。由此，构建的全要素能源效率影响因素的 Tobit 模型为

$$GML_{i,t}^0 = C + \beta_1 GTCH_{i,t}^* + \beta_2 GPCH_{i,t}^* + \beta_3 GSCH_{i,t}^* + \beta_4 industry_{i,t}$$
$$+ \beta_5 open_{i,t} + \beta_6 infrastructure_{i,t} + \varepsilon_{i,t} \tag{4.29}$$

式中，i 和 t 分别表示不同时期不同区域对应的值；C 表示常数项；$\varepsilon_{i,t}$ 表示随机误差项，且服从正态分布。

产业结构变动指数为当期的产业结构数值与上一期的产业结构数值的比值，同理可得经济开放程度变化指数及基础设施变化指数。

4.2.3　实证结果

本小节基于 2003—2010 年我国省际面板数据，首先运用全要素能源效率测算模型对全国和东、中、西部三大地区及省际的全要素能源效率进行测算，具体呈现我国区域能源效率现状；然后结合四阶段 DEA 基本原理和全局 DEA 方法来提取行业/企业内部各因素（GPCH，GTCH，GSCH），并分析我国行业/企业内部效率现状和成因；最后运用 Tobit 回归模型厘清内-外部因素各自对区域能源效率的影响。

1. 区域全要素能源效率分析

区域全要素能源效率，即调整松弛量之前区域层面的能源效率，由模型（4.19）计算所得。本部分的分析按照分析对象的行政级别分成 3 个层次，分别从全国和东、中、西部三大区域及省级这 3 个层次来呈现我国 2003—2010 年的区域能源效率现状。

首先，对全国及东中西部三大区域的全要素能源效率进行测算，结果如表 4.6 所示。从全国范围来看，我国区域全要素能源效率整体上呈现一种下降的趋势，从 2003 年的 0.839 1 下降至 2010 年的 0.820 2。

表 4.6　2003—2010 年全国及三大地区的全要素能源效率

地区	2003 年	2004 年	2005 年	2006 年	2007 年	2008 年	2009 年	2010 年
东部地区	0.895 1	0.882 2	0.873 1	0.871 6	0.885 4	0.887 4	0.904 1	0.942 4
中部地区	0.874 3	0.857 0	0.822 3	0.787 4	0.782 5	0.770 7	0.769 4	0.779 8
西部地区	0.680 4	0.650 5	0.619 7	0.607 7	0.609 6	0.609 6	0.610 6	0.624 6
全国范围	0.839 1	0.820 3	0.799 4	0.786 0	0.791 7	0.788 5	0.795 8	0.820 2

2003—2005 年，我国的区域全要素能源效率出现大幅下滑，从 0.839 1 下降至 0.799 4；与此相反的是，2006—2010 年，我国区域全要素能源效率从 2006 年的 0.786 0 上升至 0.820 2，出现了大幅上升。

2003—2005 年，随着工业化、城镇化快速发展，我国能源消耗强度和主要污染物排放量呈现上升的趋势，单位 GDP 能耗上升 9.8%，二氧化硫、化学需要量排放总量分别上升 32.3%、3.5%；这几年是我国资本投资积累的一个重要的时间段，这期间大量的资本流向第二产业，这在一定程度上导致了该产业内的规模和管理（纯技术效率）无效，同时由于没有放弃使用原有落后的机械设备，技术上甚至出现了退步；在环境治理和保护方面，多项环境污染物排放量没有达到预定目标。这期间我国对煤炭能源的依赖度较高，但是由于设备落后，煤炭资源的利用效率较低，很多使用煤炭资源的设备并没有装上"脱硫"装置，这使得一些地区的污染物排放非常严重。2006—2010 年，我国区域全要素能源效率大幅上升，主要得益于我国政府"十一五"规划期间扭转了我国工业化、城镇化快速发展阶段能源消耗强度和主要污染物排放量上升的趋势。"十一五"期间，我国单位 GDP 能耗由"十五"后 3 年上升 9.8% 转为下降 19.1%，二氧化硫和化学需氧量排放总量分别由"十五"后 3 年上升 32.3%、3.5% 转为下降 14.29%、12.45%，能效水平和环境质量均得到显著的提高。与此同时，"十一五"期间，产业结构的调整、基础设施的进一步完善等也在一定程度上促进了全要素能源效率的提高。

分地区来看，东部地区区域全要素能源效率在考察期间均处于 0.8 以上，2010 年更是达到了 0.942 4 的高水平，在三大地区中一直处于绝对优势地位；与 2003 年相比，中、西部地区 2003—2010 年的区域全要素能源效率均出现较大幅度的下滑，分别从 0.874 3、0.680 4 下降至 0.779 8、0.624 6。

进一步地，我们分别计算了除西藏、重庆、香港、台湾、澳门外 29 个省份的全要素能源效率，结果如表 4.7 所示。2010 年，东部地区的辽宁、上海、江苏、福建、山东、广东六省市的区域全要素能源效率均达到有效值 1；与此同时，中西部地区的山西、贵州、青海、宁夏的省际全要素能源效率值均在 0.5 以下，其中宁夏更是在 0.3 以下，区域全要素能源效率亟待提高。

表 4.7　2003—2010 年我国省际全要素能源效率

省份	2003 年	2004 年	2005 年	2006 年	2007 年	2008 年	2009 年	2010 年
北京	0.736	0.750	0.771	0.798	0.834	0.872	0.902	0.923
天津	0.847	0.865	0.870	0.871	0.869	0.859	0.887	0.911
河北	0.748	0.726	0.710	0.687	0.690	0.666	0.646	0.666
辽宁	0.998	0.965	0.946	0.941	0.947	0.897	0.930	1.000
上海	0.939	0.967	0.959	0.968	1.000	1.000	0.992	1.000
江苏	0.963	0.930	0.894	0.904	0.920	0.935	0.971	1.000
浙江	0.899	0.889	0.883	0.890	0.906	0.924	0.951	0.970
福建	0.975	0.959	0.950	0.961	0.973	0.982	0.990	1.000
山东	0.839	0.818	0.825	0.819	0.835	0.862	0.898	1.000
广东	1.000	1.000	0.994	0.990	1.000	1.000	0.999	1.000
海南	1.000	0.973	0.959	0.952	0.963	0.949	0.955	0.974
山西	0.727	0.690	0.598	0.513	0.488	0.413	0.395	0.402
安徽	0.893	0.888	0.862	0.856	0.871	0.882	0.894	0.907

续表

省份	2003 年	2004 年	2005 年	2006 年	2007 年	2008 年	2009 年	2010 年
江西	0.878	0.858	0.847	0.846	0.854	0.873	0.885	0.899
河南	0.851	0.834	0.795	0.743	0.743	0.742	0.748	0.766
湖北	1.000	0.963	0.948	0.934	0.926	0.917	0.910	0.914
湖南	0.964	0.944	0.930	0.911	0.905	0.866	0.835	0.832
吉林	0.785	0.760	0.694	0.649	0.635	0.678	0.705	0.732
黑龙江	0.963	0.980	0.989	0.991	0.998	1.000	0.978	0.980
内蒙古	0.766	0.690	0.630	0.599	0.580	0.554	0.504	0.539
广西	0.940	0.905	0.860	0.806	0.799	0.800	0.790	0.789
四川	0.788	0.759	0.731	0.734	0.747	0.725	0.744	0.760
贵州	0.429	0.411	0.392	0.393	0.408	0.458	0.463	0.469
云南	0.690	0.667	0.629	0.621	0.628	0.648	0.654	0.654
陕西	0.637	0.622	0.612	0.623	0.632	0.642	0.658	0.675
甘肃	0.800	0.755	0.694	0.651	0.617	0.561	0.575	0.577
青海	0.482	0.432	0.394	0.388	0.393	0.403	0.415	0.424
宁夏	0.273	0.260	0.256	0.255	0.262	0.276	0.291	0.299
新疆	0.543	0.519	0.507	0.502	0.512	0.526	0.529	0.529

2. 行业/企业内部效率指数分析

行业/企业内部平均效率指数及其分解，即运用四阶段 DEA 基本原理，通过调整松弛量来实现外部运营环境均等化后最终提取出的全局 DEA-Malmquist-Luengerger 指数。与全要素能源效率的测度类似，我们从全国，东、中、西部三大地区及省际这 3 个层次来呈现我国行业/企业内部效率的现状，并从技术、规模和管理这 3 个方面来分析导致行业/企业内部无效率的原因。

首先是全国及东、中、西部三大地带的计算，结果如表 4.8 所示。从全国范围来看，2003—2010 年，行业/企业内部的效率指数 GML_a^* 为 0.998 95，这表明 2003—2010 年全国范围内能源生产和消费相关行业/企业内部效率总体上是下降的。具体来看，这期间，技术进步指数 $GTCH_a^*$、纯技术效率指数 $GPCH_a^*$、规模效率指数 $GSCH_a^*$ 分别为 1.000 74、1.000 93、0.997 28。$GML_a^* > 1$，$GPCH_a^* > 1$，$GSCH_a^* < 1$，这表明目前全国范围内能源生产和消费相关行业/企业内部的技术和管理正得到不断的改进，而现有规模则阻碍了行业/企业内部效率的提高。

表 4.8　2003—2010 年全国及三大地区行业/企业内部平均效率指数及其分解

地区	GML_a^*	$GTCH_a^*$	$GPCH_a^*$	$GSCH_a^*$
东部地区	1.003 48	1.003 03	1.001 36	0.999 09
中部地区	0.989 28	0.997 80	1.000 46	0.991 01
西部地区	1.000 46	0.999 48	1.000 55	1.000 44
全国范围	0.998 95	1.000 74	1.000 93	0.997 28

　　2003—2010 年，特别是"十一五"规划期间，中国能源利用技术不断取得进步。例如，2010 年与 2005 年相比，钢铁行业干熄焦技术普及率由不足 30% 提高到 80% 以上，水泥行业低温余热回收发电技术普及率由开始起步提高到 55%，烧碱行业离子膜烧碱技术普及率由 29% 提高到 84%。与此同时，随着市场经济的不断成熟，管理效率也相应得到不断的提高。然而，2003—2010 年，我国的经济在一定程度上依赖投资，特别是来自政府方面的直接或间接投资。随着投资的逐步积累，我国经济总体的投资回报率却在逐步稳步下降，由 20 世纪 90 年代中期的 15% 以上下降至 2010 年的 5% 左右，这也从侧面反映我国的总体规模效益是不断下降的。

　　分区域来看，东、中、西部的行业/企业内部效率指数 GML_a^* 分别为 1.003 48、0.989 28、1.000 46，即 2003—2010 年，东部和西部地区行业/企业内部效率是不断提高的，而中部与此相反，呈不断下降之势。东部地区行业/企业内部效率的提高主要得益于其技术进步指数 $GTCH_a^* = 1.003\,03 > 1$；中部地区的纯技术效率指数 $GPCH_a^* = 1.000\,46 > 1$，表现较佳，然而由于其技术进步指数 $GTCH_a^* = 0.997\,80 < 1$，规模效率指数 $GSCH_a^* = 0.991\,01 < 1$，最终导致行业/企业内部效率指数 $GML_a^* = 0.989\,28 < 1$。西部地区的行业/企业内部效率指数 GML_a^* 略大于 1，即行业/企业内部效率略有提高，主要原因在于其管理效率指数 $GPCH_a^*$ 和规模效率指数 $GSCH_a^*$ 均大于 1，虽然也出现了技术退步现象，但管理效率和规模效率对全要素能源效率的提升作用大于技术退步对其的阻碍作用。

　　作为改革开放的最前沿阵地，东部地区得益于其得天独厚的地理位置，通过贸易和投资引进国外先进的技术设备，同时利用其雄厚的经济实力，加大对高新技术研发的投资力度，加强环境保护和治理，从而使得其行业/企业内部技术水平一直处于全国领先地位。中西部地区则与此相反，技术设备落后，技术水平较低。然而与东、中部地区不同的是，西部地区的规模效率正不断得到提升。这主要是由于"西部大开发"战略实施以来，西部地区加强了对传统产业，以及能源生产、消费行业的整顿和改造，规模效率得到提高。结合表 4.6，我们不难发现，2003—2010 年，东部地区全要素能源效率处于高位且呈不断上升之势主要得益于其行业/企业内部的技术进步，以及内部管理效率的提高。近年来，随着沿海地区用工成本的增加，许多工厂特别是工业制造业向中西部地区迁移，这也在一定程度上减轻了东部能源和环境的压力，加上完善的基础设施，最终促使该地区全要素能源效率不断提高。中部地区全要素能源效率下降，则主要是行业/企业技术退步和规模无效造成的。得益于管理效率和规模效率的提高，2003—2010 年，西部地区行业/企业内部效率指数略大于 1。然而，该地区全要素能源效率最终出现了小幅下滑，其主要原因有：首先，在产业结构上，近年来，东部地区工业/企业大批向西部迁移，这在一定程度上加剧了该地区能源和环境的压力；其次，在基础设施建设特别是交通运输设施建设方面，西部地区的状况不容乐观，且随着工业企业不断向西迁徙，当地落后的基础设施对生产力的阻碍作用愈加明显；再次，西部地区的经济开放程度还不够高，市场分割的分权体制扭曲了能源资源的有效配置，使能源效率受损，能源市场的市场化改革明显滞后。种种原因最终导致西部地区全要素能源效率下降。

　　接下来细化到省一级，计算结果如表 4.9 所示。天津、上海两大直辖市的行业/企业内部效率指数 GML^* 最高。其中，天津的行业/企业内部效率指数为 1.028 6，居全国之首，紧随其后的上海达到了 1.018 8，这主要得益于它们的技术进步指数分别为 1.023 0、1.018 8。山西、河南两省的行业/企业内部效率指数 GML*最低，分别为 0.971 5、0.979 0。山西的行业/企业内部效率指数较低主要是因为其规模效率指数 GSCH*过低，仅为 0.969 9，即现有的规模严重阻碍了行业/企业内部效率的提高。河南则主要是由于其纯技术效率指数 GPCH*过低，仅为 0.988 9，即行业/企业内部存在严重的管理问题，同时该地区的规模效率指数 GSCH*亦小于 1，即该地区行业/企业内部现有的规模也阻碍了地区行业/企业内部效率的提高。

表 4.9　2003—2010 年省际行业/企业内部平均效率指数及其分解

省份	GML*	GTCH*	GPCH*	GSCH*
北京	1.002 8	1.019 4	0.984 3	0.999 4
天津	1.028 6	1.023 0	1.000 0	1.005 5
河北	0.997 9	0.993 6	1.012 9	0.991 6
辽宁	1.000 0	1.000 0	1.000 0	1.000 0
上海	1.018 8	1.018 8	1.000 0	1.000 0
江苏	1.000 0	1.000 0	1.000 0	1.000 0
浙江	1.002 0	1.002 0	0.999 7	1.000 3
福建	1.000 0	1.000 0	1.000 0	1.000 0
山东	1.000 0	1.000 0	1.000 0	1.000 0
广东	1.000 4	1.000 4	1.000 0	1.000 0
海南	0.993 3	0.993 3	1.000 0	1.000 0
山西	0.971 5	1.001 6	1.000 0	0.969 9
安徽	1.001 3	0.999 2	1.009 2	0.993 0
江西	0.996 6	1.000 0	1.000 0	0.996 6
河南	0.979 0	0.999 4	0.988 9	0.990 6
湖北	0.992 9	0.992 9	1.000 0	1.000 0
湖南	0.984 2	0.987 9	1.000 0	0.996 2
吉林	1.011 9	1.001 0	1.021 1	0.990 0
黑龙江	1.001 4	1.001 4	1.000 0	1.000 0
内蒙古	1.015 3	1.002 0	1.000 0	1.013 3
广西	0.987 1	1.001 4	1.000 0	0.985 8
四川	0.997 9	0.993 9	1.000 0	1.004 1
贵州	0.999 9	0.999 1	1.000 0	1.000 9
云南	0.993 0	0.999 6	0.996 0	0.997 4
陕西	0.997 6	1.000 0	0.995 4	1.002 2
甘肃	0.982 8	0.999 6	1.000 0	0.983 3
青海	0.992 8	0.994 9	1.000 0	0.997 9
宁夏	0.999 0	0.999 4	1.000 0	0.999 7
新疆	1.004 6	1.009 3	1.015 8	0.979 8

3. Tobit 回归分析

本节将区域全要素能源效率变动指数 GML_0 作为被解释变量,选取行业/企业内部的技术进步指数 $GTCH^*$、纯技术效率指数 $GPCH^*$、规模效率指数 $GSCH^*$、产业结构变动指数(industry)、经济开放程度变动指数(open)及基础设施变动指数(infrastructure)6 个变量作为解释变量来构建 Tobit 回归模型,回归结果如表 4.10 所示。

表 4.10　Tobit 模型回归结果

解释变量	系数	解释变量	系数
常数项	-0.2756^*　(0.1619)	industry	-0.0601^*　(0.0287)
GTCH	0.4679^{**}　(0.0638)	open	0.0179^*　(0.0078)
GPCH	0.3972^{**}　(0.0702)	infrastructure	0.0136^*　(0.0051)
GSCH	0.4350^{**}　(0.0692)	sigma	0.0181^*　(0.0009)
Log likehood	526.52		

*结果在 5%的显著性水平下显著。

**结果在 1%的显著性水平下显著。

表 4.10 表明,外部运营环境因素中产业结构(第二产业增加值占地区生产总值的比重)变化指数与区域全要素能源效率指数 GML_0 呈显著的负相关关系,影响系数为-0.0601。在我国,第二产业"高能耗、高污染、高排放"的问题并没有得到很好的解决,第二产业的占比每提高 1 百分点,全要素能源效率将提高-0.0601 百分点,第二产业比重的提高不利于区域全要素能源效率的提高。同时通过对比,我们也发现,由于已有文献大多没有很好地厘清内外部因素,从而造成在估计第二产业结构对能源效率影响的过程中产生严重偏差。张伟和吴文元(2011)研究的这一系数为 0.0411,师博和沈坤荣(2008)研究的这一系数亦为正。

经济开放程度变化指数、基础设施变数指数均与区域全要素能源效率指数 GML_0 呈显著的正相关关系,这一结论与李兰冰(2012)的基本一致。经济开放程度会直接或间接地影响生产要素等资源的优化配置,经济开放程度越高,经济越活跃,就越有利于生产要素资源的有效配置。基础设施的优劣则会直接或间接地影响资源优化配置的成本。例如,便捷的公路交通运输会大大降低成本,包括时间成本和运输成本。因此,改善基础设施条件,进一步开放经济,有利于区域全要素能源效率的提高。

同时,我们也发现,与外部环境因素相比较,行业/企业内部自身的技术进步指数 $GTCH^*$、纯技术效率指数 $GPCH^*$、规模效率指数 $GSCH^*$ 对区域全要素能源效率指数 GML_0 的影响远远高于外部环境因素,即产业结构、经济开放程度、基础设施等外部运营环境因素对区域全要素能源效率的影响强度并没有想象中的那么高,区域全要素能源效率的提升主要取决于行业/企业自身的内部技术、管理、规模等因素。例如,2010 年,东部地区的天津、河北第二产业比例均为 52.5%,然而天津的全要素能源效率高达 0.911,呈不断上升的趋势,而河北的全要素能源效率却仅为 0.666,呈现不断下降的趋势。由

表 4.9 可以看出，2003—2010 年，天津、河北的行业/企业内部效率指数分别为 1.028 6、0.997 9。究其原因，河北的行业/企业内部技术进步指数 GTCH*、规模效率指数 GSCH*分别为 0.993 6、0.991 6，而与此同时天津的则为 1.023 0、1.005 5，天津的行业/企业的技术进步指数、规模效率指数明显高于河北。

行业/企业内部技术进步指数 GTCH*、纯技术效率指数 GPCH*、规模效率指数 GSCH*每提高 1 百分点，区域全要素能源效率将分别提高 0.467 9、0.397 2、0.435 0 百分点；相应地，第二产业比重、经济开放程度、基础设施每提高 1 百分点，区域全要素能源效率将分别提高-0.060 1、0.017 9、0.136 百分点。这表明，全国范围内，调整产业结构、降低第二产业比重、深化经济开放程度、改善基础设施条件会在一定程度上提高区域全要素能源效率；行业/企业自身的技术、管理和规模水平的提高，将使区域能源效率得到显著提高。

4.2.4　研究结论

由于国内现有文献大部分采用传统的 DEA-Malmquist 指数来研究效率的变化，容易造成技术进步的不连续性，因而通过此方法测算得到的全要素能源效率存在虚假的技术退步缺陷，并且在影响因素分析时没有很好地厘清内外部各因素对能源效率的影响，造成在估计内外部各因素对能源效率影响的过程中产生严重偏差，这些都将使对能源效率的相关度量不够准确。本章结合 DEA 方法和方向距离函数对我国 2003—2010 年的全要素能源效率进行测算，同时运用四阶段 DEA 的基本原理来实现外部运营环境的均等化，并结合全局 DEA-Malmquist-Luenberger 指数的拓展模型来提取行业/企业内部因素（技术、规模和管理水平），给出了一种适合测算我国全国及中、东、西部等地区的地区能源效率指数的方法，最后运用 Tobit 回归模型厘清内外部各因素对区域能源效率的影响。

目前我国整体上能源效率较低。2003—2010 年，我国区域全要素能源效率呈现先下降后上升的趋势，区域全要素能源效率的提升主要来自行业/企业内部的技术进步和管理水平的提高，行业/企业内部的现有规模阻碍了区域全要素能源效率的提高；东部地区的区域全要素能源效率处于绝对优势地位主要得益于其行业/企业内部的技术进步，西部地区一直处于低位则主要是由于该地区现有的规模阻碍了区域全要素能源效率的提高。

从 Tobit 回归结果来看，行业/企业内部的技术、规模、经济开放程度、基础设施和管理水平均对能源效率有显著的影响，特别地，以上要素每提高 1 百分点，区域能源效率分别提高 0.467 9、0.397 2、0.017 9、0.136、0.435 0 百分点；而第二产业与区域能源效率之间存在负向关系，第二产业的占比每提高 1 百分点，区域全要素能源效率将降低0.060 1 百分点。由此可知，提高第二产业的占比不利于区域全要素能源效率的提高，而改善基础设施条件、深化区域经济开放程度将促进区域全要素能源效率的提高。与外部运营环境相比较，行业/企业内部的技术、管理、规模等因素对区域全要素能源效率的提高均起到了显著的促进作用。

4.3　本 章 小 结

　　本章旨在利用 DEA 方法建立能源效率测度方法，并对我国区域层面能源效率进行系统的测度和分析，以期为我国能源效率的改进提供有针对性的建议。具体地，本章在理论方面的创新包括以下几个方面：①构建了全局的生产可能集，并以此为基础，构建了全局的能源效率指标及测度方法，该创新有效地消除了不同时期的效率值不能直接比较的局限性；②基于全局生产可能集，拓展了传统的 Malmquist-Luenberger 指数方法，拓展后的指数法在测度动态能源效率时具有形式更简洁、更科学的优点；③拓展了 Malmquist-Luenberger 指数分解方法，进一步从技术效率改变中分离出纯技术效率改变和规模效率改变；④将能源效率测度方法与 β 收敛理论结合，测度了能源效率的收敛性问题。

　　基于以上理论方法和模型，本章进一步对我国区域层面的能源效率展开了系统的研究。研究结果发现：①我国区域全要素能源效率在 1996—2005 年呈现整体下降趋势，而在 2006—2010 年出现小范围上升趋势；②我国全要素能源效率在整体上显著收敛，分区域来看，长江中下游、南部沿海、西南地区、西北地区各自的内部省份间存在显著的"俱乐部"收敛，即该地区内部各省份间全要素能源效率的差距正在逐步缩小，黄河中下游地区则表现出一定的发散趋势；③区域全要素能源效率的动力主要来自行业/企业内部的技术进步和管理水平的提高，行业/企业内部的现有规模阻碍了区域全要素能源效率的提高；④行业内部的技术、规模和管理水平每提高 1 百分点，区域能源效率分别提高 0.467 9、0.379 2、0.435 0 百分点；第二产业比重、经济开放程度及基础设施水平每提高 1 百分点，区域全要素能源效率将分别提高-0.060 1、0.017 9、0.013 6 百分点。

　　近年来，随着能源供求矛盾和环境问题的日益突出，节能减排降耗逐渐成为我国各地方经济发展的"硬性约束和指标"。然而，由于没能很好地厘清各因素对能源效率的影响作用，部分地区在节能减排政策方针制定的过程中还存在一定的问题，如过于强调产业结构的调整而忽视由内而外的产业优化升级。从本章的实证结果来看，积极采取措施提高行业/企业内部的技术、管理、规模水平，加快产业优化升级是现阶段我国提高区域用能效率的最有效途径。

第5章　典型行业的静态和动态能源效率测度方法

及应用研究——以交通运输业为例

第4章建立我国典型区域的能源效率测度方法，并展开了系统的实证研究。本章将对我国典型行业——交通运输业的能源效率及其变化趋势进行测度。具体地，5.1 节将简要介绍我国交通运输业的能源消费现状；5.2 节将建立静态能源效率测度和动态能源效率测度的理论模型；5.3 节是实证结果，5.4 节将给出本章的主要研究结论。

5.1　交通运输业的能源消费现状及特征

交通运输是国民经济及社会发展的基础性和服务性行业，同时也是国家建设生态文明、发展绿色低碳经济的重点领域。随着我国经济的快速发展和人民生活水平的快速提高，交通运输业能源消费量也随之快速增加，已成为继工业和居民消费之后的第三大能源消耗领域。根据《中国能源统计年鉴》数据，2016 年，我国交通运输能耗占当年全国总能耗的9%以上，比 30 年前翻了一番，且比重呈现逐渐增大的趋势；若不能有效遏止交通运输业逐渐增加的能源消耗量，预计到 2025 年，我国交通运输能耗将是现在的 2 倍以上。在能源使用模式没有重大变革的今天，交通运输业所消耗的能源大部分为不可再生的化石能源，由此带来的空气污染和二氧化碳排放，给我国的能源安全和生态环境带来了巨大压力。

为了构建绿色交通运输体系，《"十三五"现代综合交通运输体系发展规划》提出，要推动节能低碳发展、强化生态保护和污染防治、推进资源集约节约利用。支持高速公路服务区充电桩、加气站，以及长江干线、西江干线、京杭运河沿岸加气站等配套设施规划与建设。推进原油、成品油码头油气回收治理。在京津冀、长三角、珠三角三大区域，开展船舶污染物排放治理，到 2020 年硫氧化物、氮氧化物、颗粒物年排放总量在2015 年基础上分别下降 65%、20%、30%。

我国幅员辽阔，各省份在自然地理环境、经济发展状况和产业结构等方面存在较大差异，导致各个地区交通运输行业的能源效率有很大不同，节能减排的潜力存在差异。因此，在制定交通运输业节能减排目标时，要根据各省份之间的这些差异，区别对待，并与自身发展状况相适应。

为此，本章将构建能源效率测度模型，系统研究我国各个地区交通运输行业的能源效率以及能源效率变化的原因，以期为各个地区交通运输行业的能源效率提升提供理论工具和实证依据。

5.2　基于 DEA 模型的能源效率测度方法

根据第 3 章的总结分析，现有的研究多用参数和非参数的方法来构建能源效率测度模型。考虑到非参数的数据包络分析方法在评价具有多个投入和产出要素的决策单元的相对效率时的便捷性，本节将构建基于数据包络分析方法的能源效率测度模型。具体地，5.2.1 小节将回顾 DEA 方法的基本原理以及能源效率测度的建模方法，5.2.2 小节将讨论在碳排放约束下的能源效率测度，5.3 节将讨论动态能源效率的测度。

5.2.1　DEA 方法的基本原理及能源效率测度建模

作为一种典型的效率测度方法，DEA 在能源效率测度领域具有广泛的应用。本小节将在介绍 DEA 方法的基本原理的基础上，构建基于 DEA 模型的能源效率测度方法，并讨论基于该方法的能源效率的经济含义。

1. DEA 方法的基本原理

作为一种非参数的线性规划方法，DEA 方法已被广泛应用于具有多个投入和产出的决策单元的相对效率评价（Charnes et al.，1978；魏权龄，2004；成刚，2014；Färe and Grosskopf，1983）。具体来说，DEA 模型可以确定生产前沿面的结构、特征，通过保持决策单元的输入或者输出的不变，运用线性规划的方法确定生产前沿面和生产前沿函数，并通过计算决策单元与生产前沿之间的距离来测算其相对效率，并分析决策单元无效的原因。

从规模报酬的角度，经典的 DEA 模型主要分为两类：一类是规模报酬不变的 DEA 模型，即 CCR 模型；另一类是规模报酬可变的 DEA 模型，即 BCC 模型。其中，CCR 模型是在固定规模报酬条件下，用于测量包含规模效率的综合技术效率；BCC 模型是在假定规模报酬可变的条件下，将综合技术效率分解为规模效率和纯技术效率，综合效率与纯技术效率的比值便是规模效率（王兆华和丰超，2015）。现在测算能源效率时大都基于规模报酬不变的假定，因此，本书采用规模报酬不变的 CCR-DEA 模型来测算我国交通运输业的能源效率。

在测度交通运输业能源效率时，本书采用投入导向型 CCR-DEA 模型，其基本原理如下。

假设有 n 个决策单元，记为 $\mathrm{DMU}_j(j=1,2,\cdots,n)$；每个决策单元有 m 种投入，记为 $x_i(i=1,2,\cdots,m)$，各个投入的权重记为 $v_i(i=1,2,\cdots,m)$；有 s 种产出，记为 $y_r(r=1,2,\cdots,s)$，各个产出的权重表示为 $u_r(r=1,2,\cdots,s)$。当前要测量的决策单元记为 DMU_k，那么，其投入产出比，即效率评价指数可以表示为

$$h_k = \frac{u_1 y_{1k} + u_2 y_{2k} + \cdots + u_s y_{sk}}{v_1 x_{1k} + v_2 x_{2k} + \cdots + v_m x_{mk}} = \frac{\sum_{r=1}^{s} u_r y_{rk}}{\sum_{i=1}^{m} v_i x_{ik}} \quad (v \geqslant 0; u \geqslant 0) \qquad (5.1)$$

接下来给要测量的技术效率值附加一个条件，将所有决策单元采用上述权重得出的效率值限定在(0,1]区间内，即

$$\frac{\sum_{r=1}^{s} u_r y_{rk}}{\sum_{i=1}^{m} v_i x_{ik}} \leqslant 1 \qquad (5.2)$$

当以第 k_0 个决策单元为评价目标时，该决策单元的效率值为优化的目标，而该决策单元与其他剩余的决策单元的效率值介于区间(0,1]这一前提就构成了约束条件，这时得到评价决策单元 k_0 的效率的标准的 CCR-DEA 模型为

$$\max h_{k0} = \max \frac{\sum_{r=1}^{s} u_r y_{rk_0}}{\sum_{i=1}^{m} v_i x_{ik_0}}$$

约束条件：

$$\frac{\sum_{r=1}^{s} u_r y_{rj}}{\sum_{i=1}^{m} v_i x_{ij}} \leqslant 1;$$

$$i = 1, 2, \cdots, m; j = 1, 2, \cdots, k_0, \cdots, n;$$

$$r = 1, 2, \cdots, s;$$

$$u \geqslant 0; v \geqslant 0. \qquad (5.3)$$

模型（5.3）的对偶模型为

$$\min \theta$$

约束条件：

$$\sum_{j=1}^{n} \lambda_j x_{ij} \leqslant \theta x_{ik_0};$$

$$\sum_{j=1}^{n} \lambda_j y_{rj} \geqslant y_{rk_0};$$

$$\lambda \geqslant 0;$$

$$i = 1, 2, \cdots, m; r = 1, 2, \cdots, s; j = 1, 2, \cdots, k_0, \cdots, n. \qquad (5.4)$$

在上述的对偶模型中，λ 表示第 i 个决策单元的强度变量；模型的最优解 θ^* 代表其效率值，其范围为(0,1]。关于决策单元的有效性，Färe 和 Grosskopf（1983）及 Färe 等（1994）已做了较为严格的定义：在对第 k_0 个决策单元 DMU_{k_0} 进行效率测度时，需与所有决策单元的所有投入产出的组合方式进行对比，若存在这样的决策单元，使得在获得同样的产出时可以使用更少的投入或在使用同样的投入时能获得更多的产出，那么目标决策单元 DMU_{k_0} 为非有效的；否则目标决策单元就是有效的。一般地，决策者可以根据模型（5.4）的最优值 θ^* 的大小来判定待评价决策单元的有效性。具体地，$\theta^* = 1$，此时目标决策单元 k_0 为 DEA 有效；$\theta^* < 1$，此时目标决策单元 k_0 为 DEA 无效。

2. 基于 DEA 模型的能源效率测算

计算我国交通运输业的能源效率的依据是 Hu 和 Wang（2006）提出的基于松弛变量的 DEA 测算模型。为此，首先对 DEA 模型中的松弛变量进行剖析。

模型（5.4）为模型（5.3）的对偶模型，它为一个非标准的线性规划。为了将其转化为线性规划的标准形式，需要引入相应的松弛变量 s^+ 与 s^-，则模型（5.4）可以转化为如下标准形式：

$$\min \theta$$

约束条件：

$$\sum_{j=1}^{n} \lambda_j x_{ij} + s^+ = \theta x_{ik_0};$$

$$\sum_{j=1}^{n} \lambda_j y_{rj} - s^- = y_{rk_0};$$

$$\lambda \geqslant 0; s^+ \geqslant 0; s^- \geqslant 0;$$

$$i = 1, 2, \cdots, m; r = 1, 2, \cdots, s; j = 1, 2, \cdots, n. \tag{5.5}$$

此时，如果在模型（5.5）的最优解中，s^+ 与 s^- 其中有一个不等于 0，那么目标决策单元就存在松弛，因此该决策单元是 DEA 无效的。我们可以对基本原理进行图解分析。

考虑如图 5.1 所示的一个基于投入导向的 CCR-DEA 模型，我们将产出进行水平单位化，其中折线段 SS' 为等产量曲线，并且所有在 CD 段曲线上的点都代表有效率的 DMU。在计算交通运输业的能源效率时，投入要素包括能源和其他要素（资本、人力等）。在图 5.1 中，Y 轴代表单位产出的能源投入，X 轴代表单位产出的其他投入。

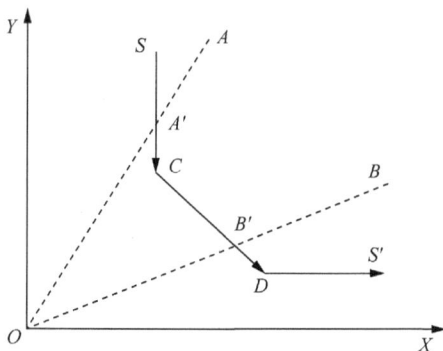

图 5.1　考虑松弛变量的 CCR-DEA 模型示意图

在图 5.1 中，C、D 两点在数据包络线上，表示在达到相同产出时，投入已经不能再减少，因此是有效的点；A、B 两点在数据包络线的上方，意味着在达到相同产出时可以使用更少的投入，因此是无效的点。根据 Charnes 等（1978）在创建 DEA 模型时对效率的定义，DMU_A 的效率等于 OA'/OA，DMU_B 的效率等于 OB'/OB，但是位于等产量线 SS' 上的 A' 点却不是有效的点，此时 A' 仍然可以通过减少投入 CA' 来获得同等产出。A、B 两点无效正是由于与数据包络线上的 C、D 两点相比投入存在可以减少的空间，这就是所谓的松弛问题的实质。

根据上述分析可知，图 5.1 中无效点 A 对应的有效点并非 A' 点，而应该是 C 点，两点之间的松弛即冗余包括两部分：一部分是投入资源过量导致的技术无效部分 AA'；另一部分是配置不当导致的配置无效部分 CA'。两部分的总和 $AC = AA' + CA'$，也就是代表无效点与其对应的有效点之间的冗余，即需要调整的投入数量（陈庆响，2016）。AC 越大，意味着在生产活动中的无效投入越多，浪费越多，同有效点相比所需要调整的也就越多，效率也就越低；反之，AC 越小，意味着在生产活动中的无效投入越少，浪费越少，要想变得有效率所需要调整的也就越少，效率也就越高。若 $AC = 0$，则此时要获得同样产出时，投入已经不能再减少，那么效率就是 1。

根据上述对效率的定义，我们可以将其推广到能源效率的定义和计算中，将能源效率定义为（魏楚和沈满洪，2007）

$$EE = \frac{AEI - LEI}{AEI} = 1 - \frac{LEI}{AEI} = \frac{TEI}{AEI} \tag{5.6}$$

式中，EE 表示能源效率；AEI 表示生产活动中的实际能源投入；LEI 表示生产活动由于无效率而损失的能源投入量；TEL 表示要想达到有效率时的目标能源投入量，也就是要获得一定产出时的最少的能源投入量。

若要计算某一省份在某一年份的能源效率，可用如下公式：

$$EE_{i,t} = \frac{AEI_{i,t} - LEI_{i,t}}{AEI_{i,t}} = 1 - \frac{LEI_{i,t}}{AEI_{i,t}} = \frac{TEI_{i,t}}{AEI_{i,t}} \tag{5.7}$$

式中，i 表示第 i 个省（自治区、直辖市）；t 代表年份。

若要计算某一区域的能源效率，可用如下公式：

$$REE_{r,t} = \frac{RTEL}{RAEL} = \frac{\sum_{r \in R} TEI_{r,t}}{\sum_{r \in R} AEI_{r,t}} \tag{5.8}$$

式中，$REE_{r,t}$ 表示区域 r 在第 t 年的能源效率，它是该区域内最优能源投入与实际能源投入的比值；RTEL 和 RAEL 分别表示区域 r 在第 t 年的目标能源消费量和实际能源消费量。

5.2.2　碳排放约束下全要素能源效率的测度

大量的相关研究表明，传统 DEA 模型在处理同类决策单元之间的效率问题时是十分有效的。但是传统 DEA 模型评价相对效率的思想是生产投入尽可能地少，产出尽可能地多，即用最少的投入获得最多的产出，这也是经典 DEA 模型的基本假设。然而在现实生产活动中，在获得期望产出的同时，一般会伴随非期望产出；本节研究的交通运输活动尤其如此，在运输活动中将人或物进行周转移动的同时，因为化石能源的消耗，会产生二氧化碳这一非期望的产出。然而，若要达到高效率的能源效率，势必要减少非期望产出，但是这违背了传统 DEA 模型的基本假设和原则，因此，传统的 DEA 模型不能有效处理含有非期望产出的效率评价问题。

由于传统 DEA 模型在效率评价中的巨大优势，很多专家学者针对怎样改进传统

DEA 模型以解决含有非期望产出的效率评价问题做了大量研究工作，Färe 等（1989）提出了第一个处理非期望产出环境污染物的 DEA 模型。从第一个模型的提出到现在，学术界对怎样处理非期望产出已经有了大量的研究。这些已有的研究可以分为投入法、曲线测度法、数据转换法、方向距离函数法、数据转换法和基于松弛测度的 SBM-DEA 模型。

1. 投入法

Agee 等（2014）和 Scheel（2001）等认为投入法是指在效率评价的过程中，将非期望产出作为一种投入变量来分析效率的变动。此方法的好处是，生产过程中一定量的期望产出总是对应着相应的传统投入要素和作为投入的非期望产出；期望产出越多，投入和非期望产出也越多，反之就越少；这种投入和产出之间的关系与传统的生产过程中的投入产出关系是类似的，因此，经典的 DEA 模型可以直接处理非期望产出，在这种意义上，非期望产出可以当作投入要素进行处理。虽然这种处理方式可以有效地减少非期望产出，但是与实际过程中的生产活动不相符合。

2. 曲线测度法

曲线测度是相对径向测度而言的，径向测度是在效率测算的过程中，同时按等比例扩大或缩小期望产出和非期望产出；然而在实际生产过程中，人们总是希望期望产出越多越好，非期望产出越小越好；而曲线测度法就能有效增加期望产出的同时有效减少非期望产出。此方法的核心思想是，用"非对称"的方式处理各种产出，从径向角度分析期望产出，而采用非期望产出的倒数形式来分析非期望产出。这种处理方法虽然可以同时增加期望产出和减少非期望产出，但是该方法需要运用非线性规划才能得到最优解，由于求解过程烦琐且很难得到精确解，因此现在相关研究使用该方法的较少。

3. 方向距离函数法

方向距离函数法以生产点到生产前沿面的距离大小来衡量该生产点的效率。距离越大，表示效率越低；距离越小，表示效率越高；如果距离为 0，那么表示该生产点单元是有效的。基于该概念，Chung 等（1997）提出了基于方向距离函数的 DEA 模型，该模型必须根据投入产出关系来确定一定的方向，然后根据该方向向量来调整实际生产单元与前沿面之间的距离，可以在增加期望产出的同时减少非期望产出。该方向向量的选取可以根据决策者的偏好和产业活动的具体生产特点进行调整，因此获得了广泛的应用。但是，由于效率的大小受到方向向量的影响，而方向向量的选取具有不一致性，相关的研究也没有给出一个确定方向向量的基本原则和方法，因此使用此方法进行效率测算时结果差距较大。

4. 数据转换法

数据转换法主要采取负产出、线性转换和非线性转换 3 种方式，将非期望产出转换成期望产出，然后将转换后的非期望产出作为期望产出的一种进行处理。Tone（2001）认为负产出方法的转换函数为 $f(U) = -U$，即非期望产出乘以 -1；线性转换法的转换函

数为 $f(\boldsymbol{B}) = \boldsymbol{V} - \boldsymbol{B}$，其中 $\boldsymbol{V}$ 是一个足够大的向量，以保证非期望产出转化成非期望产出之后都必须为正数；非线性转换法的转换函数为 $f(\boldsymbol{B}) = \dfrac{1}{\boldsymbol{B}}$，即将非期望产出作为倒数处理。虽然经过转换后，投入产出数据都可以使用经典 DEA 模型进行效率测算，但是每一种转换函数都破坏了模型的基本假设。其中，负产出方法转换后的产出数据含有负数，不符合对投入产出非负的假设；线性转换法在规模报酬不变的模型中无法保持分类的一致性；非线性转换法破坏了模型对于凸性的要求。

5. 基于松弛测度的 SBM-DEA 模型

从度量方法上，DEA 模型一般可分为如下 4 种典型模型：径向和角度的、径向和非角度的、非径向和角度的、非径向和非角度的。径向是指投入或产出按一定比例减小或放大，角度是指从投入或产出的角度进行分析。Tone（2001）认为传统的 DEA 模型大都从径向和角度研究问题，这样就无法考虑投入产出的松弛问题，因此很多时候计算的结果是有偏的；尤其是在含有非期望产出的情况下，很少能考虑松弛问题，因此很难准确衡量相关的能源和环境效率（陈庆响，2016）。

为了解决上述问题，Tone（2003）提出了基于松弛变量的效率测度（slack-based model，SBM）模型。具体地，假设有 n 个生产决策单元、m 种投入、s 种产出，那么其生产可能集为

$$P = \{(\boldsymbol{x}, \boldsymbol{y}) \mid \boldsymbol{x} \geqslant \boldsymbol{X\lambda}, \boldsymbol{y} \leqslant \boldsymbol{Y\lambda}, \boldsymbol{\lambda} \geqslant \boldsymbol{0}\} \tag{5.9}$$

对有 m 种投入和 s 种产出的决策单元 $\mathrm{DMU}(x_0, y_0)$ 进行效率评价时，其目标函数为

$$\min \rho^* = \frac{1 - \dfrac{1}{m} \sum_{i=1}^{m} s_i^- / x_{i0}}{1 + \dfrac{1}{s} \sum_{r=1}^{s} s_r^+ / y_{r0}}$$

约束条件：

$$\begin{aligned} &\boldsymbol{X\lambda} + \boldsymbol{S}^- = \boldsymbol{x}_0; \\ &\boldsymbol{Y\lambda} - \boldsymbol{S}^+ = \boldsymbol{y}_0; \\ &\boldsymbol{\lambda} \geqslant \boldsymbol{0}, \boldsymbol{S}^- \geqslant \boldsymbol{0}, \boldsymbol{S}^+ \geqslant \boldsymbol{0}. \end{aligned} \tag{5.10}$$

如果存在非期望产出，我们可以对生产可能集和目标函数进行改进，来测算含有非期望产出的能源效率。这时 n 个生产决策单元的投入向量、期望产出向量和非期望产出向量分别表示为

$$\boldsymbol{X} = [x_1, x_2, \cdots, x_n] \in R^{m \times n}, \boldsymbol{Y}^g = [y_1^g, \cdots, y_n^g] \in R^{s_1 \times n}, \boldsymbol{Y}^b = [y_1^b, \cdots, y_n^b] \in R^{s_2 \times n} \tag{5.11}$$

式中，$\boldsymbol{X} > \boldsymbol{0}$，$\boldsymbol{Y}^g > \boldsymbol{0}$，$\boldsymbol{Y}^b > \boldsymbol{0}$，那么规模报酬不变下的生产可能集 P' 定义为

$$P' = \{(\boldsymbol{x}, \boldsymbol{y}^g, \boldsymbol{y}^b) \mid \boldsymbol{x} \geqslant \boldsymbol{X\lambda}, \boldsymbol{y}^g \leqslant \boldsymbol{Y}^g \boldsymbol{\lambda}, \boldsymbol{y}^b \geqslant \boldsymbol{Y}^b \boldsymbol{\lambda}, \boldsymbol{\lambda} \geqslant \boldsymbol{0}\} \tag{5.12}$$

此时，目标函数变为

$$\rho^* = \min \left(1 - \frac{1}{m} \sum_{i=1}^{m} s_i^- / x_{i0} \right) \bigg/ \left(1 + \frac{1}{s_1 + s_2} \left(\sum_{r=1}^{s_1} s_r^g / y_{r_0}^g + \sum_{r=1}^{s_2} s_r^b / y_{r_0}^b \right) \right)$$

约束条件：

$$X\lambda + S^- = x_0$$
$$Y^g\lambda - S^g = y_0^g$$
$$Y^b\lambda + S^b = y_0^b$$
$$\lambda \geqslant 0, S^- \geqslant 0, S^g \geqslant 0, S^b \geqslant 0 \tag{5.13}$$

式中，S^- 表示投入过剩的松弛变量，S^b 表示非期望产出过量的松弛变量；S^g 表示期望产出不足的松弛变量；λ 表示权重变量；ρ^* 表示决策单元 $\text{DMU}(x_0, y_0)$ 的效率值。

我们通过目标函数来分析 SBM 模型是怎样用各项投入（产出）可以减少（增加）的平均比例来衡量无效率的，而径向模型只是等比例地增加产出和减少投入。式（5.13）中，$\frac{1}{m}\sum_{i=1}^{m} s_i^- / x_{i0}$ 表示 m 项投入的松弛占全部投入量比例的平均值，也就是 m 项投入的无效率的平均值；$\sum_{r=1}^{s_1} s_r^g / y_{r_0}^g$ 表示 s_1 项期望产出的松弛总和；$\sum_{r=1}^{s_2} s_r^b / y_{r_0}^b$ 表示 s_2 项非期望产出的松弛总和，那么 $\frac{1}{s_1 + s_2}\left(\sum_{r=1}^{s_1} s_r^g / y_{r_0}^g + \sum_{r=1}^{s_2} s_r^b / y_{r_0}^b\right)$ 表示全部产出（期望产出和非期望产出）的松弛占全部产出量比例的平均值，也就是 s 项产出的无效率的平均值。因而，在此模型中，投入和产出的无效率分别体现为 $\frac{1}{m}\sum_{i=1}^{m} s_i^- / x_{i0}$ 和 $\frac{1}{s_1 + s_2}\left(\sum_{r=1}^{s_1} s_r^g / y_{r_0}^g + \sum_{r=1}^{s_2} s_r^b / y_{r_0}^b\right)$。

当且仅当 $\rho^* = 1$ 时，决策单元 $\text{DMU}(x_0, y_0)$ 是有效的，此时有 $S^{-*} = 0$，$S^{g*} = 0$，$S^{b*} = 0$，投入和非期望产出不能再减少，期望产出不能再增多。如果 $\rho^* < 1$，那么决策单元 $\text{DMU}(x_0, y_0)$ 是无效的，此时存在投入和产出上调整的必要。通过减少投入和非期望产出并增大期望产出可以使无效决策单元达到有效。我们可以通过 SBM 投影的方式来进行调整，具体过程为

$$x_0 \leftarrow x_0^* - S^{-*}, \quad y_0^g \leftarrow y_0^{g*} + S^{g*}, \quad y_0^b \leftarrow y_0^{b*} - S^{b*} \tag{5.14}$$

与传统 DEA 模型相比，在模型（5.14）中，SBM 模型将松弛直接放进目标函数（投入的松弛变量出现在分子中，期望和非期望产出的松弛变量出现在分母中），解决了投入产出的松弛问题，同时为处理非期望产出问题提供了有效的解决途径；SBM 模型的非径向非角度效率测度方法，有效避免了径向和角度选择时带来的偏差和影响。因此，本书选择使用基于 DEA 方法的 SBM 模型来测算我国交通运输业的能源效率。

5.2.3　能源效率动态变化的测度方法

在 5.2.2 小节中，我们使用 SBM-DEA 模型从静态的视角计算了交通运输业的能源效率，在当期特定的投入产出下，根据横截面数据来衡量效率的大小。但在探究 2000—2012 年的能源效率大小及其变化规律时，投入产出指标在发生变化的同时，生产技术也在变化。为了对效率的变动进行分析，本节引入 Malmquist 生产率指数，具体模型为

$$M_0(x_t, y_t; x_{t+1}, y_{t+1}) = \left[\frac{D_0^t(x_{t+1}, y_{t+1})}{D_0^t(x_t, y_t)} \cdot \frac{D_0^{t+1}(x_{t+1}, y_{t+1})}{D_0^{t+1}(x_t, y_t)}\right]^{1/2} \tag{5.15}$$

式中，x_t、y_t 分别表示待评价决策单元在第 t 期的投入和产出；x_{t+1}、y_{t+1} 分别表示其在第 $t+1$ 期的投入和产出；$D_0^t(x_t, y_t)$ 表示以第 t 期的技术水平计算得到的当期的技术效率水平；$D_0^t(x_{t+1}, y_{t+1})$ 表示以第 t 期的技术（即以第 t 期的数据）为参考计算得到的第 $t+1$ 期的技术效率水平；$D_0^{t+1}(x_{t+1}, y_{t+1})$ 表示以第 $t+1$ 期的技术计算得到的当期的技术效率水平；$D_0^{t+1}(x_t, y_t)$ 表示以第 $t+1$ 期的技术（即以第 $t+1$ 期的数据）为参考计算得到的第 t 期的技术效率水平。

如果 $M_0(x_t, y_t; x_{t+1}, y_{t+1}) > 1$，则表示第 $t+1$ 期的全要素能源效率相比第 t 期得到提升；如果 $M_0(x_t, y_t; x_{t+1}, y_{t+1}) < 1$，则表示全要素能源效率降低；如果 $M_0(x_t, y_t; x_{t+1}, y_{t+1}) = 1$，则表示全要素能源效率未发生变动。

进一步地，可以将 Malmquist 指数分解为技术效率变动指数和技术变动指数的乘积，如下所示：

$$M_0(x_t, y_t; x_{t+1}, y_{t+1}) = \text{EC} \cdot \text{TC}$$

$$= \frac{D_0^{t+1}(x_{t+1}, y_{t+1})}{D_0^t(x_t, y_t)} \cdot \left[\frac{D_0^t(x_{t+1}, y_{t+1})}{D_0^{t+1}(x_{t+1}, y_{t+1})} \cdot \frac{D_0^t(x_t, y_t)}{D_0^{t+1}(x_t, y_t)} \right]^{1/2} \quad (5.16)$$

式中，技术效率变化指数 EC 衡量的是从第 t 期到第 $t+1$ 期决策单元实际生产点与生产前沿面的最大可能逼近程度，度量的是一种追赶效应；技术变化指数 TC 衡量的是从第 t 期到第 $t+1$ 期决策单元的生产前沿面的移动。

技术效率变动指数大于 1 表示技术效率有所改善，小于 1 表示技术效率恶化；技术变动指数大于 1 表示技术进步，小于 1 表示技术退步。

值得注意的是，在使用非参数方法计算 Malmquist 指数时，一般要求样本容量比较大，决策单元的个数至少应该是投入产出指标个数总和的 2 倍，否则使用 DEA 方法计算的生产前沿面就会不稳定，得到的效果也会不理想。

5.3 我国交通运输业的静态能源效率评价

本节将对我国各个省市的交通运输业的静态能源效率展开系统的实证研究。具体地，5.3.1 小节将基于文献调研的结果给出投入指标和产出指标的选择，5.3.2 小节将给出我国各个地区交通运输业能源效率测度结果。

5.3.1 投入产出指标的选择

投入产出指标的选择将直接影响到能源效率测度的结果，为了选择科学合理的投入产出指标，下面将总结典型文献的投入指标选择方法，在此基础上给出本研究确定的投入产出指标，并基于选定的投入产出指标，给出各个指标的数据来源。

1. 投入指标的确定

在经济学理论中，资本、劳动和土地作为投入指标，GDP 作为产出指标，共同构成了生产活动的投入产出体系。在研究能源效率的过程中，一般也遵循基本的经济学理论，但是又与传统的经济学理论稍有不同。表 5.1 是对典型文章中的投入产出要素的概括，对我们研究交通运输业能源效率的指标选取有较大的借鉴意义。

表 5.1　能源效率评价的投入产出要素

文献	投入要素	产出要素
Boyd 和 Pang（2000）	电量、石油	产业增加值
Clinch 等（2001）	人力、成本、能源	能源产出、环境产出
Ramanathan（2005）	二氧化碳、化石能源消费量	GDP、非化石能源消费
Azadeh 和 Sohrabkhani（2007）	电量、化石能源消耗量	产量、产业净增加值
Hu 和 Kao（2007）	劳动力、资本、能源	GDP
Wei 等（2007）	工业劳动存量、工业资本投入、工业能源消费	工业产业增加值、工业二氧化碳排放
Mukherjee（2008）	劳动、资本、能源、物料	制造业产业增加值
Wang 等（2019）	劳动、资本、能源	产业增加值
Blomberg 等（2012）	劳动力、电量、石油	产量
Jia 和 Li（2015）	劳动力、能源、资本存量	工业产业增加值、二氧化碳排放
Cui 等（2014）	劳动力、能源、能源服务	二氧化碳、产值

由表 5.1 中的文献分析可知，在计算相关能源效率时，投入要素一般包含 3 个，即劳动力、资本和能源；产出要素分为期望产出和非期望产出，期望产出一般为该产业的增加值或产量，非期望产出一般选取二氧化碳排放。上述文献对投入产出要素的选取为我们研究交通运输业能源效率提供了有益的借鉴，但是其研究领域一般集中于整个国家或者国家工业领域的能源效率的测算，而交通运输行业与工业的生产过程、产品的产出形态等存在较大的差别，因此，我们根据行业的特点及经济增长理论，选取劳动力、资本和能源作为交通运输业全要素能源测算中的投入要素。

（1）劳动力

在衡量劳动力的投入大小时，劳动力数量、劳动力素质和劳动时间是关键的指标，劳动力报酬作为其综合的指标也是合理的。但是交通运输业的工资水平难以统计，劳动力素质和工作时间也难以获得，因此，大多数文献以劳动力人数作为投入指标。为了消除一年中劳动力变化引起的影响，我们采用该年年末和上一年年末劳动力数量的平均值作为该年劳动力的平均数量。统计劳动力数量时，可以采用就业人员和在岗职工两个指标。根据定义，就业人员是指年满 16 周岁，为取得报酬或经营利润，在调查周内从事了 1 小时（含 1 小时）以上的劳动或由于学习、休假等因素在调查周内暂时处于未工作状态，但有工作单位或场所的人口；在岗职工是指在本单位工作且与本单位签订劳动合同，并由单位支付各项工资、社会保险和住房公积金的人员，以及上述人员中由于学习、病伤、产假等因素暂未工作仍由单位支付工资的人员。根据上述定义，本书采取在岗职工作为劳动力数量，数据波动较小，且可以排除临时职工等波动因素的影响。劳动力数量数据来源于 2000—2012 年《中国统计年鉴》。

（2）资本

大多数学者在计算全要素效率时以资本存量作为全要素能源效率测算中的资本投入指标，本书使用 Goldsmith 于 1958 年提出的永续盘存法来进行资本存量的计算，计算公式为

$$K_{i,t} = I_{i,t} + (1 - \delta_{i,t}) K_{i,t-1} \tag{5.17}$$

式中，$K_{i,t}$ 表示地区 i 第 t 年的资本存量；$K_{i,t-1}$ 表示地区 i 第 t 年前一年的固定资产投资；$I_{i,t}$ 表示地区 i 第 t 年的投资；$\delta_{i,t}$ 表示地区 i 第 t 年的折旧率。

用式（5.17）计算资本存量时涉及 3 个变量的选取，分别是各年投资额、基年资本存量和经济折旧率。

对于 $I_{i,t}$（即各年投资额），已有的研究基本分为以下 3 种：第一种是采用"积累"的概念及其相应的统计口径，如陈英楠和吉晓萌（2018）；第二种是采用固定资产投资额，如樊自甫和梅丹（2013）等；第三种是资本形成总额，如许宪春（2013）等。但是从 1993 年起，新的联合国国民经济核算体系（system of national accounts，SNA）不再公布积累数据，也没有相应的价格指数，所以无法沿用此法；而我国相关统计年鉴中也缺乏交通运输行业分地区的资产形成总额相关数据，因此，本书使用当年的固定资产投资额作为投资数据。

对于 $K_{i,t}$（即基年资本存量），已有的相关研究一般以 1952 年或 1978 年为基年。根据刘秉镰和刘勇（2007）对我国交通运输业省际资本存量的估算，并根据张军在《中国省际物质资本存量估算：1952—2000》中对各省份固定资产投资价格指数的计算，我们以 2000 年为基期，并以 2000 年不变价来计算 2000—2012 年相应的固定资产投资额和资本存量。相关数据来自以上两篇参考文献和 2000—2012 年《中国统计年鉴》。

对于 $\delta_{i,t}$（即经济折旧率），根据经济学理论，在利用永续盘存法计算资本存量时，$\delta_{i,t}$ 应该是重置率，但是我国目前没有对交通运输业固定资产进行重估的基础，在实际计算中一般采用统一的固定资产折旧率或者按照国民经济核算统一规定的折旧率。所以，我们要根据交通运输业发展的特点，对资本使用寿命和使用寿命到期时的相对效率进行估算。根据郭明伟（2010）给出的建议，我们统一使用折旧率为 6% 来计算资本存量。

（3）能源

因为《中国统计年鉴》中的数据只有每一种能源的实际使用量，为了核算的方便，我们统一折算为标准煤（由于西藏地区缺少能源数据，因此没有包括在内），各种能源与标准煤的折算标准来自《中国统计年鉴》，以及北京理工大学能源与环境政策研究中心 iNEMS（integrated national energy modeling system，国家能源模型集成平台）数据库。

2. 产出指标的确定

通过对相关文献的汇总分析可知，在测算能源效率时，一般选择产量或者产业增加值作为期望产出，选择二氧化碳排放量作为非期望产出。下面分别讨论这两个要素的选取问题。

　　1）期望产出。在计算其他相关产业如工业行业的能源效率时，一般选取工业产量或者工业产业增加值作为产出指标；相应地，在交通运输领域，可以选择产量（客运周转量和货运周转量）或产业增加值（交通运输业产业增加值）作为产出指标。客运周转量和货运周转量反映的是交通运输业的本质活动——实现人和物的转移，是运量与相应距离的乘积。但是客、货运周转量只能体现运输工具的转移，本书研究的是在经济发展中交通运输业的能源使用效率，所以如果产出指标只是单纯的物理指标，就很难反映相应的经济活动水平。产业增加值反映了交通运输活动所能创造的经济价值。因此，本书采用交通运输业的产业增加值作为期望产出。

　　2）非期望产出。交通运输业在快速发展的过程中，消耗大量化石能源的同时向大气中排放大量的污染物，对生态环境也造成了相当大的压力。二氧化碳在污染气体中所占比例最高，也是造成温室效应的主要源头，因此，本书选取二氧化碳排放作为非期望产出来测算交通运输业能源效率。

　　在计算非期望产出时，由于我国相关统计年鉴（《中国统计年鉴》《能源统计年鉴》《交通统计年鉴》）只有全国尺度上某一行业的碳排放数据，并没有分地区交通运输行业碳排放量的相关数据，区域（省）尺度上交通运输业碳排放的统计和相关研究也比较少。在仅有的研究中，对二氧化碳排放量的计算方法基本分为两大类：一类以营运车辆的行驶距离与单位距离营运车辆的碳排放的乘积作为碳排放的数据；另一类是以交通运输业能源投入量及每种能源的碳排放系数的乘积作为碳排放数据。对于第一类方法，计算公式为

$$T = \sum_{i,j,t,k} \text{VEH}_{i,j,t,k} \cdot D_{i,j,t,k} \cdot C_{i,j,t,k} \cdot F_{i,j,t,k} \tag{5.18}$$

式中，T 表示交通运输部门的碳排放量；VEH 表示某类型车辆的数量；D 表示每种车辆行驶的距离；C 表示车辆每千米的平均燃煤消耗；F 表示某种车辆类型的二氧化碳排放因子；i 表示车辆类型；j 表示燃料类型；t 表示道路类型；k 表示省份。

　　上述方法对数据的选取存在以下几点难点和缺陷：首先，现在相关机构和研究学者对于碳排放系数的选取存在较大的争议，目前并没有形成比较统一的计算方法和排放数据；其次，由于受到运输工具在行驶过程中行驶状态的影响，也难以保证较好的准确性；最后，营运车辆的行驶距离的获取极其复杂，需要展开大量的统计工作。因此，本书选用另外一种方法，即根据能源投入的数据来计算二氧化碳的排放。根据 IPCC 的推荐，我们采用如下计算公式：

$$T = \sum_{i,k} \{(A_{i,k} - S_{ik})e_i c_i \cdot 10^{-3}\} \cdot O_i \times \frac{44}{12} \tag{5.19}$$

式中，i 表示使用的能源类型；k 表示省份；$A_{i,k}$ 表示第 i 种能源在 k 省份的使用量；$S_{i,k}$ 表示第 i 种能源在 k 省份的非燃烧使用量；e_i 表示第 i 种能源的发热值；c_i 表示第 i 种能源的单位热值含碳量；O_i 表示第 i 种能源的氧化率。

　　各种能源热值与二氧化碳排放因子如表 5.2 所示。

表 5.2　各种能源热值与二氧化碳排放因子

能源	含碳量/（kg·C/GJ）	净热值/（MJ/kg）	碳排放因子/（t/t）	氧化率/%
原煤	27.6	20.9	2.12	90
洗精煤	27.6	26.3	2.66	90
其他洗煤	27.6	15.6	1.58	90
型煤	26.6	17.8	1.74	90
焦炭	29.2	28.4	3.04	90
焦炉煤气	12.1	18.0	0.80	97
其他煤气	12.1	8.4	0.37	97
原油	20.0	41.8	3.07	98
汽油	19.1	43.1	3.02	98
煤油	19.6	43.1	3.10	98
柴油	20.2	42.7	3.16	98
燃料油	21.1	41.8	3.23	98
液化石油气	17.2	50.2	3.17	98
炼厂干气	15.7	46.1	2.65	98
天然气	15.3	38.9	2.18	99
其他石油制品	20	38.1	2.79	98
其他焦化产品	29.2	33.8	3.62	90

5.3.2　交通运输业能源效率的评价结果

本节以 2000—2012 年我国 30 个省份（不包括西藏和港澳台）为研究单元，根据考察期内的不同年份的投入产出数据确立生产前沿面。本节使用 MATLAB 12.0，计算得到我国 30 个省份 2000—2012 年的交通运输业能源效率，具体如表 5.3 所示。

表 5.3　2000—2012 年我国 30 个省份交通运输业能源效率

地区	2000年	2001年	2002年	2003年	2004年	2005年	2006年	2007年	2008年	2009年	2010年	2011年	2012年	平均值
北京	0.880	0.816	0.861	0.677	0.371	0.560	0.503	0.500	0.491	0.454	0.570	0.646	0.765	0.623
天津	0.861	0.862	0.799	0.756	0.505	0.672	0.665	0.706	0.848	0.754	0.796	0.838	0.922	0.768
河北	1.000	1.000	1.000	1.000	1.000	1.000	1.000	1.000	1.000	1.000	1.000	1.000	1.000	1.000
山西	0.671	0.721	0.529	0.412	0.420	0.537	0.510	0.522	0.509	0.662	0.608	0.725	0.726	0.581
内蒙古	0.728	0.696	0.532	0.445	0.379	0.530	0.506	0.547	0.634	0.761	0.771	0.804	0.853	0.630
辽宁	0.777	0.933	0.849	0.600	0.471	0.513	0.590	0.869	0.867	0.788	0.947	0.956	0.879	0.772
吉林	0.772	0.796	0.565	0.438	0.619	0.599	0.574	0.530	0.560	0.522	0.535	0.554	0.938	0.616
黑龙江	0.786	0.738	0.651	0.417	0.517	0.595	0.561	0.586	0.670	0.611	0.680	0.750	0.766	0.641
上海	1.000	1.000	1.000	1.000	1.000	0.985	1.000	1.000	1.000	0.806	0.807	0.822	0.955	0.952
江苏	0.740	0.764	0.693	0.515	0.603	0.740	0.739	0.743	0.798	0.818	0.812	0.855	0.972	0.753
浙江	1.000	0.968	0.942	1.000	0.840	0.851	1.000	0.838	0.729	0.739	0.775	0.773	0.931	0.876
安徽	0.691	0.693	0.544	0.435	0.615	0.695	0.655	0.613	0.639	0.666	0.638	0.629	0.753	0.636

续表

地区	2000年	2001年	2002年	2003年	2004年	2005年	2006年	2007年	2008年	2009年	2010年	2011年	2012年	平均值
福建	1.000	1.000	1.000	1.000	1.000	1.000	1.000	1.000	1.000	1.000	1.000	1.000	1.000	1.000
江西	0.771	0.814	0.723	0.775	0.545	0.713	0.695	0.706	0.777	0.768	0.754	0.760	0.865	0.743
山东	1.000	1.000	1.000	0.747	0.704	1.000	1.000	1.000	1.000	1.000	1.000	1.000	1.000	0.958
河南	0.804	0.780	0.730	0.713	0.636	0.723	0.720	0.700	0.764	0.727	0.728	0.632	0.762	0.725
湖北	0.877	0.825	0.704	0.508	0.368	0.514	0.510	0.531	0.542	0.498	0.531	0.562	0.648	0.586
湖南	0.745	0.749	0.648	0.410	0.434	0.583	0.569	0.574	0.594	0.571	0.572	0.597	0.781	0.602
广东	1.000	1.000	1.000	1.000	1.000	1.000	1.000	0.862	0.822	0.898	0.817	0.847	0.948	0.938
广西	0.715	0.740	0.711	0.461	0.372	0.526	0.511	0.527	0.530	0.483	0.499	0.516	0.812	0.570
海南	0.844	0.810	0.870	0.599	0.465	0.510	0.512	0.533	0.648	0.792	0.892	0.884	0.982	0.719
重庆	0.719	0.745	0.536	0.419	0.473	0.514	0.512	0.533	0.535	0.507	0.528	0.556	0.732	0.562
四川	0.761	0.808	0.639	0.414	0.433	0.582	0.544	0.523	0.517	0.573	0.613	0.720	0.755	0.606
贵州	0.653	0.734	0.565	0.383	0.337	0.476	0.480	0.498	0.505	0.659	0.679	0.695	0.706	0.567
云南	0.670	0.713	0.754	0.684	0.580	0.506	0.505	0.523	0.523	0.777	0.698	0.515	0.725	0.629
陕西	0.730	0.651	0.479	0.406	0.386	0.513	0.499	0.491	0.512	0.483	0.508	0.524	0.713	0.530
甘肃	0.969	0.878	0.813	0.782	0.560	0.503	0.499	0.501	0.503	0.667	0.681	0.702	0.864	0.686
青海	0.717	0.751	0.582	0.451	0.680	0.773	0.695	0.585	0.585	0.522	0.540	0.559	0.644	0.622
宁夏	0.816	0.872	0.838	0.768	0.472	0.511	0.501	0.515	0.549	0.524	0.511	0.654	0.783	0.640
新疆	0.873	0.850	0.828	0.730	0.412	0.564	0.546	0.558	0.568	0.519	0.537	0.757	0.769	0.655
全国平均	0.819	0.824	0.746	0.632	0.573	0.660	0.653	0.654	0.674	0.685	0.701	0.728	0.832	0.706

　　计算结果表明，河北、福建的交通运输业的能源效率在2000—2012年始终为1，一直处于有效的状态；山东、广东、上海大部分年份的交通运输行业能源使用效率处于前沿面上，仅有几年的能源效率小于1且大于0.7，平均能源效率大于0.9；浙江存在部分年份的能源效率为1，其他年份的能源效率为0.7~1，平均能源效率大于0.8；平均能源效率为0.7~0.8的有天津、辽宁、江苏、河南、海南、江西6个省份；平均能源效率为0.6~0.7的有北京、内蒙古、吉林、黑龙江、安徽、湖南、四川、云南、甘肃、宁夏、青海、新疆12个省份；平均能源效率为0.5~0.6的有山西、湖北、广西、重庆、贵州、陕西6个省份。

　　从全国范围来看，2000—2012年的平均能源效率为0.706，除2000年、2001年和2012年的能源效率大于0.8之外，大部分年份的能源效率为0.5~0.8，说明我国交通运输业整体的能源效率还处于比较低的水平，存在较大的提升空间。从趋势上看，我国交通运输业的能源效率表现出先降低再缓慢提升的趋势，而且近几年能源效率改善的趋势愈发明显，其中能源效率的最低点位于2003年至2007年间。

　　从表5.3可以得出任何一个省份2002—2012年能源效率的大小，并可以对其变动趋势进行分析。但是由于每个省份的变动趋势在呈现一定规律的同时，受随机因素影响比较大，为了更清晰地分析我国交通运输业能源效率的变动趋势，我们根据经济发展水平将我国划分成三大区域。其中，东部地区包括北京、天津、河北、辽宁、上海、江苏、浙江、福建、山东、广东、广西、海南12个省份；中部地区包括山西、内蒙古、吉林、黑龙江、安徽、江西、河南、湖北、湖南、青海 10 个省份；西部地区包括四川、重庆、贵州、云南、陕西、甘肃、宁夏、新疆 8 个省份。2000—2012 年各区域交通运输业能源效率的大小及变动情况如图 5.2 所示。

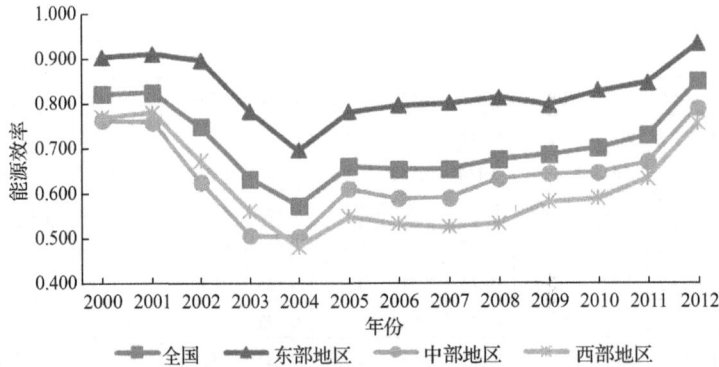

图 5.2　2000—2012 年各区域交通运输业能源效率的大小及变动情况

从整体上看，我国三大经济区域的能源效率有较大的差距。其中，东部地区的能源效率始终高于中部和西部地区，除 2004 年外，效率值均在 0.7 以上，分布在 0.8 左右，并且相对全国平均水平也有较大的优势；中部地区除 2000 年、2001 年、2002 年、2003年前 4 年之外，效率值也都大于西部地区，基本在 0.6 以上，并且是三大区域中与全国平均水平相差最小的区域，变化趋势一致性也最高；西部地区在此期间的能源水平除前 4 年外都是三大区域中能源效率最低的区域，大部分年份的效率值为 0.5～0.7，也是与全国平均水平相差最大的区域，而且其能源效率的波动较大。

从变动趋势上看，我国三大区域和全国交通运输业的能源效率在测算时间内都呈现先降低再升高的趋势，并且都在 2004 年左右下降至底部；2004—2012 年，三大区域的能源效率都处于稳定上升的状态，并且从 2008 年开始，增长速度明显加快，且西部地区的增长速度最快，中部地区次之，东部地区最慢，并且三大区域之间能源效率的差距也呈现逐步缩小的趋势。在 2012 年，中部地区的能源效率水平与全国总体水平的差值最小，此时东、中、西部之间能源效率的差值最小。

5.3.3　交通运输业能源效率的差异性分析

交通运输业作为国民经济发展的重要行业，在经济发展和人民日常生活中扮演着重要角色。同时，交通运输行业也会受到地区经济发展、技术进步、管理水平等外部因素的影响。由于地区之间经济、社会发展的不均衡，区域间交通运输业的能源效率也产生一定的差异性。通过对不同区域间能源效率的分析，我们可以得到如下相关结论。

1）三大区域交通运输业能源效率的大小与该区域经济发展状况有紧密的关系，并且经济、社会环境的不平衡导致了能源效率水平的不平衡，具体表现为：东部地区经济最发达，相应地，交通运输业能源效率也高，13 年间平均效率水平达到了 0.827，这反映了东部沿海地区雄厚的经济基础、发达的科学技术水平、先进的科学管理经验及市场经济环境对交通运输业的健康发展起到促进作用，有效提升该行业的能源效率；西部地区经济发展最落后，相应地，交通运输业能源效率也最低，平均效率水平为 0.612，这反映了发展的不平衡性导致西部地区基础交通设施较差、技术水平落后及相应配置资源的不合理性对能源效率有负向影响；中部地区的经济发展水平和交通运输业能源效率均处于中间水平，并与全国平均水平保持大小和趋势的一致性。

2）三大区域交通运输业能源效率均表现出先降低再升高的趋势。随着经济的快速发展和人们生活水平的改善，越来越多的人追求更加舒适的出行环境和方式，货物的运送也越来越追求时间效益，这些都会对能源消耗、二氧化碳的排放产生不利的影响，所以在未能有效改善出行结构及出行方式、没有新的技术或政策进行引导时，交通运输业的能源效率会逐步降低。2004 年，我国分别出台了轻型汽车和重型汽车新的排放标准，而且我国交通部门中营运汽车所使用的能源消费量是比例最大的一部分；同时，政府出台了一系列鼓励措施和政策宣传、引导社会、群众向可持续消费型社会转变，因此 2004 年之后的能源效率改变下行趋势，开始逐渐升高。2008 年全球经济危机之后，能源效率提升的速度有所加快，一部分原因是我国逐渐进行交通运输相关产业升级，同时也是 2009 年我国政府提出"4050"减排计划在交通运输业发展中的体现。

3）2004—2012 年，三大区域交通运输业能源效率的大小与区域的经济发展水平呈正相关关系，经济发展水平越高，能源效率越高；经济发展水平越低，能源效率越低。但是 2000—2003 年，经济水平较落后的西部地区的能源效率高于经济水平较高的中部地区。通过查阅相关年份的《中国交通统计年鉴》发现，2004 年之后，西部地区的客运周转量和货运周转量的增长速度比之前的增长速度有比较明显的提高。在 2004 年之前，西部地区由于客运和货运活动量偏少，能源使用量较少的同时，二氧化碳排放处于较低水平，但此时的中部地区因为提前进入了快速发展期，客运和货运对能源消耗和二氧化碳的排放都比较多，因此 2004 年之前西部地区的能源效率高于中部地区。此后西部地区交通运输业的活动迅速增多，原有保持较高能源效率的优势变得不存在，加之经济水平、技术发展等落后于中部地区，导致其能源效率低于中部地区。

5.3.4　交通运输业能源效率的特点分析

在我国经济快速发展过程中，各省份之间发展的速度、特点等各不相同，虽然将我国各省份按照经济发展状况分为三大区域可以提炼出许多共性，发现针对性的问题，但是这种仅仅按照经济水平和地理位置人为划分的方法往往忽略了各省份各自的发展态势。因此，本节不再依据外界原有的分类依据对我国各省份进行区域划分，而是根据各省份交通运输业能源效率自有的特点来进行区域划分，这样才能真正从能源效率的变化趋势来分析其发展特点。

在衡量能源利用水平时，能源强度是一种简单方便的方法，它表示单位 GDP 所消耗的能源量。同理，交通运输业的能源强度表示单位交通运输业产业增加值所使用的能源量。表 5.4 给出了 2000—2012 年我国部分省级区域交通运输业平均能源强度。本节使用各省份的交通运输业的能源强度来指代不含有人力、资本的相关替代效应和二氧化碳这种环境指标限制的能源使用水平指标。在 5.3.2 小节中计算的在二氧化碳约束下的全要素能源效率代指在环境约束下的一种能源使用水平。

表5.4 2000—2012年我国部分省级区域交通运输业平均能源强度

地区	能源强度	地区	能源强度	地区	能源强度
宁夏	3.223	山西	1.672	湖南	1.114
甘肃	2.720	广西	1.579	广东	1.012
云南	2.546	陕西	1.575	安徽	1.000
贵州	2.266	新疆	1.549	江西	0.897
上海	2.234	北京	1.538	天津	0.855
内蒙古	2.108	青海	1.530	浙江	0.826
海南	1.955	四川	1.444	河南	0.795
湖北	1.794	山东	1.246	江苏	0.737
重庆	1.717	吉林	1.198	河北	0.645
辽宁	1.681	黑龙江	1.159	福建	0.528

注：能源强度的单位为万吨（标准煤）/亿元。

我们使用环境效应和单一经济效应这两个指标作为衡量各省份能源使用水平的两个维度，并借鉴相关研究中的区域划分方式，得到如图5.3所示的分类矩阵，并将我国各省划分为4个区域。在图5.3中，横轴表示二氧化碳排放约束下的全要素能源效率，纵轴表示能源强度；A、B点分别表示全国能源效率和能源强度的平均值。其中，我们定义能源效率较高、能源强度较低的区域为优势区域，表示同时考虑二氧化碳排放的环境效应和单一经济效应时，该区域的能源使用水平比较高；能源效率较低、能源强度较高的区域为劣势区域，表示在环境效应和单一经济效应两种指标下，该区域的能源利用水平比较低；能源效率较高、能源强度较高的区域为经济受限区域，表示仅仅考虑单一经济效应时，该区域的能源利用水平较低，但是在加入环境效应时，该区域的能源利用水平较高；全要素能源效率降低、能源强度也较低的区域为环境受限区域，表示仅考虑单一经济效应时，该区域的能源利用水平较高，但是在加入环境效应时，该区域的能源利用水平较低。

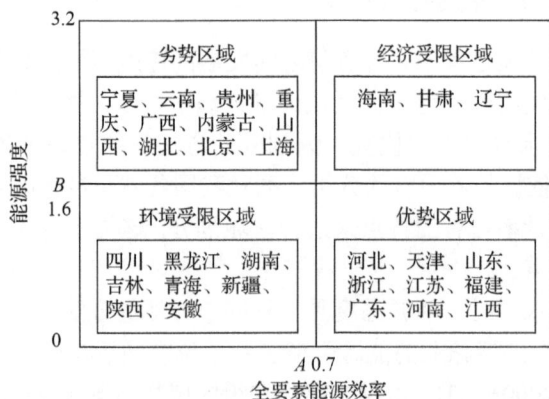

图5.3 2000—2012年我国省级区域交通运输能源使用水平区域划分

通过图 5.3 和表 5.4 中对我国各省份交通运输业全要素能源效率和能源强度在 2000—2012 年的测算结果，得到如表 5.5 所示的区域划分结果。

表 5.5　2000—2012 年我国省级区域能源利用水平划分

区域类型	区域特点	区域省份
优势区域	高经济效益，高环境效益	河北、天津、山东、浙江、江苏、福建、广东、河南、江西
劣势区域	低经济效益，低环境效益	宁夏、云南、贵州、重庆、广西、内蒙古、山西、湖北、北京、上海
经济受限区域	低经济效益，高环境效益	海南、甘肃、辽宁
环境受限区域	高经济效益，低环境效益	四川、黑龙江、湖南、吉林、青海、新疆、陕西、安徽

根据表 5.5 的分类结果，我们通过对每个区域的特点及其包含的省份的特点进行分析有如下发现。

1）在本书研究对象中的我国 30 个省份中，优势区域中共有 9 个，其交通运输业的经济效益和环境效益都处于全国领先地位。其中，有 7 个省份来自东部沿海地区，这些地区的经济发展水平高，交通运输业基础设施好，虽然交通运输活动频繁，客货运周转量大，但交通运输业对经济发展有较好的促进作用，产业增加值较多，同时先进的技术和高效的管理及新能源的采用能有效降低碳排放水平，所以此区域的经济效益和环境效益都取得了良好的效果。

2）劣势区域共包含 10 个省份，是 4 个区域中包含省份最多的区域，此区域交通运输业的经济效益和环境效益都比较低。该区域大部分省份来自中西部偏远地区，自然地理环境恶劣，经济发展水平较低、基础设施较为落后，但是进入 21 世纪以后，工业化进程的加快和出行需求的迅速增加导致能源消耗和二氧化碳排放的快速增长，从而导致了能源利用水平较低、环境效益较差的局面。该区域除大部分的西部落后省份外，还有北京、上海和重庆 3 个直辖市，这 3 个直辖市的经济发展水平较高，因此居民的出行需求频次较多，舒适性较好，但是城市交通的拥堵、城市体量较小、能源投入的成本较高等导致了这些地区的经济和环境效益都比较低。

3）经济受限区域包含海南、甘肃、辽宁 3 个省份。其中海南、甘肃的客运和货运周转量处于较低水平，交通运输业整体规模较小，交通设施较为落后，因此单位产业增加值消耗的能源较多；同时，由于其整体二氧化碳排放量较低，环境效益有一定的优势，因此该地区的经济效益偏低，环境效益偏高。辽宁由于工业基础好，交通设施比较完善，从业人员素质较高，虽然其能源强度较高，交通运输业直接的能源利用率不高，但是其他资本、人力等相关因素可以起到相应的替代效应，因此，二氧化碳约束下的全要素的能源效率比较高。

4）环境受限区域。此区域包含 8 个省份，大部分位于我国的中部地区，如陕西、湖南等。这些省份能源使用的特点是直接经济效率较高，但是二氧化碳约束下的全要素能源效率偏低，这也与该区域省份所处的经济发展进程相适应。这些省份现在处于工业化的中前期阶段，经济迅速发展，对交通运输业产生较大需求且发展迅速，交通设施也在逐渐完善，因此直接的运输效率提高较快；但同时，大量的交通运输活动排放了大量的二氧化碳，相应的管理水平也较低，能源使用结构和资源配置也有待改善，因此二氧化碳排放的全要素能源效率处于稍低的水平。

5.3.5　交通运输业能源效率的动态分析

本节采用 5.3.1 小节中选取的投入产出指标，包括劳动力数量、资本存量、能源使用量、二氧化碳排放量及产业增加值，运用 MATLAB 12.0 软件对能源效率的 Malmquist 指数进行计算，计算结果如表 5.6 所示。表中第二列 Malmquist 指数表示各省级区域能源效率的变动情况。如果 Malmquist > 1，表示交通运输行业的全要素能源效率升高；如果 Malmquist < 1，表示交通运输行业全要素能源效率降低；如果 Malmquist = 1，表示全要素能源效率没有变化。Malmquist 指数又可以分解为技术变动（TC）和技术效率变动（EC）两个指数。技术变动指数的变动表示运输工具和交通设施的改善、新技术的采用、能源结构的优化等措施对能源效率的影响；技术效率变动表示组织和管理水平进步、规模效率优化等方面对能源效率的影响。

表 5.6 中的计算结果表明，2000—2012 年我国的 Malmquist 指数的平均值小于 1，表示二氧化碳约束下的我国交通运输业全要素能源效率整体处于略微下降的趋势。其中，Malmquist 指数小于 1 主要是技术进步指数偏小造成的，而技术效率指数大于 1，这表示近年来能源效率降低主要是因为我国交通运输的发展受到二氧化碳排放的约束，新技术的采纳不够及时，新能源的比例过低；而组织和管理水平的改善、规模效益的改善对能源效率的提高有促进作用。因此，我国交通运输业节能减排的重点应集中于对相关新技术的快速开发和应用领域。

表 5.6　2000—2012 年我国省级区域交通运输业能源效率增长率分解

地区	Malmquist	EC	TC	地区	Malmquist	EC	TC
北京	0.912	0.869	1.049	河南	0.820	0.948	0.865
天津	1.032	1.071	0.963	湖北	0.838	0.939	0.893
河北	0.926	1.000	0.926	湖南	0.962	1.048	0.918
山西	0.950	1.082	0.878	广东	0.873	0.948	0.921
内蒙古	1.188	1.171	1.015	广西	0.939	1.036	0.906
辽宁	0.992	1.131	0.877	海南	1.070	1.164	0.919
吉林	1.194	1.215	0.983	重庆	1.030	1.018	1.012
黑龙江	0.843	0.975	0.865	四川	1.008	0.991	1.017
上海	1.036	1.067	0.971	贵州	1.045	1.081	0.967
江苏	1.069	1.113	0.961	云南	1.204	1.082	1.113
浙江	0.964	0.931	1.036	陕西	0.884	0.976	0.906
安徽	1.225	1.090	1.124	甘肃	0.783	0.892	0.878
福建	1.011	1.000	1.011	青海	0.752	0.898	0.837
江西	1.063	1.122	0.948	宁夏	0.855	0.959	0.891
山东	0.921	1.000	0.921	新疆	0.962	1.012	0.951

在本章研究对象中的 30 个省级区域中，Malmquist 指数大于 1 的省份有 13 个，并且大部分为中部经济发展较快的区域，如江西、重庆，这说明工业化进程加快可以促进交通运输业能源效率提高；其中有 3 个省份（江苏、上海、天津）是东部沿海省份，表明这些省份在原有良好发展的基础上，更加科学、可持续地发展交通运输业。技术变动指数大于 1 的省份有 8 个，大部分为中部工业化发展较快的区域，并且除北京、浙江外，其他 6 个省份的 Malmquist 指数也都大于 1，这说明工业化进程有助于改善交通运输业基础设施，促进相应的技术进步；而且技术进步指数大于 1 的省份大部分的技术效率也大于 1，也能反映技术进步对技术效率的促进作用。

5.4　主要研究结论

本章以 2000—2012 年我国各省份交通运输业为研究对象，探究在二氧化碳排放约束下各省份交通运输业的能源效率及其变动趋势。研究方法以效率理论为基础，在全要素框架下选取相应的投入产出指标，利用非参数的 SBM-DEA 模型计算得到各省份的全要素能源效率，然后运用 Malmquist 指数模型分析其变动趋势，得到如下研究结论和成果。

1）2000—2012 年，二氧化碳排放约束下的我国交通运输业全要素能源效率平均值为 0.706，存在较大的改善空间；东、中、西部三大区域的能源效率差距较为明显，其中，中部地区的能源效率与全国平均水平基本保持一致。

2）2000—2012 年，全国交通运输业能源效率总体变动趋势与三大区域能源效率的变动趋势基本保持一致，都呈现先降低再升高的变化趋势。

3）引入能源强度，与全要素能源效率一起作为衡量我国交通运输业能源利用水平的指标，并据此将我国划分为四大区域：优势区域、劣势区域、经济受限区域和环境受限区域。

4）使用 Malmquist 指数模型对我国交通运输业能源效率的变动进行分解，发现在 2000—2012 年，我国交通运输业整体能源效率呈现下降的趋势，主要是技术变动指数降低导致的，而技术效率变动指数表现为上升态势。

5.5　本　章　小　结

根据建立的能源效率测度模型与投入产出指标，本章首先测算 2002—2012 年我国 30 个省级区域交通运输业在二氧化碳排放约束下的全要素能源效率，并对测算结果进行了简要分析；然后根据经济发展状况，将我国划分为三大区域，对三大区域的能源效率之间的差异进行分析和解读；最后引入能源强度作为经济效益指标，并将其与测算出的全要能源效率一起作为两个相关指标，以这两个指标为依据，根据各省份交通运输发展状况，将我国 30 个省份划分为 4 个区域，并对每个区域的发展特点进行分析说明。

本章介绍了可以动态分析能源效率变动的 Malmquist 指数模型，并对其数学模型、计算方法和现实意义进行了介绍；然后利用 Malmquist 指数模型计算二氧化碳约束下我国交通运输业能源效率的改变，并从 Malmquist 指数、技术变动指数和技术效率变动指数 3 个角度对我国交通运输业能源效率的变动情况进行说明和分析，指出影响我国交通运输业能源效率变动的相关因素并提出相应的政策意见和建议。

本章通过对我国各省份交通运输业 2000—2012 年的能源效率的相关研究，重点分析能源效率的变动趋势及各省份之间的差异，取得了一定的成果，但仍旧存在一些不足，体现在如下两个方面。一方面，在相关数据的可得性上，由于我国交通运输行业只统计了能源的消耗量，没有二氧化碳排放量的相关数据，因此只能依靠 IPCC 的推荐换算指标进行计算，计算精度有待进一步提高；同时，统计年鉴没有资本存量的相关数据，只能在原有相关学者计算的基础上进行相关计算，这些都可能会对计算结果产生影响。另一方面，随着我国交通运输行业低碳化的发展，电能的使用已经占据了一定的体量，但是供给交通运输行业的电力产生的二氧化碳排放可能产生自别处，因此也会对相关结果产生影响。

第6章 区域碳强度影响因素及减排目标的设定研究

前面对我国典型区域和行业的能源效率测度的理论方法和实证结果开展了系统的研究。为了研究典型区域碳强度的减排路径，本章将系统讨论区域层面上影响碳强度的关键因素，并预测典型区域未来的碳强度变化趋势，以期为典型区域在新的减排政策背景下碳强度减排路径的制定与规划提供理论依据和实证结果。

6.1 我国碳强度现状及变化趋势

伴随着全球经济的快速增长，气候变化已逐渐成为人类 21 世纪面临的最大挑战和威胁之一，严重制约了经济和社会的快速发展。事实上，IPCC 在第三次评估报告中已经指出，近 50 年的全球气候变暖主要是由人类活动排放的大量二氧化碳、甲烷、氧化亚氮等温室气体的增温效应造成的。

为了应对全球气候变化，促进经济的可持续发展，在 2015 年的巴黎气候变化大会上，《联合国气候变化框架公约》的各缔约方达成了《巴黎协定》，目的是通过各缔约方"自下而上"的国家自主贡献承诺机制开展温室气体减排，将本世纪末全球的平均温升控制在前工业化水平的 2℃，并争取控制在 1.5℃之内。然而，积极应对气候变化势必对各个地区的经济发展造成一定的影响，进而减缓部分地区消除贫困的进程，因此，发展中国家在减缓气候变化方面比发达国家面临着更严峻的挑战。在面临快速发展经济的迫切需求的同时，还需应对巨大的减排压力，这意味着发展中国家必须在短期内提高经济发展的质量，实现经济的可持续发展。

事实上，碳强度，即国内生产总值与碳排放的比值，可以直观地反映一个国家和地区的经济发展质量。通常，碳强度越高意味着单位国内生产总值产生的碳排放越高，经济的发展质量越低，而碳强度越低则表明经济发展的质量越高。近年来，我国在降低国家的碳排放强度方面制定了明确的目标。2009 年哥本哈根气候变化前夕，我国公布将 2020 年的单位 GDP 二氧化碳排放在 2005 年的基础上降低 40%~45%，而在 2015 年的巴黎气候变化大会上，我国进一步确定了将 2030 年的碳强度在 2005 年的基础上降低 60%~65%的减排目标。降低碳强度是我国实现碳达峰和碳中和目标、提高经济发展质量的重要手段之一。相关统计表明，近年来，我国的碳强度呈现出明显的下降趋势，经济发展质量显著提高。尽管如此，我国的碳强度仍相对高于一些发达国家，仍有较大的减排潜力。与此同时，由于各个地区的资源禀赋、能源消费结构、产业结构以及技术水平的差异，碳强度及其减排潜力呈现出显著的区域差异性。如何有效地降低碳强度是相关决策者面临的重要问题。

在制定有效的碳强度减排路径和措施之前，需要厘清影响碳强度的关键因素。作为碳排放的主要来源之一，化石燃料等能源要素的利用是影响碳强度的关键因素之一。通常一个地区能源消费量越大、能源利用效率越低，则其碳强度也相对越高；产业结构是影响碳强度的第二个关键因素。显然，不同的产业对能源的需求存在较大差异。一般地，第二产业对化石能源的依赖相对较高，而第一、第三产业则对化石能源的依赖相对较低，因此一个地区的第二产业占比越高，则其碳强度往往也越高。与此同时，相关研究表明，城镇化水平、外商直接投资等因素也会对一个地区的碳强度产生影响。

接下来，本章将以北部沿海地区这一典型区域为例，通过改进 STIRPAT 模型，系统地量化能源结构、产业结构、城镇化水平以及外商直接投资等关键因素对我国碳强度的影响，以期为我国制定科学高效的碳强度减排路径和方案提供理论方法与实证依据。

6.2　基于 STIRPAT 模型的区域碳强度影响因素分析

STIRPAT 模型为量化环境的影响因素提供了重要工具，并被广泛应用于碳强度影响因素的研究。本节将在回顾 STIRPAT 模型的基础上，通过构建改进的 STIRPAT 模型，测度我国典型区域的碳强度影响因素。具体地，6.2.1 小节将给出 STIRPAT 模型的基本理论，6.2.2 小节将给出各个变量的数据来源。

6.2.1　STIRPAT 模型的基本理论

为科学地量化人文因素对环境的影响，Ehrlich 和 Holden（1971）于 1971 年首次提出了 IPAT 模型。此后该模型被广泛应用于能源环境领域的实证研究。IPAT 模型的具体表达式为

$$I = PAT \tag{6.1}$$

式中，I 表示环境影响程度；P 表示人口规模；A 表示人均财富；T 表示技术水平。

由于式（6.1）考察的变量数目有限，所能得到的研究结果仅能刻画二氧化碳排放与能源、经济及人口在宏观上的量化关系，以及这些因素对二氧化碳排放的等比例影响，这是该模型的最大局限（魏楚和沈满洪；2009）。为了克服 IPAT 模型的不足，Dietz 和 Rosa（1994）将 IPAT 等式以随机的形式表示，建立了可拓展的随机性环境影响评估模型（stochastic impacts by regression on population，affluence and technology，STIRPAT），以分析人口对环境的非比例影响。STIRPAT 模型的具体表达式为（刘通凡，2014）

$$I = aP^b A^c T^d e \tag{6.2}$$

式中，I、P、A、T 的经济含义与式（6.1）中的相同；a 表示标度该模型的常数项；b、c、d 分别表示 P、A 和 T 的指数项；e 表示误差项。在进行计量分析时，模型常采用如下的对数形式：

$$\ln I = a + b(\ln P) + c(\ln A) + d(\ln T) + e \tag{6.3}$$

STIRPAT 模型既允许将各系数作为参数来进行估计，也允许对各影响因素进行适当的分解（Mardani et al.，2017）。根据不同的研究目的和需要，相关文献往往在原模型基

础上进行相应的改进以开展各种实证研究（Long et al.，2017）。一般地，能源部门通常是温室气体排放中的最重要部门。在发达国家，与能源相关的排放一般占二氧化碳排放量的90%以上和温室气体总排放量的75%以上（IPCC，2007）。根据《中华人民共和国气候变化初始国家信息通报》中的数据，能源活动是我国最主要的二氧化碳排放源。在我国的碳强度影响因素研究中，普遍用能源消费产生的二氧化碳总量 TC 与 GDP 总量的比值来代表碳强度，而用能源消费总量折合的标准煤总量与 GDP 总量的比值来代表能源强度。相关计算公式为

$$CI = \frac{TC}{GDP} = \frac{Energy \cdot \overline{c}}{GDP} = EI \cdot \overline{c} \tag{6.4}$$

通过式（6.4）可以看出，碳强度可以用能源强度与平均能源消费的碳排放系数 $\overline{c}$ 来表示，由于 $\overline{c}$ 的波动幅度远小于能源强度，能源强度对碳强度的贡献很高。在回归分析中，将被解释变量重新包装而作为解释变量，会引起循环论证的悖论，本章为了避免循环论证的出现，不将能源强度作为影响因素考虑。基于文献研究的结果，本节选取经济水平、城镇化率、第二产业占比、煤炭占比、外商直接投资5个解释变量，将 STIRPAT 模型扩展为如下形式：

$$\ln CI_{it} = a + b \ln EL_{it} + c \ln SIP + d \ln UL_{it} + f \ln CP_{it} + g \ln FDI_{it} + e \tag{6.5}$$

式中，CI 表示碳强度；EL 表示经济水平；SIP 表示第二产业占比，由于第二产业的碳排放强度高于第一产业和第三产业，本章用第二产业占比代表产业结构；UL 表示城镇化率；CP 表示一次能源消费中煤炭占比，煤炭是碳排放系数最高的一次能源，本章用煤炭占比代表能源结构；FDI 表示外商直接投资；a、b、c、d、e、f 和 g 表示变量的系数；e 表示随机扰动项；i 表示30个区域；t 表示1995—2011年。

6.2.2　变量说明与数据来源

对于本章采用的 STIRPAT 模型中相关变量的说明如表6.1所示。其中，碳强度（CI）的数据用二氧化碳排放总量与 GDP 总量的比值表示。由于我国没有官方公布的二氧化碳排放数据，本章中二氧化碳排放量的数据来源于碳排放数据库（Carbon Emission Accounts and Datasets，CEADs）。经济水平（EL）用人均 GDP 表示，为了消除通货膨胀对 GDP 的影响，本章中的人均 GDP 数据采用2005年的不变价格计算得到；城镇化率（UL）用城市人口与总人口的比值表示；煤炭占比（CP）由国家及各省份的能源平衡表计算得到；外商直接投资（FDI）用各省份实际利用外商直接投资额与 GDP 总量的比值表示。本章用到的 GDP 总量、人均 GDP、第二产业增加值、城镇人口、总人口的数据均来自《中国统计年鉴 2001—2018》，外商直接投资的数据来源于各个地区的统计年鉴。考虑到数据的可获得性和完整性，本章的面板数据选取的个体为我国30个省份（西藏、香港、澳门和台湾地区除外），选取的时间跨度为2000—2017年。在研究过程中，为了分析碳强度影响因素的区域差异性，本书将30个省份分为八大地区。其中，东北地区包括辽宁、吉林、黑龙江，北部沿海地区包括北京、天津、河北、山东，东部沿海地区包括上海、江苏、浙江，南部沿海地区包括福建、广东、海南，黄河中游地区包括陕西、山西、河南、内蒙古，长江中游地区包括湖北、湖南、江西、安徽，西南地

区包括云南、贵州、四川、重庆、广西，西北地区包括甘肃、青海、宁夏、新疆。

表 6.1 模型各变量定义和测度方法

变量	符号	含义	测度单位
碳强度	CI	单位 GDP 的碳排放量	吨/万元
城镇化率	UL	城镇人口与总人口的比例	%
经济水平	EL	人均 GDP	万元/人
第二产业占比	SIP	工业增加值占 GDP 的比例	%
煤炭占比	CP	煤炭消费占一次能源消费的比例	%
外商直接投资	FDI	实际利用外商直接投资额占 GDP 的比例	%

表 6.2 给出了全国 30 个省份 18 年的面板数据共 540 个观测值（未取对数）的描述性统计结果。从表 6.2 中可以看出，我国 2000—2017 年的碳强度均值为 2.92 吨/万元（2005年不变价）。碳强度最小值 0.44 吨/万元与最大值 12.04 吨/万元差距较大，表明我国碳强度在时间或空间上存在较大差异。我国城镇化率均值为 49.82%，根据发达国家的城镇化经验，城镇化率在 30%~70% 是加速城镇化的时期。我国未来的城镇化率应该是 70%左右，城镇化进程有待进一步推进。城镇化率最小值 19.60% 与最大值 89.60% 差距较大，表明我国城镇化率在时间或空间上存在较大差异。我国人均 GDP 均值为 2.59 万元/人，并且我国人均 GDP 在区域间的差异十分明显，区域协调发展亟待加强。我国第二产业占比均值为 46.30%，第二产业比重相对过大，对环境的压力十分明显。我国一次能源消费中煤炭占比均值为 68.38%，能源结构中，煤炭占比过高，导致我国的二氧化碳排放量居高不下，并呈现逐年快速攀升的趋势。我国实际利用外商直接投资占 GDP 的比重较小，尚未能够大力引进外资，提高技术和效率，引进外资的空间和潜力仍然巨大。

表 6.2 2000—2017 年我国模型各变量描述性统计结果

变量名称	单位	均值	标准差	最小值	最大值
CI	吨/万元	2.92	1.80	0.44	12.04
UL	%	49.82	15.01	19.60	89.60
EL	万元/人	2.59	1.90	0.32	10.54
SIP	%	46.30	7.86	19.00	61.50
CP	%	68.38	25.91	4.91	152.93
FDI	%	2.64	2.35	0.04	15.36

6.3 区域碳强度的影响因素分析

本节将基于构建的 STIRPAT 模型对典型区域的碳强度影响因素展开系统的实证分析。为此，本节将首先对各个变量进行单位根检验，研判各个变量是否为平稳序列，在此基础上，进行协整检验以确保影响因素与碳强度之间存在稳定的相关关系，然后对典型区域碳强度的影响因素展开系统的分析。

6.3.1　单位根检验与协整检验

本章使用的数据是平衡面板数据，在协整检验之前，首先需要进行单位根检验，只有保证所有变量都是同阶单整，证明变量的平稳性，才能避免出现伪回归的问题。面板数据的单位根检验的方法主要有 Levin 等（2002）提出的 LLC 检验方法、Im 等（2003）提出的 IPS 检验，以及 Maddala 和 Wu（1999）、Choi（2001）提出的 ADF 和 PP 检验，这 4 种检验的原假设是存在单位根。

本章选取 LLC、IPS、ADF 和 PP 这 4 种单位根检验的方法，检验面板数据的平稳性。表 6.3 列出了原始序列单位根的检验结果，其中括号内的数值表示检验结果的 p 值。从表 6.3 中的结果可以得出，6 个变量的原始序列 lnCI、lnEL、lnSIP、lnUL、lnCP 和 lnFDI 都不存在单位根，也就是说这 6 个序列均是平稳的，即 $H(0)$ 假设，可以对面板数据进行协整检验以判断是否存在协整关系。

表 6.3　变量的单位根检验结果

检验准则	LLC	IPS	ADF	PP	是否平稳
lnCI	−7.285	−6.938	144.070	121.327	是
	(0.000)	(0.000)	(0.000)	(0.000)	
lnEL	−11.800	−9.504	193.121	220.484	是
	(0.000)	(0.000)	(0.000)	(0.000)	
lnSIP	−15.509	−12.359	233.856	275.757	是
	(0.000)	(0.000)	(0.000)	(0.000)	
lnUL	−11.857	−9.439	185.330	202.010	是
	(0.000)	(0.000)	(0.000)	(0.000)	
lnCP	−9.406	−8.685	173.102	191.756	是
	(0.000)	(0.000)	(0.000)	(0.000)	
lnFDI	−13.540	−12.029	232.810	336.085	是
	(0.000)	(0.000)	(0.000)	(0.000)	

面板数据的协整检验的方法主要有 Pedroni（1999，2004）和 Kao（1999）提出的检验方法，这两种检验方法的原假设均为不存在协整关系，从面板数据中得到的构建残差统计量来对其进行检验。Gutierrez（2006）运用蒙特卡罗模拟对协整检验的几种方法进行比较，原则是：在 T 较小时，Kao 检验比 Pedroni 检验有更高的功效；否则，Kao 检验比 Pedroni 检验有更低的功效。

考虑到本书的研究周期是 2000—2017 年，相对较短，因此采用 Kao 检验来判断 6 个变量之间是否存在协整关系。根据检验结果发现，Kao 检验的 t-统计量为−8.589，因此 Kao 检验拒绝了原假设，6 个变量之间存在协整关系。接下来，我们将对 6 个变量之间的相关关系进行回归分析。

6.3.2　全国层面碳强度影响因素分析

本书利用 STATA 14.0 软件求解面板数据模型，结果如表 6.4 所示。在全国模型中，经济水平（EL）的估计系数显著为负，第二产业占比（SIP）、城镇化率（UL）的估计系数显著为正，这与以往大部分学者的研究结果相一致。其中，经济水平与碳强度的估计系数为-0.429，表明在全国层面上经济水平的增长能够降低碳强度。第二产业占比与碳强度的估计系数为 0.818，表明第二产业的比例越大，碳强度越高。城镇化率与碳强度的估计系数为 0.409，表明城镇化率的提高会导致碳强度的增加。在全国模型中，煤炭占比（CP）及外商直接投资（FDI）对碳强度的影响不显著，很有可能是这两个因素在不同区域中存在巨大的差异导致的。

表 6.4　模型回归结果

自变量	因变量 lnCI								
	全国总体	东北	北部沿海	东部沿海	南部沿海	黄河中游	长江中游	西南	西北
	模型1	模型2	模型3	模型4	模型5	模型6	模型7	模型8	模型9
lnEL	−0.429***	−0.541***	−0.398***	−0.256***	−0.339***	−0.215***	−0.458***	−0.422***	0.120
	(0.029)	(0.062)	(0.057)	(0.093)	(0.111)	(0.061)	(0.126)	(0.096)	(0.123)
lnSIP	0.818***	0.085	0.929***	0.907***	1.227***	0.990***	0.846***	0.635***	0.420**
	(0.056)	(0.086)	(0.147)	(0.169)	(0.155)	(0.104)	(0.226)	(0.181)	(0.166)
lnUL	0.409***	0.772*	0.370***	0.470	0.874*	−0.311	0.141	0.498*	−0.672*
	(0.097)	(0.442)	(0.128)	(0.354)	(0.481)	(0.196)	(0.462)	(0.270)	(0.373)
lnFDI	−0.014	0.032	0.027	0.082*	0.113*	0.014	0.004	0.067**	0.032*
	(0.011)	(0.344)	(0.054)	(0.041)	(0.060)	(0.029)	(0.023)	(0.027)	(0.019)
lnCP	0.058***	0.241	0.259***	0.527***	0.425***	0.195*	−0.035**	0.774***	0.552***
	(0.015)	(0.216)	(0.062)	(0.108)	(0.081)	(0.100)	(0.015)	(0.109)	(0.091)
C	−0.169*	−0.131	0.063	−0.068	0.771*	−0.388*	−0.529	0.469	−0.653
	(0.095)	(0.344)	(0.147)	(0.284)	(0.398)	(0.227)	(0.348)	(0.362)	(0.431)
模型类型	FE	FE	FE	FE	RE	FE	FE	FE	FE

注：括号内为系数估计的标准误差；FE 代表固定效应模型，RE 代表随机效应模型。

*结果在10%的显著性水平下显著。

**结果在5%的显著性水平下显著。

***结果在1%的显著性水平下显著。

由于区域间的发展十分不平衡，区域间煤炭消费和外商直接投资的使用情况存在明显差异，导致煤炭占比和外商直接投资在整体上表现出波动的趋势，从而导致这两个因素在国家整体层面的表现不够显著。虽然在国家层面不显著，但是并不代表这两个因素不重要。这两个因素在某些区域表现显著，说明应该在区域层面对碳强度进行更加细致的研究，分析区域间发展的不平衡，发现适合区域自身的低碳发展路径，走出一条有区域特色的节能减排发展道路。从国家层面的研究结果来看，我国的经济发展、第二产业占比的降低，能够降低我国整体的碳强度。但是随着我国城镇化进程的不断推进，城镇化率的提高会增加我国的碳强度。因此，想要实现低碳发展的目标，我国需要不断稳定地发展经济，合理地控制城镇化的发展，调整产业结构。此外，我国需要重视外商投资的质量和利用效率，控制煤炭消费量，从而进一步推进我国的低碳发展。

6.3.3　区域模型影响因素分析

与全国模型一样，8 个区域模型中除西北模型外，7 个模型的经济水平（EL）与碳强度的估计系数均显著为负，在区域层面进一步证明了经济发展对碳强度降低的促进作用。不同区域的经济发展水平对碳强度的影响程度高低不同，这表明不同区域的经济发展对碳强度的影响程度不一致。对东部沿海、北部沿海、黄河中游、南部沿海和西南地区来说，经济水平的估计系数分别为−0.256、−0.398、−0.215、−0.339 和−0.422，估计系数绝对值均低于全国水平，很有可能是因为这 5 个区域都位于经济发达地区（西南地区虽然不沿海，但是包括经济较发达的重庆和四川），随着这 5 个区域人口的快速增长和人才的大量引进，其科学技术的发展十分迅速，同时能更加方便地获取丰富的外资和先进的技术。在这些区域中，经济增长以外的因素对碳强度的影响更加明显，因此经济增长对碳强度的影响程度表现得低于国家平均水平。

对于东北地区，其经济水平的估计系数为−0.541，系数的绝对值高于全国水平。随着振兴东北地区老工业基地政策的制定和实施，东北地区的经济发展迅速，经济增长对降低碳强度的作用十分明显。长江中游区域的经济水平的估计系数为−0.458，系数的绝对值接近国家水平，主要是由于这两个区域的地理位置和经济发展水平均处于国家平均水平，各种因素对碳强度的影响程度与国家水平十分接近。通过研究经济水平对碳强度的影响发现，经济水平较高的地区，如东部沿海和南部沿海地区，经济水平估计系数的绝对值相对较小。原因很可能是较发达的地区能够更好地利用技术因素来降低碳强度，而欠发达的地区目前主要目标还是发展经济，提高人民可支配收入，因此经济因素对碳强度的影响程度更高。

第二产业占比（SIP）对碳强度的估计系数，在东北地区中表现不显著，在其他 7 个区域中均显著为正，与全国模型的结果一致。我国近些年不断推进产业结构优化升级，降低第二产业比重，增加第三产业比重，但是在不同区域，产业结构调整的力度和幅度不同，导致产业结构调整对碳强度的影响表现不同。东北地区第二产业占比调整力度不足，导致产业结构对碳强度的影响不显著，该地区需要在未来发展中加大产业结构调整力度，发挥产业结构对低碳经济发展的贡献作用。在南部沿海、黄河中游两个区域中，第二产业占比的降低对碳强度的弹性系数分别为 1.227 和 0.990，说明这两个区域的产业结构调整力度较大，对降低碳强度的贡献作用十分明显。在其他区域中，第二产业占比对碳强度降低的贡献作用适中，产业结构调整的力度处于中等水平。与其他区域对比发现，东北地区的产业结构发展不合理，急需推进产业结构优化升级。针对第二产业占比对碳强度的影响研究发现，第二产业占比的降低，普遍能够促进碳强度的降低，产业结构调整的空间越大，第二产业占比对碳强度影响的程度越大。

虽然城镇化率对碳强度的估计系数在全国模型显著为正（估计系数为 0.409），但是在东部沿海、黄河中游和长江中游地区表现不显著。这意味着城镇化的发展对这三个地区的碳强度并没有十分明显的影响。在南部沿海地区，城镇化率的估计系数显著为正，并且影响程度很高，说明南部沿海地区近些年的城镇化发展势头十分迅猛，城镇化的发展导致了碳强度的快速增长。

外商直接投资（FDI）对碳强度的影响在全国层面表现不显著，并且在八大经济区域中的四个地区同样表现不显著。分析其中的原因可能是外商直接投资本身具有很多的不确定性，区域内不同省份的引进外资、使用外资、使用效率存在很大差异。有的省份会引进高污染、高能耗的外资企业，从而承受了外资带来的污染；相反，有的省份会引进高附加值、技术先进、资源和能源利用效率高的外资企业，从而降低了发展的环境压力。正是由于区域内、省域内、行业内的外资利用差异，外商直接投资在国家或区域层面均难以表现出显著的正向或负向影响。如果每个区域都能更多地引进技术先进、环境友好的外资企业，外商直接投资很可能在区域乃至国家层面对碳强度的降低做出贡献。能源消费技术对城市发展和能源效率的提高有着十分重要的作用。尽管外商直接投资对碳强度的影响存在许多不确定性，我国及各区域的发展仍要十分重视外商直接投资的作用。在引进和使用外资时，要十分重视对低污染、低能耗的外资的引进，发挥先进外资和技术对环境保护的贡献作用。

煤炭占比对碳强度的估计系数在全国层面上显著为正，系数为 0.058，这意味着在总能源消费中煤炭占比的增加会导致碳强度的增加，这是因为煤炭的燃烧是二氧化碳排放的重要来源之一。煤炭消耗量的增加会显著增加二氧化碳排放，因此碳强度会显著增加。在区域层面上，对于北部沿海地区、东部沿海地区、南部沿海地区、黄河中游地区、西南地区和西北地区，煤炭占比的估计系数显著为正，分别为 0.259、0.527、0.425、0.195、0.774 和 0.552，煤炭占比的下降对降低碳强度的促进作用十分明显。在东北地区，由于区域内不同省份的煤炭资源分布不均，煤炭的消费情况大不相同，煤炭占比对碳强度的影响表现不够显著。我国是煤炭消费大国，一次能源消费中煤炭占比一直接近 70% 甚至更高。在我国，煤炭不仅用于工业生产，还用于冬季取暖，甚至通过煤制油技术供给交通，煤炭的消费会产生大量的二氧化碳，对环境的威胁十分明显。与此同时，我国的煤炭利用效率较低，煤炭的不充分燃烧会带来大量的能源浪费和严重的安全隐患。我国目前急需降低煤炭消费占比，主要通过大力发展清洁能源和可再生能源；同时增加煤炭利用效率，主要通过技术的进步和装备的更新换代，这些都会对碳强度的降低产生积极的作用，进而促进我国的低碳发展。

6.4　区域碳强度减排目标的设定研究——以北部沿海区域为例

本节对北部沿海地区 4 个省份的碳强度减排目标设定开展系统的实证研究。为此，6.4.1 小节对 4 个省份的基本概况作一简要介绍；6.4.2 小节给出北部沿海地区的碳强度回归方程；6.4.3 小节构建典型的减排情景，并预测 4 个省份在不同减排情景下未来碳强度发展趋势。

6.4.1　北部沿海区域经济发展概况

北部沿海区域包括北京、天津、河北、山东两市两省，总面积为 3.7×10^5 千米 ^{2}，2018年，北部沿海区域总人口为 19 101 万，地区生产总值为 159 609.6 亿元，人均 GDP 为

83 560.8 元，在我国经济社会发展中扮演着非常重要的角色。下面具体介绍 4 个省份的基本概况。

1. 北京市

北京是我国的首都，全国的政治、文化中心和国际交流的枢纽。北京地处华北平原的北部，面积为 1.6 万多平方千米。北京地形为西北高、东南低，平原占 1/3，山地占 2/3。北京的气候为典型的暖温带半湿润大陆性季风气候，夏季高温多雨，冬季寒冷干燥，春、秋短促。2020 年，北京常住人口为 2 189 万，其中，城市人口为 1 916.4 万，城镇化率达到 87.5%，常住人口密度为 1 334 人/千米^2，人口密度相对较大；人均 GDP 为 16.5 万元/人，居全国第一。北京一次能源消费中煤炭占比从 2000 年的 46.9%降低为 2017 年的 4.9%，成为全国一次能源消费中煤炭占比最低的省份之一。煤炭占比的降低对北京的低碳经济发展有很强的推动作用。

近年来，北京一直保持高速发展，但同时也付出了一定的环境代价。沙尘暴、雾霾、暴雨等恶劣天气的频繁出现，让社会各界对环境问题给予了更多的关注。由于人口密度很大，恶劣天气对居民的影响在北京显得更加突出。北京对温室气体排放对环境的影响十分重视。2011 年 8 月，北京下发了《北京市"十二五"时期节能降耗及应对气候变化规划》，根据国家下达的两项约束性指标要求，结合北京经济社会发展和市民生活水平提高的需求，"十二五"时期北京全市节能降耗和应对气候变化的主要目标是：到 2015 年，全市万元地区生产总值能耗比 2010 年下降 17%，万元地区生产总值二氧化碳排放（碳强度）比 2010 年下降 18%。在 2021 年发布的《北京市国民经济和社会发展第十四个五年规划和二〇三五年远景目标纲要》中明确指出要深入推进重点领域的减排降碳工作，率先宣布碳达峰。事实上，北京在经济快速发展的同时，节能减排工作成效显著。2000—2018 年，北京碳强度保持下降趋势（图 6.1），2018 年北京碳强度为 0.43 吨/万元（2005 年不变价），这为北京市率先实现碳达峰提供了坚实基础。

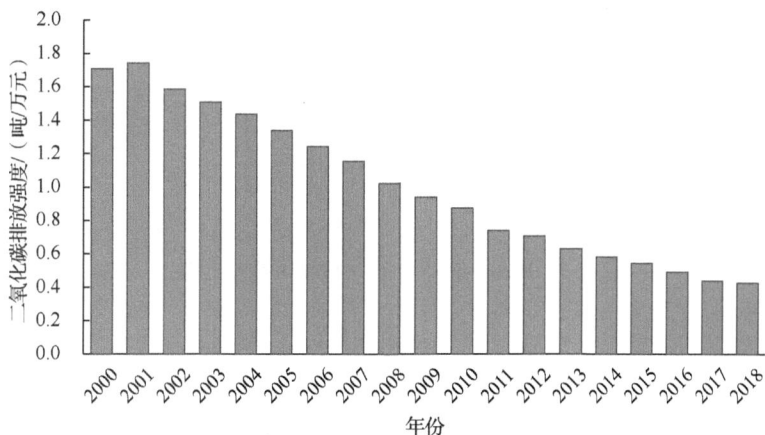

图 6.1　2000—2018 年北京市碳强度变化趋势

2. 天津市

天津工业发达、门类齐全，是我国近代工业的发祥地，也是我国重要的老工业基地和我国传统与当前重要的工业城市。汽车机械装备、微电子和通信设备、海洋化工和石油化工、优质钢管和优质钢材、现代物流业是天津的五大支柱产业。燃料矿主要有石油、天然气和煤成气等。天津对温室气体排放对环境的影响十分重视。2012 年 7 月，天津下发了《天津市"十二五"节能减排综合性工作实施方案》，指出天津经济发展的主要目标包括：到 2015 年，全市万元 GDP 能耗下降到 0.677 吨标准煤（按 2005 年价格计算），比 2010 年的 0.826 吨标准煤下降 18%。到 2015 年，全市化学需氧量和氨氮排放总量分别控制在 21.8 万吨、2.5 万吨，比 2010 年的 23.8 万吨、2.79 万吨分别削减 8.4%（其中，工业和生活排放量减少 9.2%）、10.5%（其中，工业和生活排放量减少 10.4%）；全市二氧化硫和氮氧化物排放总量分别控制在 21.6 万吨、28.8 万吨，比 2010 年的 23.8 万吨、34 万吨分别削减 9.2%、15.3%。"十二五"时期，全市节能降耗和应对气候变化的主要目标是：到 2015 年，全市万元 GDP 能耗比 2010 年下降 18%，万元 GDP 二氧化碳排放（碳强度）比 2010 年下降 19%。在 2021 年印发的《天津市国民经济和社会发展第十四个五年规划和二〇三五年远景规划目标纲要》中明确提出要推进绿色低碳发展，做好碳达峰、碳中和工作，深化天津碳排放权交易十点市场建设。近年来，天津在经济快速发展的同时，节能减排工作显著。2000—2018 年，天津市碳强度保持下降趋势（图 6.2），2018 年天津市碳强度为 0.94 吨/万元（2005 年不变价）。

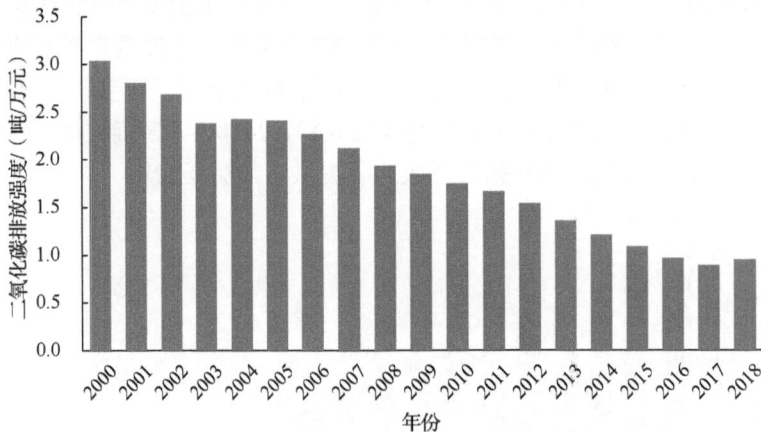

图 6.2　2000—2018 年天津市碳强度变化趋势

3. 河北省

河北位于华北平原，兼跨内蒙古高原；总面积为 1.88×10^5 千米 ^{2}，西北部为山区、丘陵和高原，其间分布有盆地和谷地，中部和东南部为广阔的平原；地势西北高、东南低，地貌复杂多样；属温带季风气候，特点是冬季寒冷少雪，夏季炎热多雨，春多风沙，秋高气爽。2020 年，河北总人口为 7 464 万，其中，城市人口为 4 485 万，城镇化率达到 60.1%；人均 GDP 为 4.9 万元/人，居全国第 15 名。2000—2018 年，河北一次能源消费中煤炭占比一直保持在 60%以上，是全国一次能源消费中煤炭占比最高的省份之一，对煤炭的高度依赖导致河北的经济发展付出巨大的环境成本。

河北有开滦、峰峰两大煤矿区和华北油田，支柱产业包括化工（医药）、冶金、建材、机械和食品。2012 年起，全国 74 个城市（京津冀、长三角、珠三角地区的城市，省会城市和计划单列市）按照新的《环境空气质量标准》监测和评价空气质量。经过分析和排名，在全国 74 个以新的空气环境质量标准评价的城市里，石家庄、邢台、唐山、保定、衡水、邯郸、廊坊这几个河北省城市多次居最重污染城市前 10 名。河北产业结构偏重，钢铁、建材、石化、电力等"两高"行业集中，其中，钢铁粗钢产量超全国总量的 1/4；能源结构不尽合理，2017 年其能源消费居全国第四位，单位 GDP 能耗比全国水平高近 40%。

为确保全省实现"十二五"节能减排约束性目标，缓解资源环境约束矛盾，应对气候变化，促进调结构、转方式，实现可持续发展，河北省依据《河北省国民经济和社会发展第十二个五年规划纲要》和国家《节能减排"十二五"规划》要求，制定了《河北省节能减排"十二五"规划》，总体目标包括：到 2015 年，全省万元 GDP 能耗比 2010 年下降 18%（比 2005 年下降 34.49%），单位 GDP 二氧化碳排放量比 2010 年下降 19%，实现节能 6 620 万吨，减排二氧化碳 1.65 亿吨，能耗总量得到有效控制；化学需氧量、氨氮、二氧化硫和氮氧化物排放总量分别控制在 128.3 万吨、10.14 万吨、125.5 万吨和 147.5 万吨以内，比 2010 年分别减少 9.8%、12.7%、12.7%和 13.9%。河北在经济快速发展的同时，虽然碳强度也保持下降趋势（图 6.3），但是下降速度不稳定，还在某些年份出现了回升趋势。同时，河北碳强度远高于全国平均水平。2018 年，河北碳强度为 2.85 吨/万元，节能减排的任务十分严峻。

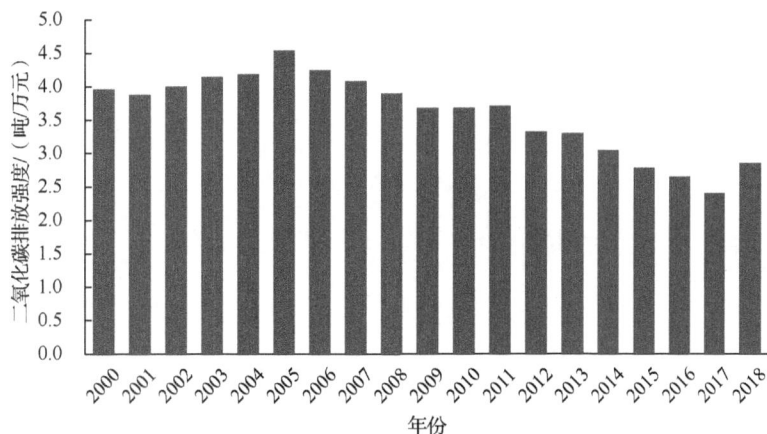

图 6.3 2000—2018 年河北省碳强度变化趋势

4. 山东省

山东位于我国东部沿海，黄河下游，境域包括半岛和内陆两部分，山东半岛处于渤海与黄海之中，同辽东半岛遥相对峙。山东总面积为 $1.571×10^5$ 千米 ^{2}，中部突起，为鲁中南山地丘陵区；东部半岛大都是起伏和缓的波状丘陵区；西部、北部是黄河冲积而成的鲁西北平原区，是华北平原的一部分。境内山地约占陆地总面积的 15.5%，丘陵占 13.2%，洼地占 4.1%，湖沼占 4.4%，平原占 55%，其他占 7.8%。山东气候属暖温带季风气候类型，降水集中、雨热同季，春秋短暂、冬夏较长。2020 年，山东总人口为 10 165万，其中，城市人口为 6 414.1 万，城镇化率达到 63.1%；人均 GDP 约为 7.2 万元/人。2000—2018 年，山东一次能源消费中煤炭占比一直保持在较高水平，是全国一次能源消费中煤炭占比较高的省份。山东的经济发展对煤炭同样有着较高的依赖，其经济增长的环境压力同样巨大。

山东原油产量占全国的 1/3，境内含煤地层面积为 $5×10^4$ 千米 ^{2}，兖滕矿区是全国十大煤炭基地之一。山东工业发展迅速，基本形成了以能源、化工、冶金、建材、机械、纺织、食品等支柱产业为主体的工业体系。根据《国务院关于印发"十二五"节能减排综合性工作方案的通知》精神，山东研究制定了《山东省"十二五"节能减排综合性工作实施方案》，主要目标包括：到 2015 年，全省万元地区生产总值能耗下降到 0.85 吨标准煤（按 2005 年价格计算），比 2010 年的 1.02 吨标准煤降低 17%，比 2005 年的 1.32吨标准煤降低 35.3%；"十二五"期间，实现节约能源 7 500 万吨标准煤。2015 年，全省化学需氧量和氨氮排放总量（含工业、生活、农业）分别控制在 177.4 万吨、15.29万吨以内，比 2010 年的 201.6 万吨、17.64 万吨分别减少 12%（其中，工业和生活排放量减少 12.9%）、13.3%（其中，工业和生活排放量减少 13.5%）；二氧化硫和氮氧化物排放总量分别控制在 160.1 万吨、146 万吨以内，比 2010 年的 188.1 万吨、174 万吨分别减少 14.9%、16.1%。山东在经济快速发展的同时，碳强度出现了长期波动的趋势（图 6.4）。2018 年，山东碳强度为 1.34 吨/万元，高于全国平均水平，山东节能减排的任务同样十分严峻。

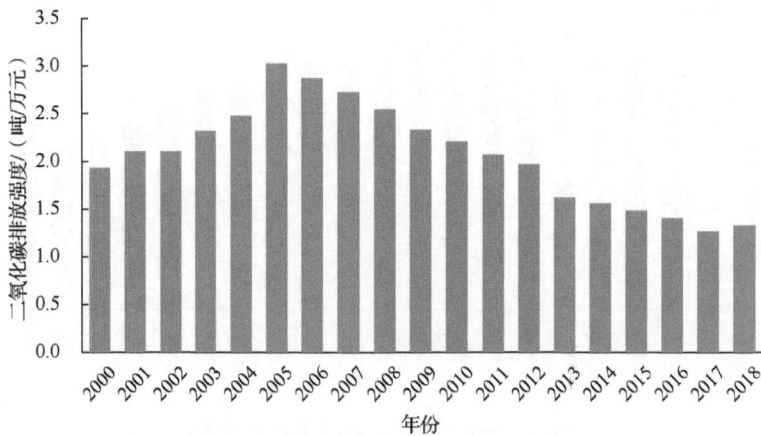

图 6.4　2000—2018 年山东省碳强度变化趋势

6.4.2 北部沿海区域的计量模型

针对北部沿海地区，本节通过剔除不显著的变量，保留显著的 lnEL、lnSIP、lnUL 和 lnCP，采用有截面固定效应的回归方法对模型进行重新回归，回归结果如表 6.5 所示。剔除不显著的变量后，模型回归结果十分优秀，调整的 R^2 为 0.982，拟合优度很高，同时模型通过了 F 检验和 DW 检验。北京、天津、河北、山东 4 个截面对应 4 个不同常数项，在模型中反映出各省份不同的自身特点。lnEL 的回归系数为 -0.417，lnSIP 的回归系数为 0.958，lnUL 的回归系数为 0.398，而 lnCP 的回归系数为 0.245，回归系数与未剔除不显著变量的回归模型较为相近。这说明对北部沿海地区来说，经济水平越高，碳强度越低，而第二产业的占比、城镇化水平以及煤炭占比越高，碳强度也随之越高。

表 6.5 北部沿海模型回归结果

变量	回归系数	标准误差	t 统计量	概率
C	0.021	0.120	0.176	0.861
lnEL	-0.417	0.135	7.083	0.000
lnSIP	0.958	0.115	3.446	0.001
lnUL	0.398	0.055	4.443	0.000
lnCP	0.245	0.043	-9.757	0.000
_BJ——C	0.010			
_TJ——C	-0.177			
_HB——C	0.332			
_SD——C	-0.165			

回归得到的各省份的碳强度回归模型为

$$lnCI\_BJ=0.010-0.417\times lnEL\_BJ+0.958\times lnSIP\_BJ+0.398\times lnUL\_BJ+0.245\times lnCP\_BJ \quad (6.6)$$
$$lnCI\_TJ=-0.177-0.417\times lnEL\_TJ+0.958\times lnSIP\_TJ+0.398\times lnUL\_TJ+0.245\times lnCP\_TJ \quad (6.7)$$
$$lnCI\_HB=0.332-0.417\times lnEL\_HB+0.958\times lnSIP\_HB+0.398\times lnUL\_HB+0.245\times lnCP\_HB \quad (6.8)$$
$$lnCI\_SD=-0.165-0.417\times lnEL\_SD+0.958\times lnSIP\_SD+0.398\times lnUL\_SD+0.245\times lnCP\_SD \quad (6.9)$$

式中，lnCI_BJ、lnCI_TJ、lnCI_HB、lnCI_SD 分别表示北京、天津、河北、山东的碳强度取自然对数后的值；lnEL_BJ、lnEL_TJ、lnEL_HB、lnEL_SD 分别表示北京、天津、河北、山东的经济水平取自然对数后的值；lnSIP_BJ、lnSIP_TJ、lnSIP_HB、lnSIP_SD 分别表示北京、天津、河北、山东的第二产业占比取自然对数后的值；其余以此类推。

6.4.3 北部沿海区域省际碳强度减排目标的情景分析

1. 情景分析法

情景分析已经在能源与气候变化领域得到越来越多的应用和改进。现在国际有关碳排放的研究一般采用情景分析法。情景（scenario）一词首次由 Kahn 和 Wiener 在 1967

年合著的专著 *The Year 2000: A Framework for Speculation on the Next Thirty-Three Years* 中提出。作者认为未来是复杂多变的，未来可能实现多种潜在的结果，并且实现不同潜在结果的路径也并不唯一，情景则是对可能发生的未来和实现这种未来的路径的综合描述（Herman and Wiener，1967）。显然，不同的未来、相同的未来的不同实现路径是不同的情景。情景分析就是就某一主体或某一主体所处的宏观环境进行分析的一种特殊研究方法。概括地说，情景分析的整个过程是通过对环境的研究，识别影响研究主体或主体发展的外部因素，模拟外部因素可能发生的多种交叉情景分析和各种可能前景的预测。

情景分析法是一种研究事物未来可能发展状态的一种科学方法。它针对未来较长时期环境的发展变化，首先分析不确定的影响因素，进而对未来可能出现的多种情况进行预测。情景分析的重要内容包括：①确认系统未来可能的发展态势，描述系统未来可能的态势的特征及发生的可能性；②分析未来发展态势的发展路径（姚猛，2009）。得到具体预测结果并不是情景分析的主要目标，情景分析主要是通过描述在环境、措施和政策的不同组合的影响下，能够达到的不同发展状态，进而为决策提供依据和支持。从情景分析法的研究对象来看，本章研究的碳强度减排目标的实现情况比较适合应用此方法。

情景分析法的操作步骤有一些不同的版本，如 Gilbert（2000）的 10 步法、Fink 和 Schlake（2000）的 5 步法，以及现在被国际广泛应用的由斯坦福研究院拟定的 6 步法（岳珍和赖茂生，2006）。不同的方法虽然在实施步骤上存在一些差异，但它们的整体逻辑思路是相同的。情景分析的一般步骤如下。

1）确定主题，明确所要研究和决策的内容。

2）识别关键影响因素，主要包括一些直接影响决策的外在环境因素。

3）预测关键影响因素的发展趋势，假想可能的发展状态和趋势。

4）描述并筛选方案，组合关键影响因素的各种具体描述，设定多个初步的情景方案。

5）分析与讨论情景内容，类似仿真模拟，通过检验不同影响因素对未来发展的不同影响，针对情景分析中出现的状况或问题制定对策。

2. 情景设置所需数据来源

情景分析的核心步骤是分析目前与未来的关键因素，确认各关键因素未来可能存在的状态范围，然后将关键影响因素的具体描述进行组合，形成多个未来情景描述方案。

我们已运用 STIRPAT 模型找到了影响北京二氧化碳排放的关键因素，接下来的工作是对这些关键因素未来可能的情景进行预测。为此，我们组织了多次专家访谈，邀请经济研究、环境研究、政策研究等相关领域的多名专家进行座谈，遵循历史数据递推发展和政策法规及规划等多种影响的考虑，对北京未来发展的各关键因素进行情景设定，列出了各关键因素在未来几年里可能的不同发展趋势及支撑条件。其中，参照的主要政策法规及规划有《中国统计年鉴》《中华人民共和国国民经济和社会发展第十四个五年规划和二〇三五年远景目标纲要》《北京市国民经济和社会发展第十四个五年规划和二〇三五年远景目标纲要》《天津市市国民经济和社会发展第十四个五年规划和二〇三五年远景目标纲要》《河北省国民经济和社会发展第十四个五年规划和二〇三五年远景目标纲要》《山东省国民经济和社会发展第十四个五年规划和二〇三五年远景目标纲要》等。

3. 北部沿海区域未来发展情景设定

为了对北部沿海区域未来碳排放及碳强度情况进行预测，本部分将对北部沿海区域未来的经济总量增长率（GDP 增长速率）、人口增长率、第二产业占比、城镇化水平以及能源结构进行历史数据分析和预测。各影响因素的具体发展情景分析如下。

（1）经济总量增长率

国家"十四五"规划中要求 GDP 年均增长率保持在合理区间，而北京在"十四五"规划中将北京 GDP 增长速度目标定为年均增长 5%左右，同时考虑北京的历史经济增长情况和世界经济大背景，我们将经济增长的基准情景定为 5%，将高增长情景定为 6%，低增长情景则参考以往研究的方法，以基准情景作为参照相应调低 1 百分点，为 4%。根据发达国家的发展经验，随着经济的高速发展，经济增长速度可能逐渐趋于平缓，我们设定北京 2026—2030 年 GDP 增长速度比"十四五"期间的相应档位调低 2 百分点。与"十三五"规划相比，大部分省区纷纷调低 GDP 增长速度。2020 年，河北全省生产总值达到 3.62 万亿元，2010—2020 年地区生产总值的年均增长率达 7.1%，经济发展势头迅猛。根据《河北省国民经济和社会发展第十四个五年规划和二〇三五年远景目标纲要》，本章将基准情景下，河北省"十四五"期间（2021—2025 年）的年均 GDP 增长率设定为 6%，高速增长情景的增长率为 7%，而低速增长情景下，增长率为 5%。具体情景设置如表 6.6 所示。

表 6.6　北部沿海区域各省份 GDP 总量增长速率设定

地区	情景设置	"十四五"时期	"十五五"时期
北京	高增长情景	0.060	0.040
	基准情景	0.050	0.030
	低增长情景	0.040	0.020
天津	高增长情景	0.070	0.050
	基准情景	0.060	0.040
	低增长情景	0.050	0.030
河北	高增长情景	0.070	0.050
	基准情景	0.060	0.040
	低增长情景	0.050	0.030
山东	高增长情景	0.065	0.045
	基准情景	0.055	0.035
	低增长情景	0.045	0.025

天津市设定的在"十四五"时期全市经济社会发展的主要目标是：综合实力显著增强，全市生产总值年均增长 6%，综合竞争力显著提升。我们将天津"十四五"经济增长的基准情景定为 6%，将高增长情景定为 7%，低增长情景是参考以往研究的方法，以基准情景作为参照相应调低 1 百分点，为 5%。根据发达国家的发展经验，我们设定天

津市 2026—2030 年 GDP 增长速率比"十四五"期间的相应档位调低 2 百分点。山东在"十四五"时期全市经济社会发展的主要目标是：地区生产总值年均增长 5.5%。我们将山东"十四五"经济增长的基准情景定为 5.5%，将高增长情景定为 6.5%，低增长情景是参考以往研究的方法，以基准情景作为参照相应调低 1 百分点，为 4.5%。同样地，我们设定山东省 2026—2030 年 GDP 增长速率比"十四五"期间的相应档位调低 2 百分点。

（2）人口增长率

人口增长包括人口自然增长和人口流动两部分。各省的人口自然增长率基本稳定在 0.5% 的全国平均水平，但是不同省份的人口流动带来的人口增长差异较大。北京和天津经济发达，教育、文化、医疗、科技资源丰富，国际知名度高，发展迅猛并且前景广阔，汇聚了全国优秀的企业和单位，能够提供十分优质的资源和岗位，对于各阶层的人才有很强的吸引力。2011—2020 年，北京的人口总量从 2011 年的 2 018.6 万人增加到 2020 年的 2 189.0 万人，年均增长速度接近 0.84%。考虑到北京市正在实施疏解非首都功能战略，因此，未来人口增幅将下降。本研究假设 2021—2030 年北京市年均人口增长率为 0.5%。天津的人口总量由 2011 年的 1341 万人增加到 2020 年的 1 387 万人，年均增长速度接近 0.34%，假设天津 2021—2030 年的年均人口增长率维持在 0.34%。同样地，河北省 2011—2020 年的年均人口增长率约为 0.32%，因此预测河北的人口增长速度将会维持在 0.32% 的水平上。山东的整体发展倾向于东部沿海，人口的流动主要集中在省内，2011—2020 年其人口的年均增长率为 0.52%。由于山东人口众多，人均资源相对薄弱，在国家的"西部大开发""振兴东北"等政策的导向下，山东的人口流入和流出将会处于相对稳定的状态，因此预测山东的人口增长速度将会与自然增长速度持平，保持在 0.52% 左右。

（3）第二产业占比

北京的第二产业增加值占 GDP 的比例由 2011 年的 23.1% 减少到 2020 年的 15.8%，变化比较明显，整体呈现产业升级不断优化的趋势，服务业主导型经济结构逐渐形成。在"十四五"规划中，北京未对产业结构提出明确的目标，考虑到北京市产业结构调整的空间在逐渐下降，根据以往文献的研究经验，将 2025 年北京第二产业占比基准方案设定为 14%，而将 2030 年基准方案下的占比设定为 12%，将高方案提高 1 百分点、低方案降低 1 百分点。天津市的第二产业增加值占 GDP 的比例由 2011 年的 52.4% 变化到 2020 年的 34.1%，呈现出明显下降趋势。尽管天津在"十四五"规划中设定了工业战略性新兴产业增加值占规模以上工业增加值比重，但是没有明确目标来降低第二产业占比。因此，预测天津"十四五"时期第二产业占比只会有小幅下降，将 2025 年天津第二产业占比基准方案设定为 30%，而将 2030 年基准方案下的占比设定为 25%，将高方案提高 1 百分点、低方案降低 1 百分点。

2011—2020 年,河北第二产业增加值占 GDP 的比例由 2011 年的 53.5%变化到 2020 年的 37.6%,第二产业仍在河北经济发展中占有重要地位。河北在"十四五"规划中强调:要进一步完善高质量发展体系,优化经济结构,加快发展实体经济和先进制造业、数字经济,大力发展循环经济,降低单位生产总值能耗和二氧化碳排放量。考虑到随着时间的推移,产业结构调整的余地将逐渐下降,因此将 2025 年河北第二产业占比基准方案设定为 34%,而将 2030 年基准方案下的占比设定为 31%,将高方案提高 1 百分点、低方案降低 1 百分点。山东省在过去的 10 年中,第二产业增加值占 GDP 的比例由 2011 年的 52.9%变化到 2020 年的 39.1%,第二产业占比也大幅下降。山东在"十四五"规划中强调了产业结构调整的具体目标:全省战略性新兴产业增加值占地区生产总值比例要达到 17%以上。因此将基准方案下 2025 年山东第二产业占比设定为 35%,将 2030 年基准方案下的占比设定为 32%。将高方案提高 1 百分点、低方案降低 1 百分点。北部沿海区域各省份第二产业占比设定如表 6.7 所示。

表 6.7　北部沿海区域各省份第二产业占比设定

地区	指标	2025 年	2030 年
北京	高方案	0.150	0.140
	基准	0.140	0.130
	低方案	0.130	0.120
天津	高方案	0.310	0.260
	基准	0.300	0.250
	低方案	0.290	0.240
河北	高方案	0.350	0.320
	基准	0.340	0.310
	低方案	0.330	0.300
山东	高方案	0.360	0.310
	基准	0.350	0.320
	低方案	0.340	0.330

（4）城镇化水平

根据表 6.6 的回归结果,城镇化水平对一个地区的碳强度有显著影响。事实上,《中华人民共和国国民经济和社会发展第十四个五年规划和二〇三五年远景目标纲要》中对我国 2025 年的城镇化水平提出了明确的目标。而天津、河北和山东也均设定了明确的城镇化目标。根据三个地区的"十四五"规划,本研究设定 2025 年天津的城镇化水平为 85%,河北和山东的城镇化水平均为 65%。在"十四五"规划中,北京市没有提出明确的城镇化目标,本研究根据北京市 2011—2019 年的城镇化水平,设定其 2025 年的城镇化率为 88%。4 个地区 2030 年的城镇化水平分别设定为 88%、70%、70% 和 89%。

（5）煤炭的占比

北部沿海地区各个省份在"十四五"规划中未明确提出降低煤炭消费的目标,基于 4 个省份 2011—2017 年的煤炭占比数据,本研究假设 2025 年北京市、天津市、河北省和山东省的煤炭占比分别为 2%、25%、54% 和 60%；而在 2030 年 4 个省份的煤炭占比分别为 1.5%、20%、45% 和 50%。

　　根据上述各影响因素的分析，并结合北部沿海区域各省份目前的发展状况，对北部沿海区域 4 个省份未来可能的发展模式设置了 12 种情景（表 6.8），其中 1~3 情景代表北京发展的 3 种情景，4~6 情景代表天津发展的 3 种情景，7~9 情景代表河北发展的 3 种情景，10~12 情景代表山东发展的 3 种情景。情景 BM、情景 TM、情景 HM、SM 分别代表北京、天津、河北、山东的基准情景。假设 2021—2025 年经济增长为各省份"十四五"规划值，2026—2030 年经济增长速度变缓；产业结构以中等速度调整。情景 BH、情景 TH、情景 HH、情景 SH 分别代表北京、天津、河北、山东的高减排情景，在各省份的基准情景基础上，强调经济增长速度较高，第二产业占比较低。情景 BL、情景 TL、情景 HL、情景 SL 分别代表北京、天津、河北、山东的低减排情景，在各省份的基准情景基础上，强调经济增长速度较低，第二产业占比较高。各个情景下，同一个地区的煤炭占比和城镇化水平相同。为此，表 6.8 仅列出不同情景下人均 GDP 和第二产业的数值，其中人均 GDP 以 2005 年不变价计算，各指标充分考虑了北部沿海区域各省份的具体情况，结合历史规律，并合理预测其发展趋势，保证其科学性和有效性。

表 6.8　北部沿海区域情景设定

编号	情景	情景描述		人均 GDP/十万元		第二产业占比/%	
				2025 年	2030 年	2025 年	2030 年
1	情景 BH		高减排情景	1.322	1.568	0.130	0.120
2	情景 BM	北京	基准情景	1.259	1.424	0.140	0.130
3	情景 BL		低减排情景	1.202	1.294	0.150	0.140
4	情景 TH		高减排情景	1.732	2.173	0.290	0.240
5	情景 TM	天津	基准情景	1.652	1.977	0.300	0.250
6	情景 TL		低减排情景	1.576	1.796	0.310	0.260
7	情景 HH		高减排情景	0.656	0.824	0.330	0.300
8	情景 HM	河北	基准情景	0.626	0.749	0.340	0.310
9	情景 HL		低减排情景	0.597	0.681	0.350	0.320
10	情景 SH		高减排情景	0.947	1.149	0.340	0.310
11	情景 SM	山东	基准情景	0.903	1.045	0.350	0.320
12	情景 SL		低减排情景	0.861	0.949	0.360	0.330

4. 北部沿海区域碳强度发展趋势

　　将北部沿海区域各省份的情景设定数据代入计量模型，计算得到北部沿海区域各省份的碳强度发展趋势，图 6.5 至图 6.8 给出了模型预测的 4 个省份 2025 和 2030 年的碳强度值，为了进行比较，图中还列出了各个地区 2019 年的碳排放强度值。从图 6.5 很容易发现，在 BH、BM 和 BL 三种情景下，北京 2019—2030 年碳强度的总体发展趋势是稳定降低的，同时，2025—2030 年的碳强度下降速度慢于 2019—2025 年的下降速度。

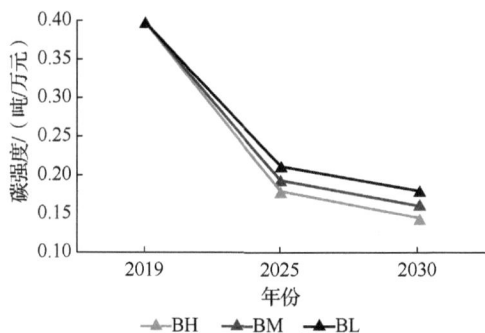

图 6.5　2019—2030 年北京碳强度发展趋势

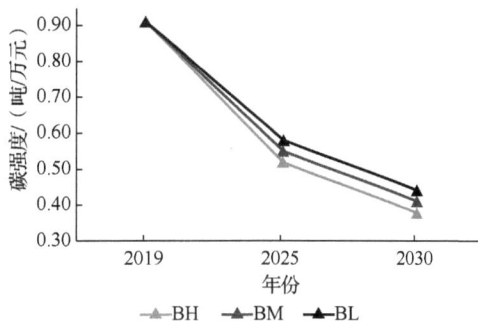

图 6.6　2019—2030 年天津碳强度发展趋势

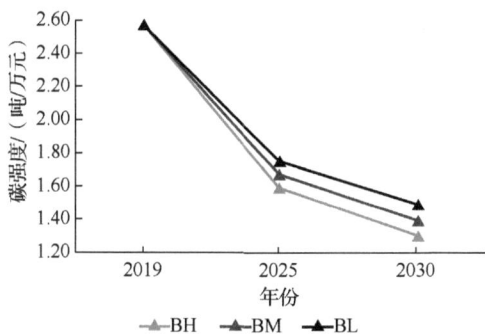

图 6.7　2019—2030 年河北碳强度发展趋势

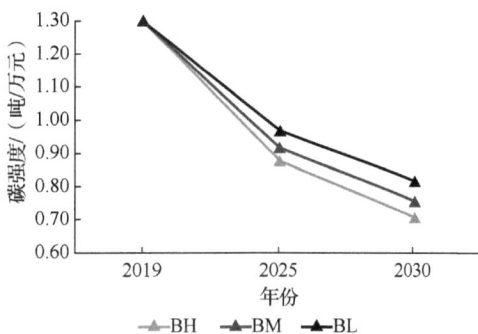

图 6.8　2019—2030 年山东碳强度发展趋势

与北京的碳强度变化趋势类似，天津 2019—2030 年碳强度的总体发展趋势是不断降低的（图 6.6），同时，2019—2025 年的碳强度下降幅度也是显著高于 2025—2030 年的下降幅度，而高减排情景 TH 下的碳强度也依然大于基准情景 TM 和低减排情景 TL 下的碳排放强度。

河北 2019—2030 年碳强度的总体发展趋势也是不断降低的（图 6.7），发展趋势十分接近天津的情况。高减排情景 HH 下的碳强度显著高于基准情景 HM 和低减排情景 HL 的碳强度，同时，在情景 HM、情景 HH、情景 HL 下，2019—2025 年的碳强度下降速度快于"十五五"时期，说明"十四五"时期是河北完成碳强度减排目标、降低碳强度的关键时期。相比较于天津市，2019—2025 年河北省的碳强度下降幅度更大，因此，河北必须抓住机会，加快绿色经济的发展。

山东 2019—2030 年碳强度的总体发展趋势是不断降低的（图 6.8），高减排情景 SH 下的碳强度显著低于基准情景 SM 和低减排情景 SL 下的碳强度。但是，山东 2025—2030 年的碳强度降低幅度仍相对较大。因此，山东需要在保持良好发展势头的情况下，持续优化和引进先进的设施、技术水平和管理理念，进一步提高经济发展质量，降低碳排放强度。

6.5　结果与讨论

基于 6.4 节的实证结果，本节对研究结果从"十四五"时期碳强度目标完成情况和"十五五"时期碳强度目标设定两个角度进行讨论和分析。

6.5.1　"十四五"时期北部沿海区域强度目标完成情况研究

《中华人民共和国国民经济和社会发展第十四个五年规划和二〇三五年远景目标纲要》中指出"十四五"时期要实现生态文明建设新进步、生产生活方式绿色转型成效显著、单位国内生产总值的能耗和二氧化碳排放分别降低 13.5% 和 18%。北部沿海地区的 4 个省份也在各自的"十四五"规划中就碳强度减排和能源强度下降目标提出了目标。表 6.9 列出了 4 个省份设定的"十四五"时期的碳强度减排和能源强度下降指标。

表 6.9　"十四五"时期北部沿海区域单位 GDP 二氧化碳排放下降指标

地区	碳强度下降	能源强度下降
北京	达到国家要求	达到国家要求
天津	达到国家要求	15%
河北	19%	15%
山东	达到国家要求	达到国家要求

从表中可以发现，河北省就"十四五"时期碳强度和能源强度下降提出了明确的目标，而北京、天津和山东的碳强度下降目标均为完成国家下达指标，并且"十三五"期间，天津市的碳强度下降的幅度达到 20.55%，而山东省在"十三五"期间的碳强度下降幅度超过了 22.7%。根据 6.4.2 节中的回归方程，图 6.9 预测了 2019—2025 年北部沿海地区 4 个省份在不同情景下的碳强度的下降幅度（为便于比较，国内生产总值以 2005 年不变价计）。由于没有获取到 2020 年的碳排放数据，因此，这里给出了 2025 年的碳强度在 2019 年基础上的下降幅度。

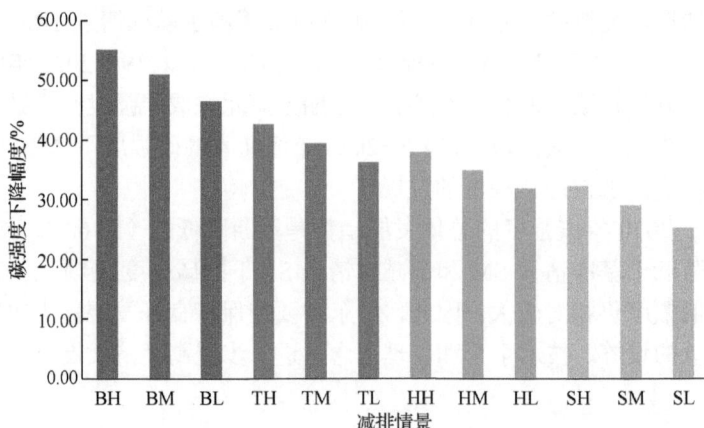

图 6.9　"十四五"时期北部沿海区域各情景碳强度降低幅度

在为北京设定的 3 个情景中，在情景 BH 下碳强度降低的幅度最大，其次是基准情景 BM。尽管三个情景下的碳强度下降幅度存在一定差异，但是碳强度下降的幅度都比较大，显著高于其余 3 个北部沿海地区的省份。2019—2025 年，北京市碳强度下降幅度较大的原因是多方面的。一方面，北京市持续在优化经济结构和能源结构，第二产业增加值占国内生产总值的比例以及煤炭占总能源消费量的比例近年来持续下降，其碳强度已经相对较小，因而小幅的碳强度下降会导致较大的碳强度下降百分比；另一方面，按照"十四五"规划纲要，北京市未来还会继续加快生态文明建设，提高经济发展质量，因而碳强度还将进一步下降。可见，"十四五"时期，北京的碳强度还会进一步下降。

在为天津设定的 3 个情景中，情景 TH、情景 TM、情景 TL 均可以实现超过 30% 的碳强度下降幅度。其中，在情景 TH 下，天津市的碳强度下降幅度最大，超过 40%，而在情景 TL 下碳强度的下降幅度最小。因此，"十四五"时期，天津完成减排目标的压力相对较小，天津如果保持稳定的经济发展速度，并且完成既定的产业结构调整目标，达到情景 TM 中设定的 GDP 总量年均增长速度 6%，并且到 2025 年，将第二产业占比降低到 25% 的目标，碳强度还将继续下降。尽管如此，天津的碳强度还显著高于北京市，和发达地区相比碳强度的下降空间很大，节能减排的工作任务在长期中仍然十分艰巨。

在"十四五"规划中，河北省提出了明确的碳强度下降目标，2025 年的碳强度要在 2000 年的基础上下降 19%。从图 6.9 可以发现，在为河北设定的 3 个情景中，情景 HH、情景 HM、情景 HL 均可以超额完成 19% 的碳强度降低目标。3 个情景下，河北省 2025 年的碳强度在 2019 年的基础上下降幅度均超过 30%，这意味着 3 个情景均可以大幅超过减排目标。分析其中的原因，很可能是"十四五"期间河北可以充分发挥区位优势，利用"京津冀"一体化进程，快速推进河北的经济发展定位转型，从一个高污染、高能耗企业的聚居区发展成吸收大量高新技术企业的聚宝盆；快速发展服务业等第三产业，引进先进技术和资本，改善已有重工业的生产经营效率，提高产业附加值，降低能耗和排放，从而在本研究设定的情景下可以实现既定的碳强度目标。从前面的研究可以发现，碳强度与人均地区生产总值是呈负相关的，人均地区生产总值比较高的地区其碳强度往往较小。因此，河北需要保持稳定的经济发展速度，并且完成既定的产业结构调整目标，达到情景 BM 中设定的"十四五"时期 GDP 总量年均增长速度 6%，并且到 2025 年，将第二产业占比降低到 34% 的目标。根据本研究的分析，尽管河北能够超额地完成碳强度减排目标，但是不能忽视河北 2019 年的碳强度水平约为 2.57 吨/万元（2005 年不变价），要远高于北京、天津和山东的碳强度水平，因此，其节能减排的工作任务在长期中仍然十分艰巨。

山东"十四五"时期的碳强度下降的幅度在 4 个北部沿海省份中最小。尽管如此，在情景 SH 下，山东省 2025 年的碳强度在 2019 年的基础上下降的幅度超过了 30%，在 SL 情景下，碳强度的下降幅度最小，但是达到了 25% 左右。根据山东省"十四五"规划中公布的数据，其 2020 年的碳强度在 2015 年的基础上下降幅度超过了 22.7%。从预测的角度来看，山东在"十四五"期间仍然可能完成超过 22.7% 的碳强度下降目标。这需要山东在"十四五"期间综合利用各种措施和方法，全面推进减排目标的实现。山东需要努力实现情景 SH 中设定的 GDP 总量年均增长速度 5.5%，并且到 2025 年，将第二产业占比降低到 33%的水平。

　　总的来讲，尽管在 3 个不同的减排情景下，北部沿海地区 4 个省份的碳强度下降幅度存在较大差异，但是均可以在"十四五"时期实现较大幅度的下降。这为我国 2030 年前实现碳达峰提供了重要的基础。

6.5.2　"十五五"时期北部沿海区域强度目标设定研究

　　不同情景下，北部沿海区域各省份"十五五"时期碳强度降低情况如图 6.10 所示（2005 年不变价）。

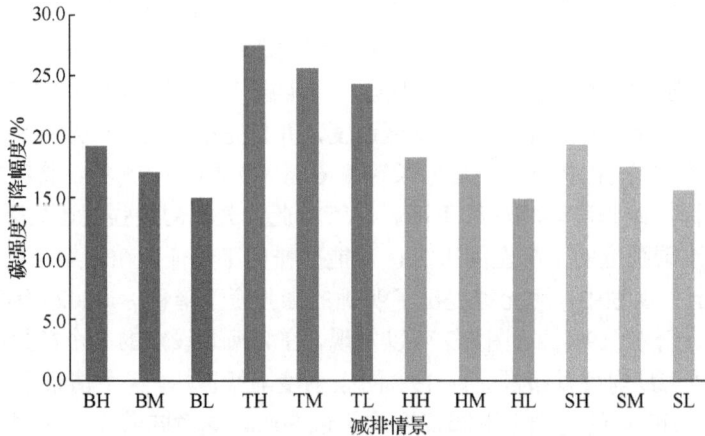

图 6.10　"十五五"时期北部沿海区域各情景碳强度降低幅度

　　在为北京设定的 3 个情景中，基准情景 BM 可以达到 17%的减排水平，情景 BL 和情景 BH 可以为北京提供一个科学的目标选择区间 15%～19%。显然，2025—2030 年的碳强度下降幅度已经显著低于 2019—2025 年的碳强度下降幅度。基于当前我国的政策导向，我国越来越重视科学发展，不断推进绿色经济、循环经济的发展，已经摒弃"唯 GDP 论"的旧思想，对经济发展速度不再过分追求，并将生态文明建设纳入了"五位一体"的总体布局。另外，在长期发展中，从发达国家的经验来看，经济增长速度不可能长期处于过高的状态，因此经济发展速度趋于稳定。本章为各省份"十五五"期间的基准情景设定了最有可能的经济增长速度和第二产业占比，基准情景的碳强度下降趋势将为省级目标设定提供有力的参考。因此，北京"十五五"期间的碳强度目标设定为 17%比较合理。天津"十五五"期间 3 个情景的减排能力相对较高，介于 24%～27%之间，但是考虑"十四五"时期天津的碳强度已经大幅下降，减排潜力在逐渐下降，天津可以在"十五五"时期下调减排目标，以保证减排与经济发展的双赢。因此，天津"十三五"期间的碳强度目标设定为 20%比较合理。

　　从图 6.10 中，我们可以得到河北省在情景 HM 的减排潜力为 16%，而在 HM 和 HL 下的碳强度下降幅度分别为 14%和 18%。考虑到河北省的碳强度还相对较高，应当适当增加其在"十五五"时期的碳强度下降目标，设定为 18%比较合适。因此，河北省需要在本研究设定的经济发展和产业结构调整的基础上，进一步加快经济发展速度和产业结构调整力度，适当提高标准。山东"十五五"期间碳强度下降幅度与北京市和河北省比较相近，在 3 个情景下，碳强度下降的幅度介于 15%～19% 之间，在基准情景下的碳强度下降幅度为 17%。考虑到山东省的碳强度相对较高，因此，以山东的基准情景为出发点，将山东"十五五"期间的碳强度目标设定为 18% 比较合理。

2015 年 6 月，我国政府在提交的"国家自主贡献减排方案"中提出 2030 年单位 GDP 碳排放（碳强度）要在 2005 年的基础上下降 60%～65% 的目标（后文简称"60-65"目标），并将其作为重要约束性指标纳入今后中长期的国民经济和社会发展规划，这成为我国未来应对气候变化、开展节能减排的重要目标和行动纲领。然而，这个目标只是从国家的宏观层面设定了 2030 年碳强度的一个总体情况，并没有对各省份进行细分，由于各省份能源结构、经济发展及技术水平等的差异，其节能减排的潜力必定出现差异，因此不能以 60%～65% 的目标对各省份进行统一约束。

从北部沿海区域各情景的碳强度降低趋势（图 6.11）来看，在本研究设定的 3 个情景中，北京、天津、河北和山东都能实现 2030 年碳强度在 2005 年的基础上下降 60%～65% 的减排目标，这其中很大程度要归功于"十三五"和"十四五"期间，出色的节能减排工作取得的成效，为这 4 个省份的整体目标实现提供了可靠保障。尽管如此，2005—2030 年，不同省份的碳强度下降趋势也存在较为明显的差异。其中，在高减排情景（BH）、基准情景（BM）和低减排情景（BL）下，北京市的碳强度下降幅度最大，其 2030 年的碳强度在 2005 年的基础上下降的幅度均超过了 80%，因此北京市能够较好地完成"60-65"的减排目标。天津市的碳强度下降幅度仅次于北京市，但是也超过了 80%。根据本研究的预测，3 个情景下，2005—2030 年河北省的碳强度下降幅度最小。在低减排情景下，河北省 2030 年的碳强度在 2005 年的基础上能够下降 67% 左右，而在高减排情景下，河北省的碳强度下降幅度约为 70%。因此，"60-65"的减排目标对河北省来说有一定的压力，需要持续提高人均 GDP 的水平，并优化产业结构和能源结构。在 3 个情景下，山东省的碳强度下降幅度都超过了 70%，处在一个比较合理的范围。

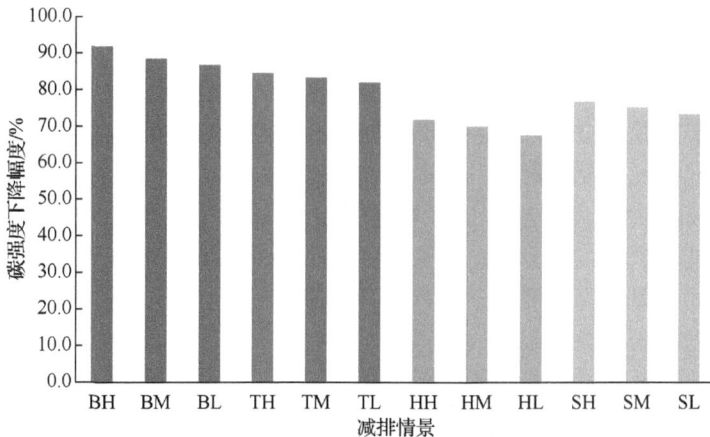

图 6.11　2005—2030 年北部沿海区域各情景碳强度降低幅度

同时，国家在制定长期目标时，由于各种因素的影响可能很难预测，并且许多突发事件也很难估计，因此，在制定总体目标时，适当降低要求，留出充足空间是十分必要的。从现在的分析来看，北京、天津、山东 2005—2030 年的整体目标制定为 60%～65% 比较合适。不同于上述 3 个省份的情况，河北 2005—2030 年的整体减排能力稍微逊色，尽管 3 个情景也可以达到 65%的目标，但是可以适当降低该长期目标。

6.6　主要结论及政策启示

本章通过构建平衡面板数据模型，从全国和八大经济区两个层面上研究了经济水平、城镇化率、第二产业占比、煤炭占比、外商直接投资 5 个因素对碳强度的影响。研究发现，在全国层面和区域层面，经济水平均与碳强度呈显著的负相关关系，表明各个地区的经济增长均能促进碳强度的降低。第二产业占比与碳强度普遍正相关（东北地区除外），表明第二产业占比的降低也能够促进碳强度的降低。城镇化率在国家层面和区域层面上（长江中游和黄河中游地区除外）与碳强度显著正相关，这意味着在大多数地区，随着城镇化进程的加快，碳强度会增加。在国家层面和 4 个区域模型中，外商直接投资对碳强度的影响均不显著，而对东部沿海地区、南部沿海地区、西南地区和西北地区来说，外商直接投资与碳强度呈显著的正相关关系，对这几个地区来说，外商直接投资的增加会增加碳强度。煤炭占比在全国模型和 7 个区域模型中均表现显著，除长江中游地区外，煤炭占比的增加会增加碳强度。

本章在确定影响碳强度关键因素的基础上，通过专家访谈、历史数据递推和政策法规及规划的综合分析对北部沿海区域北京、天津、河北、山东的未来城市发展设置了 12 种情景，并对这些情景下的 4 个省份未来碳强度发展趋势进行预测，预测结果显示，未来 4 个省份的碳强度均呈现持续的下降趋势，并且 4 个省份在 2025—2030 年的碳强度的下降幅度明显低于 2019—2025 年的下降幅度，这说明长期来看，碳强度的减排潜力将会逐渐下降。山东的情况比较特殊，其"十四五"期间的碳强度下降幅度较小，但是在"十五五"期间将会有较大的碳强度降低能力。

通过对不同情景的综合分析还发现：由于各省份的能源结构、经济发展及技术水平等的差异，其节能减排的潜力必定出现差异，不能以 60%～65%的目标进行统一约束。从本书的预研究结果来看，北京、天津、山东 2005—2030 年碳强度下降的幅度很容易达到 60%～65%的目标。事实上，在 3 种减排情景下，3 个省份 2005—2030 年的碳强度下降幅度均超过了 70%。对于河北省来说，尽管在 3 种减排情景下，其碳强度下降潜力也超过了 65%，但是下降幅度低于另外 3 个省份，因此河北省可以在"60-65"减排目标的基础上适当降低减排目标。

对全国其他地区来说，人均 GDP 对碳强度减排具有显著的促进作用。因此，各区域都需要稳步发展经济，发挥经济增长对碳强度的促进作用。东北、长江中游区域需要重视产业结构调整，跟上其他区域产业结构调整的脚步，降低第二产业占比，增加第三产业占比，促进低污染，低能耗的产业发展，发挥结构调整对碳强度降低的促进作用。同时，城镇化进程的推进对碳强度的增长也有一定的推动作用，说明城镇化进程的发展也会对环境产生巨大的影响。因此，各个地区需要解决城镇化进程的加快与碳强度增加之间的关系，引导居民践行低碳生活的理念。除此之外，外商直接投资对碳强度的影响也是显著为正，因此，各个地区不能盲目追求引进外资对经济增长的促进作用，而不重视对外资企业的低碳约束，否则会使环境加速恶化。在引进外资时，各区域都要重视对外资企业的审查和约束，使其符合低碳经济发展的基本要求，加大低污染、低能耗外资的引进和利用，推进我国的低碳经济发展。我国是煤炭消费大国，在东北、东部沿海、黄河中游、长江中游、西南区域中，煤炭占比的下降对碳强度的下降产生促进作用，能源结构的调整值得鼓励和进一步推进，其他区域也要重视发展清洁能源和可再生能源来替代煤炭消费，能源的输入应更多地引进天然气、风能、水能等清洁能源，改善区域的能源结构。

碳强度减排目标是我国政府提出的十分具有现实意义的发展目标，我国及各区域在实现碳强度目标的过程中，要十分重视相关影响因素对碳强度影响的现实意义，找到符合区域低碳发展的路径。促进经济稳步增长、降低第二产业占比、降低一次能源消费中煤炭占比和重视引进符合低碳发展的外资都是我国及各区域实现碳强度减排目标的重要路径，各区域要结合自身特点，发挥优势，补足劣势，推进低碳发展。

6.7 本 章 小 结

本章综合运用低碳经济、能源经济、政策建模等相关理论，采用 STIRPAT 模型、面板数据回归、情景分析等多种研究方法，从国家层面和八大经济区层面对碳强度的影响因素进行了研究，并对北部沿海区域碳强度目标完成情况开展了深入研究。研究结果表明，经济水平的增长、第二产业占比的降低均有利于碳强度减排；而城镇化水平、外商直接投资等因素在多数区域中与碳强度呈显著的正相关关系。同时，由于各地区的能源结构、经济发展及技术水平等存在显著的区域差异性，因此制定区域差异化的碳强度减排目标更为合理。

第7章 碳强度减排目标的实现路径建模方法

及应用研究——以北京为例

第6章研究了各个地区碳强度的影响因素，并以北部沿海地区为例，讨论了北部沿海地区4个省份未来的碳强度目标设定以及在不同减排情景下减排目标的完成情况。在第6章的基础上，本章以北京市为例，系统讨论北京市碳强度的影响因素以及未来碳强度的发展趋势，以期为北京市低碳发展路径的设定提供理论和实证的依据。与第6章相比，本章在构建扩展的 STIRPAT 模型的基础上，充分考虑各个变量之间的多重共线性问题，采用偏最小二乘法估计回归方程，并以此预测北京市未来碳强度的发展趋势，并提出可行的碳强度减排路径。

7.1 北京实现碳强度减排目标面临的挑战

北京作为我国首都，在"十二五""十三五"期间超额实现节能降耗目标，在2011—2015年和2015—2019年两个时间段内，每万元 GDP 的碳排放分别下降26.1%和20.7%，在全国范围内起到了带头作用。然而，北京未来实现碳强度指标仍旧面临诸多挑战：一是现阶段产业结构调整逐步到位，服务业主导型经济结构趋于稳固，以工业退出和限产措施来促进节能减排的空间日趋缩小；二是随着人民生活水平的提高及城市人口规模的扩大，第三产业和居民生活用能呈刚性增长趋势。因此，如何在现有工作基础上，进一步深化产业结构调整，分析和探索实现碳强度目标的路径，是北京"十四五"理论研究和实践工作的重点之一，对北京"世界城市"的建设有着重要的理论和现实意义。

一方面，深入探讨北京实现碳强度目标的政策路径，有针对性地进行节能减排，对于从根本上改善北京资源利用效率和环境绩效、合理有效地推动产业结构调整具有深远的现实意义。北京正处于经济发展和社会转型的关键时期，资源环境的约束与经济高速发展之间的矛盾日益突出。而且，经过"十三五"期间的产业结构调整，北京未来落后产能的淘汰空间逐渐减少，选择何种路径进一步深化节能减排工作，实现碳强度目标成为当前亟待解决的问题。本章抓住北京建设"世界城市"的契机，分析和探索适合北京经济社会发展现状的碳强度目标体系，优化节能减排路径，从而最大化资源利用效率和环境效益，实现产业与环境的协调发展。

另一方面，针对北京经济社会发展现状，开展碳强度目标的政策分析和路径选择的研究，对于丰富我国低碳经济研究体系具有重要的学术价值。关于碳强度目标的分析与探索是随着气候变化和温室气体减排而衍生出的新研究领域，该领域涉及如何完善碳强度目标的测评方法、如何在既定的碳强度的目标下有效地实现碳减排等一系列问题。本章将探索北京在国家设定的 2030 年单位 GDP 碳排放较 2005 年下降 60%～65% 的目标约束下,如何根据自身经济社会发展现状,构建科学的碳强度目标测评方法,设计和选择合理的碳强度目标实现路径,这对于改善当前温室气体减排的研究较为滞后的状况、丰富和发展低碳经济理论具有重要的创新价值。

基于此,本章将在对北京碳强度现状进行分析的基础上,综合运用多种方法对影响北京碳排放的因素、未来实现碳强度目标的不同情景进行分析,根据分析的结果提出北京实现碳强度目标的路径选择方案和政策建议,具体涉及以下几个方面的内容。

7.1.1　北京碳排放现状及社会环境分析

通过对北京碳排放现状的文献调查、实地考察和统计数据分析,揭示北京碳排放的特点与存在的问题。针对北京社会经济现状与未来发展趋势,结合碳排放问题的国际和国内背景,从多个角度分析北京碳排放经济、社会、资源与环境等状况,从而形成本研究的理论体系和切入点。

7.1.2　北京碳排放强度影响因素研究

北京二氧化碳排放强度主要受哪些因素的影响?哪些因素对二氧化碳排放强度起着决定性的作用?分析研究上述问题是北京实现碳强度目标,以及相关政府部门制定减排战略和政策的基础。为此,本章将在大规模数据调研的基础上,利用扩展的 STIRPAT 模型,定量分析北京的人口结构、居民收入、产业、经济、技术等因素对实现碳排放强度目标的影响,从而揭示各种因素的影响机理,为将来的路径选择和政策制定提供理论参考。

7.1.3　北京实现碳强度目标的情景分析

碳强度目标的实现是一个复杂的系统工程,北京在不同时期的碳强度目标具体应如何实现?未来实现的条件如何?在不同目标约束下的碳强度实现方式对北京的经济、社会、产业有何影响?为回答这些问题,本章将针对北京的社会经济发展特点,在 STIRPAT 模型确定碳排放影响因素的基础上分别对 2025 年、2030 年不同情景下的碳排放强度实现情况进行分析和预测,揭示不同时期和不同目标约束下降低碳排放对北京经济、社会和产业发展的影响机理,从而为路径选择和政策制定提供理论参考。

7.1.4　北京实现碳强度目标的主要路径及政策建议

一般情况下,降低碳排放的路径主要包括以下几种:控制经济发展,以牺牲经济为代价换取环境效益;控制人口规模,减少人类活动排放;发展非化石能源,如风能、太阳能、核能、生物质能、洁净煤技术等;调整产业结构,降低产业对能源的消耗和依赖性;正确引导消费观念和消费行为,减少消费性排放;发展低碳技术,如开发减少二氧化碳排放的技术、开发二氧化碳利用的技术,以及开发并逐步应用二氧化碳捕集与封存技术等。但这些路径是否适合北京?北京实现碳强度目标的路径应如何选择?是通过调整产业结构、引导低碳消费，还是依靠技术节能来实现碳强度的降低？为了回答这些问题，本章将根据上述影响因素分析和情景分析的结论，筛选其中的关键因素，按照情景分析中的各因素变化机理和碳强度变化趋势，提出适合北京经济社会特点的发展路径和实施方案。

7.2　基于 STIRPAT 模型的北京二氧化碳排放强度影响因素实证研究

根据第 6 章的分析，STIRPAT 已被广泛应用于环境的影响因素分析。为此，本节将构建拓展的 STIRPAT 模型以从人文、经济以及技术因素的视角对北京市碳排放强度的关键影响因素进行分析，并在回归方程中加入经济水平的二次项，以检验北京市是否存在环境库兹涅茨曲线。

7.2.1　二氧化碳排放强度影响因素的 STIRPAT 模型

根据第 6 章的论述可知，作为一个量化人文因素对环境的影响理论模型，STIRPAT 模型环境压力等式的随机形式可以表示为

$$I = aP^b A^c T^d e \tag{7.1}$$

式中，I 表示环境压力；P 表示人口数量；A 表示人均财富；T 表示技术等人文驱动因素；a 表示标度该模型的常数项；b、c、d 分别表示 P、A 和 T 的指数项；e 表示误差项。为方便数据处理，在进行计量分析时，模型常采用其对数形式（殷方超，2012）：

$$\ln I = a + b(\ln P) + c(\ln A) + d(\ln T) + e \tag{7.2}$$

显然，IPAT 模型是 STIRPAT 模型的特殊形式，为 $a=b=c=d=e=1$ 的 STIRPAT 模型。STIRPAT 模型不仅保留了 IPAT 模型中人文驱动力之间相乘的关系，还将人口数量、富裕度、技术等人文驱动力作为影响环境压力变化的主要因素（Li et al.，2015；Ma et al.，2017）。接下来，本章将利用 STIRPAT 模型对北京碳排放强度的影响因素展开系统的研究（殷方超，2012）。

结合北京的具体情况并借鉴以往的研究经验，我们对相关变量进行了相应的分解和改进。

（1）人口

本研究的人口变量用人口结构变量（城镇化水平）来表示。北京的人口控制在本书研究的时间段内人口总数变量是一个相对稳定的值，不能捕捉城镇化人口转移带来的能源和碳排放影响。然而，城镇化的人口冲击将是非常明显的，城市人口的人均能源消费高于农村人口的 3.5～4 倍（何晓萍等，2009）。因此，要准确描述现阶段北京的能源需求和排放，需要对城镇化的影响有一个准确把握（林伯强和刘希颖，2010）。

（2）经济水平

大量关于欧美发达国家的研究显示，污染在低收入水平上随人均 GDP 增加而上升，在高收入水平上随 GDP 增长而下降，即存在环境库兹涅茨倒 "U" 形曲线。有关研究印

证了环境库兹涅茨曲线在我国是存在的，但也有许多学者的研究显示在我国这种曲线并不存在，或针对某个地域并不存在。为了探讨北京是否存在环境库兹涅茨曲线，本章借鉴 York 等（2003）采用的方法建立二次模型，将经济因素分解为一次方项和平方项，以期对碳排放强度与经济因素之间的关系进行更全面的实证考察。

（3）技术水平

由于对技术水平的测度相对困难，本章借用 York 等（2003）的模型。他们将技术因素分解成产业结构和能源强度两部分，并用实证的方法验证了这两个因素都是影响二氧化碳排放强度的显著因素，后来的学者也借用 York 等（2003）的拆解方法来探讨二氧化碳排放强度的影响因素。在他们的模型中，产业结构只考虑了排放更加突出的第二产业，但对以第三产业为主的北京来说，第三产业比重的变化必将对碳排放强度产生较显著的影响，因此，在测度产业结构时考虑第三产业增加值占 GDP 的比重是非常有必要的。

经过以上扩展和改进后得出本章采用的 STIRPAT 模型为（殷方超，2012）：

$$\ln CI_t = a + b \ln UL_t + c_1 \ln A_t + c_2 (\ln A_t)^2 + d_1 \ln SI_t + d_2 \ln ST_t + f \ln EI_t + e \quad (7.3)$$

式中，CI 表示二氧化碳排放强度；UL 表示城镇化水平；A 表示经济水平；SI 表示工业增加值占 GDP 的比重；ST 表示第三产业增加值占 GDP 的比重；EI 表示能源强度。

7.2.2　变量说明与数据来源

本章采用的 STIRPAT 模型中的相关变量说明如表 7.1 所示。

表 7.1　模型各变量定义和测度方法

变量	符号	含义	测度单位
二氧化碳排放强度	CI	单位 GDP 产生的二氧化碳排放量	吨/千元
城镇化水平	UL	城镇人口与总人口的比例	%
经济水平	A	人均 GDP	万元*
工业占比	SI	工业增加值占 GDP 的比重	%
第三产业占比	ST	第三产业增加值占 GDP 的比重	%
碳强度	EI	单位 GDP 产出的能源消费	吨（标准煤）/十万元*
研发产出	T	与能源技术相关的专利存量	项

*以 2005 年人民币不变价计算。

表 7.1 中 UL、A、SI、ST 及 EI 的相关数据来源于《中国统计年鉴》、《中国能源统计年鉴》和《北京市统计年鉴》，由于本研究的时间区间为 2000—2019 年，为了剔除价格因素的影响，同时考虑我国碳强度目标制定的基年为 2005 年，所以本研究所用到的 GDP 数据均采用 2005 年人民币的不变价计算得到。

由于我国没有直接公布二氧化碳排放量的官方数据，本章的数据来源于 CEADs 数据库。

7.2.3　实证分析及讨论

本节将利用偏最小二乘估计对 2000—2019 年北京市碳强度的影响因素开展系统的实证分析。

1. 变量间的相关分析

相关分析是研究现象之间是否存在某种依存关系，并对具体有依存关系的现象探讨其相关方向及相关程度的统计分析方法。只有存在显著相关关系的变量之间才能进一步进行回归分析。本部分利用 SPSS 17.0 软件对模型涉及的各变量进行 Pearson 相关系数分析，结果如表 7.2 所示。变量 lnUL、ln$A$、(ln$A$)^2、lnSI、lnST、lnEI 与变量 lnCI 在 1% 的显著性水平下是显著相关的。

表 7.2　模型各变量间的相关系数矩阵

变量	lnCI	lnUL	ln$A$	(ln$A$)^2	lnSI	lnST	lnEI
lnCI	1	−0.877***	−0.976***	0.894***	0.968***	−0.927***	0.997***
lnUL		1	0.940***	−0.979***	−0.940***	0.982***	−0.882***
ln$A$			1	−0.961***	−0.982***	0.969***	−0.981***
(ln$A$)^2				1	0.932***	−0.966***	0.907***
lnSI					1	−0.984***	0.969***
lnST						1	−0.932***
lnEI							1

***表示 1%的显著性水平。

2. 模型的普通最小二乘回归

利用 Pearson 相关分析，我们可以初步看到各变量之间存在相关关系，但是以上分析并不能说明各变量之间相关关系的具体形式，也不能从一个变量的变化去推测另一个变量的具体变化。因此，本部分首先采用应用比较广泛的普通最小二乘方法，以 lnCI 为因变量，以 lnUL、ln$A$、(ln$A$)^2、lnSI、lnST、lnEI 为自变量进行回归分析。在 Stata 14 软件中，使用普通最小二乘法对本部分建立的模型进行回归，得到的结果如表 7.3 所示。

表 7.3　二氧化碳排放强度影响因素的普通最小二乘回归结果

变量	回归系数	标准误差	t 统计值	P 值	方差膨胀因子
C	−4.198	1.332	−3.15	0.008	
lnUL	−4.299	1.713	−2.51	0.026	92.50
ln$A$	−0.134	0.316	−0.42	0.679	244.16
(ln A)^2	−0.263	0.185	−1.42	0.178	132.52
lnSI	0.482	0.610	0.79	0.444	461.97
lnST	1.850	1.438	1.29	0.221	490.55
lnEI	1.307	0.151	8.67	0.000	54.94
F 统计量	750.81	修正后的 R^2			0.995 8

模型修正后的 $R^2=0.995\,8$，$F=750.81$。因此，从模型的整体回归结果来看拟合效果非常好，但在回归系数的显著性检验中，经济水平和产业结构等变量无法通过 t 检验。此外，通过表 7.2 可以看出 $\ln UL$、$\ln A$、$(\ln A)^2$、$\ln SI$、$\ln ST$、$\ln E$ 之间的相关系数均在 0.8 以上，说明这些变量之间高度相关。通过对模型普通最小二乘回归的结果分析发现变量之间可能存在多重共线性的问题，因此，我们通过计算方差膨胀因子（variance inflation factor，VIF）对多重共线性进行检验。VIF 是最常用的判断多重共线性的指标。如果 VIF 超过 10，表示多重共线性将可能严重地影响最小二乘的估计值。经 Stata 软件计算模型中涉及的各变量的 VIF 值（见表7.3）均远大于 10，说明数据之间存在严重的多重共线性。因此，本章采取的数据无法使用普通的最小二乘法进行回归分析。为了克服模型多个变量之间的多重共线性，本章利用偏最小二乘法（partial least squares，PLS）进行建模。

3. 模型的偏最小二乘回归

PLS 方法利用成分提取的思路，采用信息综合和筛选技术，有效地克服了在应用普通最小二乘回归时遇见的自变量间的多重共线性。

PLS 方法的基本思想是：从自变量数据表 X 与因变量数据表 Y 中分别提取成分 t_1 和 u_1，t_1、u_1 分别是 $x_1, x_2, \cdots, x_p$ 和 $y_1, y_2, \cdots, y_p$ 的线性组合，t_1、u_1 必须满足以下条件。

1）t_1 和 u_1 应尽可能多地携带它们各自数据表中的变异信息。这使得 t_1 和 u_1 能尽可能好地代表数据表 X 和 Y。

2）t_1 和 u_1 的相关程度能够达到最大。这使得自变量的成分 t_1 对因变量的成分 u_1 有最强的解释能力。

如果回归方程已经达到满意的精度，则算法终止；否则，将利用 X 被 t_1 解释后的残余信息及 Y 被 t_1 解释后的残余信息进行第二轮的成分提取，以此类推，直到模型的回归结果达到满意的精度为止。最后将结果表达成 Y 关于原自变量 X 的回归方程。

本章利用 PLS 方法建立以二氧化碳排放强度为因变量，以城镇化水平、经济水平、工业占比、第三产业占比、能源强度为自变量的 STIRPAT 模型。使用 SIMCA-P 11.5（DEMO）软件对模型进行 PLS 回归分析。

一般地，用 t_1/t_2 成分椭圆图和 t_1/u_1 散点图来解释 PLS 方法的适用性。t_1/t_2 成分椭圆图可以显示前两个成分的散点图，其主要作用是识别特异点，t_1、t_2 表示从自变量 X 中提取的前两个主成分。如果样本点全部包含在椭圆中，说明样本数据是均匀分布的，可以进行 PLS 回归分析。由图 7.1 可以看出，样本点分布在椭圆内，不存在特异点。因此，模型的拟合效果是好的，不需要做改动。在 t_1/u_1 散点图中，如果 t_1/u_1 显示样本点近似呈线性关系，就说明模型的建立是合理的。由图 7.2 可以看出，二氧化碳排放强度与解释变量之间存在明显的线性关系，所以模型的建立是合理的。

以上 t_1/t_2 成分椭圆图和 t_1/u_1 散点图的分析说明本书的研究问题和数据使用 PLS 进行回归分析是合理的。因此，利用软件对模型进行 PLS 回归分析，得到的回归结果如表 7.4 所示。

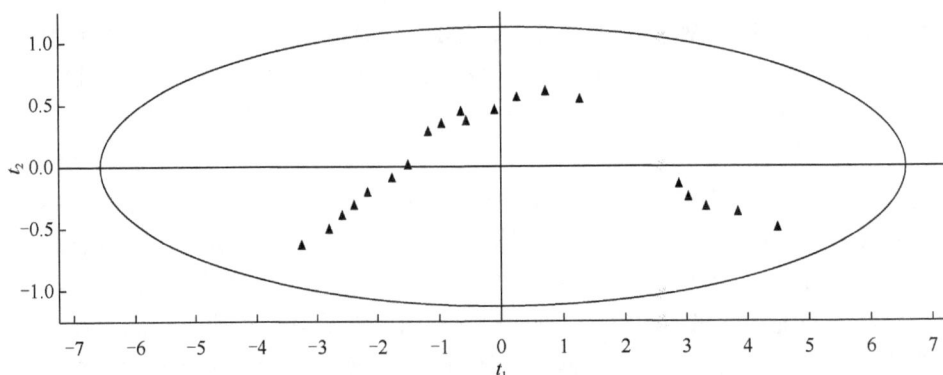

图 7.1　t_1 / t_2 成分椭圆图

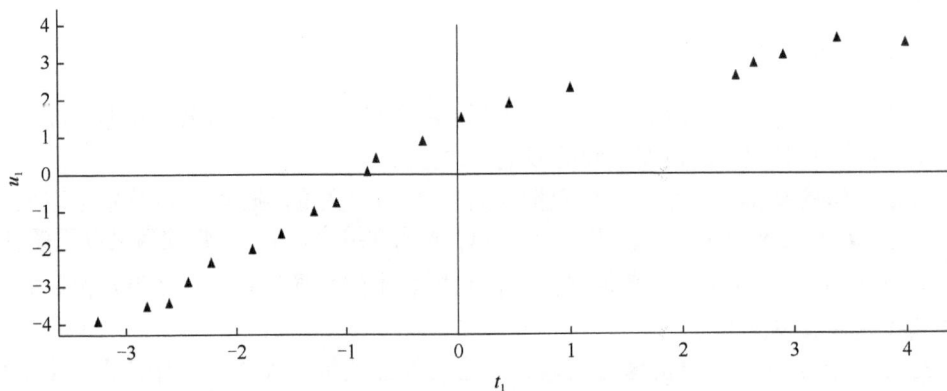

图 7.2　t_1 / u_1 散点图

表 7.4　模型 PLS 回归的整体结果

成分	R^2X	累积 R^2X	R^2Y	累积 R^2Y	Q^2	累积 Q^2
1	0.961	0.961	0.923	0.923	0.917	0.917
2	0.027	0.989	0.069	0.992	0.865	0.989

表 7.4 中的 R^2X 表示提取的 X 变量的主成分与原 X 变量的拟合度，R^2Y 表示提取的 Y 变量的主成分与原 Y 变量的拟合度，Q^2 表示交叉有效性。这 3 个量会随着提取主成分个数的增加而增大，最大值是 1。一般认为累积 R^2X、累积 R^2Y、累积 Q^2 都大于 0.8 时，模型的回归效果比较理想。从表 7.4 中可以看出模型总共提取了两个成分，其中，累积 $R^2X = 0.961$，累积 $R^2Y = 0.923$，累积 $Q^2 = 0.917$，说明模型的回归结果比较理想。

模型的优劣还可以根据它对观测数据的模拟来衡量。图 7.3 展示的是利用模型进行估计得到的估计值（YPred）与实际观测值（YVar）之间的关系，从图中可以看出，估计值与观测值之间呈现明显的线性关系，这说明模型的 PLS 拟合效果比较好。

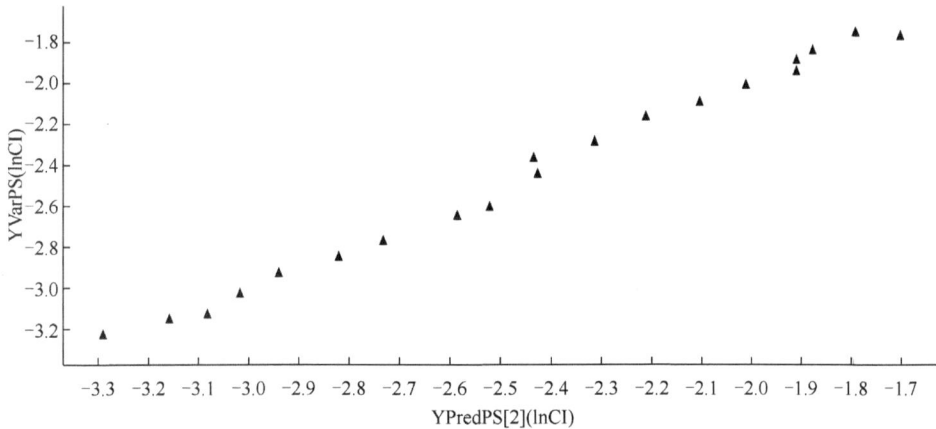

图 7.3　观测值与估计值比较图

由 PLS 方法得到的变量的回归系数如表 7.5 所示。从回归系数的符号可以看出城镇化水平、工业占比以及能源强度等变量对北京二氧化碳排放有正向影响，系数分别为 2.143，0.572 和 0.834，而经济水平和第三产业占比对碳排放强度的影响为负，回归系数分别为-0.437 和-0.092。这意味着城镇化水平的提升、能源强度的增加以及第二产业占比的增大将导致碳排放强度增加，这是很好理解的。首先，化石能源的燃烧是二氧化碳主要的排放源之一。当前北京市的能源消费结构中，化石能源依然占据了较大的比重。因此，随着能源强度的增加，碳排放强度也将显著增加。根据本研究的研究结果，能源强度每增加 1%，碳排放强度将增加 0.834%。其次，第二产业的化石能源消费以及二氧化碳排放相对较高，因此，当第二产业增加值的占比增加时，碳排放强度也将增加，具体地，第二产业增加值的占比每增加 1%，碳排放强度将增加 0.572%。最后，城镇化水平的提升也将增加碳排放强度。一方面，随着城镇化进程的加快，城镇人口的比重将显著增加，城镇居民用能也将逐渐增加。根据北京市统计局公布的数据，2010 年的居民能源消费比 2000 年增加了 1.3 倍，远高于社会能源消费总量的增长速度。因此，城镇人口的生活方式将更加高碳。因而，城镇化水平的提升将增加碳排放强度，特别地，根据本研究的回归结果，城镇化水平每增加 1%，碳排放强度将增加 2.143%。

表 7.5　各变量 PLS 回归系数

变量	未标准化系数	标准化系数
a（常数项）	2.987	4.897
$\ln UL$	2.143	0.178
$\ln A$	-0.437	-0.321
$(\ln A)^2$	-0.101	-0.094
$\ln SI$	0.572	0.299
$\ln ST$	-0.092	-0.021
$\ln EI$	0.834	0.610

经济水平和第三产业占比的系数为负意味着经济水平的提升和第三产业占比的加

大将降低二氧化碳排放的强度。这也是很好理解的。人均 GDP 较高的地区的经济水平一般较高，其拥有先进的管理理念和技术水平，这将提升资源的配置效率，降低二氧化碳排放强度。第三产业的能源消费，尤其是化石能源消费通常较第二产业低，因而，随着第三产业占比的增大，二氧化碳排放强度将下降，具体地，第三产业占比每增加 1%，碳排放强度将下降 0.092%。

$\ln A$ 的一次项系数、二次项系数均为负，即现有统计数据显示，随着人均 GDP 的增长，北京二氧化碳的排放强度并没有出现环境库兹涅茨曲线，而是随着经济的增长呈现加速下降的趋势。这也说明环境库兹涅茨曲线存在地区差异性。可以从以下 3 个方面来解释这个结果。首先，虽然北京不是一个工业城市，但其第二产业比重在考察期内仍然处于 20%左右的水平，由于工业的高耗能高排放特性，二氧化碳表现出加速排放的特性。其次，随着城镇化规模的不断扩大和人们生活水平的不断提高，第三产业和居民用能逐渐增加，这将大幅增加二氧化碳的排放。居民能源消费的高速增长也导致了二氧化碳的加速排放。再次，第三产业的排放也应当引起重视，第三产业对其他部门二氧化碳排放产生的拉动效应更需要重点考虑，传统的第二产业的消费重点集中在碳密集行业，这加速了二氧化碳的排放。环境与经济发展的关系是一个复杂的问题，它因不同的地区、不同的测量指标和不同的观察时期而不同，同时还要受到当地社会和政治因素的影响。本书得出此结论可能由作者选取的研究时间和特定研究地区所致，相关问题还需在以后的工作中进一步研究探讨。另外，环境库兹涅茨曲线只是从人均收入因素来考察环境污染状况的演进过程，没有考虑其他可能影响环境的因素，忽视对其他因素的考量可能会产生错误的结论。本书同时考虑了人口、技术、能源强度等因素，这些因素的综合考虑对环境库兹涅茨曲线的形态产生影响，致使没有出现倒"U"形态。

4. 变量重要性分析

为了深入分析模型中各自变量对因变量的解释能力，我们利用 SIMCA-P 软件计算得到了每个自变量的投影重要性指标（variable importance in projection，VIP），VIP 用以测度自变量对因变量的解释能力，其具体表达式为

$$\text{VIP}_j = \sqrt{\frac{p}{\text{Rd}(y; t_1, \cdots, t_m)} \sum_{h=1}^{m} \text{Rd}(y; t_h) \omega_{hj}^2} \tag{7.4}$$

式中，VIP_j 表示第 j 个自变量 x_j 的投影重要性指标；p 表示自变量的个数；$t_1, \cdots, t_m$ 表示在自变量 X 中提取的 m 个成分；$\text{Rd}(y; t_1, \cdots, t_m) = \sum_{h=1}^{m} \text{Rd}(y; t_h)$，表示 $t_1, \cdots, t_m$ 对 Y 的累积解释能力；ω_{hj} 是轴 ω_h 的第 j 个分量，用于衡量 x_j 对构造 t_h 主成分的边际贡献，且对任意的 $h = 1, 2, \cdots, m$，有 $\sum_{j}^{p} \omega_{hj}^2 = \omega_h' \omega_h = 1$。$\text{VIP}_j$ 的定义式基于以下原理：由于 x_j 对 Y 的解释是通过 t_h 来传递的，如果 t_h 对 Y 的解释能力很强，而 x_j 在构造 t_h 时又起了相当重要的作用，则 x_j 对 Y 的解释能力被视为很大。如果某变量的 VIP 小于 0.8，则认为该自变量对因变量的解释程度不大，可以考虑剔除该变量。

本模型的变量投影重要性指标计算结果如图 7.4 所示。从图示结果可以看出各自变量的 VIP 值均大于 0.9，因此所有自变量对因变量的解释能力都很强。其中，能源强度对北京二氧化碳排放强度的解释作用最大，其次是经济水平、第二产业占比和第三产业占比，解释作用最小的是城镇化水平。

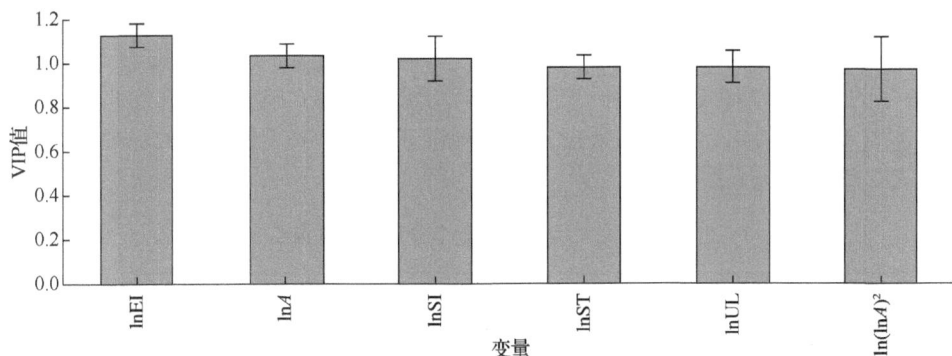

图 7.4　变量的 VIP 值柱状图

通过对各个变量的投影重要性进行计算可以发现，能源强度对碳排放强度的影响最为明显，这是因为化石能源燃烧是二氧化碳的重要排放源之一。因此，能源强度的增加将导致碳排放强度的显著增加。

经济水平是另一个驱动二氧化碳排放的重要因素。首先，经济活动离不开能源消费，能源消费与经济活动之间具有显著的相关性；其次，经济活动水平越高、人均 GDP 越高的地区往往具有越强的减排能力、越优的产业结构，这都会显著地影响碳排放强度。

虽然工业被普遍认为是高耗能产业，但是北京的工业比重相对较小，2019 年其第二产业占 GDP 的比例仅约为 16.1%。因此，工业对二氧化碳排放强度的影响弱于能源强度和经济活动对二氧化碳排放强度的影响。随着人们生活水平的提高和城镇规模的不断扩大，第三产业和居民的能源消费对二氧化碳排放的影响更加明显。城镇化水平对碳排放强度的影响最小。尽管快速的城镇化使城镇居民越来越倾向于消费高碳产品，但其碳排放量仍相对较少，因此，城镇化水平对碳强度的影响相对其他几个因素最弱。

7.3　北京实现碳强度目标的情景分析

为了对北京未来碳排放及碳强度进行预测，本节将对北京未来的经济发展水平、城镇化水平、产业结构和能源强度进行历史数据分析和政策分析。各影响因素的具体发展情景分析如下。

1）经济增长情景。国家"十二五"规划调低 GDP 年均增长目标，而北京在"十二五"规划中将北京 GDP 增长速度目标定位年均增长 8%，在"十三五"规划中将 GDP 的年均增速设定为 6.5%，在《北京市国民经济和社会发展第十四个五年规划和二〇三五年远景目标纲要》中将"十四五"期间的经济增速设定为 5%左右。基于此，我们将经济增长的基准情景定为 5%，将高增长情景定为 6%，低增长情景参考以往研究的方法，以基准情景作为参照相应调低 1 百分点。根据发达国家的发展经验，随着经济的高速发展，经济增长速度可能逐渐趋于平缓，我们设定北京 2026—2030 年 GDP 增长速度在"十四五"期间的相应档位调低 1 百分点，并据此设定了 2021—2030 年可能的 3 种经济增长情景（表 7.6）。与此同时，由于本研究使用人均 GDP 来衡量经济水平，因此还需要对北京市的人口增长情景进行设定。事实上，2011 年北京市的总人口约为 2 018.6 万，而 2020 年的总人口为 2 189.0 万，十年内的年均增长率为 0.84%。考虑到北京市正在实施疏解非首都功能战略，因此，未来人口增幅将下降。本研究假设 2021—2030 年北京市年均人口增长率为 0.5%。

表 7.6　2021—2030 年北京经济增长速度设定

情景	2021—2025 年增长速度/%	2026—2030 年增长速度/%
基准情景	5	4
低增长情景	4	3
高增长情景	6	5

2）城镇化进程。2011—2019 年，北京的城镇化水平由 86.2% 上升到 87.4%，平均每年增长 0.15%。《北京城市总体规划（2004—2020 年）》指出，北京城镇化进程年均增长率控制在 1.4% 以内，在《北京城市总体规划（2016—2035 年）》中也提到要将 2030 年北京市全市总人口控制在 2 300 万。本研究假设未来北京市的城镇化水平的年均增长率与 2011—2019 年保持一致。具体地，在中方案情景中，假设北京市 2025 年的城镇化率为 88.2%、2030 年的城镇化率为 88.9%；在低方案情景中，这一数据分别为 87.2% 和 87.9%。

3）产业结构优化情景。北京的第三产业增加值占 GDP 的比例由 2001 年的 60.5% 提高到 2019 年的 83.5%，工业增加值由 38.1% 减少到 16.2%，变化比较明显，整体呈现产业结构不断优化的趋势，服务业主导型经济结构逐渐形成。据此，并结合以往文献的研究经验，将产业结构未来情景设置如表 7.7 所示。

表 7.7　北京产业结构情景

情景	2025 年		2030 年	
产业结构	工业占比/%	第三产业占比/%	工业占比/%	第三产业占比/%
中方案	14	85	13	86
高方案	13	86	12	87

4）能源强度情景。北京万元 GDP 能耗由 2000 年的 1.04 吨标准煤下降到 2020 年的 0.31 吨标准煤（按 2005 年可比价格计算），年均下降 3.3%，取得很好的成效；根据《北京市国民经济和社会发展第十四个五年规划和二〇三五年远景目标纲要》，假设在中方案中，北京到 2025 年万元地区生产总值能耗比 2020 年下降 13.5%，而 2030 年的能源强度在 2025 年的基础上下降 10%。在低方案中，下降幅度分别为 15.5% 和 12%。据此，将能源强度未来情景设置如表 7.8 所示。

表 7.8　能源强度情景

情景	2025 年能源强度	2030 年能源强度
中方案	0.263 8	0.237 4
低方案	0.255 7	0.226 8

根据上述各影响因素的分析，并结合北京的发展现状，我们对北京未来可能的发展模式设置了 15 种情景（表 7.9），其中，1～5 情景代表经济中速增长的情况，6～10 情景代表经济低速增长的情况，11～15 情景代表经济高速增长的情况。

表 7.9　北京未来发展情景及情景描述

编号	情景	情景描述	经济增长(A)	城镇化(P)	产业结构(S)	能源强度(E)	研发产出(T)
1	情景 B_1	假设 2021—2025 年 GDP 年均增长 5%，2026—2030 年增长速度变缓，为 4%；城镇化率实现中速增长；产业结构中速调整；能源强度依照中方案降低	基准情景	中方案	中方案	中方案	中方案
2	情景 B_2	在 B_1 情景的基础上，强调产业结构快速调整，同时城镇化进程放缓，能源强度按照中方案降低	基准情景	低方案	高方案	中方案	中方案
3	情景 B_3	在 B_1 情景的基础上，强调产业结构快速调整，能源强度显著下降	基准情景	中方案	高方案	低方案	高方案
4	情景 B_4	在 B_1 情景的基础上，城镇化进程放缓，能源强度显著下降	基准情景	低方案	中方案	低方案	高方案
5	情景 B_5	在经济中速增长的同时，采取各项措施控制城镇化进程，加快产业结构调整，使能源强度显著下降	基准情景	低方案	高方案	低方案	高方案
6	情景 L_1	假设各种风险和挑战导致经济增长速度下降，低于情景 B；同时城镇化进程也以较低的速度推进	低增长情景	低方案	中方案	中方案	中方案
7	情景 L_2	在情景 L_1 的基础上，能源强度显著下降	低增长情景	低方案	中方案	低方案	高方案
8	情景 L_3	在情景 L_1 的基础上，强调产业结构快速调整	低增长情景	低方案	高方案	中方案	中方案
9	情景 L_4	在情景 L_1 的基础上，城镇化进程加快，能源强度显著下降	低增长情景	中方案	中方案	低方案	高方案
10	情景 L_5	在经济低速增长的同时，采取各项措施控制城镇化进程，加快产业结构调整，使能源强度显著下降	低增长情景	低方案	高方案	低方案	高方案
11	情景 H_1	在 B_1 情景的基础上，强调经济高速增长	高增长情景	中方案	中方案	中方案	中方案
12	情景 H_2	在 H_1 情景的基础上，强调城镇化进程减慢，产业结构快速调整	高增长情景	低方案	高方案	中方案	中方案
13	情景 H_3	在 H_1 情景的基础上，强调城镇化进程减慢，能源强度显著下降	高增长情景	低方案	中方案	低方案	高方案

续表

编号	情景	情景描述	经济增长(A)	城镇化(P)	产业结构(S)	能源强度(E)	研发产出(T)
14	情景 H_4	在 H_1 情景的基础上，强调产业结构调整加快，能源强度显著下降	高增长情景	中方案	高方案	低方案	高方案
15	情景 H_5	在经济快速增长的同时，采取各项措施控制城镇化进程，加快产业结构调整，降低能源强度	高增长情景	低方案	高方案	低方案	高方案

7.4　北京碳排放及碳强度预测

本节将系统利用情景分析法和 STIRPAT 模型对北京未来的碳强度展开系统的研究。作为一种重要的分析工具，情景分析的应用对象主要有以下 3 类：

1）未来分析：分析历史；从定性分析到定量规划；预测未来发展和变化趋势。

2）差距分析：预测发展；找到现状与未来的差距及未来不同情景之间的差距；分析填补差距的解决方案。

3）目标展开：提出需要，即"需要系列"的展开；实现需要而展开的目标设计，即"规划"展开。

本节将用情景分析法对不同发展情景下北京的碳强度展开预测，以期为相关决策的制定提供实证依据。

7.4.1　碳排放强度的预测

利用 STIRPAT 模型对北京二氧化碳排放强度进行预测，具体计算公式为

$$CI = e^{2.987+2.413\ln UL_t -0.437\ln A_t -0.101(\ln A_t)^2 +0.572\ln SI_t -0.092\ln ST_t +0.834\ln EI_t} \tag{7.5}$$

结合上述情景，表 7.10 利用式（7.6）对北京 2025 年、2030 年二氧化碳排放强度进行预测。预测结果显示：2025 年和 2030 年北京二氧化碳排放强度区间分别为 0.229～0.257 吨/万元和 0.179～0.215 吨/万元。

表 7.10　北京不同情景下碳强度预测

编号	情景	2025 年预测值（吨/万元）	2030 年预测值（吨/万元）
1	情景 B_1	0.257	0.209
2	情景 B_2	0.240	0.196
3	情景 B_3	0.241	0.193
4	情景 B_4	0.245	0.197
5	情景 B_5	0.235	0.188
6	情景 L_1	0.256	0.215
7	情景 L_2	0.253	0.215
8	情景 L_3	0.245	0.205
9	情景 L_4	0.257	0.212

续表

编号	情景	2025 年预测值（吨/万元）	2030 年预测值（吨/万元）
10	情景 L_5	0.240	0.198
11	情景 H_1	0.251	0.199
12	情景 H_2	0.234	0.186
13	情景 H_3	0.239	0.188
14	情景 H_4	0.235	0.183
15	情景 H_5	0.229	0.179

为了更直观地观察未来北京市在不同情景下的碳排放强度，图 7.5 给出了不同情景下北京市 2019、2025 和 2030 年的碳排放强度柱形图。从图中可以看出，北京市 2025 年的碳排放强度将在 2019 年的基础上大幅度地下降，主要原因在于北京正在进一步提升经济发展质量，降低化石能源消费和优化产业结构。因此，"十四五"期间，北京市的碳排放强度将进一步呈现出显著的下降，这为北京市提前实现碳达峰提供了重要基础。2030 年的碳排放强度将在 2025 年的基础上持续下降，但下降的幅度已经远远小于"十四五"期间的下降幅度。主要原因在于，随着经济发展质量的逐步提升以及节能减排政策的实施，北京市碳强度的下降潜力将逐渐减小，因而 2026—2030 年的下降幅度将明显减弱。

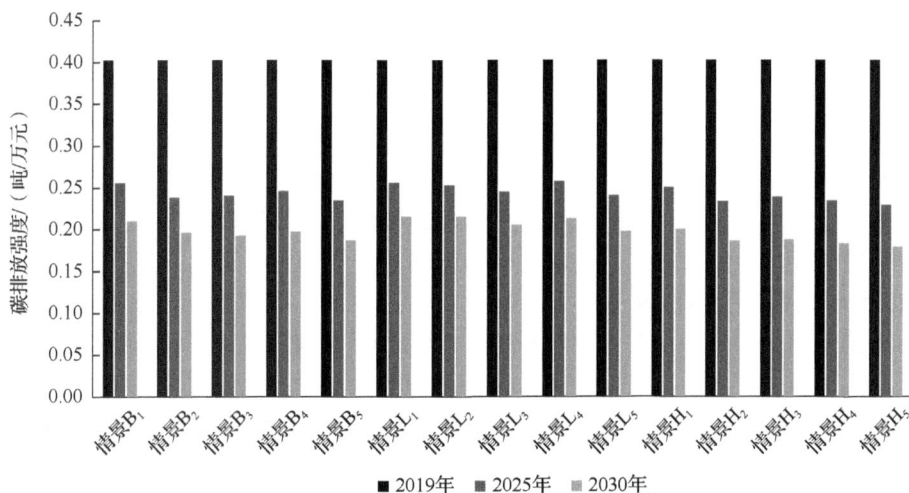

图 7.5　不同情景下北京市 2025 和 2030 年碳排放强度预测结果

与此同时，在 B_1 情景下，北京市 2025 年的碳排放强度最高，而在 H_5 情景下其碳排放强度最低。2030 年碳排放强度在 L_1 和 L_2 情景下最高，在 H_5 情景下最低，在不同的情景下，北京市的碳排放强度将存在一定的差异。

7.4.2　碳排放的预测

利用上述得到的北京二氧化碳排放强度预测值计算得到碳排放值（CE），具体计算公式为

$$CE = GDP * CI \qquad\qquad (7.7)$$

式中，CI 表示碳强度，单位为吨/万元。

　　结合上述情景，表 7.10 利用式（7.7）对北京 2025 年、2030 年碳排放进行测算。结果显示：2025 年和 2030 年北京碳排放区间分别为 6 480～7 432 吨/万元和 6 178～7 558 吨/万元。从北京不同情景下碳排放预测趋势图（图 7.6）可以看出，北京未来碳排放将呈现减速下降的趋势，碳排放达峰有望较早实现。

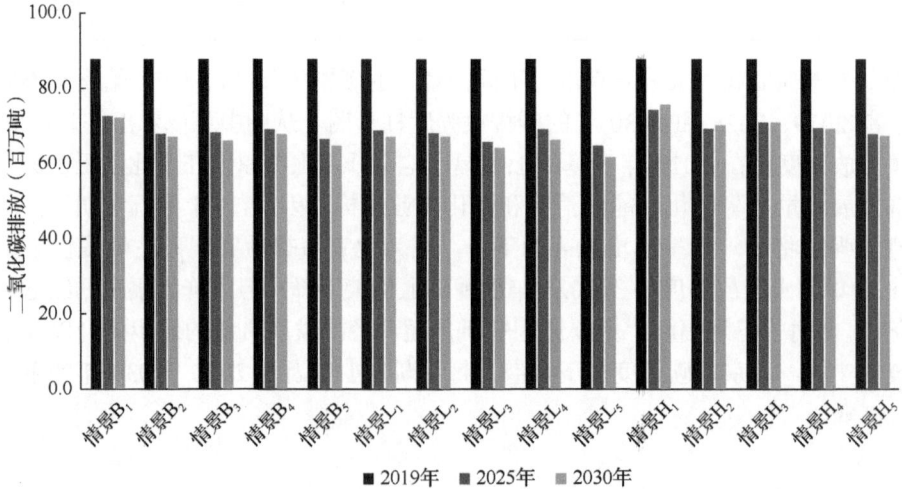

图 7.6　北京市不同情景下碳排放预测趋势图

　　具体地，根据 CEADs 数据的测算，北京市 2019 年的二氧化碳排放约为 8 820 万吨。根据本研究的预测结果，在 15 种情景下，北京市 2025 年的碳排放均低于 8 820 万吨，这意味着北京市将在 2021—2025 年期间实现碳达峰。这是可以理解的，北京市作为我国的经济发达城市，经济结构、技术水平和管理方法均优于全国大部分省份，因此北京市在 2025 年之前实现碳达峰是完全合理的。特别地，在 L_5 情景下，北京市 2025 年的二氧化碳排放水平最低，仅约为 6 178 万吨，而在 H1 情景下，其 2025 年的二氧化碳排放最高，达到 7 432 万吨。同时，北京市 2030 年的二氧化碳排放水平与 2025 年没有明显的差异，这可能是二氧化碳实现达峰的平台期，在这期间，二氧化碳排放水平将保持在一个相对稳定的水平。

7.5　北京碳强度目标实现情况实证分析

　　《北京市国民经济和社会发展第十四个五年规划和二〇三五年远景目标纲要》中提出北京市"十四五"期间的单位地区生产总值的碳排放降幅须达到国家约束条件，而《中华人民共和国国民经济和社会发展第十四个五年规划和二〇三五年远景目标纲要》中提出 2025 年的单位国内生产总值的碳排放需要在 2020 年的基础上降低 18%。为此，我们假设北京 2025 年的碳排放强度也要在 2020 年的基础上降低 18%。接下来，我们将分析在不同情景下北京市完成"十四五"的减排目标的可能性。

　　由于没有获取到北京市 2020 年的碳排放强度数据,图 7.7 给出了在不同情景下北京市 2025 的碳排放强度相对于 2019 年的下降幅度。从图中可以发现,本研究设定的 15 种情景均可实现 18% 的碳强度减排目标。其中,在情景 H_5 下,碳排放强度下降的幅度最大,超过了 42%,其次是情景 H_2,在该情景下,北京市 2025 年的碳排放强度下降幅度也超过了 41%。同时,从图 7.5 中可以发现,在碳强度下降幅度排名前五的情景中,有 3 个是经济高速增长情景。这说明北京市发展经济是有利于促进碳排放强度减排的。这是由于随着经济的高质量发展,产业结构、技术水平、减排能力和管理理念都将进一步提升,从而促进了碳排放强度的减排。与此相反,在情景 L_4 下,碳排放强度的下降幅度最小,不足 36%。同时,在碳强度下降幅度排名后五的情景中,有 3 个是经济低速增长情景。这进一步验证了经济发展可以促进碳排放强度减排这一结论。

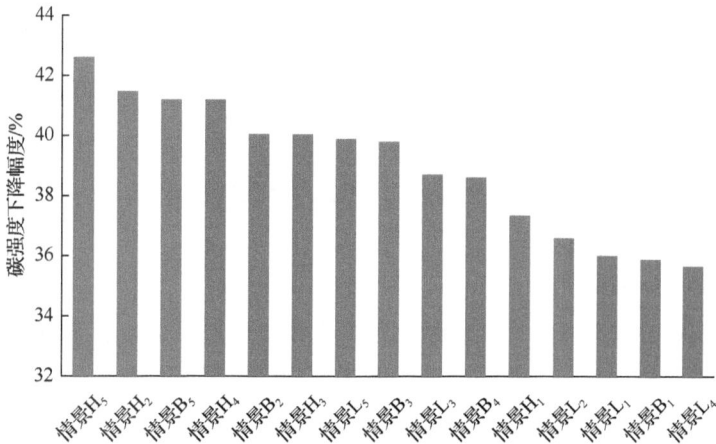

图 7.7　不同情景下北京市 2025 年碳强度目标完成情况

　　尽管本研究预测的北京市 2025 年的碳强度在 2019 年的基础上下降的幅度较大,但是结论是合乎情理的。近年来,北京市在持续提升经济发展质量,大力开展节能减排和生态文明建设,其碳强度持续呈现大幅下降的趋势。通过计算发现,北京市 2005 年的碳排放强度约为 1.337 吨/万元(2005 年价格),而 2010 年每万元地区生产总值的碳排放为 0.872 吨,在 2005 年的基础上下降幅度约为 34.3%;2015 年每万元地区生产总值(2005 年不变价)的碳排放约为 0.542 吨,在 2010 年的基础上下降幅度约为 37.8%;2019 年的碳排放强度约为 0.403 吨/万元(2005 年不变价),在 2015 年的基础上的降幅约为 25.8%。因此,北京市的绿色低碳发展近年来取得了显著的成效,碳排放强度呈现出大幅下降的趋势。

　　图 7.8 展示北京市 2030 年的碳排放强度在 2025 年的基础上下降的幅度。从图中可以发现,在 15 种情景中,北京市 2030 年的碳排放强度在 2025 年的基础上下降的幅度远远小于“十四五”期间的碳排放强度的下降幅度。具体地,在情景 B_1 和 L_4 中,北京市 2030 年的碳排放强度下降幅度最大,超过了 20%,而在情景 L_5 中,北京市 2030 年的碳排放强度下降幅度最小,仅为 15% 左右。主要原因在于随着过去几十年碳排放强度的逐渐下降,其下降的潜力逐渐减小,因而下降的幅度在逐渐缩小。相关结论对北京市制定经济和社会发展第十五个五年规划具有一定的参考意义。

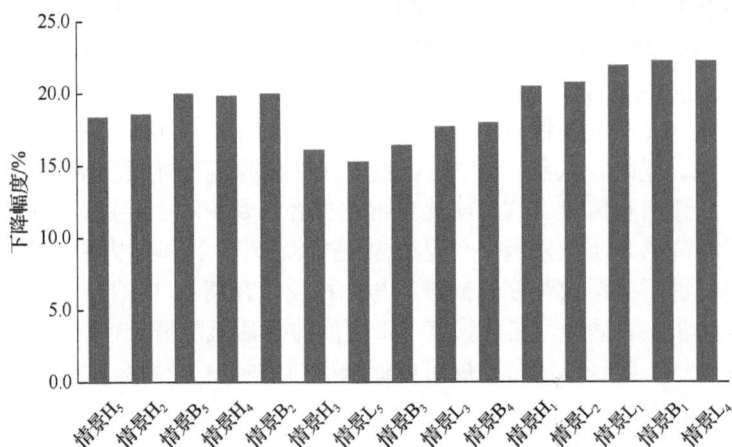

图 7.8　不同情景下北京市 2030 年碳强度较 2025 年的下降幅度

7.6　北京实现碳强度目标的路径选择及政策启示

北京"十二五""十三五"期间节能减排的突出表现给北京未来碳强度目标的实现奠定了良好的基础，但产业结构调整的逐步到位和城市人口规模的不断扩大又给北京未来实现碳强度目标带来挑战。结合对北京未来碳强度情况的预测和分析，我们为政策制定者提供以下几点路径选择的建议。

7.6.1　转变经济增长模式，力争经济高速增长

根据前面的分析发现，"十四五"期间，碳排放强度下降幅度排名前五的情景中有 3 个是经济高速发展情景，而在排名后五的情景中有 3 个是经济低速增长情景。由此可知，无论是在短期还是在中长期，经济的高速发展都有利于北京碳强度的下降，因此，矢志不渝地保持经济快速增长是实现碳强度大幅度下降的首选路径。

当前经济形势变化剧烈而复杂，充满不确定性。从国际环境来看，全球经济增长放缓，全球性通货膨胀严重，国际大宗商品价格出现剧烈波动，世界贸易增长速度下降，各主要经济体均步入低迷与衰退状态。国内经济也不容乐观，宏观调控力度不断加大，股市、房市趋冷，出口增长速度下降，加上国内市场经济体制的体制性、结构性矛盾，严重影响了北京乃至我国的经济。因此，如何保持经济增长将是一项艰巨的任务。经济学理论认为，保持经济增长主要靠"三驾马车"拉动，即投资、消费、出口。然而，随着国际政治环境的不稳和中日、中美关系的趋紧，北京的大量贸易企业受影响较大，出口调节的空间有限，政策制定者更应关注投资、消费的调节。因此，要保持未来经济的持续增长就必须转变原有的经济方式，从原来的出口导向型的经济模式转向内需拉动型的经济增长模式，也就是要启动内需，即投资和消费。首先，应加大医疗卫生、文化教育、社会保障、基础设施等的民生投资，这在国家和北京市"十二五""十三五"规划中都有涉及，这些投资不仅可以促进经济的发展，还可以提高人民的生活水平，维持社

会稳定，也因为其投资主体是政府，所以成为启动投资的首要途径。当然，在民生投资启动的同时，生产性的投资和资产投资也要启动，使社会总投资拉动经济快速增长。其次，为了实现经济的可持续发展，在增加投资的同时必须扩大消费，这也是我国各级政府在过去几年一直提倡的方式，主要的途径有通过提高收入增强收入性消费，通过完善信贷制度增强信贷性消费，通过传递正确的市场信息增强预期性消费等。

7.6.2　加强产业结构调整，促进工业绿色转型

若北京经济实现高速增长，在强调加速产业结构调整、控制城市人口规模和能源强度的情况下（情景 H_5），北京 2025 年的碳强度可在 2019 年的基础上降低 42.6%，高于此经济增长模式下的其他情景；若"十四五"期间北京经济实现中速增长，则在强调加速产业结构调整、控制城市人口规模和能源强度的情况下（情景 B_5），北京 2025 年的碳强度可在 2019 年的基础上降低 41.2%，也高于此经济增长模式下的其他情景；若北京经济在各项增长阻力下处于低速增长，则在强调加速产业结构调整、控制城市人口规模和能源强度的情况下（情景 L_5），北京 2025 年碳强度可在 2019 年的基础上降低 39.9%，也高于经济低速增长下的其他情景。由此可知，无论北京未来经济处于何种发展状态，持续扩大第三产业占比、降低第二产业占比以加速产业结构调整，以及控制城市人口比例以合理推进城镇化进程都是北京未来实现碳强度大幅度降低的重要抓手。

进入 21 世纪以来，北京的产业结构经历了比较大的变化（图 7.9），从长期的变动趋势来看，三大产业之间的比例关系有了明显的改善，产业结构日趋合理，到 2020 年北京第二产业占比为 15.8%，第三产业占比为 83.9%，尽管第三产业的比重已经超过了一些发达国家的典型城市，但第二产业的比重仍有一定的下降空间，产业结构可以进一步优化。

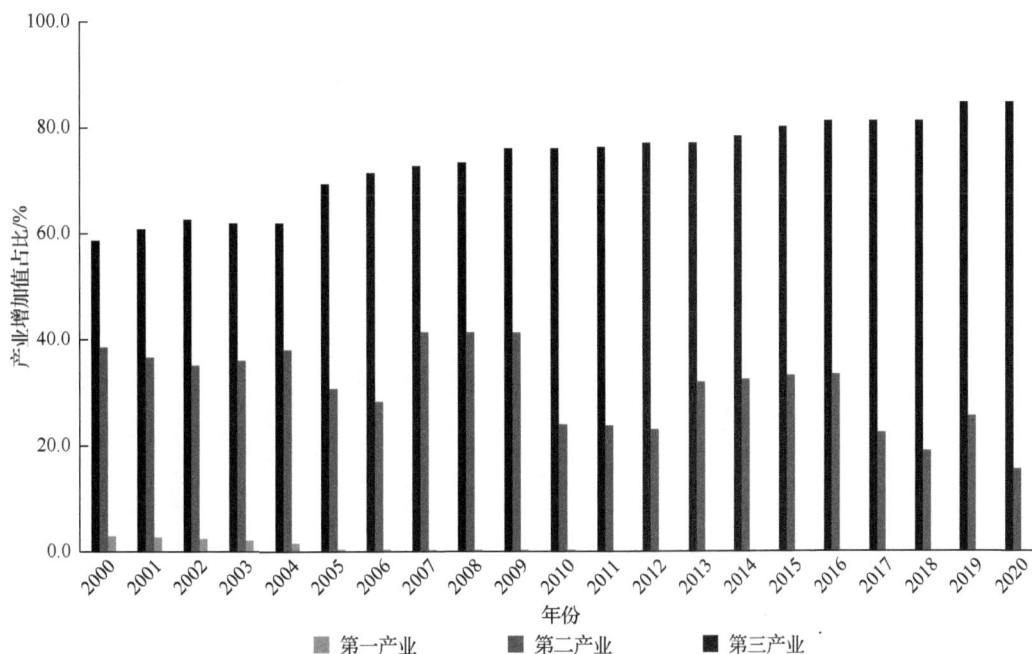

图 7.9　北京市产业结构历史变化情况

产业结构的调整是必须坚持的发展之路，但随着产业结构调整的逐步到位，以工业退出和限产措施来促进节能减排的空间日趋缩小，除传统的产业结构调整模式外，还应积极探索新的产业升级模式，而促进工业绿色转型可为北京未来节能减排开辟一条新路径。工业绿色转型是指以资源集约利用和环境友好为导向，以绿色创新为核心，坚持走新型工业化道路，实现工业生产全过程的绿色化和可持续发展，获得经济效益与环境效益的双赢。工业绿色转型强调"通过有益于环境或与环境无对抗的经济行为，共同提升经济效益与环境效益，实现可持续增长"。从其内涵来看，绿色转型是工业迈向"能源资源利用集约、污染物排放减少、环境影响降低、劳动生产率提高、可持续发展能力增强"的过程。除此之外，低碳经济、循环经济、产业集群等发展模式都为北京实现产业结构的优化升级提供了新模式。

7.6.3　加强新农村建设，合理控制城镇化进程

根据前文的回归分析，城镇化水平与碳排放强度之间存在显著的正的相关性，城镇化水平的提升将一定程度上增加碳排放强度。同时，通过对不同情景的碳排放强度下降幅度的分析发现，在强调加速产业结构调整和控制城镇人口规模共同作用下，碳强度可以得到最大限度的降低。因此，在加强产业结构调整、促进工业绿色转型的同时，合理控制城镇化发展速度才是北京降低碳强度的最有效路径。1991—2010年，北京城镇化水平不断上升。如图7.10所示，城镇人口占总人口的比例由2000年的77.5%上升到2020年的87.6%。无论是二氧化碳排放总量还是碳强度，城镇化进程都是其主要的驱动因素，因此，控制城镇化进程对于缓解温室气体排放与实现碳强度目标都大有裨益。

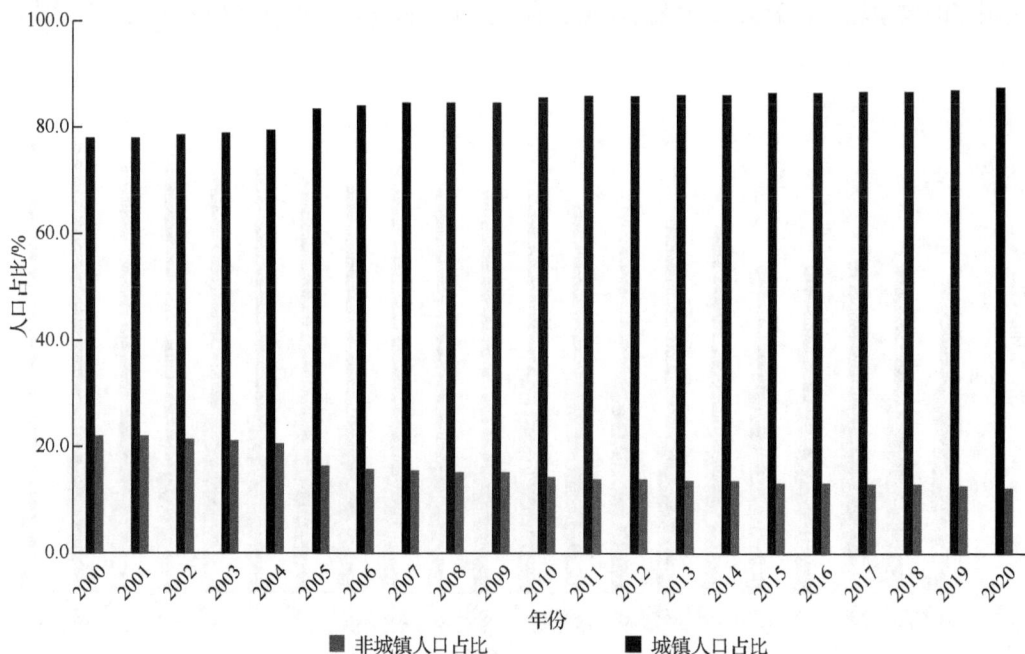

图 7.10　北京城镇人口与非城镇人口对比

数据来源：《北京市统计年鉴 2011》。

城镇化进程使得城市的规模进一步加大，既有利于经济的发展，又提高了居民的生活水平，因此，世界各国正不断努力提高自己的城镇化水平。高速的城镇化进程对于发达国家而言是好事，但由于我国还处于初级发展阶段，市场机制还没有完全成熟，资源配置还没有实现最优化，所以不能一味地追求城镇化进程。同时，城镇化进程带来的社会问题也逐渐受到关注，甚至从 20 世纪 70 年代以来，许多发达国家及一些大城市中心市区和郊区人口逐渐向外迁移，迁向离城市更远的农村和小城镇，出现了与城镇化相反的人口流动的现象，即逆城镇化现象。北京近几年的城镇化水平已经接近甚至超过了世界许多发达国家的水平，并远远高出世界平均水平（表 7.11）（World Bank，2020），这种城镇化的水平和速度所带来的社会、环境等问题必须受到关注。

表 7.11　北京与主要发达国家及世界平均城镇化水平

年份	城镇化水平/%					
	北京	美国	英国	日本	韩国	世界平均
2016	86.76	81.86	82.89	91.46	81.56	54.37
2017	86.93	82.06	83.14	91.53	81.50	54.83
2018	87.09	82.26	83.40	91.62	81.46	55.28
2019	87.35	82.46	83.65	91.70	81.43	55.72
2020	87.55	82.66	83.90	91.78	81.41	56.16

要想合理控制城镇化进程，就要结合北京发展的实际，统筹城乡发展，推进郊区城镇化进程，实现城区与郊区的统一规划；积极促进区域协调发展和整体生态环境的改善，引导人口合理分布，通过疏散中心城的产业和人口，促进人口向新城和小城镇甚至新农村集聚；大力提高全市人口素质，增强其环境保护意识，提高资源利用效率，努力实现现有城市人口碳排放的下降。

从农村发展的角度考虑，我国要加快推进社会主义新农村建设，留住更多农村人口甚至吸引城市人口。在新农村建设中，必须首先积极发挥基础设施的先导作用，保障农村结构布局的顺利实现，促进农村功能的完善。充分挖掘现有设施潜力，逐步改造、完善基础设施系统，提高服务水平。积极推动农村居民点的基础设施配套建设，因地制宜，逐步建立符合农村地区经济社会发展水平与规律的基础设施服务体系。同时，还要发展现代农业，拓宽农民增收渠道，完善农村发展体制机制等，通过一系列措施促进城乡区域协调发展，构建城乡一体、多点支撑、均衡协调的城市发展格局。最终处理好经济建设、城镇化进程与资源利用、生态环境保护的关系，实现人与自然的和谐相处。

7.7　主要研究结论

随着工业经济的发展，碳排放已经成为全球经济增长的新约束和人类生存发展必须面对的限制。在 2015 年的巴黎气候变化大会上，我国政府提出要在 2030 年前实现碳达峰，并尽可能提前达峰的目标，此后进一步提出要在 2060 年前实现碳中和，并将其作为约束性指标纳入今后中长期的国民经济和社会发展规划，这是我国未来应对气候变化、开展节能减排的总体目标和行动纲领。北京正处于经济发展和社会转型的关键时期，资源环境的约束与经济高速发展之间的矛盾日益突出。而且，经过"十一五"、"十二五"和"十三五"期间的产业结构调整，北京未来落后产能的淘汰空间逐渐减少，选择何种路径进一步深化节能减排工作、实现碳强度目标成为当前亟待解决的问题。

针对目前北京面临的节能减排热点问题，相关理论研究又相对不足的现实，本章在对北京经济社会实证调研的基础上，结合北京社会经济领域的碳强度特点，围绕北京的碳排放强度减排问题，综合运用低碳经济学和能源经济学等相关理论，采用多学科交叉的研究方法，分析了影响北京二氧化碳排放强度的主要因素，以及北京实现未来不同时期碳强度目标的情况。具体地，本章主要完成以下几个方面的研究工作。

1）在大规模数据调研的基础上，利用改进的 STIRPAT 模型定量分析了城镇化水平、经济水平、工业占比、第三产业占比和能源强度对二氧化碳排放强度的影响。为了克服变量间的多重共线性，选取北京 2000—2019 年的数据进行 PLS 回归，并使用 VIP 指标探讨了各影响因素的重要性程度，在此基础上为北京降低二氧化碳排放强度提出了相关的政策建议。研究结果认为：城镇化水平、经济水平、工业占比、第三产业占比和能源强度是影响二氧化碳排放强度的主要因素，其中，城镇化水平、能源强度和工业占比对北京二氧化碳排放强度有正向影响，第三产业占比和经济水平的影响显著为负，即第三产业占比和经济水平的提高对碳排放强度具有显著的抑制作用。从重要性上看，能源强度的重要性最高，对碳强度的解释作用最强，其次是工业占比。与其他影响因素相比，经济水平的平方项对二氧化碳排放强度的解释作用最弱，而第三产业占比对二氧化碳的排放具有显著的抑制作用。另外，虽然城镇化水平对二氧化碳排放强度的解释作用较弱，但其对二氧化碳排放强度具有正向的影响。因此，在"十四五"期间北京应该适当控制城镇化的进程。随着人均 GDP 的增长，北京二氧化碳的排放强度并没有出现环境库兹涅茨曲线，而是随着经济的增长呈现加速下降的趋势。因此，持续提升经济发展质量、提升人均 GDP 有助于降低二氧化碳排放强度。

2）基于以上结果，建议政策制定者考虑从调节产业结构、合理控制城镇化规模和提高能源利用效率等方面探索减少北京市碳排放强度的路径。通过对北京市未来各个碳强度影响因素的合理预测，并利用北京的 STIRPAT 回归方程及碳强度公式对北京未来碳排放量及碳强度情况进行了研究，结果显示：在不同情景下，北京市未来的碳排放强度均呈现出下降的趋势。2025 年北京二氧化碳排放强度应在 0.229～0.257 吨/万元，2030 年会在 0.179～0.215 吨/万元，在 2025 年的基础上呈现出了进一步下降的趋势，且未来一段时间北京的二氧化碳排放总量呈现加速下降的趋势，北京市有望在 2025 年之前实现碳排放达峰。

3）通过专家访谈、历史数据递推和政策法规及规划的综合分析对北京市的未来城市发展设置了 15 种情景，并对北京未来碳强度实现情况进行情景分析。研究结果表明，设定的 15 种情景均可实现"十四五"期间碳强度大幅下降，而经济水平的提升可以促进二氧化碳排放强度的减排，因此，经济的增长和碳强度减排目标的实现并非背离。针对北京而言，经济的增长促进了碳强度目标的实现，北京未来的发展仍要以不断促进经济增长为前提。不管北京未来经济处于何种增长状态，产业结构的加速调整和城镇化进程的放缓都是其未来发展的必选路径。从研究结果来看，北京 2025 年的碳强度在 2019 年的基础上降低的幅度远远超过了 18%，而在"十五五"期间，由于减排潜力的下降，碳强度的下降幅度将逐渐下降，远远低于"十四五"期间的下降幅度。

4）在对北京市的未来城市发展情景分析的基础上提出了北京实现碳强度减排的路径选择方案和政策建议。无论是在短期还是在中长期，经济的高速发展都有利于北京碳强度的下降，因此，矢志不渝地保持经济稳速增长是实现碳强度目标的必经路径。保持经济增长主要靠投资、消费、出口，然而随着金融危机的持续爆发，北京的大量贸易企业受影响较大。因此，要保持未来经济的持续增长的实际问题就是经济方式的转变，从原来的出口导向型的经济模式转向内需拉动型的经济增长的模式。无论北京未来经济处于何种发展状态，持续扩大第三产业占比、降低第二产业占比以加速产业结构调整和控制城市人口比例以合理推进城镇化进程是北京未来实现碳强度大幅度降低的必经之路。产业结构的调整是必须坚持的发展之路，但随着产业结构调整的逐步到位，以工业退出和限产措施来促进节能减排的空间日趋缩小，除传统的产业结构调整模式外，还应积极探索新的产业升级模式，而促进工业绿色转型，采用低碳经济、循环经济、产业集群等发展模式可为北京未来节能减排开辟一条新路径。要合理控制城镇化进程，就要结合北京发展的实际，统筹城乡发展，加快推进社会主义新农村建设，留住更多农村人口甚至吸引城市人口。

7.8 本 章 小 结

本章的研究是对碳强度减排实现路径的一种有益探索，对推动北京产业结构调整、明确"十四五"期间的节能减排路径有着较强的指导作用，在建设资源节约、环境友好型社会方面具有广泛的应用前景。一方面，本章通过分析和探索北京碳强度减排的实现路径，对于政府了解北京温室气体排放现状和水平、进行产业结构调整、制定节能减排政策具有较强的应用价值。另一方面，开展实现碳强度减排政策分析和路径选择的研究，一定程度上丰富了低碳经济和节能减排的相关理论，为以后碳排放和碳强度等相关研究的开展提供有益的参考。

第8章　基于投入产出模型的我国煤炭产业链演化趋势研究

降低煤炭在能源消费中的比重是控制二氧化碳排放、优化能源结构的重要举措之一。然而，煤炭作为一种重要的能源资源，为许多产业的发展提供了重要的支撑，降低煤炭的占比。势必对相关产业的发展造成一定的影响。为此，本章将基于投入产模型系统分析煤炭产业链的演化趋势，并评估不同产业链之间的经济距离，以期为相关产业链在降低煤炭消费的大背景下实现产业链发展的平稳发展与转型提供理论依据。

8.1　煤炭产业链及其范围的界定

煤（炭）是指植物遗体在覆盖地层下，压实、转化而成的固体有机可燃沉积岩。煤炭资源是我国能源系统的重要组成部分，为我国社会经济的发展提供了源源不断的动力。作为长期以来我国的第一大能源，煤炭产业的发展与我国经济、社会、政治、生态密切相关。我国资源禀赋的特点是"富煤、贫油、少气"，这一特点决定了煤炭资源在我国的一次能源生产和消费中将占据主导地位且短期内不会改变。最近几年煤炭占我国能源消费总量的比例为 65%左右。中国统计年鉴的相关数据显示，在相当长的一段时间里，煤炭都是我国经济发展所依靠的基础能源，煤炭工业显现出无以替代的战略地位。

然而，进入"十二五"以来，受到我国经济增长速度下滑、生态环境问题日益恶化、节能减排政策约束、煤炭产能过剩，以及太阳能、风能等可再生能源技术的提升等因素的综合影响，煤炭资源的消费增长速度放缓，全社会煤炭库存增加，煤炭价格持续下滑，亏损和经营困难企业的数量持续增加，全行业利润大幅下降。

对各种煤炭的开采、洗选、分级等生产活动构成煤炭开采和洗选业，简称煤炭行业。煤炭行业直接的下游行业通常包括火电行业、钢铁行业、建材行业和化工行业，这四大行业耗煤合计占比超过 80%。其中，火电行业占煤炭消费的比例为 53%，钢铁行业占煤炭消费的比例为 18%，建材行业占煤炭消费的比例约为 14%，化工行业占煤炭消费的比例约为 3%。循着煤炭的直接下游行业继续分析，可追踪到煤炭消费的最终端：基础建设和房地产。房地产和基础建设耗煤量占比高达 20%，其中，房地产耗煤占全国煤炭消费量的 11%，基础建设耗煤占全国煤炭消费量的 9%。

国外学者对煤炭的研究主要集中在采选业、煤炭产业的绿色供应链及采选业经营方面。国内学者对煤炭的研究主要集中在煤炭产业链的发展模式、煤炭产业与循环经济和煤炭产业链效率评估 3 个方面。

8.2　产业链与产业关联的概念及内涵

产业链是产业经济学中的一个重要概念，主要用于研究产业间的差异。产业链分析的目的是确定某个产业在产业链中所处的产业环节，根据产业所处的产业环节及上下游的合作产业分析该产业的发展情况，并帮助该产业找到富有价值和发展前景的业务或合作部门。

8.2.1　产业链的概念

由于产业链本身概念的模糊性和内涵的复杂性，不同的学者从不同的专业背景出发，给出的产业链定义也各不相同。

简新华（2009）认为，产业链是各产业部门在社会经济活动过程中依据前向联系和后向联系的相互作用而构成的。李心芹等（2004）认为，所谓产业链，是指在某一个区域内，以某个产业部门中具有核心竞争力的企业为核心，与其他产业以产品、土地等生产要素为纽带所构成的具有价值增值功能的关系链。芮明杰和刘明宇（2006）认为，从采购原材料开始，经过中间生产加工过程将原材料转换为产品，最终将产品销售给用户所组成的功能网络构成了产业链。其他学者也对产业链进行了定义，在此不一一列举。

刘贵富（2006）对产业链理论进行了研究，他分析了现有产业链的结构组成，并以此为基础，通过对产业链具备的组织性质进行分析，并结合各学者提出的产业链定义，提出了一个比较全面的产业链定义，即产业链是同一产业或不同产业中的企业，将产品作为对象，将投入产出经济联系作为纽带，将产品价值增值作为导向，将满足用户需求作为最终目标，按照特定的逻辑联系和时空布局而形成的一个前后关联的动态的链式中间组织。

8.2.2　产业关联的概念及内涵

在社会经济活动过程中，各产业部门之间不可避免存在着广泛而复杂的联系，这种以各种投入品和产出品为连接纽带的技术经济联系称为产业关联（李孟刚和蒋志敏，2012）。

产业关联从不同的角度可以划分为以下 3 种。

1）前向关联与后向关联。前向关联就是某产业通过供给或分配联系与各产业部门发生的关联，后向关联就是某产业通过需求联系与各产业部门发生的关联。前向关联可以通过计算感应度系数来测定，后向关联可以通过计算影响力系数来测度。

2）单向关联与环向关联。单向关联是指产业链中上游产业为下游产业提供原材料或产品以确保下游产业生产时的直接消耗，但下游产业的产品不再作为原料返回上游产业。环向关联是指上游产业为下游产业提供原材料或产品以确保下游产业生产时的直接消耗，同时下游产业的部分产品也会作为原料返回到上游产业。

3）直接关联与间接关联。直接关联是指产业链中两个产业之间存在着直接提供产品或技术的联系。间接关联是指产业链中两个产业本身不发生直接的生产技术联系，而是通过其他产业才会发生的关联关系。直接关联关系可以通过计算直接消耗（分配）系数来测度，间接关联关系可以通过计算间接消耗（分配）系数来测定。关于产业关联关系的测度中，最主要的是对前向关联与后向关联的测度，这也是学者研究最多的一个方向，但是这些方法侧重分析两个产业的关联关系，难以构造某一个产业的产业链。为了解决这个问题，荷兰投入产出学家 Dietzenbacher 等（2005）提出了平均产业距离（average propagation length，APL）模型。下面将详细介绍该模型。

8.3　基于 APL 模型的产业间经济距离的测度

APL 模型通过测度两个产业部门相隔的平均中间环节数目来测度产业间的平均经济距离，该数值越小，则这两个部门的经济距离越短；反之，则这两个部门的经济距离越长（孙军伟，2016）。

8.3.1　投入产出模型的基本理论

投入产出技术是由美国经济学家华西里·列昂惕夫（Wassily Leontief）在 1936 年前后首先提出的数量分析方法。投入产出分析是将投入和产出同时放在一起进行分析的经济数量方法。所谓投入，是指某个系统中的某个环节进行某项活动时所需要的消耗。例如，生产系统中的投入是指产品生产经营过程中所消耗的原材料、辅助材料、燃料、办公用品、服务、电力、运输、劳动力等。投入分为初始投入和中间投入两个组成部分，初始投入是指生产过程中对初始要素，如对固定资产、劳动等的消耗，即固定资产折旧、从业人员报酬等；中间投入是指各部门生产过程中对本部门及其他部门的需求，如对材料、动力和劳动等的消耗。投入产出技术中的产出是指社会生产的成果（包括各种物质产品和服务）的使用去向，如生产系统进行生产的结果是为各部门提供物质产品或服务（陈锡康等，2011）。

投入产出模型根据不同的计量单位可以分为价值型模型和实物型模型两种类型。按照其他的分类标准和原则，投入产出模型也可以划分为其他多种模型，但是最基本的模型依然是静态价值型投入产出模型（简称价值模型），它是其他各种投入产出模型产生和应用的基础。列昂惕夫首先提出了价值模型，并对该模型的基本原理进行了较为完整和全面的论述。本章以价值模型为主要研究方法，所以将对该模型进行详细介绍。

1. 价值型投入产出表的构成

在价值型投入产出表中，整个国民经济体系被划分为若干部门，并以货币作为计量单位，所以它比实物型投入产出表包括的范围更大。价值型投入产出表的结构如表 8.1 所示。

表 8.1　价值型投入产出表的结构

投入		产出				总产出
		中间使用	最终使用			
		1 2…n	最终消费	资本形成	净出口	
中间投入	1 2 ⋮ N	I Z_{ij}	II f_i			x_i
初始投入	固定资产折旧 劳动者报酬 生产税净额 营业盈余	III v_j	IV			
总投入		x_j				

（1）第 I 象限

第 I 象限是中间产品矩阵，又称为中间流量矩阵。从水平方向看，该象限是中间投入象限；从垂直方向看，该象限是中间使用象限。水平方向和垂直方向上的部门名称、部门数量及部门的排列顺序完全相同，从而构成一个方阵。

第 I 象限的元素用 Z_{ij} 表示。从水平方向看，Z_{ij} 表示第 i 部门的产品分配给第 j 部门作为生产使用的数量；从垂直方向看，Z_{ij} 表示第 j 部门进行社会生产对第 i 部门产品的需求数量。第 I 象限是投入产出表的基本象限，它反映了国民经济中各部门之间重要的经济技术关系，部门间的联系受部门划分和价格变动的影响。投入产出表的规模是由第 I 象限的维度来表示的。

（2）第 II 象限

第 II 象限是最终使用象限，又称为最终需求象限。从表 8.1 中可以看出，该象限是中间产品矩阵在水平方向上的延伸，而在垂直方向上为最终使用，即已退出当前生产过程的产品。该象限元素用 f_i 表示。

（3）第 III 象限

第 III 象限是初始投入象限，又称为增加值象限。从表 8.1 中可以看出，该象限是中间产品矩阵在垂直方向上的延伸，而在水平方向上为初始投入，该象限反映增加值的项目构成和部门构成。该象限元素用 v_j 表示。

（4）第 IV 象限

第 IV 象限是由第 II 象限和第 III 象限共同延伸组成的，称为再分配象限。顾名思义，该象限理论上是反映增加值经过分配和再分配，形成各部门的最终收入后，这些最终收入用于何种最终使用的情况。显然，一个象限无法承载如此多的经济内容，因此，它只是一个理论象限。目前编表一般将该象限略去。

2. 静态价值型投入产出模型的推导

（1）行平衡关系

把价值表的第 I 象限和第 II 象限联系起来，反映产品的分配使用情况，即某一部门产品分配到用于中间使用及最终使用的情况。对于每个部门都有如下行向平衡关系：中间使用+最终使用=总产出。

用表 8.1 中的符号可将方程组表示为一般形式：

$$\sum_{j=1}^{n} z_{ij} + f_i = x_i \quad (i = 1, 2, \cdots, n) \tag{8.1}$$

式中，i 表示行向部门；j 表示列向部门；$\sum_{j=1}^{n} z_{ij}$ 表示第 i 部门提供给各部门用于中间生产消耗的数量和，即中间产品数量。

（2）列平衡关系

把价值表的第 I 象限和第III象限联系起来，反映产品部门的各种投入情况，即某一部门进行生产等活动需要的来自中间投入和初始投入的构成情况。对于每个部门都有如下列平衡关系：中间投入+初始投入=总投入。

用表 8.1 中的符号可将方程组表示为一般形式：

$$\sum_{i=1}^{n} z_{ij} + v_j = x_j \quad (j = 1, 2, \cdots, n) \tag{8.2}$$

式中，i 表示行向部门；j 表示列向部门；$\sum_{i=1}^{n} z_{ij}$ 表示第 j 部门在生产活动过程中对各部门的消耗数量之和。

对式（8.1）、式（8.2）所示方程组求和分别可得（孙军伟，2016）

$$\sum_{i=1}^{n} \sum_{j=1}^{n} z_{ij} + \sum_{i=1}^{n} f_i = \sum_{i=1}^{n} x_i$$

$$\sum_{j=1}^{n} \sum_{i=1}^{n} z_{ij} + \sum_{j=1}^{n} v_j = \sum_{j=1}^{n} x_j$$

因为 $\sum_{i=1}^{n} \sum_{j=1}^{n} z_{ij} = \sum_{j=1}^{n} \sum_{i=1}^{n} z_{ij}$，$\sum_{i=1}^{n} x_i = \sum_{j=1}^{n} x_j$，所以

$$\sum_{i=1}^{n} f_i = \sum_{j=1}^{n} v_j \tag{8.3}$$

从式（8.3）可以看出，价值表中第 II 象限元素之和等于第III象限元素之和，即全社会最终使用的价值与社会各部门的增加值之和即 GDP 相等。但是，对于任何一个单独的部门而言，该部门的最终使用与该部门的增加值并不一定相等，即 $f_k \neq v_k (k = 1, 2, 3, \cdots, n)$，因为一般情况下，任何一个部门的中间投入量 $\sum_i z_{ij}$ 并不一定等

于该部门的中间需求量 $\sum\limits_{j} z_{ij}$ 。

（3）直接消耗系数

直接消耗系数是价值模型中的一个重要概念，用 a_{ij} 表示，其经济意义是生产单位 j 总产出对 i 产品的直接消耗量，计算公式为

$$a_{ij} = \frac{z_{ij}}{x_j} \quad (i, j = 1, 2, \cdots, n) \tag{8.4}$$

式中，z_{ij} 表示 i 部门对 j 部门的投入量；x_j 表示 j 部门的总投入量。

直接消耗系数反映了国民经济各产品部门之间的生产联系，这些联系是通过中间投入或者中间消耗发生的。从直接消耗系数的定义及经济意义上分析可知：$0 \leqslant a_{ij} < 1$ $(i, j, = 1, 2, 3, \cdots, n)$ 且 $\sum\limits_{i=1}^{n} a_{ij} < 1$，$a_{ij} < 0$ 或者 $a_{ij} \geqslant 1$ 都不能从现实经济意义上解释，所以不存在这两种情况。将所有部门的直接消耗系数用矩阵形式可表示为以下形式：

$$A = \begin{bmatrix} a_{11} & a_{12} & \cdots & a_{1n} \\ a_{21} & a_{22} & \cdots & a_{2n} \\ \vdots & \vdots & & \vdots \\ a_{n1} & a_{n2} & \cdots & a_{nn} \end{bmatrix}$$

（4）列昂惕夫模型

由直接消耗系数的计算式（8.4）得到

$$z_{ij} = a_{ij} x_j$$

将其代入式（8.1）中可得

$$\sum_{j=1}^{n} a_{ij} x_j + f_i = x_i \quad (j = 1, 2, \cdots, n) \tag{8.5}$$

令

$$X = [x_1, x_2, \cdots, x_n]^{\mathrm{T}}, \quad F = [f_1, f_2, \cdots, f_n]^{\mathrm{T}}$$

则方程组（8.5）可以用矩阵形式表示为

$$AX + F = X \tag{8.6}$$

式（8.6）是投入产出法中最基本的公式，是利用静态价值型投入产出模型进行一系列计算和分析的基础，该方程组变换得到

$$X - AX = F, \quad (I - A)X = F$$

由于 A 是非负元素矩阵且矩阵 A 的列和小于 1，从数学上可以证明 $I - A$ 可逆，于是

$$X = (I - A)^{-1} F \tag{8.7}$$

式（8.7）称为列昂惕夫模型，是投入产出方法中最为重要的公式，其中 I 为单位矩形。为了纪念列昂惕夫，$(I - A)^{-1}$ 被称为列昂惕夫逆矩阵，将其记为

$$B = (I - A)^{-1} \tag{8.8}$$

（5）直接分配系数

直接分配系数是一个部门的产品分配给各部门用于中间生产和提供给社会最终使用的数量占该部门总产出的比例，用 h_{ij} 表示。它是从投入产出表的行向进行考察的，其计算式为

$$h_{ij} = z_{ij} / x_i \quad (j = 1, 2, \cdots, n) \tag{8.9}$$

式中，h_{ij} 表示 i 部门的产品被 j 部门用作中间产品的数量占 i 部门产品总量的比例，该值越大，说明 i 部门向 j 部门提供的中间产品越多。因此，直接分配系数 h_{ij} 的含义是第 i 部门的单位产出中第 j 部门所能分配到的产品份额。可以使用以下矩阵表示所有部门的直接分配系数：

$$\boldsymbol{H} = \begin{bmatrix} h_{11} & h_{12} & \cdots & h_{1n} \\ h_{21} & h_{22} & \cdots & h_{2n} \\ \vdots & \vdots & & \vdots \\ h_{n1} & h_{n2} & \cdots & h_{nn} \end{bmatrix}$$

将直接分配系数矩阵代入投入产出列模型（8.2）可以得到

$$\sum_{i=1}^{n} h_{ij} + v_j = x_j \quad (j = 1, 2, \cdots, n) \tag{8.10}$$

用矩阵形式表示为

$$\boldsymbol{H}^{\mathrm{T}} \boldsymbol{X} + \boldsymbol{V} = \boldsymbol{X}$$

通过简单的矩阵变换得到

$$(\boldsymbol{I} - \boldsymbol{H}^{\mathrm{T}}) \boldsymbol{X} = \boldsymbol{V}$$

同样，可以在数学上证明 $(\boldsymbol{I} - \boldsymbol{H}^{\mathrm{T}})^{-1}$ 是存在的，则

$$\boldsymbol{X} = (\boldsymbol{I} - \boldsymbol{H}^{\mathrm{T}})^{-1} \boldsymbol{V} \text{ 或 } \boldsymbol{X}^{\mathrm{T}} = \boldsymbol{V}^{\mathrm{T}} (\boldsymbol{I} - \boldsymbol{H})^{-1} \tag{8.11}$$

一般将式（8.11）称为 Ghosh 模型，其利用直接分配系数反映了最初投入与总产出之间的关系，称 $(\boldsymbol{I} - \boldsymbol{H}^{\mathrm{T}})^{-1}$ 为 Ghosh 逆矩阵，将其记为

$$\boldsymbol{G} = (\boldsymbol{I} - \boldsymbol{H}^{\mathrm{T}})^{-1}$$

（6）完全消耗系数

完全消耗系数是指生产单位最终产品所要直接消耗的某种产品的数量与全部间接消耗这种产品的数量之和，即直接消耗系数与全部间接消耗系数之和，用 b_{ij} 表示。间接消耗包括第一级间接消耗、第二级间接消耗……第无穷级间接消耗。第一级间接消耗是指一个部门经过一个中间消耗环节对另一个部门所产生的消耗，其计算方式为（孙军伟，2016）

$$b_{ij}^1 = \sum_{k=1}^{n} a_{ik} a_{kj} \quad (i, j = 1, 2, \cdots, n) \tag{8.12}$$

令 $\boldsymbol{B}^1$ 为第一级间接消耗系数矩阵，式（8.12）用矩阵形式表示为

$$\boldsymbol{B}^1 = A \cdot A = A^2 \tag{8.13}$$

类似地，第二级间接消耗是指某一个部门经过两次中间消耗后对另外一个部门所产生的消耗，利用第一级间接消耗系数的计算结果可以计算第 j 部门对第 i 部门的第二级

间接消耗系数，计算公式为

$$b_{ij}^2 = \sum_{k=1}^{n} b_{ik}^1 a_{kj} = \sum_{k=1}^{n} \sum_{s=1}^{n} a_{is} a_{sk} a_{kj} \quad (i, j = 1, 2, \cdots, n) \tag{8.14}$$

令 B^2 为第二级间接消耗系数矩阵，式（8.14）用矩阵形式表示为

$$B^2 = B^1 \cdot A = A^2 \cdot A = A^3$$

以此类推，可以证明 A^n 是第 $n-1$ 级间接消耗系数矩阵。对各级间接消耗系数加和，可得到全部间接消耗系数矩阵，即

$$全部间接消耗系数矩阵 = A^2 + A^3 + \cdots \tag{8.15}$$

由直接消耗系数及间接消耗系数的定义可以推导出完全消耗系数 b_{ij} 的计算方式为

$$b_{ij} = a_{ij} + \sum_{k=1}^{n} a_{ik} a_{kj} + \sum_{k=1}^{n} \sum_{s=1}^{n} a_{is} a_{sk} a_{sj} + \sum_{k=1}^{n} \sum_{s=1}^{n} \sum_{t=1}^{n} a_{it} a_{ts} a_{sk} a_{kj} + \cdots \quad (i, j = 1, 2, \cdots, n) \tag{8.16}$$

令 B 为完全消耗系数矩阵，则式（8.16）用矩阵形式表示为

$$B = A + A^2 + A^3 + A^4 + \cdots = (I - A)^{-1} - I \tag{8.17}$$

（7）完全分配系数

完全分配系数是直接分配系数与全部间接分配系数之和。它的计算方式和完全消耗系数类似，故在此不多做介绍，直接给出完全消耗系数矩阵的计算公式，即

$$G = (I - H)^{-1} - I \tag{8.18}$$

8.3.2　影响力系数和感应度系数

在社会经济运行过程中，各部门之间存在着错综复杂的关联关系，这些关系可以按照其特点分为后向联系和前向联系。后向联系是指生产部门与供给原材料、动力、劳务和设备的生产部门之间的联系和依存关系；前向联系是指生产部门与使用或消耗其产品的生产部门之间的联系和依存关系。由此就产生了后向部门和前向部门的问题。简单地说，某一部门的后向部门是指向其供应原材料等的部门；某一部门的前向部门是指使用其产品的部门。由定义可知，对于有经济联系的两个部门，若部门甲是部门乙的后向部门，则部门乙是部门甲的前向部门。

反映后向联系的系数称为影响力系数，其计算公式为（孙军伟，2016）

$$\delta_j = \frac{\dfrac{1}{n} \sum\limits_{i=1}^{n} \tilde{b}_{ij}}{\dfrac{1}{n^2} \sum\limits_{i=1}^{n} \sum\limits_{j=1}^{n} \tilde{b}_{ij}} \quad (j = 1, 2, \cdots, n) \tag{8.19}$$

影响力系数有以下 3 种情况：

当 $\delta_j = 1$ 时，表明第 j 部门对社会生产的影响程度与社会平均水平相同；

当 $\delta_j < 1$ 时，表明第 j 部门对社会生产的影响程度小于社会平均水平；

当 $\delta_j > 1$ 时，表明第 j 部门对社会生产的影响程度大于社会平均水平。

类似地，反映前向联系的系数称为感应度系数，其计算公式为

$$\theta_i = \frac{\frac{1}{n}\sum_{j=1}^{n} g_{ij}}{\frac{1}{n^2}\sum_{i=1}^{n}\sum_{j=1}^{n} g_{ij}} \quad (i=1,2,\cdots,n) \tag{8.20}$$

θ_i 反映了国民经济各部门增加一单位最终使用而第 i 部门受到的需求感应程度。该系数越大，说明该部门受经济发展的需求感应程度越强。感应度系数有以下 3 种情况：

当 $\theta_i = 1$ 时，表明第 i 部门受到的需求感应程度与社会平均水平相同；

当 $\theta_i < 1$ 时，表示第 i 部门受到的需求感应程度小于社会平均水平；

当 $\theta_i > 1$ 时，表示第 i 部门受到的需求感应程度大于社会平均水平。

8.3.3　APL 模型的基本原理及产业间经济距离的测度

由完全消耗系数 B 的概念可知，部门 i 对部门 j 的完全消耗是指部门 i 对部门 j 的直接消耗与间接消耗之和，间接消耗又包括间接一步消耗、间接两步消耗……以需求拉动的平衡关系为例，其分别可以表示为 a_{ij}、$[A^2]_{ij}$、$[A^3]_{ij}$……它们占完全消耗系数 b_{ij} 的比例分别为 $\frac{a_{ij}}{b_{ij}}$、$\frac{[A^2]_{ij}}{b_{ij}}$、$\frac{[A^3]_{ij}}{b_{ij}}$……从而可得到后向 APL 的计算公式为（孙军伟，2016）

$$s_{ij} = (a_{ij} + 2[A^2]_{ij} + 3[A^3]_{ij} + \cdots)/b_{ij} \tag{8.21}$$

将式（8.20）的分子写为矩阵形式并计算，令

$$T = A + 2A^2 + 3A^3 + \cdots = B(B-I) = B \cdot B$$

则结果为

$$s_{ij} = t_{ij}/b_{ij}, \quad 当 b_{ij}=0 时，\quad s_{ij}=0 \tag{8.22}$$

相同地，可以根据这个思路计算出成本推动的前向 APL 值，计算公式为

$$v_{ij} = (h_{ij} + 2[H^2]_{ij} + 3[H^3]_{ij} + \cdots)/g_{ij} \tag{8.23}$$

将式（8.22）的分子写为矩阵形式并计算，令

$$U = H + 2H^2 + 3H^3 + \cdots = G(G-I) = G \cdot G$$

则结果为

$$v_{ij} = u_{ij}/g_{ij} \tag{8.24}$$

当 $g_{ij}=0$ 时，$v_{ij}=0$。由于 $AZ = ZH$，于是 $B = (I-A)^{-1} = Z(I-H)^{-1}Z^{-1}$，可得 $t_{ij} = x_i u_{ij}/x_j$，$b_{ij} = x_i g_{ij}/x_j$，从而 $s_{ij} = v_{ij}$，即前向 APL 与后向 APL 相等。在本书中将其统称为 APL。

APL 模型在产业链方面的应用较为广泛，Dietzenbacher 等（2005）应用 APL 模型对安达卢西亚的部门产业链进行了分析，以 0.06 作为平均关联系数阈值，发现该地区农业部门与食品部门和酒店部门存在直接的前向关联，与贸易部门、化工部门及炼油部门存在直接的后向关联，同时与天然气、水供应等部门存在间接关联。邓志国和陈锡康

（2008）等应用 APL 模型对我国 1987—2005 年 19 个部门间的生产链演化做了分析，两次研究分别以 0.2、0.3 为平均关联系数阈值，得出了国民经济中的 3 条重要的生产链，研究结果发现生产链中产品部门的直接影响减弱，间接影响增加，预示着将来生产链的影响范围将扩大，联系也将更加广泛；此外，选取 0.1 作为平均关联系数阈值对我国农业部门的产业链进行了分析。唐志鹏等（2013）在 APL 模型的基础上进行改进，提出了关联经济距离模型，并应用此模型对电力热力业进行了详细分析。Romero 和 Tejada（2011）等利用投入产出法和全球价值链分析了西班牙旅游部门的产业链，并将两种结果进行了对比。许优美（2010）利用 APL 模型分析了 1997—2007 年天津产业链及其演化趋势分析，以 0.3 为平均关联系数阈值，发现了 3 条关键的产业链，而且产业链间 APL 值在缓慢变小，产业之间的联系日益紧密。冯沛（2014）利用投入产出技术对我国全产业链进行了研究，发现我国全产业的产业链延展性平均水平处于一般状态，各产业间的差异较大：第一产业及第二产业的大部分产业的产业链较短，且只在少数其他产业的产业链中占据重要地位；第三产业中的大部分产业则有较长的产业链，且在多数其他产业的产业链中占有重要地位。

8.4　我国煤炭产业链的演化实例研究

本书采用 5 张全国投入产出表作为研究数据，分别是 2002 年、2005 年、2007 年、2010 年及 2012 年 42 个部门的投入产出表。出于研究需要，将 5 张 42 个部门的投入产出表进行合并、整理为 29 个部门的投入产出表，这 29 个部门分别是农林牧渔业，煤炭采选业，石油、天然气采选业，金属、非金属矿采选业，食品制造及烟草加工业，纺织、服装皮革制造业，木材加工造纸业，石油加工、炼焦及核燃料加工业，化学工业，非金属矿物制品业，金属冶炼及压延加工业，金属制品，通用、专用、交通、电气设备制造业，通信设备、计算机及其他电子设备制造业，仪器仪表，其他制造业（废品废料），电力、热力生产和供应业，燃气生产和供应业，水的生产和供应业，建筑业，交通运输及邮政仓储业，信息传输、计算机服务和软件业，批发和零售，住宿和餐饮业，金融保险及租赁业，房地产，科研教育，综合服务业，文体卫生公共管理业。

8.4.1　煤炭产业的影响力系数与感应度系数

影响力系数与感应度系数是投入产出模型中的重要概念，能够反映某一个产业的前向关联和后向关联关系，通过对影响力系数和感应度系数的测算，能够更直观地反映煤炭产业在我国国民经济中的地位。表 8.2 给出了我国 29 个部门 2002—2012 年的影响力系数和感应度系数。

从表 8.2 中可以看出，煤炭产业的影响力系数 2002—2012 年一直处于小于 1 的状态，而感应度系数则一直处于大于 1 的状态，这说明煤炭产业对我国社会生产发展的拉动作用低于社会各部门的平均水平，而该产业受社会发展的感应需求程度则明显高于平均水平。煤炭产业、石油天然气产业及金属、非金属矿采选业同属于采选业，从表 8.2 中可以发现，采选业对我国社会各部门的拉动作用普遍低于社会平均水平，而其受社会发展的感应需求程度则明显高于社会平均水平。这是由于采选业在经济发展过程中主要是提供原材料，处于产业链的上游方向，我国经济的高速发展需要大量的能源矿产资源的消耗，所以其前向联系更加明显，后向联系则相对较弱。

从表 8.2 中也可以看出，通用、专用等设备制造业及建筑业在 2002—2012 年对我国社会经济发展的拉动作用明显强于其他各部门，这说明在这一时期我国的经济发展主要由这些行业拉动，是我国经济发展的重点部门。

表 8.2　全国 29 个部门的影响力系数与感应度系数

部门	影响力系数					感应度系数				
	2002 年	2005 年	2007 年	2010 年	2012 年	2002 年	2005 年	2007 年	2010 年	2012 年
农林牧渔业	0.783	0.721	0.722	0.721	0.742	0.761	0.796	0.847	0.918	0.853
煤炭采选业	0.834	0.971	0.907	0.887	0.857	1.289	1.585	1.580	1.731	1.645
石油、天然气采选业	0.690	0.689	0.785	0.784	0.762	2.059	2.545	2.498	2.737	3.028
金属、非金属矿采选业	0.956	1.043	1.020	1.053	0.981	1.573	1.882	1.932	1.967	2.095
食品制造及烟草加工业	1.008	0.956	0.983	1.008	1.005	0.659	0.624	0.707	0.716	0.711
纺织、服装皮革制造业	1.208	1.149	1.207	1.201	1.213	0.754	0.663	0.726	0.750	0.749
木材加工造纸业	1.112	1.136	1.162	1.209	1.188	1.043	1.016	0.967	1.000	0.871
石油加工、炼焦及核燃料加工业	1.041	0.968	1.040	1.010	1.026	1.394	1.476	1.418	1.431	1.324
化学工业	1.169	1.158	1.221	1.220	1.244	1.359	1.292	1.304	1.282	1.220
非金属矿物制品业	1.076	1.138	1.111	1.175	1.154	0.945	1.003	0.836	0.842	0.798
金属冶炼及压延加工业	1.197	1.208	1.229	1.241	1.254	1.408	1.331	1.233	1.202	1.164
金属制品	1.248	1.229	1.269	1.292	1.293	1.055	0.954	0.972	1.028	0.883
通用、专用、交通、电气设备制造业	1.236	1.236	1.298	1.304	1.317	0.978	0.865	0.843	0.791	0.700
通信设备、计算机及其他电子设备制造业	1.385	1.394	1.417	1.400	1.395	1.114	0.876	0.951	0.863	0.947
仪器仪表	1.278	1.261	1.324	1.307	1.289	1.113	0.929	1.173	1.204	1.242
其他制造业（废品废料）	0.922	0.909	0.880	0.912	0.880	1.024	1.117	1.092	1.100	1.531
电力、热力生产和供应业	0.873	1.013	1.098	1.111	1.103	1.285	1.284	1.485	1.486	1.369
燃气生产和供应业	1.135	1.048	1.031	1.019	1.006	0.840	0.812	1.037	0.895	0.759
水的生产和供应业	0.884	0.915	0.894	0.912	0.897	1.117	1.116	1.025	0.742	0.762
建筑业	1.199	1.139	1.191	1.162	1.181	0.395	0.359	0.309	0.302	0.320
交通运输及邮政仓储业	0.922	0.911	0.884	0.940	0.980	1.049	1.050	0.944	1.021	0.952
信息传输、计算机服务和软件业	0.897	0.940	0.758	0.815	0.888	0.958	0.877	0.736	0.668	0.580
批发和零售	0.851	0.817	0.705	0.598	0.609	0.921	0.886	0.737	0.747	0.763

续表

部门	影响力系数					感应度系数				
	2002 年	2005 年	2007 年	2010 年	2012 年	2002 年	2005 年	2007 年	2010 年	2012 年
住宿和餐饮业	0.947	0.880	0.909	0.919	0.885	0.729	0.799	0.755	0.805	0.701
金融保险及租赁业	0.866	0.927	0.781	0.784	0.821	1.134	1.027	0.973	0.966	1.020
房地产	0.656	0.544	0.501	0.566	0.565	0.559	0.456	0.491	0.447	0.506
科研教育	0.812	0.778	0.795	0.658	0.673	0.424	0.401	0.441	0.411	0.440
综合服务业	0.918	0.869	0.833	0.773	0.945	0.657	0.487	0.530	0.523	0.708
文体卫生公共管理业	0.896	1.055	1.043	1.020	0.845	0.404	0.492	0.457	0.427	0.360

　　煤炭产业对我国社会各部门的影响是动态变化的，其影响力系数在 2005 年达到最大后呈现递减趋势，感应度系数在 2010 年达到最大后开始减小，如图 8.1 所示。这说明煤炭产业对我国国民经济的前向、后向作用正在减弱，这与当前煤炭行业的发展形势非常一致。

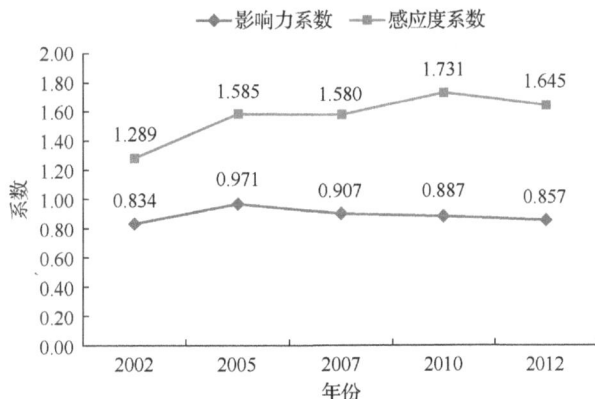

图 8.1　煤炭产业影响力系数与感应度系数

　　综合上述内容发现，2002—2012 年煤炭产业对我国国民经济的拉动作用低于社会平均水平，且已经呈现下降趋势，这说明国民经济的发展并不是以煤炭作为主要的发展部门，设备制造业和建筑业等重工业才是拉动我国经济发展的主要部门；煤炭产业对社会各部门发展的感应需求程度一直保持着较高水平，也说明了煤炭在原材料方面不可替代的作用。

8.4.2　我国宏观经济的主要产业链

　　为了了解我国宏观经济的发展情况，同时从宏观产业链的角度分析我国煤炭产业在经济发展过程中的地位，需要对我国经济的主要产业链进行分析研究。本章选取距离当 2012 年全国 29 个部门的投入产出表作为研究数据。

　　完全消耗系数与完全分配系数反映的是两个产业部门间的经济技术联系，分别表示两个部门中部门 1 对部门 2 的拉动作用和部门 2 对部门 1 的感应需求程度。为了能够更好地平衡部门间的相互联系，本章使用这两个系数的平均值作为部门间的关联系

数，即

$$p_{ij} = (b_{ij} + g_{ij})/2 \tag{8.25}$$

　　为了能够将国民经济中的重要产业链从复杂的计算数据中筛选出来，需要选取一个关联系数阈值。前期学者对 2007 年的研究中选取的阈值分别为 0.2、0.3，考虑 2012 年我国 GDP 总量是 2007 年 GDP 总量的 2 倍左右，本节选取 0.5 作为阈值，关联系数表中大于该阈值的数据加粗表示，由于表格较大，故将部门名称使用其编号代替，计算结果如表 8.3 所示。通过计算数据可以看出，农林牧渔业与食品制造及烟草加工业具有较强的产业关联关系，由此看来，农林牧渔业与食品制造及烟草加工业依然是我国宏观经济的重要产业链，第一产业对经济的发展仍然起到了很大的作用；石油加工、炼焦及核燃料加工业与石油、天然气采选业间具有强烈的产业关联，类似的还有石油、天然气采选业与化学工业，金属冶炼及压延加工业与金属、非金属矿采选业，通用、专用、交通、电气设备制造业与金属冶炼及压延加工业，非金属矿物制品业与建筑业等都存在着非常强烈的关联关系。由此可见，我国宏观经济的主要产业链主要集中在重工业行业。

　　表 8.3 展示了我国各部门间的关联程度，为了能够更加精确地展示我国各产业间尤其是各重要产业之间的经济距离，本章引入 APL（平均产业距离）的概念。按照 8.3.3 小节介绍的 APL 模型的计算方法，首先计算我国 29 个部门各产业间的平均产业距离，对计算结果进行四舍五入取整之后，结果如表 8.4 所示。根据 8.3.3 小节对 APL 的介绍，表格中的每个交叉点表明两个部门间隔的平均部门数，数值越小，则产业距离越短，意味着这两个部门之间的联系越紧密；反之，部门间联系越疏远。根据表 8.4 的计算结果分析，我国农林牧渔业与食品制造及烟草加工业的平均经济距离为 2，说明这两个行业的经济距离较近，中间仅仅隔了一个环节；类似地，煤炭采选业与电力、热力生产和供应业，金属、非金属矿采选业与金属冶炼及压延加工业，非金属矿物制品业与建筑业之间的平均经济距离也为 2。除此之外，石油、天然气采选业与石油加工、炼焦及核燃料加工业的平均经济距离为 1，说明这两个行业的经济距离非常近，也从侧面说明了这两个行业的关联程度非常高。金属、非金属矿采选业，金属冶炼及压延加工业与通用、专用、交通、电气制造业之间的经济距离分别为 4 和 3，说明这几个行业之间包含了其他的一些生产部门或工作环节，考虑这几个行业均为重工业，且各种设备的制造需要众多工艺和加工环节，所以这个结果还是准确的、能够反映现实的。表 8.3 反映的关联关系是准确的，也就说明了这些产业间的关联关系是紧密的。

表 8.3　全国 29 个部门的关联系数表

序号	01	02	03	04	05	06	07	08	09	10	11	12	13	14	15	16	17	18	19	20	21	22	23	24	25	26	27	28	29
01	0.251	0.018	0.012	0.022	**0.597**	0.265	0.142	0.019	0.160	0.036	0.040	0.030	0.072	0.041	0.025	0.037	0.021	0.013	0.020	0.068	0.048	0.023	0.016	0.210	0.050	0.012	0.036	0.035	0.062
02	0.052	0.228	0.034	0.068	0.063	0.079	0.092	0.159	0.301	0.216	0.342	0.108	0.296	0.087	0.030	0.034	**0.554**	0.072	0.041	0.255	0.078	0.024	0.024	0.019	0.052	0.013	0.019	0.040	0.059
03	0.136	0.046	0.054	0.095	0.127	0.129	0.124	**1.383**	**0.660**	0.190	0.451	0.124	0.479	0.146	0.035	0.031	0.192	0.350	0.020	0.383	0.411	0.035	0.055	0.036	0.162	0.027	0.036	0.092	0.131
04	0.035	0.045	0.122	0.153	0.041	0.044	0.084	0.154	0.217	0.262	**1.087**	0.210	**0.601**	0.122	0.044	0.030	0.062	0.052	0.012	0.460	0.081	0.025	0.019	0.012	0.057	0.012	0.016	0.042	0.047
05	0.185	0.017	0.013	0.023	0.393	0.099	0.051	0.023	0.113	0.033	0.043	0.030	0.071	0.041	0.026	0.023	0.023	0.014	0.023	0.053	0.045	0.024	0.017	0.287	0.050	0.013	0.038	0.040	0.060
06	0.014	0.015	0.009	0.016	0.020	**0.824**	0.103	0.013	0.087	0.037	0.037	0.026	0.080	0.028	0.017	0.048	0.016	0.009	0.009	0.055	0.024	0.014	0.012	0.020	0.043	0.010	0.014	0.022	0.071
07	0.022	0.040	0.011	0.023	0.059	0.049	0.472	0.020	0.082	0.064	0.057	0.045	0.132	0.067	0.032	0.027	0.037	0.013	0.015	0.147	0.041	0.061	0.044	0.022	0.150	0.026	0.036	0.041	0.072
08	0.084	0.040	0.049	0.089	0.078	0.080	0.085	0.140	0.342	0.135	0.279	0.097	0.262	0.094	0.043	0.035	0.116	0.042	0.017	0.223	0.285	0.029	0.036	0.029	0.104	0.019	0.029	0.070	0.083
09	0.190	0.067	0.061	0.116	0.152	0.280	0.267	0.092	**0.865**	0.193	0.157	0.149	0.342	0.233	0.129	0.126	0.065	0.049	0.027	0.245	0.088	0.063	0.030	0.068	0.084	0.022	0.067	0.134	0.227
10	0.010	0.013	0.008	0.022	0.020	0.014	0.023	0.020	0.046	0.265	0.083	0.037	0.122	0.055	0.039	0.014	0.018	0.006	0.102	**0.536**	0.020	0.011	0.006	0.007	0.016	0.009	0.009	0.016	0.020
11	0.024	0.095	0.070	0.078	0.032	0.038	0.127	0.070	0.097	0.113	**0.654**	0.465	**0.691**	0.177	0.152	0.093	0.082	0.050	0.007	0.432	0.079	0.052	0.023	0.017	0.060	0.018	0.026	0.068	0.044
12	0.016	0.037	0.016	0.041	0.027	0.024	0.060	0.024	0.072	0.078	0.089	0.183	0.282	0.089	0.048	0.025	0.035	0.011	0.035	0.219	0.037	0.018	0.014	0.009	0.054	0.011	0.018	0.058	0.026
13	0.032	0.074	0.067	0.105	0.039	0.049	0.062	0.071	0.087	0.101	0.129	0.111	**0.548**	0.161	0.151	0.078	0.118	0.053	0.023	0.154	0.137	0.093	0.035	0.023	0.079	0.018	0.034	0.088	0.061
14	0.013	0.023	0.017	0.024	0.018	0.020	0.028	0.024	0.044	0.029	0.046	0.029	0.279	**1.049**	0.263	0.024	0.044	0.015	0.042	0.069	0.039	0.169	0.028	0.010	0.076	0.013	0.027	0.132	0.032
15	0.027	0.016	0.033	0.026	0.030	0.032	0.033	0.068	0.113	0.051	0.116	0.042	0.344	0.101	0.171	0.010	0.235	0.012	0.015	0.126	0.047	0.027	0.016	0.007	0.036	0.007	0.052	0.107	0.045
16	0.023	0.029	0.013	0.023	0.034	0.049	0.133	0.031	0.108	0.078	**0.612**	0.141	0.405	0.092	0.019	0.048	0.052	0.007	0.010	0.249	0.050	0.019	0.021	0.009	0.093	0.016	0.012	0.055	0.038
17	0.067	0.082	0.075	0.140	0.078	0.105	0.111	0.107	0.289	0.185	0.314	0.158	0.303	0.114	0.057	0.046	**0.546**	0.062	0.006	0.243	0.079	0.043	0.039	0.033	0.060	0.020	0.029	0.055	0.072
18	0.016	0.006	0.003	0.008	0.024	0.022	0.020	0.018	0.084	0.022	0.049	0.020	0.091	0.026	0.003	0.004	0.030	0.118	0.001	0.056	0.163	0.006	0.014	0.020	0.027	0.019	0.011	0.026	0.030
19	0.016	0.010	0.004	0.015	0.041	0.031	0.029	0.013	0.078	0.035	0.069	0.022	0.104	0.035	0.004	0.009	0.047	0.002	0.047	0.094	0.023	0.007	0.013	0.020	0.030	0.011	0.015	0.027	0.038
20	0.002	0.004	0.003	0.005	0.004	0.004	0.005	0.004	0.007	0.006	0.007	0.006	0.010	0.007	0.004	0.003	0.008	0.003	0.006	0.034	0.010	0.006	0.005	0.004	0.010	0.018	0.005	0.007	0.011
21	0.054	0.046	0.025	0.060	0.103	0.090	0.091	0.052	0.153	0.101	0.135	0.083	0.225	0.098	0.056	0.039	0.062	0.040	0.029	0.174	0.210	0.039	0.065	0.045	0.094	0.021	0.042	0.063	0.091
22	0.011	0.008	0.004	0.010	0.016	0.017	0.016	0.009	0.031	0.017	0.028	0.014	0.053	0.040	0.010	0.005	0.019	0.005	0.010	0.073	0.035	0.150	0.019	0.010	0.072	0.014	0.020	0.017	0.054
23	0.050	0.030	0.020	0.036	0.109	0.131	0.077	0.036	0.123	0.061	0.072	0.057	0.187	0.125	0.057	0.034	0.046	0.021	0.026	0.106	0.058	0.047	0.046	0.070	0.068	0.015	0.027	0.057	0.066

续表

序号	01	02	03	04	05	06	07	08	09	10	11	12	13	14	15	16	17	18	19	20	21	22	23	24	25	26	27	28	29
24	0.017	0.015	0.007	0.017	0.033	0.029	0.028	0.015	0.065	0.031	0.049	0.026	0.103	0.042	0.018	0.009	0.025	0.008	0.010	0.073	0.053	0.021	0.032	0.011	0.126	0.020	0.032	0.045	0.070
25	0.058	0.095	0.047	0.088	0.096	0.099	0.108	0.073	0.178	0.115	0.176	0.109	0.250	0.160	0.089	0.054	0.133	0.073	0.084	0.189	0.164	0.115	0.168	0.058	0.231	0.142	0.059	0.102	0.097
26	0.009	0.009	0.004	0.009	0.017	0.018	0.015	0.008	0.028	0.014	0.023	0.013	0.044	0.025	0.010	0.006	0.014	0.006	0.007	0.030	0.023	0.031	0.081	0.016	0.097	0.044	0.013	0.038	0.026
27	0.006	0.007	0.008	0.005	0.009	0.009	0.009	0.012	0.028	0.010	0.025	0.010	0.059	0.044	0.013	0.004	0.011	0.005	0.003	0.024	0.011	0.020	0.009	0.003	0.018	0.003	0.021	0.009	0.017
28	0.028	0.022	0.014	0.026	0.033	0.029	0.032	0.022	0.073	0.034	0.059	0.032	0.131	0.059	0.023	0.011	0.031	0.011	0.013	0.161	0.053	0.018	0.025	0.013	0.037	0.009	0.031	0.118	0.048
29	0.006	0.005	0.004	0.007	0.008	0.010	0.009	0.006	0.017	0.009	0.014	0.009	0.023	0.012	0.006	0.004	0.013	0.005	0.044	0.016	0.010	0.009	0.007	0.005	0.023	0.006	0.007	0.008	0.025

注：表中加粗显示的数字表示该距离大于本书设定的阈值。

表 8.4　全国 29 个部门的平均产业距离（APL）

序号	01	02	03	04	05	06	07	08	09	10	11	12	13	14	15	16	17	18	19	20	21	22	23	24	25	26	27	28	29
01	2	5	5	5	2	3	3	5	3	5	5	5	5	6	5	3	6	5	4	4	4	4	4	2	4	4	3	4	3
02	5	2	4	4	5	5	4	2	4	3	3	4	5	6	5	4	2	2	3	4	4	5	5	5	5	5	5	5	5
03	4	5	3	4	5	5	5	1	3	4	4	4	5	6	6	5	4	1	5	5	3	6	5	6	4	5	4	4	4
04	5	4	2	2	6	6	5	3	4	2	2	3	4	5	5	4	5	3	5	3	5	6	6	4	5	5	5	5	5
05	2	4	4	4	2	3	4	4	3	4	5	4	5	5	4	2	5	4	3	5	3	4	4	3	3	4	3	3	3
06	5	4	4	4	5	2	2	5	2	4	5	4	4	5	5	3	5	4	4	4	4	5	4	3	2	3	3	4	3
07	4	3	3	3	3	4	4	2	5	3	5	4	4	4	4	4	4	3	4	3	4	2	3	3	4	4	2	3	3
08	3	4	4	4	4	5	3	4	4	3	3	4	4	5	5	5	5	5	4	4	2	5	4	4	4	3	4	3	3
09	3	3	4	4	4	3	3	3	4	3	4	4	4	4	4	3	5	4	3	4	4	4	5	4	4	4	3	3	3
10	5	3	3	4	4	5	3	4	2	4	3	3	3	4	3	4	4	4	4	2	4	4	4	6	4	5	3	4	3
11	6	3	3	2	6	6	3	4	5	3	2	2	3	3	3	3	5	4	5	3	4	5	5	4	4	5	5	4	5
12	4	2	2	4	4	5	5	4	4	3	4	2	2	4	2	2	2	4	2	2	3	4	4	5	4	5	3	2	4
13	4	3	4	4	4	6	5	5	4	4	4	4	3	2	1	4	2	5	4	5	5	3	3	5	3	4	3	3	3
14	6	4	3	4	6	6	5	5	6	4	6	5	3	4	5	4	5	5	3	4	4	2	4	5	4	4	3	3	4
15	5	4	2	4	5	5	5	5	6	4	4	4	3	3	5	3	4	5	3	4	4	3	4	5	4	2	2	2	3
16	5	3	4	4	5	4	5	5	5	4	2	3	4	5	5	3	5	5	3	4	4	2	4	5	4	1	4	3	4
17	4	4	4	4	5	4	4	4	4	4	4	3	4	5	4	3	4	3	4	4	2	4	3	4	4	3	4	4	4
18	4	3	3	4	4	5	3	3	4	4	3	3	4	4	4	3	4	3	1	4	3	4	3	2	4	2	3	2	3
19	4	3	3	4	3	4	4	3	3	4	4	3	4	4	3	4	4	3	2	4	3	2	3	3	3	3	2	2	2
20	4	3	3	2	5	4	4	3	3	4	3	4	4	4	4	4	3	4	3	4	2	3	2	3	3	3	2	2	3
21	3	3	4	3	3	4	3	3	3	3	4	3	4	3	3	3	4	4	2	3	3	1	2	3	3	2	2	3	2
22	4	4	4	3	4	4	3	4	3	3	4	3	3	4	4	3	3	4	3	3	2	3	2	2	2	2	2	3	3
23	3	3	3	3	2	3	3	4	3	3	4	3	3	3	3	3	4	4	3	3	3	1	2	3	2	2	3	3	3
24	4	3	4	3	3	4	4	4	3	3	4	4	4	4	3	3	4	3	3	3	2	3	2	3	2	2	2	2	2

续表

序号	01	02	03	04	05	06	07	08	09	10	11	12	13	14	15	16	17	18	19	20	21	22	23	24	25	26	27	28	29
25	3	3	3	3	3	4	4	4	3	3	4	4	4	4	4	3	3	3	3	3	2	2	2	3	2	2	3	3	3
26	4	4	4	4	4	4	4	4	4	4	5	4	4	4	4	4	4	4	4	4	3	2	1	2	2	1	2	2	3
27	4	3	2	4	4	4	4	3	3	4	3	4	3	3	3	4	4	3	3	4	4	2	2	4	3	3	1	3	2
28	3	3	3	3	3	4	4	4	3	3	4	3	3	3	3	4	3	3	3	2	2	3	2	3	3	3	2	2	2
29	3	3	3	3	3	3	3	4	3	3	4	4	4	4	4	3	3	3	1	4	3	2	2	3	2	2	2	3	2

注：表中加粗显示的数字表示该距离大于本书设定的阈值。

经过上述分析，综合表 8.3 与表 8.4，可以归纳出我国宏观经济的主要产业链，如图 8.2 所示。

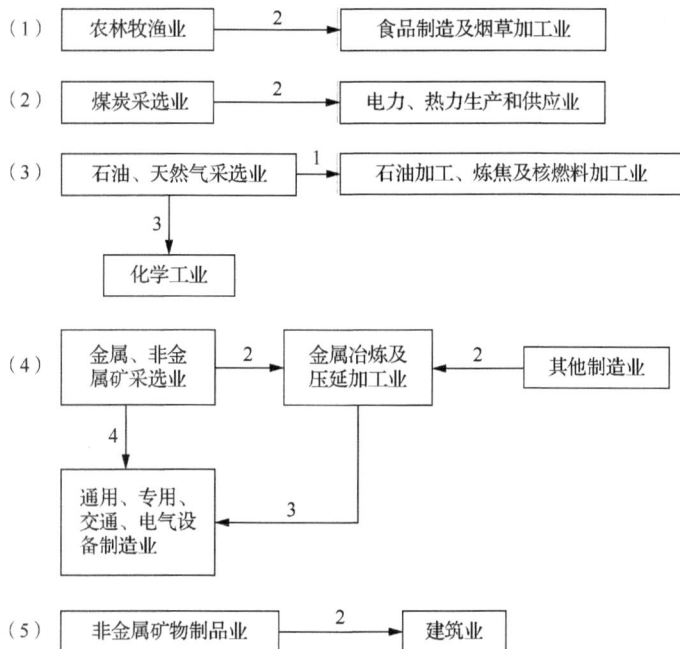

图 8.2　我国宏观经济的主要产业链

上述 5 条产业链中只有一条属于第一产业，其余 4 条均属于第二产业，说明第二产业在我国国民经济中的比重非常大，电力热力行业、石油化工行业、机械制造业及建筑业是我国国民经济重要的支柱性产业。

8.4.3　我国煤炭产业链分析

从 8.4.2 小节的分析中发现，煤炭采选业与电力、热力生产和供应业是我国国民经济中的重要产业链之一，煤炭行业对我国的社会经济发展发挥着重要的作用。为了能够清晰地展示我国煤炭产业链的发展趋势，本节选取 5 张全国 29 个部门的投入产出表作为研究数据进行研究，从每张投入产出表中计算我国煤炭产业的产业链，并以此对比在 2002—2012 年我国煤炭产业链的发展变化。

1. 2002 年和 2005 年我国煤炭产业链分析

煤炭产业链的分析计算过程和步骤与 8.4.2 节中计算我国国民经济产业链的步骤相同，由于表格数据量很大，为了能够更加清晰地展示煤炭产业与其他各产业的关联系数和 APL 值，本部分仅将表格中大于阈值的数据展示出来，并利用这些数据做相应的分析。

基于 2002 年全国 29 个部门的投入产出表，本章对煤炭与其他产业的产业关联程度和产业距离做了计算，以关联系数值 0.1（参考前期学者对农业产业链研究的阈值）为阈值，结果如表 8.5 和表 8.6 所示。

表 8.5　2002 年我国产业关联系数

部门	化学工业	金属冶炼及压延加工业	通用、专用、交通、电气设备制造业	电力、热力生产和供应业	燃气生产和供应业	建筑业
煤炭采选业	0.155	0.158	0.151	0.279	0.158	0.138
化学工业	0.674	0.107	0.278			0.205
金属冶炼及压延加工业		0.513	0.562			0.394
通用、专用、交通、电气设备制造业	0.104	0.132	0.464	0.111		0.212
电力、热力生产和供应业	0.207	0.187	0.197			0.178

表 8.6　2002 年我国产业 APL 值

部门	化学工业	金属冶炼及压延加工业	通用、专用、交通、电气设备制造业	电力、热力生产和供应业	燃气生产和供应业	建筑业
煤炭采选业	3	3	4	1	1	4
化学工业	2	4	3			3
金属冶炼及压延加工业		2	2			2
通用、专用、交通、电气设备制造业	4	3	2	2		3
电力、热力生产和供应业	2	2	3			3

从表 8.5 中可以看出，与煤炭采选业关联最密切的产业有化学工业，金属冶炼及压延加工业，通用、专用、交通、电气设备制造业，电力、热力生产、供应业，燃气生产和供应业，建筑业，共 6 个产业。其中，与煤炭采选业关联程度最高的是电力、热力生产和供应业；其次为金属冶炼及压延加工业以及燃气生产和供应业。

从表 8.6 中可以看出，与煤炭采选业经济距离最近的产业是电力、热力生产和供应业及燃气生产和供应业，经济距离为 1；其次是化学工业、金属冶炼及压延加工业，经济距离为 3；再次是建筑业和通用、专用、交通、电气设备制造业，经济距离为 4。煤炭与电力、热力、燃气的生产和供应业的经济距离最近，原因主要是电力等的生产和供应，煤炭作为主要的原材料直接用于燃烧发电等，中间没有太多的其他环节；而煤炭与化学工业等产业的关联密切，但是中间经过其他部门对煤炭的加工或使用，所以经济距离较远。

根据表 8.5 和表 8.6，可以将 2002 年我国煤炭产业链绘制出来，如图 8.3 所示。

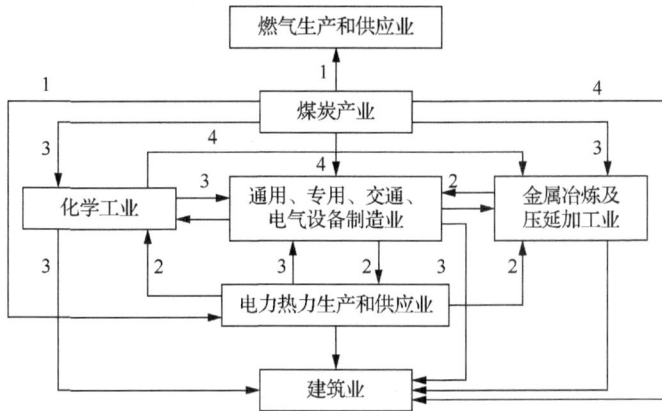

图 8.3　2002 年我国煤炭产业链网络图

相同地,可以以相同的方式计算我国 2005 年的煤炭产业链。由于我国在 2002—2012 年经济发展非常迅速,经济越发展,产业间的联系越密切,如果使用统一的阈值作为筛选条件所得出的结果必定不能反映我国的现实状况,因此,这里采用变动的阈值作为筛选条件。根据我国每年的煤炭消费总量的变化情况确定阈值的变化范围,根据《中国统计年鉴》相关资料,2002 年我国煤炭消费总量为 15.23 亿吨,占能源消费总量的比例为 68.5%,2005 年我国煤炭消费总量为 23.19 亿吨,占能源消费总量的比例为 72.4%,2005 年的消费总量较 2002 年提高了 52.3%。由于 2002 年所选取的关联系数阈值为 0.1,按照煤炭消费总量的比例提高关联系数阈值,故将 2005 年的关联系数阈值设为 0.152 3。产业间关联系数及 APL 值的计算结果分别如表 8.7 和表 8.8 所示。

表 8.7　2005 年我国产业关联系数

部门	化学工业	非金属矿物制品业	金属冶炼及压延加工业	通用、专用、交通、电气设备制造业	电力、热力生产和供应业	燃气生产和供应业	建筑业
煤炭采选业	0.197	0.199	0.237	0.264	0.486	0.160	0.171
化学工业	0.538	0.338		0.234			0.214
非金属矿物制品业		0.229		0.253			0.368
金属冶炼及压延加工业			0.571	0.684			0.343
通用、专用、交通、电气设备制造业				0.481	0.175		0.169
电力、热力生产和供应业	0.236	0.203	0.246	0.266	0.160		0.185

表 8.8　2005 年我国产业 APL 值

部门	化学工业	非金属矿物制品业	金属冶炼及压延加工业	通用、专用、交通、电气设备制造业	电力、热力生产和供应业	燃气生产和供应业	建筑业
煤炭采选业	3	3	3	4	2	2	4
化学工业	2	2		4			3
非金属矿物制品业		2		3			2
金属冶炼及压延加工业			2	3			3
通用、专用、交通、电气设备制造业				2	3		3
电力、热力生产和供应业	3	3	3	4	3		4

　　由表 8.7 可以看出，与煤炭采选业关联最密切的产业有化学工业，非金属矿物制品业，金属冶炼及压延加工业，通用、专用、交通、电气设备制造业，电力、热力生产和供应业，燃气生产和供应业，建筑业，共 7 个产业。其中，与煤炭采选业关联程度最高的是电力、热力生产和供应业；其次为通用、专用、交通、电气设备制造业和金属冶炼及压延加工业。

　　由表 8.8 可知，与煤炭产业经济距离最近的是电力、热力生产和供应业，燃气生产和供应业，经济距离为 2；其次是化学工业、金属冶炼及压延加工业、非金属矿物制品业，经济距离为 3；再次是通用、专用、交通、电气设备制造业和建筑业，经济距离为 4。

　　根据表 8.7 和表 8.8 可以将 2005 年我国煤炭产业链绘制出来，如图 8.4 所示。

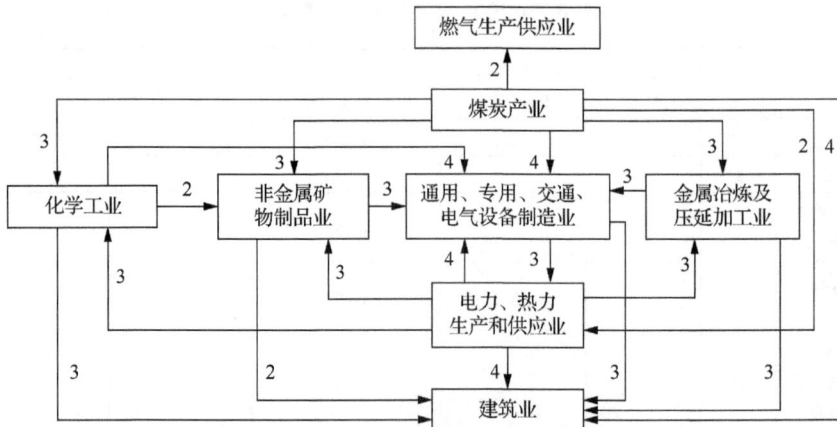

图 8.4　2005 年我国煤炭产业链网络图

2. 2007 年和 2010 年我国煤炭产业链分析

　　根据国家统计局官方网站数据，2007 年我国的煤炭消费总量为 27.27 亿吨，占我国当年能源消费总量的比例为 72.5%；2010 年我国的煤炭消费总量为 31.22 亿吨，占我国当年能源消费总量的比例为 69.2%。相较于 2002 年，2007 年、2010 年我国的煤炭消费总量分别提高了 79.1%、105%，故按照该比例将 2007 年和 2010 年我国产业关联系数阈值分别设为 0.179 1 和 0.205。

根据 2007 年我国 29 个部门的投入产出表，可以将我国产业间关联系数和 APL 值计算出来，计算结果分别如表 8.9 和表 8.10 所示。

表 8.9 2007 年我国产业关联系数

部门	化学工业	非金属矿物制品业	金属冶炼及压延加工业	通用、专用、交通、电气设备制造业	电力、热力生产和供应业	建筑业
煤炭采选业	0.254	0.187	0.292	0.274	0.439	0.214
化学工业	0.826	0.186	0.165	0.342	0.082	0.225
非金属矿物制品业	0.055	0.218	0.085	0.109	0.024	0.523
金属冶炼及压延加工业	0.129	0.120	0.644	0.741	0.105	0.404
通用、专用、交通、电气设备制造业	0.140	0.125	0.192	0.611	0.181	0.217
电力、热力生产和供应业	0.313	0.193	0.340	0.335	0.641	0.239

表 8.10 2007 年我国产业 APL 值

部门	化学工业	非金属矿物制品业	金属冶炼及压延加工业	通用、专用、交通、电气设备制造业	电力、热力生产和供应业	建筑业
煤炭采选业	4	3	3	5	2	4
化学工业	2	3	0	4	0	4
非金属矿物制品业	0	1	0	0	0	1
金属冶炼及压延加工业	0	0	2	3	0	3
通用、专用、交通、电气设备制造业	0	0	4	2	3	3
电力、热力生产和供应业	4	3	4	4	2	4

从表 8.9 中可以看出，与煤炭采选业关联最密切的产业有化学工业，非金属矿物制品业，金属冶炼及压延加工业，通用、专用、交通、电气设备制造业，电力、热力生产和供应业，建筑业，共 6 个产业。其中，与煤炭采选业关联程度最高的是电力、热力生产和供应业；其次为通用、专用、交通、电气设备制造业，金属冶炼及压延加工业，化学工业。

由表 8.10 可知，与煤炭产业经济距离最近的是电力、热力生产和供应业，经济距离为 2；其次是金属冶炼及压延加工业、非金属矿物制品业，经济距离为 3；再次是化学工业和建筑业，经济距离为 4；最后是通用、专用、交通、电气设备制造业，经济距离为 5。

经过上述分析，可以将 2007 年我国煤炭产业链绘制出来，如图 8.5 所示。

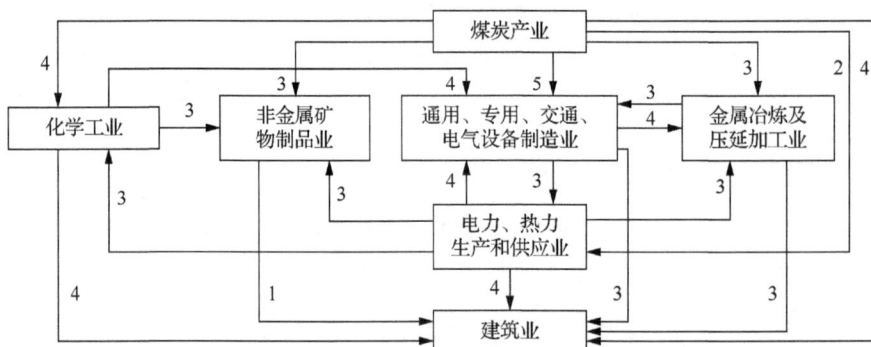

图 8.5　2007 年我国煤炭产业链网络图

基于 2010 年我国 29 个部门的投入产出表数据，按照所确定的产业关联关系阈值，可以将我国产业间关联系数和 APL 值计算出来，阈值为 0.205，计算结果分别如表 8.11 和表 8.12 所示。

从表 8.11 中可以看出，与煤炭采选业关联最密切的产业有化学工业，非金属矿物制品业，金属冶炼及压延加工业，通用、专用、交通、电气设备制造业，电力、热力生产和供应业，建筑业，共 6 个产业；其中，与煤炭采选业关联程度最高的是电力、热力生产和供应业，其次为通用、专用、交通、电气设备制造业，金属冶炼及压延加工业。

表 8.11　2010 年我国产业关联系数

部门	煤炭采选业	化学工业	非金属矿物制品业	金属冶炼及压延加工业	通用、专用、交通、电气设备制造业	电力、热力生产和供应业	建筑业
煤炭采选业	0.258	0.272	0.269	0.352	0.371	0.548	0.263
化学工业	0.079	0.815	0.204	0.168	0.382	0.084	0.222
非金属矿物制品业	0.023	0.058	0.260	0.098	0.139	0.026	0.548
金属冶炼及压延加工业	0.105	0.127	0.131	0.532	0.779	0.101	0.359
通用、专用、交通、电气设备制造业	0.127	0.139	0.139	0.197	0.642	0.179	0.213
电力、热力生产和供应业	0.089	0.303	0.212	0.345	0.392	0.596	0.237

表 8.12　2010 年我国产业 APL 值

部门	煤炭采选业	化学工业	非金属矿物制品业	金属冶炼及压延加工业	通用、专用、交通、电气设备制造业	电力、热力生产和供应业	建筑业
煤炭采选业	2	4	3	3	5	2	4
化学工业	0	2	0	0	4	0	4
非金属矿物制品业	0	0	2	0	0	0	2
金属冶炼及压延加工业	0	0	0	2	3	0	3

续表

部门	煤炭采选业	化学工业	非金属矿物制品业	金属冶炼及压延加工业	通用、专用、交通、电气设备制造业	电力、热力生产和供应业	建筑业
通用、专用、交通、电气设备制造业	0	0	0	0	2	0	3
电力、热力生产和供应	0	4	3	3	4	2	4

由表 8.12 可知，与煤炭产业经济距离最近的是电力、热力生产和供应业，经济距离为 2；其次是金属冶炼及压延加工业、非金属矿物制品业，经济距离为 3；再次是化学工业和建筑业，经济距离为 4；最后是通用、专用、交通、电气设备制造业，经济距离为 5。

经过上述分析，可以将 2010 年我国煤炭产业链绘制出来，如图 8.6 所示。

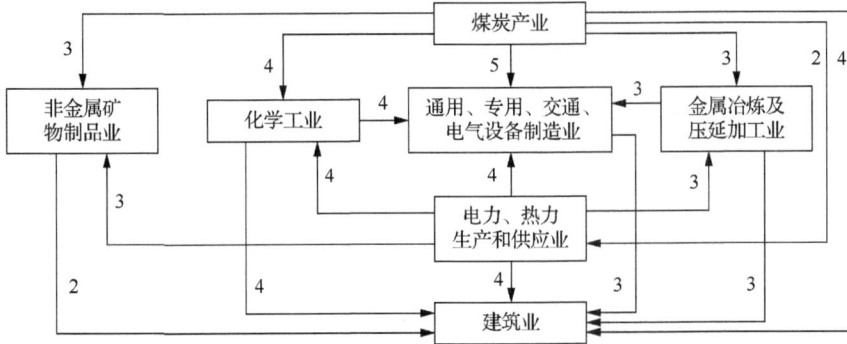

图 8.6　2010 年我国煤炭产业链网络图

3. 2012 年我国煤炭产业链分析

2012 年我国煤炭消费总量为 35.26 亿吨，占我国 2012 年能源消费总量的比例为 68.5%，较 2002 年煤炭消费量增长了 131.5%。按照这个比例上调产业关联关系阈值，即在 2002 年选取的阈值上增加相同的比例，故在计算 2012 年我国产业关联关系时选取的阈值为 0.231 5。

基于 2012 年我国 29 个部门的投入产出表数据，可以将我国产业间关联系数和 APL 值计算出来，计算结果分别如表 8.13 和表 8.14 所示。

从表 8.13 中可以看出，与煤炭采选业关联最密切的产业有化学工业，金属冶炼及压延加工业，通用、专用、交通、电气设备制造业，电力、热力生产和供应业，建筑业，共 5 个产业。其中，与煤炭采选业关联程度最高的是电力、热力生产和供应业，其次为金属冶炼及压延加工业、化学工业。

表 8.13　2012 年我国产业关联系数

部门	化学工业	金属冶炼及压延加工业	通用、专用、交通、电气设备制造业	电力、热力生产和供应业	建筑业
煤炭采选业	0.301	0.342	0.296	0.554	0.255
化学工业	0.865	0.157	0.342	0.065	0.245
金属冶炼及压延加工业	0.097	0.654	0.691	0.082	0.432
通用、专用、交通、电气设备制造业	0.087	0.129	0.548	0.118	0.154
电力、热力生产和供应业	0.289	0.314	0.303	0.546	0.243

表 8.14　2012 年我国产业 APL 值

部门	化学工业	金属冶炼及压延加工业	通用、专用、交通、电气设备制造业	电力、热力生产和供应业	建筑业
煤炭采选业	4	3	5	2	4
化学工业	2	0	4	0	4
金属冶炼及压延加工业	0	2	3	0	3
通用、专用、交通、电气设备制造业	0	0	2	0	0
电力、热力生产和供应业	3	3	4	2	4

由表 8.14 可知，与煤炭产业经济距离最近的是电力、热力生产和供应业，经济距离为 2；其次是金属冶炼及压延加工业，经济距离为 3；再次是化学工业和建筑业，经济距离为 4；最后是通用、专用、交通、电气设备制造业，经济距离为 5。

通过表 8.13 和表 8.14 的数据结果，可以将 2012 年我国煤炭产业链绘制出来，如图 8.7 所示。

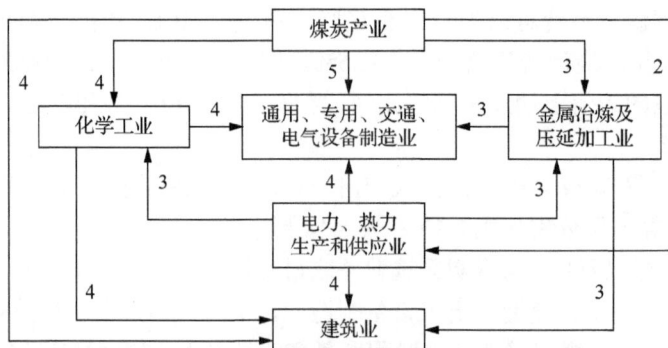

图 8.7　2012 年我国煤炭产业链网络图

8.4.4　煤炭产业与各产业的平均经济距离评估

平均经济距离系数反映两个产业间的平均中间环节数目，该系数越小，说明这两个产业间的中间环节越少，表明在经济意义上，这两个产业更密切。平均经济距离系数为

1，说明两个产业间无中间环节，表明这两个产业之间的经济距离非常近；平均经济距离系数为 2，说明两个产业间存在一个中间环节，以此类推。

图 8.8 展示了 2002—2012 年我国煤炭产业与各产业间的平均经济距离系数，为了能够反映该系数的发展趋势，将该值取 APL 系数保留 2 位小数的形式。从图 8.8 中可以看出，电力、热力生产和供应业与煤炭产业的经济距离最近，其经济距离系数在 2002 年为 1.3，说明煤炭作为电力热力行业的直接消耗原料直接投入电力热力行业的生产供应中，中间未经过其他的加工环节；在此后几年该系数约为 2，说明煤炭在用于电力热力行业生产之前进行了一定的中间处理。燃气行业与电力热力行业有着类似的情况，但是 2007 年以后燃气行业与煤炭行业的关联关系减弱，故在图 8.8 中不再对燃气行业进行分析。

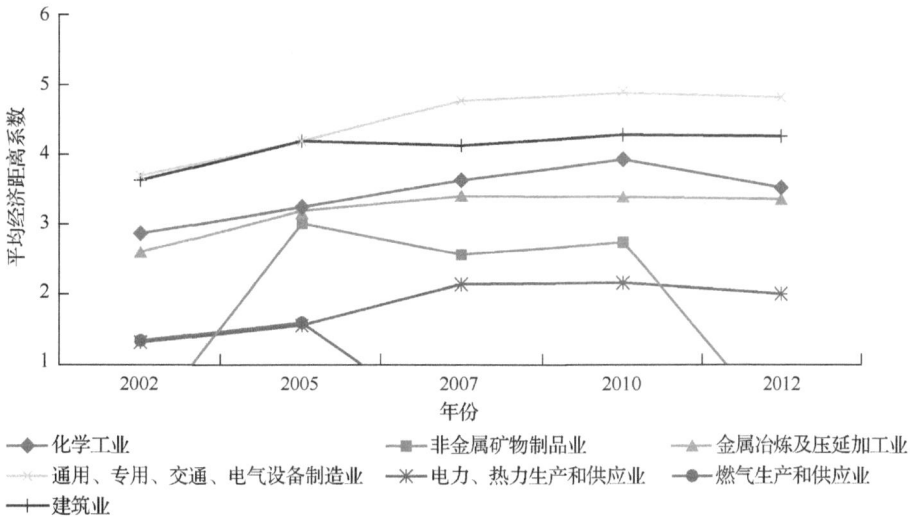

图 8.8　煤炭产业与各产业的经济距离

金属冶炼及压延加工业和建筑业与煤炭产业的经济距离一直比较稳定，其平均经济距离系数分别约为 3 和 4，说明煤炭产业与这些产业之间存在着 2～3 个中间环节；通用、专用、交通、电气设备制造业和化学工业与煤炭产业的平均经济距离系数在 2007 年有小幅上升，此后其平均接近距离系数分别约为 5 和 4，说明这些产业与煤炭产业之间的中间环节较多，2010 年以前，这几个系数在缓慢地增长，说明这些产业与煤炭产业的经济巨轮在缓慢地延长。非金属矿物制品业在 2005—2010 年与煤炭产业的平均经济距离约为 3，其经济距离略大于电力、热力生产和供应业，该行业与煤炭产业的经济距离联系在 2012 年显著下降，说明到 2012 年，该行业与煤炭产业的联系有大幅下降。在 2012 年，其他各产业与煤炭产业之间的经济距离分别出现了不同程度的下降。

通过对我国各产业与煤炭产业间平均经济距离的分析发现，2002—2012 年，各产业与煤炭产业的经济距离呈现缓慢延长的趋势，说明煤炭产业与其他产业间的中间环节在增加。与煤炭产业经济距离最近的产业是电力、热力生产和供应业，其后依次是非金属矿物制品业，金属冶炼及压延加工业，化学工业，建筑业，通用、专用、交通、电气设备制造业。经济距离的延长说明煤炭产业与其他产业之间的环节在增加，从侧面说明了中间环节对煤炭产业的经济联系在增强，对煤炭产业的发展起到了积极的作用。

8.4.5　煤炭产业链与各产业的关联度分析

图 8.9 给出了煤炭产业链与各产业的关联系数，从图中可以发现电力、热力生产和供应业与煤炭产业的关联度远强于其他各产业，且 2002—2012 年电力、热力生产和供应业与煤炭产业的关联系数呈递增趋势（2007 年除外），说明电力、热力生产和供应业对煤炭产业的需求量最大，对煤炭产业发展的拉动作用最强，而且其与煤炭产业的关联度在持续增强；除电力、热力生产和供应业外，化学工业与煤炭产业的关联度系数也一直呈现递增的趋势，这说明化学工业与煤炭产业的关联度在持续增强。

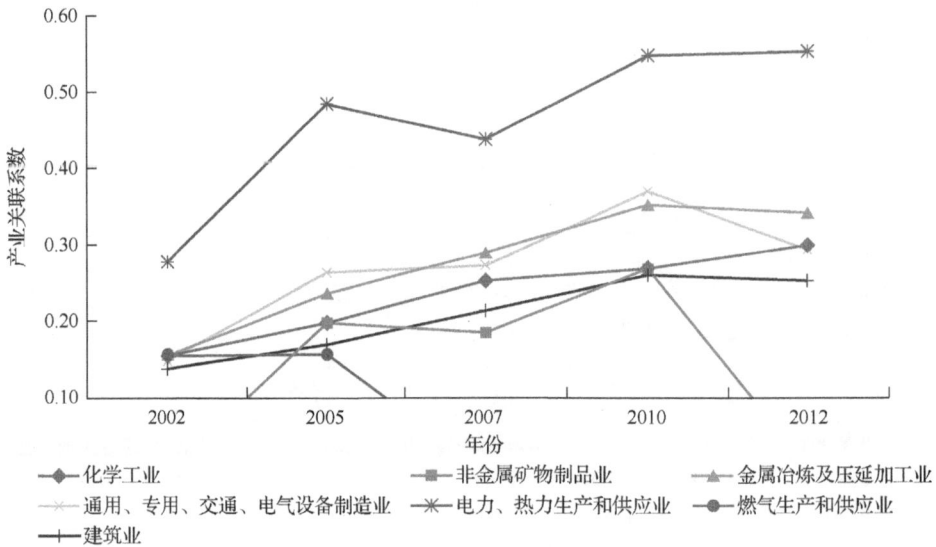

图 8.9　煤炭产业与各产业关联系数

金属冶炼及压延加工业，通用、专用、交通、电气设备制造业及建筑业与煤炭产业的关联度系数在 2002—2010 年一直递增，而在 2012 年则出现了略微减小。这说明这些产业在 2010 年以前对煤炭产业的密切程度在持续增强，到 2012 年，这些产业与煤炭产业的密切程度已经出现了不同程度的下降趋势。

非金属矿物制品业在 2005 年才出现在图 8.9 中，到 2012 年又消失了，说明非金属矿物制品业在 2005—2010 年得到了快速发展，与煤炭产业的关联程度在增强，而到 2012 年又快速地下降。燃气生产和供应业与煤炭产业的关联系数一直在减小，在 2007 年从图 8.9 中消失，说明该产业与煤炭产业的关联程度一直呈现减弱趋势。

通过对各产业与煤炭产业的关联度的分析发现，电力、热力生产和供应业是带动煤炭产业发展的重要产业，在未来一段时间该产业对煤炭业的发展也将发挥重大作用；化学工业与煤炭产业的联系也在增强，随着化学工业的不断发展，其对煤炭的需求量也将会持续上升。金属冶炼与压延加工业，通用、专用、交通、电气设备制造行业及建筑业对煤炭的拉动作用呈现下降的趋势，考虑我国目前节能减排、产能过剩的大背景，这些产业对煤炭的需求量在未来还会呈现下降趋势。

8.4.6　我国煤炭产业链的演化结果分析

通过对上述 5 个煤炭产业链网进行分析可以发现，在 2005 年的煤炭产业链中，关联的产业最多，各产业间的联系也最多，网络最为复杂；其次是 2007 年和 2002 年，产业数目均为 7 个，但是产业略有不同，2007 年燃气生产和供应业不再作为煤炭产业的主要关联产业。非金属矿物制品业与其他各产业的关联关系从 2007 开始呈现减弱关系，2007 年该产业与通用、专用、交通、电气设备制造业的联系大幅减弱，2010 年该产业与化学工业的联系大幅减弱，到 2012 年，该产业不再作为煤炭产业的主要关联产业。

从 2002—2012 年的产业链网的分析来看，与煤炭产业关联关系最稳定的产业是化学工业，金属冶炼及压延加工业，通用、专用、交通、电气设备制造业，电力、热力生产和供应业及建筑业，不太稳定的产业主要是燃气生产和供应业以及非金属矿物制品业。图 8.10 展示了 2005—2012 年我国煤炭产业链的变化情况，虚线部分表示产业间联系已经大幅下降的产业关系，虚线旁边的数字表示两产业联系下降的年份。

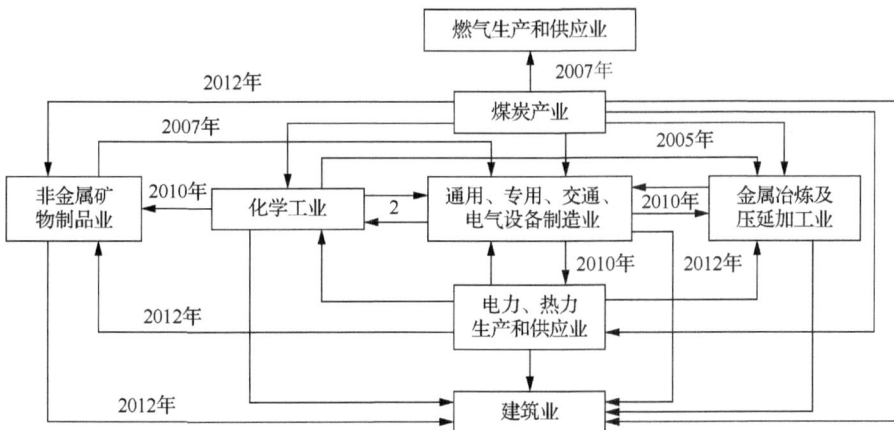

图 8.10　2002—2012 年我国煤炭产业链网络图

从图 8.10 中可以看出，2002—2012 年我国煤炭产业链网络发生了很大的变化，许多产业间的联系在下降，其中，非金属矿物制品业对煤炭产业的产业联系增强发生在 2005 年，到 2012 年其对煤炭产业的产业关联发生了大幅下降，甚至从煤炭产业链网络中消失了；而其他 5 个产业与煤炭产业的关系则相对稳定。总的来看，各产业间的产业关联在下降，煤炭产业网络的内部复杂度大大降低，如图 8.11 所示，煤炭产业的发展更加依赖电力、热力生产和供应业，化学工业，金属冶炼及压延加工业，通用、专用、交通、电气设备制造业及建筑业等行业，化学工业和金属冶炼及压延加工业主要作为中间环节部门，通用、专用、交通、电气设备制造业和建筑业在产业链网中作为最终的需求部门。从图 8.11 可以看出，相较前几年，煤炭产业的整个产业网络复杂性降低，说明产业间的关联关系正在减少，这将导致整个产业链关联产业的发展受到重大影响，煤炭作为最直接的原材料来源，其发展颓势已经显现。

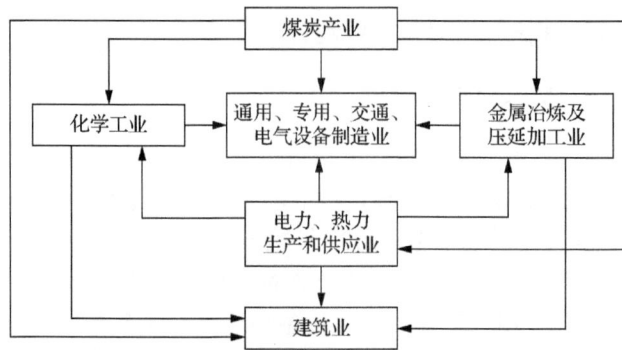

图 8.11　我国演化后的煤炭产业链网络图

8.5　主要研究结论与政策启示

本章以 2002—2012 年我国煤炭产业链为研究目标，利用 2002 年、2005 年、2007 年、2010 年和 2012 年全国 29 个部门的投入产出表对煤炭产业链的发展变化进行了分析，并根据计算结果绘制了各年的煤炭产业链网络图。通过对煤炭产业链的发展变化的分析，本章得出以下研究结论和政策建议。

1）2012 年我国国民经济的主要产业链有 5 条，其中，包括煤炭产业与电力、热力生产和供应业构成的产业链。从对我国国民经济主要产业链的分析看出，煤炭产业是我国社会经济发展过程中的重要产业，煤炭产业在我国的社会经济中的地位依然难以撼动，社会经济发展对煤炭资源的依赖短期难以改变。

2）2002—2012 年，煤炭产业与电力、热力生产和供应业，化学工业，金属冶炼与压延加工业，通用、专用、交通、电气设备制造业及建筑业的关联关系呈增强趋势，关联关系日益紧密；但在 2012 年，煤炭产业与通用、专用、交通、电气设备制造业，金属冶炼及压延加工业，建筑业间的关联关系略有下降。

3）2002—2012 年，煤炭产业与电力、热力生产和供应业，化学工业，金属冶炼与压延加工业，通用、专用、交通、电气设备制造业及建筑业的经济距离呈延长趋势，说明煤炭与各产业间的中间环节在增加，这对煤炭产业的发展有一定的促进作用。

4）我国煤炭产业链网络的复杂性降低，各产业间的相互关联减少；煤炭产业的发展更加依赖电力、热力生产和供应业，化学工业，金属冶炼与压延加工业，通用、专用、交通、电气设备制造业及建筑业等行业，在产能过剩的背景下，除非有新的相关产业出现，否则煤炭产业链网络短期难以发生重大改变。

本章在对我国煤炭产业的产业链网络进行演化分析的基础上提出了我国煤炭产业发展的一些政策建议。第一，煤炭产业与电力、热力生产和供应业的关联程度最高，电力、热力生产和供应业对煤炭产业的拉动作用最为明显，所以煤炭产业的发展需要维持与电力、热力生产和供应业的联系，并加强洁净煤技术等新技术研究，减少空气污染物的排放；第二，化学工业与煤炭产业的联系呈现逐年递增的趋势，煤炭产业与化学工业紧密相连，所以在国家现有政策的基础上，煤炭产业需要加强与化学工业的产业联系，同时减少污染物的排放；第三，加强煤炭产业及相关产业的产学研研发力度，抓住新兴产业的概念机遇，建立煤炭产业与新产业间的产业联系，从而促进煤炭产业的健康发展。

8.6　本章小结

煤炭产业是我国能源系统的重要组成部分，煤炭产业的发展与我国经济、政治、社会及生态环境的发展密切相关。本章通过 5 张投入产出表对我国煤炭产业链的发展变化情况进行了分析，总结起来主要有以下几点。

1）从宏观经济入手研究我国煤炭产业链，并使用 5 张投入产出表对其进行研究，着重从煤炭产业链的发展变化发现问题，提供解决煤炭问题的解决思路。这一点弥补了学者普遍针对中微观层面对煤炭进行研究而缺乏宏观研究的不足。

2）在研究过程中引入了动态的关联系数阈值。以往的研究中，学者往往采用固定的阈值作为评估产业间关联程度的标准，随着经济的不断发展，产业间的关联关系也是不断变化的，固定的阈值难以反映经济发展过程中产业关联是否密切的真实情况，所以本章采用动态的阈值，这是对阈值选取的一点改进。

3）采用 APL 的概念来衡量煤炭产业与其他产业之间的平均经济距离的变化，并对该变化进行分析，在此基础上结合 APL 系数与产业关联系数绘制煤炭产业链网络图。

第9章 我国城市生活垃圾处理的碳排放核算及其影响因素研究

　　我国正处于城镇化快速发展的阶段，大量人口涌入城市，随着国民经济的快速发展和人民生活水平的提高，城市生活垃圾快速增长。如图 9.1 所示，我国城市生活垃圾由 1980 年的 3 132 万吨以平均每年 5%的速度迅速增长到 2012 年的 17 081 万吨。从图 9.2 中可以看出，21 世纪开始我国经济发达省份的生活垃圾量也大体呈现直线上升的趋势，生活垃圾增长率较大。其中，北京城市生活垃圾量增长最快，2012 年的城市生活垃圾量为 2000 年的 2.7 倍，上海、江苏、浙江、广东和重庆 2012 年的城市垃圾量分别为 2000 年的 1.4 倍、2.3 倍、2.4 倍、2.4 倍和 1.9 倍。生活垃圾不仅仅对土壤造成严重污染，垃圾未经处理随意堆放还将占用大片土地，其淋洗和渗滤液含的有害物质会改变土壤的结构和性质，阻碍植物根系的正常生长，在植物体内积蓄，毒性通过食物链的放大作用最终危害人类的健康（王蕾等，2017）。生活垃圾中的细小颗粒、粉尘等随风扬起，会对大气造成污染。另外，堆放的垃圾中一些物质会产生毒气或恶臭，滋生啮虫传播病毒，逸出的沼气也会对大气环境造成影响。

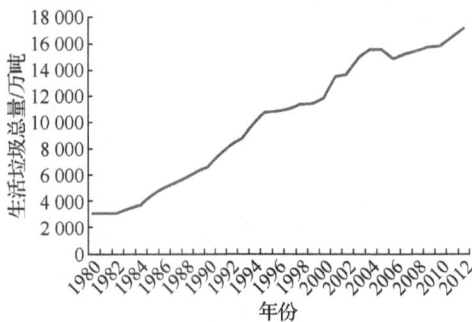

图 9.1 我国城市生活垃圾总量

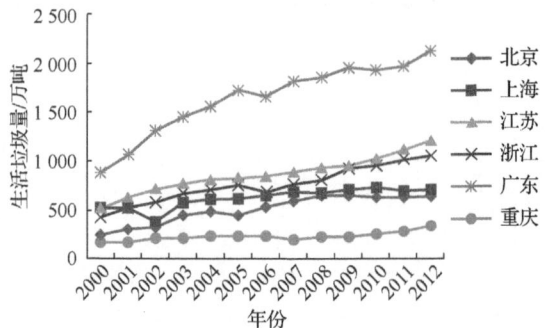

图 9.2 我国主要省份生活垃圾总量

　　目前我国处理生活垃圾的方式主要有卫生填埋、焚烧和堆肥，而超过 70%的生活垃圾通过卫生填埋处理，生活垃圾中的有机物在填埋状态下会发生厌氧分解，产生的甲烷和二氧化碳等温室气体被排放到大气中，是大气温室气体的重要来源之一。填埋气体中的甲烷的全球变暖潜势（global warming potential，GWP①）很高，相当于二氧化碳的 25 倍（IPCC，2007），但也有学者采用 GWP 为二氧化碳的 21 倍进行研究，计算出 1 吨生

---

　　① GWP 表示温室气体在不同时间内在大气中保持综合影响及其吸收外逸热红外辐射的相对作用，是其产生温室效应的一个指数。

活垃圾填埋产生的气体的温室效应最大相当于 1.1 吨二氧化碳产生的温室效应（李欢等，2011）。在生活垃圾处理过程中引起的温室效应相当严重，并已受到广泛关注。随着社会发展和居民生活方式的改变，生活垃圾的组分也在变化。根据相关学者的调查研究，我国生活垃圾中含有可分解碳的组分比例在增加（杜吴鹏等，2006；任婉侠等，2011），这也增加了填埋气体中温室气体的比例。

城市生活垃圾是重要的温室气体排放源，因此需要对城市生活垃圾处理产生的碳排放进行深入的理论研究，在此基础上建立符合我国国情的城市生活垃圾减排体系和机制。

城市生活垃圾处理的碳排放研究包括相关的理论研究和实证分析。纵观目前的研究，尽管国内外学者已经取得了一定成果，但是还没有形成完善的理论和方法体系，特别是结合我国国情的成熟研究成果还比较缺乏，不能完全满足我国社会可持续发展的迫切需求。在这样的背景下，研究我国城市生活垃圾碳排放量及其影响因素，具有重要的理论意义和实践应用价值，也是我国建设生态文明过程中不可回避的重要课题。

首先，研究我国城市生活垃圾处理的碳排放，对于促进生活垃圾高效低碳处理机制的发展，改善生活垃圾回收混乱的状态，提高环境绩效，从根本上促进经济、社会和环境协调发展，实现生态文明，具有深远的现实意义。随着我国城镇化进程的加快，城市生活垃圾快速增长，生活垃圾产生的碳排放的负面影响增强，预防和控制城市生活垃圾碳排放受到我国政府和学者的重视。在 2007 年编制的《中国应对气候变化国家方案》中将加强城市垃圾管理作为减缓温室气体排放的重点领域之一。多位学者对我国城市生活垃圾处理方式及其碳排放量进行分析研究，找到了适合我国国情的碳排放量核算模型，并分析其发展趋势。但是，我国的城市生活垃圾管理和治理还有很多问题，如分类回收机制还没有全面实现，生活垃圾处理方式还是以高排放的填埋方式为主等。因此，研究城市生活垃圾碳排放及其影响因素对于减暖气候变暖、促进生态文明具有重要的现实意义。

其次，本书综合核算我国城市生活垃圾产生的碳排放量，并分析其影响因素，对于完善生活垃圾碳排放的理论研究有重要的理论意义。目前，大多数学者主要以某个城市为例对城市生活垃圾碳排放进行研究，研究范围比较小。同时，对生活垃圾产量的影响因素的研究比较多，但对生活垃圾碳排放量影响因素的研究还比较缺乏。因此，本书全面核算我国城市生活垃圾碳排放量及其影响因素，对完善相关的理论研究有重要的理论意义。

为此，本章将通过构建系统的理论模型测度我国城市生活垃圾不同处理方式的碳排放，并分析一些典型地区和城市的生活垃圾处理的碳排放的影响因素。具体地，本章将首先根据《IPCC2006 指南》推荐的经验公式按照卫生填埋、简易填埋、堆肥和焚烧 4 种城市生活垃圾处理方式，全面地核算全国及各省份城市生活垃圾的碳排放量；然后结合计量经济学方法从全国、各省份和东、中、西三大地区 3 个维度研究生活垃圾碳排放量的影响因素；最后对比分析全国、各省份和东、中、西三大地区城市生活垃圾碳排放量的影响因素及其原因，并提出相应的政策建议，为我国生活垃圾的可持续治理提供一定的借鉴。

9.1　生活垃圾主要成分及处理方式

9.1.1　生活垃圾主要成分

我国的城市生活垃圾成分可以划分为 9 类：厨余、橡塑、织物、纸类、金属、竹木、砖石、玻璃和其他。其中，金属、砖石和玻璃中的可降解有机碳含量太少，可以忽略不计。"其他"的组分中约有 50%的灰渣，可降解有机碳含量可以忽略不计。所以最后生活垃圾组分中确定的含有可降解有机碳的成分有 5 种：厨余、橡塑、织物、纸类和竹木（郝丽等，2012）。随着社会的发展和居民生活方式的改变，我国城市生活垃圾中的有机可回收物的比例总体呈现上升趋势（瞿贤等，2008）。任婉侠等（2011）通过对沈阳市城市生活垃圾排放现状进行分析，发现 2002 年以后沈阳生活垃圾产生量和清运量在逐年增加，生活垃圾成分变化显著。沈阳生活垃圾主要以厨余等有机废弃物为主，无机物成分比例在下降（邵立明等，2009）。

9.1.2　生活垃圾处理方式

目前，国际上对生活垃圾的处理方式主要包括填埋、焚烧、堆肥和热解等。我国对城市生活垃圾的无害化处理方式主要有简易填埋、卫生填埋、堆肥和焚烧 4 种，并在相当长的一段时间内，我国对城市生活垃圾的处理主要以卫生填埋为主（张宪生等，2003）。下面将重点介绍我国 4 种主要的生活垃圾处理方式（耿丽伟，2015）。

1. 简易填埋

简易填埋是一种传统的生活垃圾处理方式，是指将没有处理的生活垃圾埋在普通垃圾填埋场，然后在顶层覆盖土层。简易填埋的投资、运行费用较低，操作简单，但不能防止填埋废物与周围环境接触，对环境污染较大。

2. 卫生填埋

卫生填埋是在填埋场底部铺有一定厚度的黏土层或高密度聚乙烯材料的衬层，从而达到底层防渗的作用，然后将生活垃圾分层填埋，压实后在顶层覆盖土层，从而使生活垃圾在厌氧条件下发酵，以达到无害化处理的生活垃圾处理方式。

卫生填埋投资、运行费用较低，且能够防止填埋废物与周围环境接触，尤其能够防止生活垃圾对地下水的污染。但卫生填埋场占地相当大，大量有机物和电池等物质的填埋使卫生填埋场渗滤液渗透、收集处理系统负荷和技术难度大，投资高，填埋操作复杂，管理困难，处理后污水也难以达标排放。

3. 堆肥

堆肥处理是利用微生物分解垃圾中有机成分的生物化学过程。在生物化学反应过程中，有机物、氧气和细菌相互作用，析出二氧化碳、水和热，同时生成腐殖质。堆肥最大的优点是产物可回收。堆肥的缺点是：垃圾中的石块、金属、玻璃、塑料等废弃物不能被微生物分解，这些废弃物必须被分拣出来，另行处理；堆肥周期长，占地面积大，卫生条件差；肥效低，成本高，与化肥比销售困难，经济效益差。

4. 焚烧

焚烧是垃圾中的可燃物在焚烧炉中与氧气进行燃烧的过程，其实质是碳、氢、硫等元素与氧气的化学反应。垃圾焚烧后，释放出热能，同时产生烟气和固体残渣。

焚烧处理技术的特点是处理量大，减容性好，无害化彻底，并且有热能回收，因此，焚烧是世界各国普遍采用的一种垃圾处理技术。但焚烧处理技术的局限性是对垃圾低位热值有一定要求，不是任何垃圾都可以焚烧，且焚烧时热能要回收、烟气应净化、残渣要消化，这是焚烧处理必不可少的工艺过程。焚烧设备一次性投资大，运转成本高，即使有热量回收，还是无利可图，多数焚烧厂仍亏损地运行。

9.2　我国城市生活垃圾处理的碳排放核算

在现有的理论体系中，针对生活垃圾处理的温室气体排放核算方法很多，包括美国环保署的垃圾减量模型、加拿大气候保护城市联盟使用的 4 种不同的生活垃圾碳排放计算模型等。

除此之外，一些研究也采用《IPCC1996 指南》推荐的经验公式估算我国每年垃圾填埋沼气中产生的温室气体排放量。下面将具体介绍基于《IPCC1996 指南》测算不同生活垃圾处理方式产生的碳排放的方法。

9.2.1　基于 IPCC 的核算方法及数据来源

我国城市生活垃圾的碳排放的计算根据卫生填埋、简易填埋、焚烧和堆肥 4 种处理方式可分为 4 个部分。下面将系统地介绍每种生活垃圾的处理方法下碳排放的核算。

（1）卫生填埋

卫生填埋的最大可能碳排放量的计算过程如式（9.1）、式（9.2）和式（9.3）所示（李欢等，2011）。式（9.1）中，C_1 表示卫生填埋中甲烷的排放量；式（9.2）中，C_2 表示二氧化碳的排放量，3.67 表示二氧化碳与碳的分子量之比；式（9.3）中，C_3 表示按照甲烷的全球变暖潜力值（global warming potential，GWP）的 25 倍计算的最大可能碳排放量（耿丽伟，2015）。

$$C_1 = \text{MSW} \cdot \text{WR} \cdot \text{DOC} \cdot \text{DOC}_f \cdot \rho_1 \cdot \gamma \cdot 3.67 \qquad (9.1)$$

$$C_2 = \text{MSW} \cdot \text{WR} \cdot \text{DOC} \cdot \text{DOC}_f \cdot (1 - \rho_1 \cdot \gamma) \cdot 3.67 \qquad (9.2)$$

$$C_3 = 25 \cdot C_1 + C_2 \qquad (9.3)$$

（2）简易填埋

简易填埋的最大可能碳排放量的计算过程如式（9.4）、式（9.5）和式（9.6）所示。式（9.4）中，C_1 表示卫生填埋中甲烷的排放量，1.33 表示甲烷与碳的分子量之比；式（9.5）中，C_2 表示二氧化碳的排放量，3.67 表示二氧化碳与碳的分子量之比；式（9.6）中，C_3 表示按照甲烷 GWP 值的 25 倍计算的最大可能碳排放量。

$$C_1 = MSW \cdot JR \cdot DOC \cdot DOC_f \cdot \rho_2 \cdot \gamma \cdot 1.33 \tag{9.4}$$

$$C_2 = MSW \cdot JR \cdot DOC \cdot DOC_f \cdot (1 - \rho_2 \cdot \gamma) \cdot 3.67 \tag{9.5}$$

$$C_3 = 25 \cdot C_1 + C_2 \tag{9.6}$$

（3）堆肥

堆肥产生的碳排放量的计算过程如式（9.7）所示。本研究中的堆肥方式采用的是按生活垃圾完全腐熟后，碳全部转化为二氧化碳处理。式（9.7）中，C 表示生活垃圾碳排放量。

$$C = MSW \cdot DR \cdot DOC \cdot DOC_f^* \cdot 3.67 \tag{9.7}$$

（4）焚烧

焚烧产生的碳排放量的计算过程如式（9.8）所示。式（9.8）中，C 表示生活垃圾碳排放量。

$$C = MSW \cdot FR \cdot \varphi \cdot \omega \cdot 3.67 \tag{9.8}$$

式（9.1）～式（9.8）中各变量的具体含义取值及依据如表 9.1 所示（耿丽伟，2015）。

表 9.1　各变量的具体含义取值及依据

变量	含义	取值/%	依据
C_1	填埋过程中甲烷排放量		
C_2	填埋过程中二氧化碳排放量		
C_3	最大可能碳排放量		根据 GWP 及 IPCC 第三次评估报告，在 100 年的时间框架内，1 吨甲烷的温室效应按 25 吨二氧化碳的效应（Geneva，2007）计算的最大可能碳排放量（李欢等，2011）
C	碳排放量		
MSW	城市生活垃圾量		
WR	城市生活垃圾卫生填埋率		《中国统计年鉴》（2004—2013 年）
JR	城市生活垃圾简易填埋率		
DR	城市生活垃圾堆肥处理率		
FR	城市生活垃圾焚烧处理率		
DOC	可降解有机碳含量	12.5	根据生活垃圾各组分的可降解碳含量的加权平均值来计算，本研究参考郝丽等（2012）提供的数据
DOC_f	填埋过程中实际分解的可降解有机碳比例	50	IPCC 推荐值
DOC_f^*	堆肥过程中实际分解的可降解有机碳比例	65	当生活垃圾完全腐熟后，可降解有机物的分解率超过 99.5%（Garcia et al.，1992）。在堆肥过程中，生活垃圾中约 2/3 的碳会转换为二氧化碳，其余 1/3 用于细胞合成（赵由才和刘洪，2002）

续表

变量	含义	取值/%	依据
ρ_1	卫生填埋处理过程中的甲烷修正因子	100	管理的固体废弃物处理场甲烷修正因子缺省值
ρ_2	简易填埋处理过程中的甲烷修正因子	60	非管理的固体废弃物处理场甲烷修正因子缺省值
γ	填埋气中甲烷体积的比例	50	IPCC 推荐值
φ	可燃碳含量	16.5	与 DOC 相比，多了橡塑中的碳，我国近年来生活垃圾中的橡塑含量为 7%～12%，IPCC 推荐的橡塑含碳量为 67%～75%，因而我国生活垃圾中橡塑组分的含碳量约为 4%～9%，本研究取 4%
ω	氧化因子	85	根据我国焚烧混合垃圾的技术水平（赵天涛等，2009）

9.2.2　城市生活垃圾处理的碳排放量的动态分析

我国在 2001 年发布了《城市生活垃圾卫生填埋处理工程项目建设标准》，因此，在计算我国城市生活垃圾碳排放量时，1980—2000 年按照仅采用简易填埋方式处理计算。另外，因为《中国统计年鉴 2002》和《中国统计年鉴 2003》中没有分地区城市生活垃圾清运和处理情况明细表，所以 2001—2002 年按照城市生活垃圾卫生填埋率与 2003 年相同的标准处理，剩余的城市生活垃圾采用简易填埋处理，具体结果如图 9.3 所示。

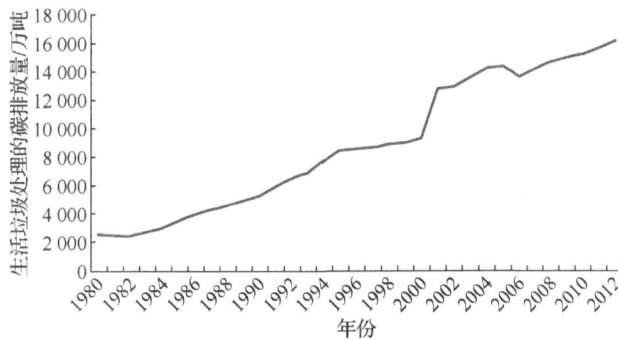

图 9.3　1980—2012 年我国城市生活垃圾处理的碳排放量

从图 9.3 可以看出，1980—2012 年，我国城市生活垃圾处理产生的碳排放量总体呈直线上升的趋势。1980—2000 年，我国城市生活垃圾碳排放量与我国城市生活垃圾量变化趋势相同，这种现象缘于在计算 1980—2000 年的我国城市生活垃圾碳排放量时按照生活垃圾仅采用简易填埋一种方式处理。2000—2001 年出现了一个转折点，我国城市生活垃圾碳排放量迅速增长。这种现象是由于从 2001 年开始将部分城市生活进行无害化处理。2001—2005 年，我国城市生活垃圾碳排放量呈现上升的趋势，但在 2006 年出现了下降的趋势，这与我国城市生活垃圾量减少和焚烧、堆肥处理率增加有密切关系。2006—2012 年，我国城市生活垃圾碳排放量再次呈现直线上升的趋势。虽然我国城市生活垃圾的焚烧、堆肥处理率在增加，但卫生填埋处理率也在不断增加，同时城市生活垃圾量也在不停地增长，造成城市生活垃圾碳排放量呈现上升的趋势。

　　图 9.4 展示了我国城市生活垃圾的人均碳排放量。1980—2012 年，我国城市生活垃圾人均碳排放量呈现先波动上升后下降再上升最后波动下降的变化。1980—1995 年，我国城市生活垃圾人均碳排放量呈现波动上升的趋势。这段时期，我国城市生活垃圾的处理方式仅采用简易填埋一种，出现波动上升的趋势与我国城市生活垃圾量和我国城市人口的相对变化密切相关，我国城市生活垃圾量的增长稍快于我国城市人口的增长。1995—2000 年，我国城市生活垃圾人均碳排放量呈现下降的趋势。这段时期我国城市生活垃圾也是仅采用简易填埋一种，这种变化说明我国城市生活垃圾量的增长速度比我国城市人口的增长速度小。2000—2001 年，我国城市生活垃圾人均碳排放量的变化显著，这与加入卫生填埋这种城市生活垃圾处理方式密切相关。2001—2012 年，我国城市生活垃圾人均碳排放量呈现波动下降的趋势，这主要有两个方面的原因：一方面，随着城镇化进程的加快，我国城市生活垃圾量的增长慢于我国城市人口的增长；另一方面，我国城市生活垃圾的焚烧和堆肥处理率在不断增加，低碳化的处理方式对于减少我国城市生活垃圾人均碳排放量有重要作用。

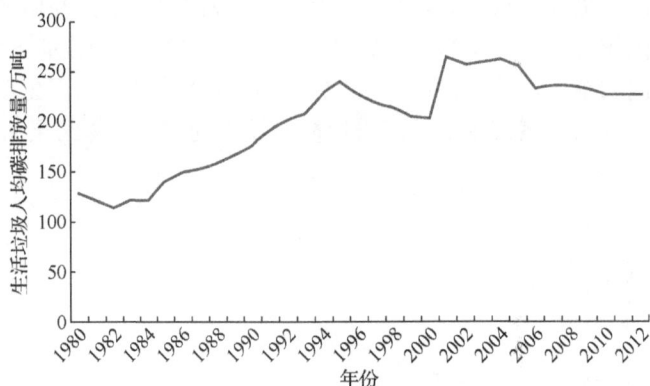

图 9.4　1980—2012 年我国城市生活垃圾人均碳排放量

　　为了考察城市生活垃圾总量及其碳排放量是否存在显著的地域差异，表 9.2 给出了我国各省份生活垃圾量及生活垃圾碳排放变化情况，并按照生活垃圾的增长率将我国（不包括港、澳、台）31 个省份分为 5 类。从各省份的生活垃圾量及其碳排放量增长率来看，二者有趋同性。其中，生活垃圾量及其碳排放量的最大增长率超过 7%。生活垃圾量处于增长趋势的省份有 21 个，占全国的 67.7%；碳排放量处于增长趋势的省份有 23 个，占全国的 74.2%，略高于生活垃圾量。其中，生活垃圾量高速增长（增长率大于 5%）的省份有 5 个，占全国的 16.1%；碳排放量高速增长（增长率大于 5%）的省份有 6 个，占全国的 19.4%。生活垃圾量处于下降趋势的省份有 10 个，占全国的 32.3%；碳排放量处于下降趋势的省份有 8 个，占全国的 25.8%。从各省份的分布来看，生活垃圾量及其碳排放量的变化也有差异性。在生活垃圾量及其碳排放量均处于增长趋势的区间里，仅有陕西、上海、北京和河南 4 个省份的生活垃圾量及其碳排放量处在相同的变化区间内。在生活垃圾量及其碳排放量均处于下降趋势的区间里，山东、吉林、河北、湖北、黑龙江、山西和西藏处在相同的变化区间内。总体来看，共有 11 个省份的生活垃圾量及其碳排放量处在相同的变化区间，大部分省份的生活垃圾量及其排放量没有同步变化。由此可以看出，生活垃圾量对其碳排放量有影响，但其他因素对生活垃圾碳排放量的影响也不容忽视。因此，生活垃圾碳排放量的影响因素有哪些，这些因素会造成何种影响，影响程度如何，这些都值得深入研究。

表 9.2　各省份城市生活垃圾量及生活垃圾碳排放量变化情况

增长率/%	生活垃圾量		生活垃圾碳排放量	
	数量	地区	数量	地区
最大（7）	1	福建	1	重庆
5～6	4	浙江、江苏、重庆、云南	5	贵州、湖南、四川、江西、广东
2～5	10	广东、北京、江西、四川、海南、湖南、贵州、陕西、上海、河南	13	福建、河南、广西、陕西、辽宁、上海、北京、宁夏、浙江、云南、安徽、新疆、青海
0～2	6	青海、广西、辽宁、安徽、天津、新疆	4	内蒙古、江苏、海南、甘肃
<0	10	内蒙古、甘肃、宁夏、山东、湖北、吉林、河北、黑龙江、西藏、山西	8	山东、天津、吉林、河北、黑龙江、湖北、西藏、山西

同时可以看出，大部分发达省份的生活垃圾量及其碳排放量增长率均处在较高的水平。例如，北京、上海、广东、浙江、福建和重庆的生活垃圾量及其碳排放量增长率都大于 2%，处在较高的增长水平。这些省份的经济水平比较发达，城镇化水平较高，人口较多、流动性大，生活垃圾量及其碳排放量增长率高就在所难免。

我国地域广阔，各地区的经济发展水平和社会结构略有差异。考虑到这种差异性，本章按"七五"计划公布的东、中、西三大区域分别研究其城市生活垃圾碳排放及其影响因素，其中，东部地区包括北京、天津、河北、辽宁、上海、江苏、浙江、福建、山东、广东和海南 11 个省市；中部地区包括山西、吉林、黑龙江、安徽、江西、河南、湖北和湖南 8 个省；西部地区包括四川、重庆、贵州、云南、西藏、陕西、甘肃、宁夏、青海、新疆、广西和内蒙古 12 个省区市（国务院发展研究中心发展战略和区域经济研究部课题组，2003）。

本书涉及的我国三大地区城市生活垃圾碳排放量按照式（9.1）～式（9.8）的计算方法获得，进而计算得到各省份的城市生活垃圾人均碳排放量，如表 9.3 所示。

表 9.3　2003—2012 年我国各省份的平均碳排放量

人均碳排放量/千克	东部地区	中部地区	西部地区
(440，480]			西藏
(400，440]	北京		
(360，400]			新疆、宁夏
(320，360]	上海	黑龙江、吉林	青海
(280，320]	辽宁		甘肃
(0，280]	天津、河北、山东、江苏、浙江、福建、广东和海南	山西、河南、安徽、湖北、江西和湖南	内蒙古、陕西、四川、重庆、广西、云南和贵州

由表 9.3 可得出以下结论：

　　1）在 2003—2012 年我国东部地区城市生活垃圾人均碳排放量的平均值（以下简称人均值）中，最大的是北京，处于(400，440]区间；其次是上海，处于(320，360]区间；再次是辽宁，处于(280，320]区间；其余省份的人均值较小，处在 280 以下。

　　2）在 2003—2012 年我国中部地区城市生活垃圾人均值中，较大的是黑龙江和吉林，均处于(320，360]区间；其余各省份的人均值较小，处在 280 以下。

　　3）在 2003—2012 年我国西部地区城市生活垃圾人均值中，最大的是西藏，西藏也是全国各省份中人均值最大的省份，处于(440，480]区间；其次是新疆和宁夏，处于(360，400]区间；再次是青海和甘肃，分别处于(320，360]区间和(280，320]区间；其余各省份的人均值处于 280 以下。

　　为了分析人均城市生活垃圾的碳排放量是否存在显著的地域差异，表 9.4 给出了 2003 年我国三大地区人均城市生活垃圾碳排放量的年增长率。从表 9.4 中可以看出，在东部地区，辽宁、福建和广东的人均值处于增加状态，其余省份处于减少状态，其中减少速度较快的是河北和天津；中部地区的江西和湖南的人均值处于增加状态，其余省份处于减少状态，其中减少速度最快的是山西；西部地区中处于增加状态的省份有重庆、四川、贵州，其余省份处于减少状态，其中减少最快的是西藏。

表 9.4　我国三大地区人均城市生活垃圾碳排放量年增长率

东部地区		中部地区		西部地区	
省份	增长率/%	省份	增长率/%	省份	增长率/%
北京	-1.58	山西	-8.09	内蒙古	-1.46
天津	-5.67	吉林	-2.84	广西	-0.24
河北	-6.68	黑龙江	-3.93	重庆	4.06
辽宁	1.44	安徽	-1.03	四川	1.96
上海	-0.21	江西	0.82	贵州	2.79
江苏	-2.57	河南	-0.41	云南	-2.56
浙江	-1.21	湖北	-5.33	陕西	-0.17
福建	0.81	湖南	1.80	甘肃	-3.60
山东	-3.70			青海	-1.18
广东	0.15			宁夏	-2.05
海南	-2.60			新疆	-2.07
				西藏	-7.10

　　从表 9.3 和表 9.4 中可以看出，城市生活垃圾碳排放量的人均值最大的是西藏，这与该省份处理城市生活垃圾的方式息息相关——仅采用填埋方式处理；其次是北京，这与北京人均城市生活垃圾量高有密切关系。但西藏和北京的人均城市生活垃圾碳排放量的年增长率均为负值，人均城市生活垃圾碳排放量处于减少状态。3 个地区中人均值处于 320 以上的省份有东部地区的北京和上海，中部地区的吉林和黑龙江，西部地区的西藏、新疆、宁夏和青海。其中，东部地区的北京和上海的堆肥焚烧占比较高，其人均值较高与人均城市生活垃圾量高有较大关系；西部地区的西藏、新疆、宁夏和青海的填埋处理率较高，其人均值较高与城市生活垃圾的处理方式有很大关系；而中部地区的吉林

和黑龙江的人均值较高与其较高的人均城市生活垃圾量和较高的填埋处理率均有关系。另外,东部地区的发达省份除了广东,其他省份的人均城市生活垃圾碳排放量的年增长率均为负值。

与此同时,根据式(9.1)～式(9.8)可以得出生活垃圾 4 种处理方式各自的碳排放量。其中,若采用卫生填埋方式处理,1 千克生活垃圾最多能产生 1.16 千克碳排放量;若采用简易填埋方式处理,1 千克生活垃圾最多能产生 0.79 千克碳排放量;若采用堆肥方式处理,1 千克生活垃圾能产生 0.30 千克碳排放量;若采用焚烧方式处理,1 千克生活垃圾能产生 0.51 千克碳排放量。在 4 种处理方式中,碳排放量最小的是堆肥,其次是焚烧,最多的是目前生活垃圾处理的最主要的方式——卫生填埋,为堆肥处理的 3 倍多、焚烧处理的 2 倍多。随着对生活垃圾环境污染作用的认识加深,无害化处理的占比越来越高。但随着卫生填埋处理生活垃圾数量的增多,填埋场趋于饱和,并且卫生填埋作为温室效应最大的生活垃圾处理方式,对环境的危害作用日益明显,说明需要改善现有的生活垃圾处理结构。加大经济效益和环境效益双赢的生活垃圾处理方式的处理率变得越来越迫切。

1980—2012 年,我国城市生活垃圾人均碳排放量呈现先波动上升后下降再上升最后波动下降的变化。这种变化与我国城市生活垃圾量、我国城市人口和城市生活垃圾处理方式均有密切关系。因此,研究我国城市生活垃圾碳排放量与我国城市生活垃圾量和城市生活垃圾处理方式的关系是非常必要的。下面将讨论城市生活垃圾处理的碳排放的关键影响因素。

9.3　城市生活垃圾处理的碳排放的影响因素研究

本节将分别从全国层面和区域层面对城市生活垃圾处理的碳排放的影响因素展开系统的分析。其中,9.3.1 小节为数据来源与研究方法,9.3.2 小节为全国城市生活垃圾处理的碳排放影响因素分析,9.3.3 小节为各个省市城市生活垃圾处理的碳排放的影响因素分析,9.3.4 小节为东、中、西三个区域的城市生活垃圾处理的碳排放的影响因素分析。

9.3.1　数据来源与研究方法

影响我国城市生活垃圾碳排放的因素有很多,主要有城市生活垃圾量和生活垃圾处理方式两个方面。其中,影响城市生活垃圾量的因素也有很多,包括社会发展层面的国民经济的整体实力、城镇化水平、第三产业占比,以及居民层面的收入水平、生活方式、文化水平、家庭成员、消费能力等。影响城市生活垃圾处理方式的因素主要有环卫企业的生活垃圾处理设施、方式,以及生活垃圾分类回收情况等。本章在研究我国城市生活垃圾碳排放的影响因素时分为两步。第一步,建立模型(9.9)分析影响城镇居民现金消费支出的因素,之后建立模型(9.10)分析城镇居民现金消费支出和生活垃圾处理方式对我国城市生活垃圾碳排放的影响。基于现有文献,社会的发展和居民活动对城市生活垃圾量具有重要的影响。本书考虑到数据的可获取性和可量化程度,选取了国内外常用的两个指标，即第三产业占比（作为经济发展水平的代表变量，记为 TR）和城镇居民可支配收入（作为居民生活水平的代表变量，记为 SR）作为本书主要分析的对象。模型（9.9）涉及的 3 个因素的数据来自 1981—2013 年《中国统计年鉴》，城镇居民现金消费支出和城镇居民可支配收入以 1978 年为基期计算。第二步，以第一步为基础，系统地研究城镇居民人均现金消费支出估计值和城市生活垃圾处理方式对我国城市生活垃圾碳排放的影响，其中城市生活垃圾处理方式用堆肥、焚烧处理率和卫生填埋处理率表示。

$$XF = \alpha + \beta_1 \cdot TR + \beta_2 \cdot SR + \beta_3 \cdot XF(-1) \tag{9.9}$$

$$C = \rho + \varphi_1 \cdot XF + \varphi_2 \cdot DFR + \varphi_3 \cdot WR + \varphi_4 \cdot C(-1) \tag{9.10}$$

影响生活垃圾碳排放量的因素有很多，基于现有文献，主要包括生活垃圾量的影响因素和处理方式两个方面。本书认为生活垃圾主要是由居民对食品、衣着、室内装饰品、床上用品、家庭日用杂品、家具材料和其他商品消费产生的，因而建立模型（9.11）分析各省份居民家庭平均每人全年对上述商品的现金消费支出的影响因素。由于这些商品均由第三产业提供，并与居民的收入息息相关，所以本书选取第三产业占比和城镇居民人均可支配收入作为自变量。进而，建立模型（9.12）分析各省份人均城市生活垃圾碳排放量的影响因素。本书主要考虑了生活垃圾量和处理方式两个方面的影响因素，选取居民家庭全年平均每人现金消费支出、生活垃圾卫生填埋比率和生活垃圾堆肥、焚烧比率作为自变量，同时考虑居民生活习惯难以改变和垃圾处理厂处理垃圾的惯性，将各省份人均城市生活垃圾碳排放量的一阶滞后项作为自变量之一。在模型（9.11）中，原始数据来源于 2004—2013 年《中国统计年鉴》，城镇居民人均可支配收入和居民家庭全年平均每人现金消费支出均以 2003 年为基期；在模型（9.12）中，居民家庭全年平均每人现金消费支出为模型（9.11）的估计数据，生活垃圾卫生填埋比率和生活垃圾堆肥、焚烧比率根据 2004—2013 年《中国统计年鉴》计算得出。由于西藏的城市生活垃圾在 2006 年出现异常值，并且 2003—2012 年西藏的城市生活垃圾处理方式只有简易处理一种，所以本研究在研究各省份城市生活垃圾碳排放影响因素时剔除了西藏。

$$XF = \alpha' + \beta_1' \cdot TR + \beta_2' \cdot SR \tag{9.11}$$

$$C = \rho' + \varphi_1' \cdot XF + \varphi_2' \cdot DFR + \varphi_3' \cdot WR + \varphi_4' \cdot C(-1) \tag{9.12}$$

9.3.2　全国城市生活垃圾处理的碳排放影响因素分析

1. 单位根检验

由于一些非平稳的经济时间序列会表现出共同的变化趋势，而这些序列间本身不一定有直接的关联，如果对这些数据进行回归，即使有较高的 R^2，其结果也没有任何实际意义，会造成虚假回归或伪回归。平稳的真正含义是，一个时间序列剔除了不变的均值和时间趋势以后，剩余的序列为零均值、同方差，即白噪声。为了避免伪回归，确保估计结果的有效性，这里采用单位根检验的方法对各面板序列的平稳性进行检验，检验结果如表 9.5 所示。

表9.5　单位根检验结果

阶数		方法	变量						
			ZXF	TR	ZSR	C	XF	DFR	WR
水平值	含截距项和趋势项	ADF	-2.76	-1.77	-1.36	-1.18	-2.03	0.80	-1.76
		PP	-2.31	-1.95	-1.12	-1.27	-1.25	1.64	-1.76
		DF	-2.12	-1.74	-1.31	-1.42	-2.19	-0.09	-1.67
		ERS	15.46	19.15	51.58	18.58	8.54	63.65	22.15
	含截距项	ADF	0.79	-1.45	1.77	-1.46	-1.20	3.05	-0.03
		PP	1.76	-1.43	3.51	-1.46	-0.90	4.27	0.05
		DF	0.06	0.29	0.33	-0.82	-0.40	2.37	0.02
		ERS	265.39	183.35	376.45	33.97	82.79	64.48	23.90
	不含截距项和趋势项	ADF	1.86	3.28	2.34	0.84	1.10	4.03	0.73
		PP	4.94	2.89	6.87	0.81	2.13	5.38	0.77
1阶差分	含截距项和趋势项	ADF	-3.17	-4.37[a]	-3.24[c]	-5.39[a]	-2.63	-4.79[a]	-5.77[a]
		PP	-3.22[c]	-4.26[b]	-3.33[c]	-5.40[a]	-2.74	-5.43[a]	-5.98[a]
		DF	-3.27[b]	-4.44[a]	-3.35[b]	-5.36[a]	-2.61	-5.55[a]	-5.95[a]
		ERS	7.36	6.06[c]	6.97	6.17[c]	10.18	3.46[a]	5.65[b]
	含截距项	ADF	-2.91[c]	-4.28[a]	-2.22	-5.21[a]	-2.59	-0.67	-5.61[a]
		PP	-2.85[c]	-4.25[a]	-2.22	-5.21[a]	-2.59	-4.19[a]	-5.61[a]
		DF	-2.61[b]	-4.34[a]	-1.96[b]	-4.99[a]	-2.51[b]	-0.89	-5.64[a]
		ERS	3.64[c]	1.65[a]	5.86	1.76[a]	3.09[c]	17.36	1.53[a]
	不含截距项和趋势项	ADF	-1.32	-3.26[a]	-0.70	-5.03[a]	-1.73[c]	-0.08	-5.35[a]
		PP	-1.14	-3.21[a]	-0.65	-5.03[a]	-1.73[c]	-3.65[a]	-5.35[a]
2阶差分	含截距项和趋势项	ADF	-5.83[a]		-6.10[a]		-3.55[c]	-9.24[a]	
		PP	-5.93[a]		-6.01[a]		-5.25[a]	-10.75[a]	
		DF	-5.97[a]		-6.17[a]		-3.78[a]	-8.66[a]	
		ERS	6.47[c]		2.04[a]		0.17[a]	1.23[a]	
	含截距项	ADF	-5.94[a]		-6.24[a]		-3.69[b]	9.20[a]	
		PP	-6.05[a]		-6.19[a]		-5.34[a]	-10.62[a]	
		DF	-5.85[a]		-6.09[a]		-5.28[a]	-8.81[a]	
		ERS	2.03[b]		0.61[a]		0.05[a]	0.38[a]	
	不含截距项和趋势项	ADF	-6.02[a]		-6.10[a]		-3.78[a]	-9.18[a]	
		PP	-6.03[a]		-6.08[a]		-5.44[a]	-10.24[a]	

注：a、b、c分别表示在1%、5%、10%显著性水平下显著，即表示在1%、5%、10%显著水平拒绝原假设，没有单位根，序列平稳。

具体地，本部分采用 ADF、PP、DF 和 ERS 4 种方法对各时间序列进行平稳性检验。如果在 4 种检验中，检验结果均拒绝存在单位根的原假设，则说明此序列是平稳的，反之则不平稳。本研究的单位根检验是通过 3 个模型来完成的，首先从含有截距和趋势项的模型开始，再检验只含截距项的模型，最后检验二者都不含的模型。并且认为，只有 3 个模型的检验结果都不能拒绝原假设时，才可认为序列是非平稳的，而只要其中有一个模型的检验结果拒绝原假设，就可认为序列是平稳的。本章对所涉及的模型的 7 个变量，即城镇居民现金消费支出（XF），第三产业占比（TR），城镇居民可支配收入（SR），我国城市生活垃圾人均碳排放量（C），城镇居民人均现金消费支出估计值（XF），堆肥、焚烧占比（DFR）和卫生填埋占比（WR）分别进行单位根检验。根据表 9.5 的检验结果，在10%的显著水平下，各时间序列的平稳性如下：城镇居民现金消费支出、第三产业占比、中国城市生活垃圾人均碳排放量、堆肥焚烧占比和卫生填埋占比表现为 1 阶平稳，而城镇居民可支配收入表现为 2 阶平稳。一般情况下，当所有变量的表现为同阶平稳时，才可以进行模型回归。但是可以将条件放宽为当解释变量大于两个时，只要被解释变量的阶数不大于任何解释变量，就可以进行计量经济模型回归。虽然在城镇居民现金消费支出估计模型中城镇居民现金消费支出、第三产业占比与城镇居民可支配收入没有表现为同阶平稳，但城镇居民现金消费支出的阶数小于等于其他两个变量的阶数，在通过协整检验后也可以进行回归。同理，中国城市生活垃圾碳排放量估计模型的 4 个变量，即中国城市生活垃圾人均碳排放量，城镇居民人均现金消费支出，堆肥、焚烧占比和卫生填埋占比在通过协整检验后可以进行模型回归。

2. 协整检验

为了检验变量间是否存在长期的稳定关系，本章运用 Engle-Granger 两步协整检验（表 9.6）和 Johansen 协整检验（表 9.7）方法检验 3 个模型的变量是否存在协整关系。只有存在这种关系（即协整关系）时回归分析的结果才是有意义的，否则即使得到显著的回归结果，也有可能是伪回归，从而使整个回归分析失去意义。本章对 3 个模型的变量进行协整检验，这对于建立计量经济学模型非常重要。

表 9.6　Engle-Granger 两步协整检验

方法		城镇居民现金消费支出估计模型	城市生活垃圾碳排放量估计模型
ADF	含截距项和趋势项	−2.19	−5.14*
	含截距项	−2.32	−5.23*
	不含截距项和趋势项	−2.38*	−5.32*
PP	含截距项和趋势项	−2.19	−5.14*
	含截距项	−2.34	−5.23*
	不含截距项和趋势项	−2.39*	−5.32*

*5%的显著性水平。

表 9.7　Johansen 协整检验

	原假设	城镇居民现金消费支出估计模型			城市生活垃圾碳排放量估计模型		
		特征根	迹统计量（P）值	$\lambda-\max$ 统计量（P值）	特征根	迹统计量（P）值	$\lambda-\max$ 统计量（P值）
Johansen 协整检验	0 个协整向量	0.51	32.46** (0.02)	22.36** （0.03）	0.60	60.36** (0.00)	28.62** （0.04）
	至少 1 个协整向量	0.27	10.10 (0.27)	9.95 (0.22)	0.50	31.75** (0.03)	21.59** （0.04）
	至少两个协整向量				0.18	10.16* (0.27)	6.27 （0.58）

注：括号内的数值表示回归结果的 P 值。
*10%的显著性水平。
**5%的显著性水平。

如表 9.6 所示，在 Engle-Granger 两步协整检验方法下，城镇居民现金消费支出估计模型的残差序列在 5%的显著性水平下在 None 模型中表现出没有单位根，序列平稳，即存在协整关系；城市生活垃圾碳排放量估计模型的残差序列在 5%的显著性水平下在 Intercept and trend、Intercept 和 None 模型中都表现出没有单位根、序列平稳的结果，即存在协整关系。在 Johansen 协整检验方法下，如表9.7所示3个模型的迹统计量和 $\lambda - \max$ 统计量均在 5%的显著性水平下，表现为拒绝 0 个协整向量的原假设，即存在协整向量，存在协整关系。

综上所述，城镇居民现金消费支出估计模型和城市生活垃圾碳排放量估计模型在 5%的显著水平下均表现为存在协整关系，可以进行模型回归。

3. 模型回归

本章利用 Eviews 7.2 对城镇居民现金消费支出估计模型和我国城市生活垃圾碳排放量估计模型进行了回归。其中，城镇居民现金消费支出估计模型和我国城市生活垃圾碳排放量估计模型均采用两个阶段最小二乘法（two stage least square，TSLS）。具体的模型回归结果如式（9.13）和式（9.14）所示。

$$ZXF= -628.66+35.02 \times TR+0.32 \times ZSR+0.48 \times ZXF(-1) \qquad (9.13)$$
$$(-20.10) \quad (21.33) \quad (32.37) \quad (25.33)$$

$R^2 =1.00$　　$DW=1.63$　　$F=8\ 716\ 641$

$$69.07 + 0.06 \times XF - 4.49 \times DFR+1.13 \times WR+0.35 \times C(-1) \qquad (9.14)$$
$$(5.18) \quad (5.36) \quad (-3.46) \quad (2.87) \quad (2.62)$$

$R^2 = 0.996$　　$DW=1.30$

从式（9.13）中可以看出，第三产业占比、城镇居民可支配收入和城镇居民现金消费支出一阶滞后项与城镇居民现金消费支出（以下简称消费支出）都呈现正相关关系。第三产业占比每增加 1%，消费支出增加 35.02 元。

从式（9.14）中可以看出，城镇居民人均现金消费支出估计值、生活垃圾卫生填埋比率（以下简称卫生填埋率）和人均城市生活垃圾碳排放量的一阶滞后项与人均城市生活垃圾碳排放量（以下简称碳排放量）呈正相关关系。生活垃圾堆肥、焚烧比率（堆肥、焚烧率）和碳排放量呈负相关关系。城镇居民人均现金消费支出估计值增加 100 元，碳排放量增加 6 千克；卫生填埋率增加 1%，碳排放量增加 1.13 千克；上一年的碳排放量增加 1 千克，该年度的碳排放量增加 0.35 千克；堆肥、焚烧率增加 1%，碳排放量减少 4.49 千克。居民对第三产业商品和服务的消费直接产生生活垃圾。随着居民消费支出的增加，生活垃圾量也在不断增长。

结合式（9.13）和式（9.14）可以看出，第三产业占比和城镇居民可支配收入对生活垃圾碳排放量也有正向的间接影响。

9.3.3　各省份城市生活垃圾处理的碳排放影响因素分析

1. 单位根检验

本部分采用两种面板数据单位根检验方法，即相同根单位根检验 Levin，Lin & Chu t[*]检验和不同根单位根检验 ADF-Fisher Chi-square，检验城镇居民家庭全年平均每人现金消费支出（XF），第三产业占比（TR），城镇居民人均可支配收入（SR），人均城市生活垃圾碳排放量（C），居民家庭全年平均每人现金消费支出（XF），生活垃圾卫生填埋比率（WR）和生活垃圾堆肥、焚烧比率（DFR）7 个面板序列的平稳性。如果在两种检验中均拒绝存在单位根的原假设，则说明此序列是平稳的，反之则不平稳。这里的单位根检验通过 3 个模型来完成，首先从含有截距和趋势项的模型开始，再检验只含截距项的模型，最后检验二者都不含的模型，并且认为只有 3 个模型的检验结果都不能拒绝原假设时，才可认为序列是非平稳的，而只要其中有一个模型的检验结果拒绝零假设，就可认为序列是平稳的。

从 7 个面板序列的平稳性的检验结果（见附表）中可以发现，在 1% 的显著水平下，城镇居民家庭全年平均每人现金消费支出（XF）表现为水平平稳，生活垃圾堆肥、焚烧比率（DFR）表现为 2 阶平稳，其他变量表现为 1 阶平稳。

2. 协整检验

下面将通过协整检验，判断各变量之间是否存在长期稳定的均衡关系。若通过协整检验，则其方程回归残差是平稳的。因此可以在此基础上直接对原方程进行回归，此时的回归结果较精确。进行协整检验时，如果变量为同阶单整，则可以进行协整检验；若不是同阶单整，也可以将条件放宽为若变量个数多于两个，即解释变量个数多于一个，则被解释变量的单整阶数不能高于任何一个解释变量的单整阶数。检验结果表明，模型（9.11）中的两个解释变量——TR、SR 为一阶单整，高于 XF 的水平单整，符合协整检验条件；模型（9.12）也可以进行协整检验。

本部分采用 Pedroni 和 Kao 协整检验来检验变量间是否存在长期稳定的关系。检验结果如表 9.8 所示，虽然在 5% 的显著水平下，模型（9.12）在 Pedroni 协整检验方法下在 None 情况下显示变量没有协整关系，但在其他两种情况下及在 Kao 协整检验方法下变量显示存在协整关系。本书仍然认为变量间存在协整关系，即在 5% 的显著水平下，模型（9.11）和模型（9.12）中的变量均表现存在协整关系，可以对模型进行回归。

表 9.8　协整检验结果

方法			模型（9.11）	模型（9.12）
Pedroni 检验	含截距项和趋势项	组内 ADF 统计量	−6.45**	0.40**
		组间 ADF 统计量	−7.02**	−5.02**
	含截距项	组内 ADF 统计量	−3.71**	−0.04**
		组间 ADF 统计量	−2.64**	−5.18**
	不含截距项和趋势项	组内 ADF 统计量	−2.52**	0.70
		组间 ADF 统计量	−3.23**	−0.13
Kao 检验	含截距项和趋势项	ADF	−2.70**	−2.33**

**表示 5% 的显著性水平。

3. 面板模型的选择

面板数据模型的选择通常有 3 种形式：混合估计模型、固定效应模型和随机效应模型。在面板数据模型形式的选择方法上，经常采用 F 检验决定选用混合估计模型还是固定效应模型，然后用 Hausman 检验确定应该建立随机效应模型还是固定效应模型。检验结果如表 9.9 和表 9.10 所示。根据检验结果，模型（9.11）应选择固定效应模型，而模型（9.12）应选择随机效应模型。

表 9.9　F 检验结果

模型	F 值	参照值	选择结果
模型（9.11）	6.75	$F_{0.05}(9,291)=1.91$	非混合估计模型
模型（9.12）	3.45	$F_{0.05}(8,260)=1.97$	非混合估计模型

表 9.10　Hausman 检验结果

模型	Chi-Sq. Statistic	Chi-Sq. d.f.	Prob.	选择结果
模型（9.11）	29.53	2	0.00	固定效应模型
模型（9.12）	0.00	4	1.00	随机效应模型

4. 模型回归

本部分利用 Eviews 7.2 对模型（9.11）和模型（9.12）进行了回归分析。其中，模型（9.11）选用固定效应模型，采用普通最小二乘法（ordinary least squares，OLS）进行回归分析，结果如式（9.15）所示；模型（9.12）中考虑了因变量的滞后值，使模型中存在内生性问题，用普通最小二乘法方法估计会产生偏误，所以模型（9.12）选用随机效应模型，采用广义矩阵估计（genera lized method of moments，GMM）进行回归分析，结果如式（9.16）所示。

$$XF=674.66+2.65\times TR+0.29\times SR \tag{9.15}$$
$$(7.94)\quad(1.65)\quad(32.98)$$

$$R^2=0.85\quad DW=1.94\quad F=154.32$$

$$C=0.01\times XF-0.64\times DFR+0.19\times WR+0.88\times C(-1) \tag{9.16}$$
$$(3.31)\quad(-3.78)\quad(2.12)\quad(40.56)$$

$$R^2=0.89\quad DW=2.25$$

从式（9.15）中可以看出，第三产业占比（TR）和城镇居民人均可支配收入（以下简称人均可支配收入，SR）与居民家庭全年平均每人现金消费支出（以下简称消费支出，XF）都呈现正相关关系。第三产业占比增加 1%，消费支出增加 2.65 元；人均可支配收入增加 1 元，消费支出增加 0.29 元。这里所涉及的消费支出均由第三产业提供。第三产业占比的提高，不仅体现了服务业提供的商品和服务增多，也间接体现了国民经济水平的增加。服务业为居民提供种类多样、数量繁多的商品，并采用多种方式刺激居民消费这些商品。服务业的兴旺发达是现代化经济的一个显著特征，对于促进国民经济协调发展、提高经济效益、扩大劳动就业、加快城镇化进程、改善人民生活都有重大作用。第三产业占比的提高扩大了居民的就业，居民为了改善生活品质，也需要有钱购买这些商品和服务。人均可支配收入可以直观地表现居民的生活水平和能力，人们在解决了温饱问题后，开始享受生活。随着人均可支配收入的提高，居民对商品和服务的需求也在增加。根据供给-需求平衡理论，第三产业占比的提高，表明商品和服务的供给在增加；同时，由于居民生活水平的提高，对商品和服务的需求也在增加。两者共同作用的结果是居民对商品和服务的消费也不断增加。

从式（9.16）中可以看出，消费支出（XF）、卫生填埋率（WR）和人均城市生活垃圾碳排放量的一阶滞后项与人均城市生活垃圾碳排放量（以下简称碳排放量）呈正相关关系。生活垃圾堆肥焚烧比率（堆肥焚烧率，DFR）和碳排放量呈负相关关系。消费支出增加 100 元，碳排放量增加 1 千克；卫生填埋率增加 1%，碳排放量增加 0.19 千克；上一年的碳排放量增加 1 千克，该年度的碳排放量增加 0.88 千克；堆肥焚烧率增加 1%，碳排放量减少 0.64 千克。居民对第三产业商品和服务的消费直接产生生活垃圾。随着居民消费支出的增加，生活垃圾量也在不断增长。卫生填埋和焚烧已经成为我国处理生活垃圾最主要的两种方式，但这两种处理方式对碳排放量的影响截然不同。卫生填埋作为我国生活垃圾最主要的处理方式（卫生填埋率大于 60%），在缺乏温室气体收集处理装置的情况下，带来的温室效应却是最大的。焚烧作为越来越受到重视的生活垃圾处理方式，其带来的温室效应是较小的，并且生活垃圾在焚烧过程中产生的热量还可以用来发电，焚烧成为处理生活垃圾较好的方式。堆肥作为一种碳排放量最小的生活垃圾处理方式，也是一种符合循环经济的生活垃圾处理方式。由于居民生活习惯和垃圾处理厂建设及处理的惯性，上一年度的碳排放量间接地对当期的碳排放量有影响，且影响系数较大，因此培养居民养成节约、反对过度包装和注重资源回收利用的习惯以减少生活垃圾进而减少碳排放量是非常重要的。同时，垃圾处理厂优化生活垃圾处理方式，建设焚烧厂，采用生活垃圾堆肥处理，对减少碳排放量也会有较大帮助。

结合式（9.15）和式（9.16）可以看出，第三产业占比和人均可支配收入对生活垃圾碳排放量也有正向的间接影响。

9.3.4　东、中、西部三大地区城市生活垃圾处理的碳排放影响因素分析

1. 单位根检验

为了避免伪回归，确保估计结果的有效性，本部分对东、中、西部 3 个地区涉及的 12 个面板序列的平稳性进行检验。这里采用检验数据平稳性最常用的办法——单位根检验。检验人均生活垃圾碳排放值（C_E、C_C、C_W），消费支出（XF_E、XF_C、XF_W），城镇化率（UL_E、UL_C、UL_W），堆肥、焚烧占比（DFR_E、DFR_C、DFR_W）12 个面板序列的平稳性。本部分采用两种面板数据单位根检验方法：一种是相同根单位根 Levin，Lin & Chu t* 检验，另一种是不同根单位根 PP-Fisher Chi-square 检验。如果在两种检验中，检验结果均拒绝存在单位根的原假设，则说明此序列是平稳的，反之则不平稳。这里单位根检验通过 3 个模型来完成，首先从含有截距和趋势项的模型开始，再检验只含截距项的模型，最后检验二者都不含的模型。并且认为，只有 3 个模型的检验结果都不能拒绝原假设时，才可认为序列是非平稳的，而只要其中有一个模型的检验结果拒绝零假设，就可认为序列是平稳的。

12 个面板序列的平稳性的检验结果如表 9.11 所示。在 10% 的显著水平下，东部地区三个指标 C_E、XF_E 和 DFR_E 表现为水平平稳，UL_E 表现为一阶平稳；中部地区三个指标 C_C、XF_C 和 UL_C 表现为水平平稳，DFR_C 表现为一阶平稳；西部地区三个指标 C_W、XF_W 和 DFR_W 表现为水平平稳，UL_W 表现为一阶平稳。

表 9.11　东、中、西部地区面板序列单位根检验结果

阶数		方法	东部地区				中部地区				西部地区			
			C_E	XF_E	DFR_E	UL_E	C_C	XF_C	DFR_C	UL_C	C_W	XF_W	DFR_W	UL_W
水平值	含截距项和趋势项	LLC	-3.52a	-9.48a	-3.23a	-12.92a	-1.61c	-3.94a	-0.63	-3.70a	-7.53a	-8.14a	-2.54a	-0.89
		PPF	25.45	19.50	38.19b	26.28	33.03a	22.83	12.96	32.17a	33.05c	52.33a	21.32	53.51a
	含截距项	LLC	-3.48a	-6.60a	1.28	-2.48a	-2.10b	-1.59c	3.4	-0.81	-3.81c	-4.31a	-1.63c	2.77
		PPF	29.05	55.61a	16.41	29.02	24.87c	17.95	12.98	21.87	33.29c	28.62	19.93	7.34
	不含截距项和趋势项	LLC	-2.08b	-3.66a	2.90	3.52	-1.29c	-2.67a	0.83	3.12	1.16	-3.29a	-1.59c	8.20
		PPF	47.58a	90.07b	5.36	0.15	47.05a	49.95a	13.65	0.01	23.82	62.91a	23.69c	0.01
1阶差分	含截距项和趋势项	LLC	-3.81a	-11.31a	3.11	-7.37a	-9.27a	-10.21a	-1.42c	-5.73a	-8.02a	-11.23a	-2.06b	-7.32a
		PPF	72.12a	59.47a	43.59a	64.34a	59.52a	40.12a	51.35a	40.00a	79.79a	76.21a	58.34a	73.03a
	含截距项	LLC	-2.01b	-10.10a	-0.74	-9.15a	-7.65a	-6.82a	-0.17	-4.40a	-5.72a	-9.80a	-1.85b	-4.04a
		PPF	74.26a	51.06a	56.75a	75.75a	67.67a	59.68a	28.14a	53.75a	71.72a	93.81a	54.13a	77.09a
	不含截距项和趋势项	LLC	-5.97a	-8.46a	-4.92a	-4.47a	-6.47a	-6.43a	-2.68a	-0.94	-7.54a	-9.49a	-5.21a	-0.03
		PPF	115.54a	77.34a	69.57a	44.23a	80.86a	70.49a	47.26a	18.25	108.88a	108.53a	80.46a	24.15
2阶差分	含截距项和趋势项	LLC			0.31				-6.49a	-5.10a				-32.79a
		PPF			72.56a				58.63a	73.51a				88.13a
	含截距项	LLC			5.14				-2.83a	-6.37a				-13.81a
		PPF			75.61a				71.33a	86.79a				107.07a
	不含截距项和趋势项	LLC			-7.64a				-5.84a	-9.88a				-13.92a
		PPF			120.45a				82.94a	135.77a				149.56a

注：① LLC=Levin, Lin&Chu t*；PPF=PP-Fisher Chi-square。
② a、b、c 分别表示 1%、5%、10%的显著性水平。

2. 协整检验

下面将通过协整检验判断变量之间是否存在长期稳定的均衡关系，若通过协整检验，则其方程回归残差是平稳的，可以在此基础上直接对原方程进行回归，此时的回归结果较精确。进行协整检验时，若变量间是同阶单整的，则可以进行协整检验；也有宽限的做法，若变量个数多于两个，即解释变量个数多于一个，则被解释变量的单整阶数不能高于任何一个解释变量的单整阶数。如表 9.12 所示，东、中、西部地区的模型中，人均碳排放值 C 的阶数小于等于消费支出（XF），城镇化率（UL）和堆肥、焚烧占比（DFR）的阶数，3 个地区的模型均符合协整检验条件。因此，这里采用 Pedroni 来检验变量间是否存在长期稳定的关系。检验结果如表 9.12 所示，在 5%的显著水平下，3 个模型的变量均表现存在协整关系，因此可以对模型进行回归。

表 9.12　东、中、西部地区协整检验结果

方法			东部地区	中部地区	西部地区
Pedroni 检验	含截距项和趋势项	Panel PP-Statistic	-7.34**	-0.15**	-5.01**
		Group PP-Statistic	-8.35**	-4.31**	-6.57**
	含截距项	Panel PP-Statistic	-1.70**	0.46**	0.43**
		Group PP-Statistic	-6.85**	-4.54**	-2.63**
	不含截距项和趋势项	Panel PP-Statistic	-1.09**	0.60	-0.97**
		Group PP-Statistic	-6.13**	-2.59**	-2.92**

**5%的显著性水平。

3. 面板数据的选择

面板数据模型的选择通常有 3 种形式：混合估计模型、固定效应模型和随机效应模型。在面板数据模型形式的选择方法上，这里采用 F 检验决定选用混合估计模型还是固定效应模型，然后用 Hausman 检验确定应该建立随机效应模型还是固定效应模型。如表 9.13 和表 9.14 所示，在不同的时间序列上，东部地区和中部地区模型选用随机效应模型，西部地区模型选用混合估计模型。

表 9.13　F 检验结果

模型	F 值	参照值	选择结果
东部地区	3.13	$F_{0.05}(8,89)=2.04$	非混合估计模型
中部地区	4.72	$F_{0.05}(7,55)=2.18$	非混合估计模型
西部地区	1.45	$F_{0.05}(8,89)=2.04$	混合估计模型

表 9.14　Hausman 检验结果

模型	Chi-Sq.Statistic	Chi-Sq.d.f	Prob.	选择
东部地区	5.22	4.00	0.27	随机效应模型
中部地区	0.000 000	4.00	1.000 0	随机效应模型

4. 模型回归

本书利用 Eviews 7.2 对东、中、西部地区的模型进行了回归分析。其中，东部地区和中部地区模型选用随机效应模型，采用 GMM 方法进行回归分析；西部地区模型选用混合估计模型，采用 GMM 方法进行回归分析。模型回归结果如表 9.15 所示。

表 9.15　模型回归结果

东部地区		中部地区		西部地区	
变量	系数	变量	系数	变量	系数
α	4.855	α	18.270	α	−5.44
XF	0.009^c	XF	−0.012	XF	0.005^a
DFR	−0.800^a	DFR	−0.948^b	DFR	−1.074^a
UL	0.404^c	UL	1.353^c	UL	0.874^a
C（−1）	0.798^a	C（−1）	0.798^a	C（−1）	0.834^a
$R^2=0.895$		$R^2=0.940$		$R^2=0.994$	
DW=1.905		DW=2.147		DW=2.090	

注：a、b、c 分别代表 1%、5%、10%的显著性水平。

从表 9.15 中可以看出，东、中、西部三大地区的影响因素表现出一致性。在 10% 的显著水平下，除中部地区消费支出不显著外，东、中、西部三大地区其他影响因素的系数都是显著的，即东部的消费支出，堆肥、焚烧占比和城镇化率对其城市生活垃圾人均碳排放量有显著影响；中部的堆肥、焚烧占比和城镇化率对其城市生活垃圾人均碳排放量有显著影响；西部地区的消费支出，堆肥、焚烧占比和城镇化率对其城市生活垃圾人均碳排放量有显著影响。在系数显著的影响因素中，XF 和 UL 的系数均为正值，DFR 的系数均为负值，即消费支出和城镇化率对城市生活垃圾人均碳排放量有正向影响，消费支出和城镇化率的增长会促进城市生活垃圾人均碳排放量的增长；堆肥、焚烧占比对城市生活垃圾人均碳排放量有负向影响，堆肥、焚烧占比的增加会减少城市生活垃圾人均碳排放量。在东、中、西部三大地区的影响因素中，堆肥、焚烧占比对城市生活垃圾人均碳排放的影响都较大，堆肥、焚烧占比增加 1%，会促进城市生活垃圾人均碳排放量减少 0.8 千克以上。居民对第三产业商品和服务的消费直接产生生活垃圾，随着居民消费支出的增加，生活垃圾量也在不断增长。堆肥和焚烧是碳排放量最小的生活垃圾处理方式，增加堆肥、焚烧占比对减少城市生活垃圾碳排放有重要作用。城镇化率作为经济和社会发展的重要标志，体现了第三产业的发展情况，表现了居民的收入水平，城市基础建设的完善程度，更直接地体现了城市人口的变化。城镇化率的提高间接体现了第三产业商品和服务供给的增加，居民对其需求的增加，从供给和需求平衡的角度体现了商品消费的增加，进而带来生活垃圾量的增加；同时也体现了大量人口涌入城市，必然带来城市生活垃圾量的增加。

从系数的大小来看，东、中、西部三大地区的影响因素表现出一些差异性。东部地区消费支出每增加 1 000 元，城市生活垃圾人均碳排放量增加 9 千克；城镇化率增加 1%，城市生活垃圾人均碳排放量增加 0.404 千克；堆肥、焚烧占比增加 1%，城市生活垃圾人均碳排放量减少 0.8 千克。中部地区城镇化率增加 1%，城市生活垃圾人均碳排放量增加 1.353 千克；堆肥、焚烧占比增加 1%，城市生活垃圾人均碳排放量减少 0.948 千克。西部地区消费支出每增加 1 000 元，城市生活垃圾人均碳排放量增加 5 千克；城镇化率增加 1%，城市生活垃圾人均碳排放量增加 0.874 千克；堆肥、焚烧占比增加 1%，城市生活垃圾人均碳排放量减少 1.074 千克。东、中、西部三大地区中，消费支出对东部地区城市生活垃圾人均碳排放量的影响最大，城镇化率对中部地区城市生活垃圾人均碳排放量的影响最大，对东部地区的影响相对较小，堆肥、焚烧占比对西部地区城市生活垃圾人均碳排放量的影响最大。

东、中、西部三大地区中，经济发展水平呈现递减的变化。经济水平最发达的东部地区，城镇化率较高，城市生活垃圾处理设施较为完善，其消费支出对城市生活垃圾人均碳排放的影响在 3 个地区中较高，堆肥、焚烧占比的影响与其他两个地区差不多，城镇化率的影响与其他两个地区相比较低。我们认为东部地区在控制城市生活垃圾人均碳排放量方面可以将重点放在减少消费支出和加强更加环保的处理方式两个方面。在消费方面，可以通过支持居民购买可回收利用的商品、培养节约的生活习惯、反对过度包装等来减少生活垃圾。在城市生活垃圾处理方式方面，可以通过加强生活垃圾分类处理、加强资源回收利用、增加垃圾处理厂、优化生活垃圾处理方式、建设焚烧厂、采用生活垃圾堆肥处理等来减少碳排放量。中、西部地区经济水平相对较弱，城镇化水平较低，生活垃圾填埋处理率较高，其城镇化率和堆肥处理率对城市生活垃圾人均碳排放的影响与东部地区相比较高。在城镇化进程不断加快的背景下，合理控制城镇化率不仅对经济协调发展有重要影响，对控制城市生活垃圾碳排放量也有重要影响。同时，在中、西部地区减少城市生活垃圾填埋处理率，加强生活垃圾分类回收，采用多元化的生活垃圾处理方式，对减少城市生活垃圾碳排放有重要作用。

9.4　主要研究结论及政策启示

9.4.1　主要研究结论

本章首先研究了第三产业占比和城镇居民可支配收入与城镇居民现金消费支出的关系，进而结合城市生活垃圾处理方式研究了城镇居民人均现金消费支出对我国城市生活垃圾碳排放量的影响。通过对我国城市生活垃圾碳排放量影响因素的研究，发现城镇居民人均现金消费支出和城市生活垃圾卫生填埋率与人均城市生活碳排放量呈正相关关系，城市生活垃圾堆肥、焚烧率与人均城市生活碳排放量呈负相关关系。第三产业占比和城镇居民可支配收入通过城镇居民现金消费支出对城市生活垃圾量产生影响，对城市生活垃圾碳排放量有正向的间接影响。优化生活垃圾处理方式，建设焚烧厂，采用生活垃圾堆肥处理，对减少碳排放量也会有较大帮助。

通过对生活垃圾影响因素的研究可以看出经济发展水平（第三产业占比）和居民生活水平（人均可支配收入）通过消费对生活垃圾有正向的间接影响，随着经济水平和居民生活水平的提高，居民对食品、衣着、室内装饰品、床上用品、家庭日用杂品、家具材料和其他商品的消费增加，间接带来生活垃圾量的增加。生活垃圾的处理方式对生活垃圾碳排放量的影响也比较明显，提高堆肥和焚烧两种方式的处理率，对减少生活垃圾碳排放有重要作用。同时，倡导居民养成节俭的习惯，倡导厂商生产可循环利用商品，鼓励居民购买可循环商品对减少生活垃圾量有重要作用。

通过对东、中、西部三大地区城市生活垃圾人均碳排放量影响因素的研究可以看出，三大地区的影响因素表现出一致性。在 10%的显著水平下，除中部地区消费支出不显著外，三大地区其他影响因素的系数都是显著的。三大地区的影响因素中堆肥、焚烧占比对城市生活垃圾人均碳排放的影响都较大。同时，从各影响因素系数的大小来看，三大地区的影响因素也表现出一定的差异性。三大地区中，消费支出对东部地区城市生活垃圾人均碳排放量的影响最大，城镇化率对中部地区城市生活垃圾人均碳排放量的影响最大，对东部地区的影响相对较小，堆肥、焚烧占比对西部地区城市生活垃圾人均碳排放量的影响最大。

9.4.2　政策启示

本章根据各影响因素对我国城市生活垃圾碳排放量的作用，提出以下 4 个方面的政策建议。

（1）使用可循环利用物品，鼓励居民养成节约的好习惯

城市生活垃圾碳排放量与城市生活垃圾量有密不可分的关系，城市生活垃圾越多，其带来的碳排放量可能越多。因此，减少城市生活垃圾量是一种行之有效的减少城市生活垃圾碳排放量的方法。城市居民在日常生活中，遵行循环经济理论的 3R 原则——"减量化（reducing）、再使用（reusing）、再循环（recycling）"原则进行消费，对减少城市生活垃圾量有重要作用。

随着人们生活水平的提高，温饱已经不成问题，很多人在日常生活中养成了奢侈浪费的习惯，无形中增加了很多城市生活垃圾。例如，居民在外面就餐时点了过多的饭菜，而且没有打包的习惯，或者即使有打包的习惯也还是会有较多食物被扔掉，从而增加了厨余垃圾。因此，鼓励居民在日常生活中养成节约习惯，对减少含碳垃圾有重要作用。减少生活垃圾不仅需要从道德上对居民进行约束，在法规方面也需要制定措施控制居民对生活垃圾的排放，如对照环境权理论，按照生活垃圾量收取一定的费用，从经济上约束居民产生生活垃圾。

在生活中很多城市生活垃圾在回收后可以再次利用，科学利用这些含碳生活垃圾对减少城市生活垃圾碳排放量有积极作用。例如，回收加工利用废弃的轮胎等橡塑垃圾，对比直接丢弃处理，能有效减少含碳生活垃圾。

随着社会的发展，很多可循环利用的物品被一次性物品取代，但也出现了很多可循环利用的新物品，鼓励这些可循环利用物品的使用和普及对减少城市生活垃圾也有重要作用。例如，鼓励居民在买菜时使用菜篮子装菜，减少塑料袋的使用，能有效减少含碳垃圾；鼓励居民减少一次性纸杯、筷子和盘子等物品的使用能有效减少纸张、竹木等含碳生活垃圾。另外，随着计算机的普及，很多信息不再需要纸张传递，能够大量节约用

纸。因此，鼓励现代科技的发展和普及，循环利用现有资源对减少城市生活垃圾有重要作用。

（2）完善城市生活垃圾分类回收体系

城市生活垃圾种类繁多，其中含碳垃圾种类也很多，主要有竹木、厨余、纸张、橡塑和织物 5 种。若没有对城市生活垃圾进行分类，将其混合填埋，则这些含碳垃圾将引发填埋气体的温室效应。若将这些城市生活垃圾进行分类，加以回收利用，并采用焚烧、堆肥这些碳排放量低的方式处理，将有效减少城市生活垃圾碳排放。

我国生活垃圾分类回收工作一直做得不太理想，其中有各环节的问题。解决进而完善生活垃圾分类回收体系，不仅能够有效解决生活垃圾带来的各种环境问题，对解决生活垃圾的碳排放问题也有非常重要的作用。

从居民方面来看，如何使居民在扔生活垃圾时愿意进行垃圾分类，不仅需要从道德上对居民进行引导，也需要从法规方面对居民进行约束。例如，对不进行垃圾分类的居民收取一定的费用，从而鼓励居民进行垃圾分类。从环卫企业方面来看，考虑清运和生活垃圾处理两个方面，在清运过程中不再混合运送，在处理生活垃圾时进行分类，并采用合理的方式进行处理，对减少生活垃圾碳排放量有重要作用。从产品生产企业来看，承诺产品回收对减少生活垃圾也有重要作用。例如，轮胎生产企业或汽车厂承诺将废弃的轮胎等橡塑产品回收再加工，能有效减少生活垃圾碳排放量。从政府方面来看，制定有效的奖惩制度，从宏观上鼓励并控制居民、环卫企业和产品生产企业对生活垃圾进行分类回收，从而使生活垃圾分类回收得到有效执行。同时，提供足够的配套设施支持生活垃圾分类回收，如小区内配备足够的分类垃圾桶、宣传垃圾分类回收知识等。

（3）增加城市生活垃圾低碳处理率，健全配套设施

通过对各省份和东、中、西部三大地区，以及全国城市生活垃圾碳排放量影响因素的研究，发现城市生活垃圾碳排放量与高碳排放量处理率（卫生填埋比率）均呈现正相关关系，而与低碳排放量处理率（堆肥焚烧比率）均呈现负相关关系。因此，我们认为采用低碳化处理方式对减少城市生活垃圾碳排放量有重要作用。

我国处理城市生活垃圾主要有卫生填埋、堆肥、焚烧和简易填埋 4 种方式。其中，无害化处理方式主要包括卫生填埋、堆肥和焚烧 3 种方式。由于简易填埋会产生很多环境方面的负面影响，目前城市生活垃圾简易填埋处理率较低。卫生填埋作为城市生活垃圾最主要的处理方式，其碳排放量高居 4 种处理方式的榜首，其对气候方面的影响也不容忽视。因此，对含碳生活垃圾采用低碳化的处理方式非常重要。例如，将厨余垃圾采用堆肥方法处理能有效降低城市生活垃圾的碳排放量。

但是低碳化的处理方式也不是尽善尽美的。例如，虽然焚烧处理方式的碳排放量较低，但是可能会产生一些其他的环境问题。如何尽最大可能减少对环境的破坏，在可持续发展的大前提下，更好地建设垃圾焚烧厂，完善其配套设施，对减少城市生活垃圾碳排放量和降低环境破坏都有重要作用。同时，虽然卫生填埋的碳排放量较高，但有很大一部分原因是甲烷的作用，配备一些设备收集利用这些甲烷，减少温室气体的排放，对降低生活垃圾碳排放量也有积极作用。

（4）合理规划城市发展

通过对东、中、西部三大地区和全国城市生活垃圾碳排放量的影响因素进行研究，发现城镇化率与城市生活垃圾碳排放量呈正相关关系，随着城镇化进程的加快，城市生活垃圾碳排放量呈现上升的趋势。因此，本书认为合理控制特大城市和大城市的城镇化进程，科学规划中小城市的发展，对合理控制城市生活垃圾碳排放量有重要作用。

我国发达的特大城市和大城市的生活垃圾量及生活垃圾碳排放量都比较高，这与经济的快速发展和人口的急剧增加有不可分割的联系。这些城市的城镇化水平已经较高，采取一定的措施控制其城镇化率的进一步提高对社会稳定发展和减少城市生活垃圾碳排放量有积极作用。同时，需要进一步提高不太发达的中小城市的城镇化水平，而城镇化水平的提高，虽然会引起生活垃圾量的提高，但也会提供更多的机会完善处理生活垃圾的设施，如何平衡其城镇化进程和城市生活垃圾的碳排放值得政府部门考虑。

综上所述，控制我国城市生活垃圾碳排放量，不只是个人或政府部门单独动作就可以做到的，而是需要社会各组成单元共同努力，从多个方面控制才能实现。

9.5　本　章　小　结

本章采用 IPCC 推荐方法核算了 1980—2012 年我国城市生活垃圾和 2003—2012 年我国 31 个省份的城市生活垃圾在卫生填埋、简易填埋、焚烧和堆肥 4 种处理方式下的碳排放量。其中，碳排放量最小的是堆肥，其次是焚烧，最多的是卫生填埋。1980—2012 年，我国城市生活垃圾碳排放量总体呈现直线上升的趋势，人均碳排放量则呈现先波动上升后下降再上升最后波动下降的趋势，其变化与我国城市生活垃圾量、城市人口和城市生活垃圾处理方式的变动均有密切关系。对比 2003—2012 年各省份的生活垃圾及其碳排放量的增长率，发现二者有趋同性，也有差异性，即生活垃圾量对其碳排放量有影响，但其他因素对生活垃圾碳排放量的影响也不容忽视。进而，本章对我国城市生活垃圾碳排放量的影响因素进行了研究。为此，首先采用 TSLS 方法研究了第三产业占比和城镇居民可支配收入对城镇居民现金消费支出的关系。其次，采用 TSLS 方法研究了城镇居民人均现金消费支出和城市生活垃圾处理方式对城市生活垃圾碳排放量的影响。本章还对各省份城市生活垃圾碳排放量的影响因素进行了研究。

通过对我国城市生活垃圾碳排放量影响因素的研究发现，城镇居民人均现金消费支出的和城市生活垃圾卫生填埋率与人均城市生活碳排放量呈正相关关系，城市生活垃圾堆肥、焚烧率与人均城市生活垃圾碳排放量呈负相关关系。第三产业占比和城镇居民可支配收入通过城镇居民现金消费支出对城市生活垃圾量产生影响。通过对影响我国各省份城市生活垃圾因素的研究，可以看出经济发展水平（第三产业占比）和居民生活水平（人均可支配收入）通过消费对生活垃圾有正向的间接影响，随着经济水平和居民生活水平的提高，居民对食品、衣着、室内装饰品、床上用品、家庭日用杂货、家具材料和其他商品的消费增加，间接带来生活垃圾量的增加。生活垃圾的处理方式对生活垃圾碳排放量的影响也比较明显，提高堆肥和焚烧两种方式的处理率对减少生活垃圾碳排放有重要作用。

最后，本章从使用可循环利用物品、鼓励居民养成节约的好习惯；完善城市生活垃圾分类回收体系；增加城市生活垃圾低碳处理率、健全配套设施和合理规划城市发展 4 个方面提出政策建议，以减少城市生活垃圾的碳排放。

尽管如此，本书仍有一定的局限性。严格来说，本书涉及的影响因素较少，城市生活垃圾量的影响因素还有很多，人们的心理因素、购买能力、政策引导等多方面影响因素还值得深入研究。同时，在城市生活垃圾处理方式方面，垃圾分类回收对生活垃圾碳排放量的影响也很明显。由于我国在垃圾分类回收处理方面做得还不够成熟，数据较少，因此，本书没有这些方面的研究。从居民和垃圾处理厂两个方面进行调研，深入分析垃圾分类回收对生活垃圾碳排放的影响将在下一步工作中展开。

第 10 章　主要结论与研究展望

气候变化已逐渐成为全球关切的重要议题。提高能源效率和降低碳强度是控制大气中二氧化碳浓度、缓解全球气候变化的重要手段之一。作为当前全球最大的能源消费国和二氧化碳排放国，我国经济的快速增长严重依赖能源，尤其是化石能源的持续大量投入，经济增长方式存在能耗相对较高、效率相对较低、排放相对较多的局限性。为此，本书围绕我国能源效率和碳强度的测度展开，通过构建能源效率和碳强度测度模型，系统地讨论我国区域、行业层面的能源效率的测度，碳强度的影响因素，碳强度减排目标的设定，碳强度减排目标的实现路径等关键科学问题，以期为我国转变经济发展模式、提高能源效率和降低碳强度提供科学的理论和可靠的实证依据。

10.1　理　论　贡　献

能源效率与碳强度是能源与环境领域的两个核心概念。为了科学准确地测度能源效率与碳强度，当前的研究已经综合运用多种理论方法构建了能源效率与碳强度测度理论，系统地探讨了静态能源效率测度、动态能源效率测度、碳强度的影响因素分解、碳强度减排潜力的测度及碳强度减排目标的实现路径等重点、热点问题。尽管如此，目前的能源效率与碳强度测度理论体系仍然存在诸多的局限性，而本书的研究工作正是对已有理论体系一定程度上的完善和总结。具体地，本书对完善能源效率与碳强度测度理论体系的主要贡献包括以下几个方面。

1）系统地总结了现有理论体系中能源效率与碳强度的测度方法。从参数和非参数的角度系统地总结了静态能源效率的测度、动态能源效率的测度及两种测度方法适合的研究问题、优点和局限性；一般来说，非参数的效率测度方法不依赖于生产函数的特定形式，具有测度过程简洁方便的优点，但其局限性在于对数据的依赖性较高，异常数据对测度结果的影响较大。从结构分解、指数分解的角度总结了碳强度的影响因素分解方法及碳强度减排潜力的测度方法等。同为研究碳强度影响因素的方法，结构分解方法的主要优点在于深刻地刻画了最终需求部门的变化对碳强度改变的影响，而指数分解方法不能实现此目的。

2）扩展了生产可能集的概念，构建了全局的生产可能集，并将已有的能源效率测度方法延拓到了全局的生产可能集上，以有助于决策者洞察决策单元的能源效率的变化趋势。在全局生产可能集的框架下，构建了全局的 Malmquist-Luenberger 指数，并扩展了 Malmquist-Luenberger 指数的分解方法，将能源效率的改变进一步分解为技术改变、纯技术效率改变和规模效率改变，这将有利于采取更具体的政策措施改善决策单元的能源效率。与此同时，将能源效率的测度方法与计量经济学中的 β 收敛方法有机结合，讨论了能源效率的收敛性问题，从更宏观的视角考察了全部待评价决策单元的能源效率的变化趋势。

3）综合运用低碳经济、能源经济、政策建模等相关理论，采用 STIRPAT 模型、面板数据回归、情景分析等多种研究方法构建了碳强度减排目标设定的测度模型。在构建多种减排情景的基础上，从理论的角度探讨了不同减排情景下碳强度未来的发展趋势，以及能源结构、经济发展水平及技术水平对碳强度的减排潜力的影响。

4）从理论上改进了 STIRPAT 模型，并基于大规模数据调研，定量地分析了城镇化水平、经济水平、第三产业占比、能源强度等因素对碳强度的影响。在此基础上，从理论上构建了碳排放和碳强度的预测模型，并提出了碳强度减排目标实现路径的选择方案和政策建议。

5）基于投入产出分析理论、平均经济距离理论构建了煤炭产业的影响力系数和感应度系数，为我国各产业与煤炭产业的关联程度的分析提供了理论工具，为进一步地分析煤炭产业链的演化趋势提供了研究基础。

6）基于 IPCC 的方法，构建了卫生填埋、简易填埋、焚烧和堆肥等 4 种城市生活垃圾处理过程中的碳排放测度模型，从理论上对不同城市生活垃圾处理的碳排放量的趋同性和差异性展开了分析。在此基础上，采用两阶段的最小二乘法从理论上探索了第三产业占比和城镇居民可支配收入对城镇居民现金消费支出的影响，以及城镇居民人均现金消费支出和城市生活垃圾处理方式对城市生活垃圾碳排放量的影响。

10.2　实证研究结论

基于构建的理论模型，本书得到的主要研究结论如下。

1）区域层面上，我国区域全要素能源效率在 1996—2005 年呈现整体下降趋势，而在 2006—2010 年出现小范围上升趋势；东南沿海地区全要素能源效率处于绝对优势地位，北部沿海地区、东北地区呈追赶之势，而黄河中下游地区、西南地区、西北地区全要素能源效率则一直处于低位；从影响因素看，行业/企业内部的技术、规模和管理每提高 1 百分点，区域能源效率分别提高 0.467 9、0.397 2、0.435 0 百分点；第二产业、经济开放程度、基础设施每提高 1 百分点，区域全要素能源效率将分别提高-0.060 1、0.017 9、0.136 百分点。从绝对收敛模型结果来看，我国全要素能源效率在整体上显著收敛，分区域来看，长江中下游、南部沿海、西南地区、西北地区各自的内部省份间存在显著的"俱乐部"收敛，地区内部各省份间全要素能源效率差距正在逐步缩小，黄河中下游地区则表现出一定的发散趋势。

2）行业层面上，2002—2012 年我国交通运输业的全要素能源效率的平均值为 0.706，存在较大的提升空间；从区域差异性上看，我国交通运输业的能源效率存在显著的区域差异性，东部地区的能源效率显著高于中西部地区，这说明中西部地区的能源消费存在冗余的现象，能源效率有较大的改进空间；从效率动态变化的角度看，我国交通运输业的能源效率呈现先降低后升高的变化趋势。

3）在全国层面上，经济水平、产业结构、外商直接投资以及能源结构等要素均会对我国的碳强度产生影响。具体地，经济增长与第二产业的占比均能促进碳强度的降低；而煤炭的占比增加能显著地导致碳强度的增加。与此同时，由于区域之间发展水平、资源禀赋的差异性，相同的碳强度影响因素在不同的区域中存在不同的表现。北部沿海地区的四个省市的碳强度均呈现持续的下降趋势，并且，四个省市的"十五五"的碳强度降低速率明显低于 2019—2025 年的下降速率，这意味着随着时间的推移，碳强度的减排潜力将会逐渐下降。基于本书构建的高减排情景、基准情景和低减排情景，北京市、天津市和山东省的 2005—2030 年碳强度下降的幅度很容易达到 60%～65%的目标，而河北省的下降幅度相对较小。

4）城镇化水平、经济水平、工业占比、第三产业占比和能源强度是影响北京市二氧化碳排放强度的主要因素。其中，城镇化水平、能源强度和工业占比对北京市二氧化碳排放强度有正向影响，经济水平、第三产业占比与碳强度之间呈显著的负相关关系。由此可见，提高经济水平，即人均 GDP 的水平一定程度上能够降低碳强度。因此，提高经济发展质量和碳强度减排之间是不矛盾的。政策制定者应该在提高经济发展质量的基础上，进一步通过调节产业结构、合理控制城镇化规模、增加科研投入、提高能源利用效率等探索减少北京二氧化碳强度的减排路径。与其他影响因素相比，能源强度对二氧化碳强度的解释作用最强，其次是工业占比，而城镇化水平对碳强度的影响相对较弱。与此同时，第三产业比重的提升对二氧化碳的排放具有显著的抑制作用。通过对北京市未来碳强度实现情况进行情景分析发现，本书设定的 15 种情景均可实现"十四五"期间碳强度的较大幅度下降，经济水平的提高可以有效地降低北京市未来的二氧化碳排放强度。

5）通过对我国煤炭产业链的演化趋势分析发现，煤炭产业是我国社会经济发展过程中的重要产业，煤炭产业在我国的社会经济中的地位依然难以撼动，社会经济发展对煤炭资源的依赖短期难以改变。煤炭产业与电力、热力生产和供应业，化学工业，金属冶炼及压延加工业，通用、专用、交通、电气设备制造业及建筑业的关联关系呈增强趋势，关联关系日益紧密。但在 2012 年，煤炭产业与通用、专用、交通、电气设备制造业，金属冶炼及压延加工业，建筑业间的关联关系略有下降；煤炭产业与电力、热力生产和供应业，化学工业，金属冶炼及压延加工业，通用、专用、交通、电气设备制造业及建筑业的经济距离呈延长趋势，说明煤炭与各产业间的中间环节在增加，这对于煤炭产业的发展有一定的促进作用。我国煤炭产业链网络的复杂性在降低，各产业间的相互关联在减少；煤炭产业的发展更加依赖电力、热力生产和供应业，化学工业，金属冶炼及压延加工业，通用、专用、交通、电气设备制造业及建筑业等行业，在产能过剩的背景下，除非有新的相关产业出现，否则煤炭产业链网络短期难以发生重大改变。

6）通过对我国常见的 4 种生活垃圾处理方式的碳排放展开研究发现，4 种处理方式中，碳排放量最小的是堆肥，其次是焚烧，而我国生活垃圾处理的最主要方式——卫生填埋产生的碳排放最多；我国城市生活垃圾碳排放量总体呈现直线上升的趋势，人均碳排放量则呈现先波动上升后下降再上升最后波动下降的变化，其变化与我国城市生活垃圾量、城市人口和城市生活垃圾处理方式的变动均有密切关系。通过对影响我国各省份城市生活垃圾影响因素的研究可以看出，经济发展水平（第三产业占比）和居民生活水平（人均可支配收入）通过消费对生活垃圾有正向的间接影响。随着经济水平和居民生活水平的提高，居民对食品、衣着、室内装饰品、床上用品、家庭日用杂品、家具材料和其他商品的消费增加，间接带来生活垃圾量的增加。生活垃圾的处理方式对生活垃圾碳排放量的影响也比较明显，提高堆肥和焚烧两种方式的处理率对减少生活垃圾碳排放有重要作用。

10.3　研　究　展　望

本书对能源效率与碳强度的测度从理论建模和实证分析两个角度展开了探索，有效地弥补了当前关于能源效率和碳强度测度研究的局限性。未来关于能源效率和碳强度测度的研究还可以从以下几个方面进行拓展。

1）在关于能源效率测度的研究中，一方面，本书在考虑环境约束下的能源效率问题时，非期望产出仅考虑了二氧化碳排放。但是在交通运输业发展过程中，除二氧化碳之外，二氧化硫和二氧化氮等也是十分常见的排放污染物，若要充分考虑环境因素对能源效率的影响，未来在非期望产出指标的选择上可以进一步丰富。另一方面，本书在进行效率测度时投入和产出指标的选取均采用的是其名义值。随着我国经济的市场化，价格等市场因素对能源效率的影响也显著增加，因此，以后的相关研究可以引入能源价格、劳动力成本等经济因素，以更加全面和准确地衡量典型区域和行业的能源效率和经济效率。

2）在关于碳强度影响因素及其目标设定的研究中，首先，本书仅从经济水平、城镇化率、第二产业占比、煤炭占比、外商直接投资等方面分析了对碳强度的影响程度，并未能够较为全面广泛地涉及影响碳强度的其他因素，研究结果较为粗略，未来期望能够构建更加全面的分析碳强度影响因素的模型，考虑引入更加细分的能源结构、产业结构、能源价格、碳排放惯性等因素，扩展模型的精度和适用性；其次，本书对节能减排的政策研究还不够透彻，主要从碳强度减排目标的角度对国家及东部沿海各省份提出参考区间，而东部沿海各省份应该制定怎样的减排措施和策略、需要出台怎样的环境政策和发展战略规划，以及相关策略的可行性分析等则未能涉及，这些问题是今后研究急需解决的；最后，本书对东部沿海各省份未来碳强度实现情况的研究采取的是最基本的情景分析法，且预测变量较多，使得预测结果存在一定偏差。对碳强度进行更为全面的情景分析是未来需要进一步改进和开展的工作，如采用情景综合分析法、可计算的一般均衡（computable general equilibrium，CGE）等。

3）在煤炭产业链演化分析的研究中，本书尝试采用动态的关联系数阈值作为判断产业间是否密切关联的依据，在动态阈值的选取方面，本书参考的是我国煤炭消费总量的变化比例，以该比例为依据调整阈值。对于其他的影响因素，如我国煤炭生产总量、GDP 等，缺乏系统的考量。未来可以对这些因素与关联系数阈值的关系进行定量分析，更加科学地确定该阈值的选取方式。另外，本书引入了 APL 的概念，并对煤炭产业与各产业间的 APL 值进行了计算和分析，从 APL 值的变化发现煤炭产业与其他产业经济距离的变化趋势，APL 值增大，说明经济距离在延长，中间环节中有更多的部门进入产业链，但是目前的投入产出表无法确定具体是哪几个部门，也无法分析这几个部门对煤炭产业的影响。为了能够确定这些部门的影响，未来需要对我国煤炭产业进行更深层次的分析。

参 考 文 献

陈德敏，张瑞，2012. 环境规制对中国全要素能源效率的影响：基于省际面板数据的实证检验 [J]. 经济科学（4）：49-65.

陈柳钦，2010. 新世纪低碳经济发展的国际动向 [J]. 重庆工商大学学报（社会科学版），27（2）：11-22.

陈庆响，2016. 二氧化碳控排约束下的我国交通运输业全要素能源效率研究 [D]. 北京：北京理工大学.

陈锡康，等，2011. 投入产出技术 [M]. 北京：科学出版社.

陈晓春，张喜辉，2009. 浅谈低碳经济下的消费引导 [J]. 消费经济，25（2）：71-74.

陈晓进，2006. 国外二氧化碳减排研究及对我国的启示 [J]. 国际技术经济研究，9（3）：21-25.

陈移峰，蒲舸，冉景煜，2007. 城市生活垃圾处理与温室气体减排 [J]. 重庆工学院学报（自然科学版），21（3）：25-28.

陈英楠，吉晓萌，2018. 中国城市住宅资本存量及资本回报率的估算 [J]. 统计研究，35（10）：3-14.

陈莹敏，朱丽香，2011. 福建省碳排放因素分解及实证分析 [J]. 能源与环境（2）：14-21.

成刚，2014. 数据包络分析方法与 MaxDEA 软件 [M]. 北京：知识产权出版社.

程永凡，马慧颖，王典，2011. 江苏省二氧化碳排放的影响因素分析：基于 1998—2007 年面板数据的实证分析 [J]. 中国城市经济（5）：254-256.

邓志国，陈锡康，2008. 基于 APL 模型的中国部门生产链演化分析 [J]. 数学的实践与认识，38（1）：53-59.

董锋，谭清美，周德群，等，2010. 技术进步对能源效率的影响：基于考虑环境因素的全要素生产率指数和面板计量分析 [J]. 科学学与科学技术管理（6）：53-58.

杜吴鹏，高庆先，张恩琛，等，2006. 中国城市生活垃圾排放现状及成分分析 [J]. 环境科学研究（5）：85-90.

樊自甫，梅丹，2013. 电信产业固定资产投资额与市场绩效关系研究：基于 31 省市面板数据的研究 [J]. 科技管理研究（8）：194-198.

冯沛，2014. 投入产出视角下的中国全产业链研究 [J]. 统计与信息论坛，29（8）：74-78.

冯之浚，牛文元，2009. 低碳经济与科学发展 [J]. 中国软科学（8）：13-19.

傅京燕，李丽莎，2010. 环境规制、要素禀赋与产业国际竞争力的实证研究：基于中国制造业的面板数据 [J]. 管理世界（10）：87-98.

耿丽伟，2015. 中国城市生活垃圾碳排放及其影响因素研究 [D]. 北京：北京理工大学.

郭明伟，2010. 我国交通运输业要素投入和生产率问题研究 [D]. 大连：东北财经大学.

国家统计局，2016. 中国统计年鉴. 2016：汉英对照 [M]. 北京：中国统计出版社.

国家统计局能源统计司，2017. 中国能源统计年鉴. 2017：汉英对照 [M]. 北京：中国统计出版社.

国务院发展研究中心发展战略和区域经济研究部课题组，2003. 中国（大陆）区域社会经济发展特征分析 [J]. 广西会计（5）：44.

郝丽，孙娴，姜创业，等，2012. 西安市生活垃圾处理温室气体排放及减排策略 [J]. 中国人口·资源与环境，22（S2）：42-45.

何华兵，2006. 中国煤炭企业循环经济发展模式探析 [J]. 中国矿业，15（5）：28-32.

何威俊. 2019. 成本分析视角下的区域间碳减排机制与管理策略研究 [D]. 北京：北京理工大学.

何晓萍，刘希颖，林艳苹，2009. 中国城市化进程中的电力需求预测 [J]. 经济研究，44（1）：118-130.

贺菊煌，1992. 我国资产的估算 [J]. 数量经济技术经济研究（8）：24-27.

黄德春，董宇怡，刘炳胜，2012. 基于三阶段 DEA 模型中国区域能源效率分析 [J]. 资源科学，34（4）：688-695.

黄栋，2010. 低碳技术创新与政策支持 [J]. 中国科技论坛（2）：37-40.

简新华，李雪，2009. 新编产业经济学 [M]. 北京：高等教育出版社.

蒋建国，2005. 城市环境卫生基础设施建设与管理 [M]. 北京：化学工业出版社.

金乐琴，刘瑞，2009. 低碳经济与中国经济发展模式转型 [J]. 经济问题探索（1）：84-87.

李国志，李宗植，2011. 我国二氧化碳排放的特点及影响因素分析 [J]. 广西财经学院学报，24（1）：56-62.

李欢，金宜英，李洋洋，2011. 生活垃圾处理的碳排放和减排策略 [J]. 中国环境科学，31（2）：259-264.

李金凯，沈波，韩亚峰，等，2012. 中国区域能源效率比较：基于 DEA-Malmquist 指数和聚类分析 [J]. 北京理工大学学报（社会科学版）（6）：1-6.

李兰冰，2012. 中国全要素能源效率评价与解构：基于"管理—环境"双重视角 [J]. 中国工业经济（6）：57-69.

李兰兰，黄飞，於世为，2012. 基于 SD-MOP 的煤炭产业链系统仿真与优化 [J]. 中国地质大学学报（社会科学版），12（5）：24-31.

李连成，吴文化，2008. 我国交通运输业能源利用效率及发展趋势［J］. 综合运输（3）：16-20.
李孟刚，蒋志敏，2008. 产业经济学［M］. 北京：高等教育出版社.
李全生，郁璇，2012. 我国碳强度减排的实施路径研究［J］. 西南交通大学学报（社会科学版），13（2），17-21.
李世祥，成金华，2008. 中国主要工业省去能源效率分析：1990—2006 年［J］. 数量经济技术研究（10）：32-43.
李世祥，王剑成，成金华，2015. 中国煤炭产业效率及其规制效应分析［J］. 中国人口·资源与环境，25（11）：169-176.
李未无，2008. 对外开放与能源利用效率：基于 35 个工业行业的实证研究［J］. 国际贸易问题（6）：7-15.
李心芹，李仕明，兰永，2006. 产业结构链类型研究［J］. 电子科技大学学报（社会科学版）（4）：60-63.
李燕，曲建升，邱巨龙，等，2012. 高排放强度省区 2020 年碳强度目标情景分析：以甘肃省为例［J］. 开发研究（1）：101-104.
梁广生，吴文伟，赵桂瑜，等，2003. 北京市 2002—2007 年生活垃圾产生量预测分析［J］. 环境科学研究，16（5）：48-51.
梁进社，郑蔚，蔡建明，2007. 中国能源消费增长的分解：基于投入产出方法［J］. 自然资源学报，22（6）：853-864.
林伯强，刘希颖，2010. 中国城市化阶段的碳排放：影响因素和减排策略［J］. 经济研究，45（8）：66-78.
林晖，2010. 循环经济下的生产者责任延伸制度研究［D］. 青岛：中国海洋大学.
林卫斌，俞燕山，2011. 论我国实现碳强度目标的路径选择［J］. 学习与探索（2）：140-143.
刘冰，2011. 烟台市经济发展报告（2011）：低碳经济［M］. 北京：经济科学出版社.
刘秉镰，刘勇，2007. 对我国公路水运交通省际资本存量（1952—2004）的估算［J］. 北京交通大学学报（社会科学版）（6）：44-48.
刘贵富，2006. 生态产业链研究：产业链基本理论［M］. 吉林：吉林科学技术出版社.
刘红玫，陶全，2002. 大中型工业企业能源密度下降的动因探析［J］. 统计研究（9）：30-34.
刘兰翠，2006. 我国二氧化碳减排问题的政策建模与实证研究［D］. 合肥：中国科学技术大学.
刘敏，2012. 19 世纪美国城市环境卫生问题和对策：兼与近代中国城市比较［J］. 中国名城（4）：56-60.
刘通凡， 2014. 我国区域碳强度的影响因素及目标设定研究［D］. 北京：北京理工大学.
刘英，2011. 基于 Malmquist 指数模型的 281 所镇卫生院效率分析［D］. 北京：北京协和医学院.
刘永德，何品晶，邵立明，等，2005. 太湖流域农村生活垃圾产生特征及其影响因素［J］. 农业环境科学学报，24（3）：533-537.
陆刚，丁兆国，韩可琦，2005. 对于产业链模式的煤炭企业发展战略构成［J］. 中国矿业，14（5）：17-19.
陆旸，2009. 环境规制影响了污染密集型商品的贸易比较优势吗?［J］经济研究（4）：28-40.
吕涛，聂锐，刘玥，2009. 煤炭产业链的区域效率评价及优化策略［J］. 煤炭学报，34（7）：1003-1007.
马占新，2010. 数据包络分析模型与方法［M］. 北京：科学出版社.
聂永丰，2010. 低碳经济下的垃圾处理［J］. 中国建设信息（13）：11-13.
潘玲阳，吝涛，崔胜辉，等，2011. 半城市化地区家庭生活垃圾特征及低碳对策：以厦门市集美区为例［J］. 环境科学学报，31（10）：2319-2328.
彭莉莎，李容，2016. 能源物理利用效率与能源利用效率的关系［J］. 统计与管理（8）：172-173.
彭水军，张文城，孙传旺，2015. 中国生产侧和消费侧碳排放量测算及影响因素研究［J］. 经济研究（1）：168-182.
屈小娥，2009. 中国省际全要素能源效率变动分解：基于 Malmquist 指数的实证研究［J］. 数量经济技术经济研究，26（8）：29-43.
瞿贤，何品晶，邵立明，等，2008. 生物质组成差异对生活垃圾厌氧产甲烷化的影响［J］. 中国环境科学，28（8）：730-735.
任力，2009. 低碳经济与中国经济可持续发展［J］. 社会科学家（2）：47-50.
任婉侠，耿涌，薛冰，2011. 沈阳市生活垃圾排放现状及产生量预测［J］. 环境科学与技术，34（9）：105-110.
任一鑫，于喜展，叶蔚，等，2004a. 煤炭企业价值链和产业链研究的必要性［J］. 煤炭科技（2）：8-10.
任一鑫，于喜展，叶蔚，2004b. 煤炭产业链发展模式研究［J］. 经济管理，30（3）：26-27.
芮明杰，刘明宇，任红波，2006. 论产业链整合［M］. 上海：复旦大学出版社.
单豪杰，2008. 中国资本存量 K 的再估算：1952—2006 年［J］. 数量经济技术经济研究（10）：17-31.
邵立明，仲跻胜，张后虎，等，2009. 生活垃圾填埋场春夏季 CH_4 释放及影响因素［J］. 环境科学研究，22（1）：83-88.
邵帅，杨莉莉，曹建华，2010. 工业能源消费碳排放影响因素研究：基于 STIRPAT 模型的上海分行业动态面板数据实证分析［J］. 财经研究（11）：16-27.
谌伟，李荷华，2015. LMDI 分解方法在碳排放领域用法探讨［J］. 生态经济，31（8）：93-96.
师博，沈坤荣，2008. 市场分割下的中国全要素能源效率：基于超效率 DEA 方法的经验分析［J］. 世界经济（9）：49-59.
宋德勇，卢忠宝，2009. 我国发展低碳经济的政策工具创新［J］. 华中科技大学学报（社会科学版）（3）：85-91.
宋威，张汝根，2009. 黑龙江煤炭矿区产业链延伸策略研究［J］. 中国矿业，18（5）：29-31.

孙敬水，陈稚蕊，李志坚，2011. 中国发展低碳经济的影响因素研究：基于扩展的 STIRPAT 模型分析 [J]. 审计与经济研究，26（4）：85-93.

孙久文，肖春梅，2012. 长三角地区全要素能源效率变动的实证分析 [J]. 中国人口·资源与环境，22（12）：67-72.

孙军伟，2016. 基于投入产出模型的我国煤炭产业链演化趋势分析 [D]. 北京：北京理工大学.

孙欣，2010. 省际节能减排效率变动及收敛性研究：基于 Malmquist 指数 [J]. 统计与信息论坛，25（6）：101-107.

唐志鹏，邓志光，刘红光，2013. 区域产业关联经济距离模型的构建及实证分析 [J]. 管理科学学报，16（6）：56-66.

汪克亮，杨宝臣，杨力，2010. 考虑环境效应的中国省际全要素能源效率研究 [J]. 管理科学，23（6）：100-111.

汪克亮，杨宝臣，杨力，2012. 基于环境效应的中国能源效率与节能减排潜力分析 [J]. 管理评论，24（8）：40-50.

王兵，张技辉，张华，2011. 环境约束下中国省际全要素能源效率实证研究 [J]. 经济评论（4）：31-43.

王波，张群，2002. 环境约束下不同生产效率模型研究 [J]. 系统工程理论与实践，22（1）：1-8.

王丹，杨赞，2009. 基于 DEA 的交通运输系统资源配置效果评价 [J]. 武汉理工大学学报（交通科学与工程版），33（2）：275-278.

王纲，李虹丽，王晋，2011. 基于循环经济的中国煤炭产业发展模式研究 [J]. 中国矿业，20（6）：29-31.

王建明，2016. 消费碳减排政策影响实验研究 [M]. 北京：科学出版社.

王蕾，刘思成，荀世忠，等，2017. 城市生活垃圾处理方式的对比研究 [J]. 环境科学与管理，42（7）：29-31.

王丽杰，王雪平，刘宇清，2013. 循环经济视角下的供应链运作绩效评价研究 [J]. 东北师大学报（哲学社会科学版）（4）：59-62.

干姗姗，屈小娥，2011. 基于环境效应的中国制造业全要素能源效率变动研究 [J]. 中国人口·资源与环境（8）：130-137.

王文军，2009. 低碳经济发展的技术经济范式与路径思考 [J]. 云南社会科学（4）：114-117.

王小鲁，樊纲，2000. 中国经济增长的可持续性：跨世纪的回顾与展望 [M]. 北京：经济科学出版社.

王兆华，丰超，2015. 中国区域全要素能源效率及其影响因素分析：基于 2003—2010 年的省际面板数据 [J]. 系统工程理论与实践，35（6）：1361-1372.

王兆华，丰超，郝宇，等，2013. 中国典型区域全要素能源效率变动走向及趋同性分析：以八大经济区域为例 [J]. 北京理工大学学报（社会科学版），15（5）：1-9.

王志刚，2008. 面板数据模型及其在经济分析中的应用 [M]. 北京：经济科学出版社.

王志宏，刘强，王冲，2012. 区域分割下的煤炭产业链效率评价及发展策略 [J]. 煤炭学报，37（4）：705-710.

魏楚，沈满洪，2007a. 能源效率及其影响因素：基于 DEA 的实证分析 [J]. 管理世界（8）：66-76.

魏楚，沈满洪，2007b. 能源效率与能源生产率：基于 DEA 方法的省际数据比较 [J]. 数量经济技术经济研究（9）：110-121.

魏楚，沈满洪，2008. 结构调整能否改善能源效率：基于中国省级数据的研究 [J]. 世界经济（11）：77-85.

魏楚，沈满洪，2009. 能源效率研究发展及趋势：一个综述 [J]. 浙江大学学报（人文社会科学版），39（3）：55-63.

魏权龄，2004. 数据包络分析 [M]. 北京：科学出版社.

魏巍贤，杨芳，2010. 技术进步对中国二氧化碳排放的影响 [J]. 统计研究，27（7）：36-44.

魏玮，宋一弘，2012. 环境约束下城市全要素能源效率的变动分解：基于三阶段 DEA-malmquist 指数的实证分析 [J]. 统计与信息论坛，27（9）：52-57.

魏一鸣，刘兰翠，范英，等，2008. 中国能源报告（2008）：碳排放研究 [M]. 北京：科学出版社.

魏一鸣，廖华，等，2010. 中国能源报告（2010）：能源效率研究 [M]. 北京：科学出版社.

翁翼飞，何嫒，张骥，2008. 国有大型煤炭企业循环经济典型模式解析 [J]. 煤炭工程（5）：94-96.

吴琦，武春友，2009. 基于 DEA 的能源效率评价模型研究 [J]. 管理科学，22（1）：103-112.

吴垠，2009. 低碳经济发展模式下的新兴产业革命 [J]. 理论参考（12）：47-49.

武春友，吴琦，2009. 基于超效率 DEA 的能源效率评价模型研究 [J]. 管理学报，6（11）：1460-1465.

熊鹰，徐翔，2007. 环境管制对中国外商直接投资的影响：基于面板数据模型的实证分析 [J]. 经济评论（2）：122-124，160.

徐国泉，刘则渊，姜照华，2006. 中国碳排放的因素分解模型及实证分析：1995-2004 [J]. 中国人口·资源与环境，16（6）：158-161.

徐思源，陈刚才，魏世强，等. 2010. 重庆市城市生活垃圾填埋甲烷排放量估算 [J]. 西南大学学报（自然科学版），32（5）：120-125.

徐艳华，2007. 我国城镇污水、垃圾处理投融资机制市场化改革研究 [D]. 保定：河北大学.

许冬兰，刘晓芳，2011. 山东省城市化进程中的能源需求预测及碳排放影响因素研究 [J]. 青岛科技大学学报（社会科学版），27（2）：16-20.

许礼刚，王好歆，关景文，2018. 日本城市生活垃圾处理的经验及启示 [J]. 中国名城（12）：73-77.

许宪春，2013. 准确理解中国的收入、消费和投资 [J]. 中国社会科学（2）：4-24，204.

许优美，2010. 天津市产业链及其演化趋势分析：基于 2007 年投入产出表分析 [D]. 天津：天津财经大学.

燕华，郭运功，林逢春，2010. 基于 STIRPAT 模型分析 CO_2 控制下上海城市发展模式 [J]. 地理学报，65（8）：983-990.

叶佩文，2009. 基于数据包络分析的城市轨道交通规模效率评价研究 [D]. 北京：北京交通大学.

殷方超，2012. 北京市实现碳强度目标的政策建模与路径选择研究 [D]. 北京：北京理工大学.

袁锋，李仲学，李翠平，2010. 我国煤炭循环经济发展模式探讨 [J]. 中国矿业，19（7）：22-24.

袁晓玲，张宝山，杨万平，2009. 基于环境污染的中国全要素能源效率研究 [J]. 中国工业经济，26（2）：76-86.

岳珍，赖茂生，2006. 国外"情景分析"方法的进展 [J]. 情报杂志，25（7）：59-60.

臧传琴，刘岩，2012. 山东省全要素能源效率及其影响因素分析 [J]. 中国人口·资源与环境，22（8）：107-113.

曾波，苏晓燕，李传平，2007. 中国能源消费与环境质量变化的关联分析 [J]. 中国环保产业（5）：29-33.

查冬兰，周德群，2007. 地区能源效率与二氧化碳排放的差异性：基于 Kaya 因素分解 [J]. 系统工程，25（11）：65-71.

战彦领，2009. 煤炭产业链演化机理与整合路径研究 [D]. 徐州：中国矿业大学.

张军，吴桂英，张吉鹏，2004. 中国省际物质资本存量估算：1952—2000 年 [J]. 经济研究（10）：35-44.

张明，2009. 基于指数分解的我国能源相关 CO_2 排放及交通能耗分析与预测 [D]. 大连：大连理工大学.

张婷，俞志敏，吴开亚，2011. 城市居民生活垃圾填埋的碳排放变化分析：以合肥市为例 [J]. 中国人口·资源与环境，21（S2）：303-307.

张伟，吴文元，2011. 基于环境绩效的长三角都市圈全要素能源效率研究 [J]. 经济研究（10）：95-109.

张宪生，沈吉敏，厉伟，等，2003. 城市生活垃圾处理处置现状分析 [J]. 安全与环境学报，3（4）：60-64.

张祖俊，刘玉海，2011. 引致需求、路网密度与中国道路运输业营运绩效评价：基于 DEA 模型与面板 Tobit 的两阶段分析 [J]. 上海经济研究（10）：58-66.

赵磊，陈德珍，刘光宇，等，2010. 垃圾热化学转化利用过程中碳排放的两种计算方法[J].环境科学学报，30（8）：1634-1641.

赵莉，2012. 交通运输能源效率与节能问题研究 [D]. 北京：北京交通大学.

赵淑英，王鑫，2009. 我国煤炭循环经济产业链发展模式研究 [J]. 中国矿业，18（3）：52-55，59.

赵天涛，等，2009. 环境工程领域温室气体减排与控制技术 [M]. 北京：化学工业出版社.

赵由才，刘洪，2002. 我国固体废物处理与资源化展望 [J]. 苏州城建环保学院学报，15（1）：1-9.

赵由才，赵天涛，韩丹，等，2009. 生活垃圾卫生填埋场甲烷减排与控制技术研究 [J]. 环境污染与防治，31（12）：48-52.

赵玉民，朱方明，贺立龙，2009. 环境规制的界定、分类与演进研究 [J]. 中国人口·资源与环境（6）：85-90.

赵卓，肖利平，2010. 发展低碳经济的技术创新瓶颈与对策 [J]. 中国科技论坛（6）：41-46.

周珂，2006. 循环经济立法的制约因素分析 [M]. 北京：人民出版社.

周五七，聂鸣，2012. 低碳转型视角的中国工业全要素生产率增长：基于 1998—2010 年行业数据的实证分析 [J]. 财经科学，295（10）：73-83.

周新军，2010. 交通运输业能耗现状及未来走势分析 [J]. 中外能源，15（7）：9-18.

周训芳，2003. 环境权论 [M]. 北京：法律出版社.

朱文婷，韦保仁，2011. 苏州市生活垃圾处理碳足迹核查 [J]. 环境科学研究，24（7）：828-834.

朱远程，张士杰，2012. 基于 STIRPAT 模型的北京地区经济碳排放驱动因素分析 [J]. 特区经济（1）：77-79.

朱占波，2008. 城市生活垃圾处理的公私合作（PPP）模式研究 [D]. 重庆：重庆大学.

庄贵阳，2005. 中国经济低碳发展的途径与潜力分析 [J]. 国际技术经济研究（3）：8-12.

AGEE M D, ATKINSON S E, CROCKER T D, et al., 2014. Non-separable pollution control: implications for a CO_2 emissions cap and trade system [J]. Resource and energy economics, 36(1): 64-82.

AIGNER D, LOVELL C A K, SCHMIDT P, 1977. Formulation and estimation of stochastic frontier production models [J]. Journal of econometrics, 6(1): 21-37.

ANG B W, 2005. The LMDI approach to decomposition analysis: a practical guide [J]. Energy policy, 33(7):867-871.

ANG B W, ZHANG F Q, 1999. Inter-regional comparisons of energy-related CO_2 emissions using the decomposition technique [J]. Energy, 24(4):297-305.

ANG, B W, XU X Y, SU B, 2015. Multi-country comparisons of energy performance: the index decomposition analysis approach [J]. Energy economics, (47) 68-76.

ANKARHEM M, 2005. A dual assessment of the environmental kuznets curve: the case of sweden [R]. Sweden: Umea economic studies, Umea university.

AZADEH M A, SOHRABKHANI S, 2007. Annual electricity consumption forecasting with neur al network in high energy consuming industrial sectors of iran [C]. New York: IEEE International Conference on Industrial Technology.

BANKER R D, CHAMES A, COOPER W W, 1984. Some models for estimating technical and scale efficiencies in data envelopment analysis [J]. Management science, 30(9): 1078-1092.

BARKOULAS J T, BAUM C F, CAGLAYAN M, 2002. Exchange rate effects on the volume and variability of trade flows [J]. Journal of international money and finance, 21(4):481-496.

BARRO R J, SALA-I-MARTIN X, 1992. Regional growth and migration: a Japan-united states comparison [J]. Journal of the Japanese and international economies, 6(4): 312-346.

BARVE A, MUDULI K, 2013. Modelling the challenges of green supply chain management practices in Indian mining industries [J]. Journal of manufacturing technology management, 24(8): 1102-1122.

BATOOL S A, CHUADHRY M N, 2009. The impact of municipal solid waste treatment methods on greenhouse gas emissions in Lahore, Pakistan [J]. Waste management, 29(1): 63-69.

BERKHOUT F, 2001. Technology regimes, path dependency and the environment [J]. Global environmental change, 12(1): 1-4.

BLOMBERG J, HENRIKSSON E, LUNDMARK R, 2012. Energy efficiency and policy in Swedish pulp and paper mills: a data envelopment analysis approach [J]. Energy policy, 42:569-579.

BOGNER J, WHEATON-I MATTHEWS E, 2003. Global methane emissions from landfills: new methodology and annual Estimates 1980-1996 [J]. Global biogeochemical cycles, 17(2): 1-18.

BOYD G A, 2008. Estimating plant level energy efficiency with a stochastic frontier[J]. The energy journal, 29(2): 23-43.

BOYD G A, PANG J X, 2000. Estimating the linkage between energy efficiency and productivity [J]. Energy policy, 28(5): 289-296.

BP, 2017. Statistical review of world energy[EB/OL](2017-06-13) [2022-9-01].https://www.bp.com/content/dam/bp/business-sites/en/global/corporate/pdfs/news-and-insights/speeches/bp-statistical-review-of-world-energy-2017-lamar-mckay.pdf.

BUSSE M, 2004. Trade, environmental regulations and the world trade organization: new empirical evidence[J]. Journal of world trade, 38(2): 285-306.

CALABRO P S, 2009. Greenhouse gases emission from municipal waste management: the role of separate collection [J]. Waste management, 29(7):2178-2187.

CAO Y, ZHAO Y H, Wang H G, et al., 2019. Driving forces of national and regional carbon intensity changes in China: temporal and spatial multiplicative structural decomposition analysis. Journal of cleaner production, 213(10):1380-1410.

CAVES D W, CHRISTENSEN L R, DIEWERT W E, 1982. The economic theory of index numbers and the measurement of input, output and productivity [J]. Econometrics, 50(6):1393-1414.

CHAMBERS R G, CHUNG Y, FÄRE R, 1996. Benefit and distance functions[J]. Journal of economic theory, 70(12):407:419.

CHARNES A, COOPER W W, RHODE E, 1978. Measuring the efficiency of decision making unites[J]. European journal of operation research, 2(16): 429-444.

CHEN C, ZHAO T, YUAN R, et al., 2019. A spatial-temporal decomposition analysis of China's carbon intensity from the economic perspective [J]. Journal of cleaner production, 215(1): 557-569.

CHOI I, 2001. Unit root tests for panel data [J]. Journal of international money and Finance, 20(2): 249-272.

CHUNG W S, TOHNO S, SHIM SY, 2009. An estimation of energy and GHG emission intensity caused by energy consumption in Korea: an energy IO approach [J]. Applied energy, 86(10):1902-1914.

CHUNG Y H, FARE R, GROSSKOPF S, 1997. Productivity and undesirable outputs: a directional distance function approach [J]. Journal of environmental management, 51(3): 229-240.

CLINCH J P, HEALY J D, KING C, 2001. Modelling Improvements in domestic energy efficiency [J]. Environmental modelling & software, 16(1): 87-106.

COELLI T, RAO D S P, BATTESES G E, 1998. An introduction to efficiency and productivity analysis [M]. Boston: Kluwer Academic Publishers.

COPELAND B R, TAYLOR M S, 2004. Trade, growth and the environment [J]. Journal of economic literature, 42(1): 7-71.

COPELAND L S, 2004. Exchange rates and international finance [M]. 4th ed. UK: Pearson Education Limited.

CRISTÓBAL J R S, BIEZMA M V, 2006. The mining industry in the European Union: analysis of inter-industry linkages using input–output analysis [J]. Resources policy, 31(1): 1-6.

CUI Q, KUANG H B, WU C Y, et al., 2014. The changing trend and influencing factors of energy efficiency: the case of nine countries. Energy, 64(1): 1026-1034.

DEBREU G, 1951. The Coefficient of Resource Utilization [J]. Econometric, 19: 273-295.

DIANA C, SORIN M, MIRELA I, et al., 2015. Creating competitive advantage in coal mining industry in Romania: a new challenge [J]. Procedia economics and finance, 23: 428-433.

DIETZ T, ROSA E A, 1994. Rethinking the environmental impacts of population, affluence and technology[J]. Human ecology review, 1(2): 277-300.

DIETZENBACHER E, VAN DER LINDEN J A, 1997. Sectoral and Spatial Linkages in the EC Production Structure [J]. Journal of regional science, 37(2): 235-257.

DIETZENBACHER E, ROMERO I, BOSMA N S, 2005. Using average propagation lengths to identify production chains in the Andalusian economy [J]. Estudios de economia aplicada, 23(2): 405-422.

DIETZENBACHER E, LOS B, 2010. Structural decomposition analyses with dependent determinants [J]. Economic systems research, 12(14): 497-514.

DONG F, YU B, HADACHIN T, et al., 2018. Drivers of carbon emission intensity change in China [J]. Resources, conservation and recycling, 129:187-201.

EHRLICH P R, HOLDEN J P, 1971. Impact of population growth [J]. Science, 171(3977):1212-1217.

European Environment Agency, 1996. Environmental taxes: implementation and environmental Effectiveness [R]. Copenhagen: EEA.

FÄRE R, GROSSKOPF S, 1983. Measuring output efficiency [J]. European journal of operational research, 13(2): 173-179.

FÄRE R, GROSSKOPF S, 1992. Malmquist productivity indexes and fisher ideal indexes [J]. The economic journal, 102(1): 158-160.

FÄRE R, GROSSKOPF S, LOVELL C A K, 1994. Production frontiers[M]. Cambridge: Cambridge University Press.

FÄRE R, GROSSKOPF S, LOVELL C A K, et al., 1989. Multilateral productivity comparisons when some output are undesirable: A nonparametric approach [J]. Review of economics and statistics, 71(1): 90-98.

FÄRE R, GROSSKOPF S, NORRIS M, et al., 1994. Productivity growth, technical progress, and efficiency change in industrialized countries[J]. American economic review, 84: 66-83.

FARREL J M, 1957. The Measurement of productive efficiency[J]. Journal of the royal statistic society, 120: 253-290.

FINK A, SCHLAKE O, 2000. Scenario management-an approach for strategic foresight [J]. Competitive intelligence review, 11(1): 37-45.

FULLER TON D, KINNAMAN T C, 1995. Garbage, recycling and illicit burning or dumping [J]. Journal of environmental economics and management, 29(1):78-91.

FULLER TON D, KINNAMAN T C, 1996. Household responses to pricing garbage by the bag [J]. American economic review,86(4):971-984.

GARCIA C, HERNANDEZ T, COSTA F, 1992. Variation in some chemical parameters and organic matter in soils regenerated by the addition of municipal solid waste [J]. Environmental management, 16(6):763-768.

GILBERT A L, 2000. Using multiple scenarios analysis to map the competitive futurescape: a practice-based perspective [J]. Competitive intelligence review, 11(2): 12-19.

GROSSMAN M, KRUEGER A B, 1995. Economic growth and the environment [J]. The quarterly journal of economics, 110(2): 353-377.

GUAN D, PETERS G P, WEBER C L, et al., 2009. Journey to world top emitter: an analysis of the driving forces of China's recent CO_2 emissions surge [J]. Geophys. Res. Lett. 36, L04709.

GUTIERREZ L, 2006. Panel unite root test for cross-sectionally correlated panels: a monte carlo comparison [J]. Oxford bulletin of economics and statistics, 68(4): 519-540.

HADRI K, 2000. Testing for stationarity in heterogeneous panel data [J]. The econometrics journal, 3(2): 148-161.

HANANDEH A E, ELZEIN A, 2009. Strategies for the municipal waste management system to take advantage of carbon trading under competing policies: the role of energy from waste in Sydney [J]. Waste management, 29(7): 2188-2194.

HARDIN G, 1968. The Tragedy of the Commons [J]. Science, 162: 1243-1248.

HASANBEIGI A, PRICE L, CHEN C F, et al., 2013. Retrospective and prospective decomposition analysis of Chinese manufacturing energy use and policy implications [J]. Energy policy, 63: 562-574.

HAYAKAWA K, KIMURA F, 2009. The effect of exchange rate volatility on international trade in East Asia [J]. Journal of the

Japanese and international economies, 23(4): 395-406.

HE W, WANG B, DANISH, et al., 2018. Will regional economic integration influence carbon dioxide marginal abatement costs? Evidence from Chinese panel data [J]. Energy economics, 74:263-274.

HERMAN K, WIENER A J, 1967. The Year 2000: a framework for speculation on the next thirty-three years [M]. New York: Macmillan.

HETTIGE H, LUCAS RE B, WHEELER D W, 1992. The toxic intensity of industrial production: global patterns, trends, and trade policy[J]. The American economic review, 82(2): 478-481.

HONMA S, HU J L, 2009. Total-factor energy productivity growth of regions in Japan [J]. Energy policy, 37(10): 3941-3950.

HU J L, KAO C H, 2007. Efficient energy-saving targets for APEC economics [J]. Energy Policy, 35(1): 373-382.

HU J L, WANG S C, 2006. Total-factor energy efficiency of regions in China [J]. Energy policy, 34(17): 3206-3217.

IFTIKHAR Y, WANG Z H, ZHANG B, et al., 2018. Energy and CO_2 emissions efficiency of major economies: a network DEA approach [J]. Energy, 147:197-207.

IM K S, PESEARN M H, SHIN Y, 2003. Testing for unit roots in heterogeneous panels [J]. Journal of econometrics, 115: 53-74.

INMACULADA M Z, MARUOTTI ANTONELLO, 2011. The impact of urbanization on CO_2 emissions: evidence from developing countries [J]. Ecological economics, 70(7): 1344-1353.

IPCC, 2007. Climate change 2007 synthesis report [R/OL]. [2022-09-01]. https://www.ipcc.ch/site/assets/uploads/2018/02/ar4_syr_full_report.pdf.

IPCC, 2014. Climate change 2014: Mitigation of climate change—working group III contribution to the fifth assessment report of the intergovernmental panel on climate change [EB/OL]. (2019-06-30) [2022-01-20]. https://www.ipcc.ch/site/assets/uploads/2018/02/ipcc_wg3_ar5_full.pdf.

IUCN, 1980. The world conservation strategy [R]. Gland: Switzerland.

JASON P, SCOTT S, 2012. Exploring the origins of "social license to operate" in the mining sector: perspectives from governance and sustainability theories [J]. Resources policy, 37(3): 346-357.

JIA W, LI W, 2015. Measuring China's industrial energy efficiency, both DEA and directional distance function approach at the provincial level[J]. International journal of environmental technology and management, 18(4):358-373.

JOHN R O, DEANNA K, 2013. Social licence and mining: a critical perspective [J]. Resources policy, 38(1): 29-35.

KANG D, LEE D H, 2016. Energy and environment efficiency of industry and its productivity effect [J]. Journal of cleaner production, 135: 184-193.

KAO C, 1999. Spurious regression and residual-based tests for co-integration in panel data [J]. Journal of econometrics, 90(1): 1-44.

KAYA Y, 1989. Impact of carbon dioxide emissions on GNP growth: interpretation of proposed scenarios [R]. Paris: IPCC Energy and Industry Subgroup, response strategies working group.

KHAN I, JACK M W, STEPHENSON J, 2018. Analysis of greenhouse gas emissions in electricity systems using time-varying carbon intensity [J]. Journal of cleaner production, 184:1091-1101.

KOO C, HONG T, OH J, et al., 2018. Improving the prediction performance of the finite element model for estimating the technical performance of the distributed generation of solar power system in a building facade [J]. Applied energy, 215(4): 41-53.

KOOMPMANS T C, 2018. Analysis of production as an efficient combination of Activities [J]. Activity analysis of production and allocation, 60: 33-97.

KUOSMANEN T, PODINOVSKI V, 2009. Weak disposability in nonparametric production analysis: reply to Färe and Grosskopf [J]. American journal of agricultural economics, 91(2): 539-545.

KUSI-SARPONG S, BAI C G, SARKIS J, et al., 2015. Green supply chain practices evaluation in the mining industry using a joint rough sets and fuzzy TOPSIS methodology [J]. Resources policy, 46: 86-100.

KUSI-SARPONG S, SARKIS J, WANG X P, 2016. Assessing green supply chain practices in the Ghanaian mining industry: a framework and evaluation [J]. International journal of production economics, 181: 325-341.

Leão A L, TAN I H, 1998. Potential of municipal solid waste (MSW) as a source of energy in São Paulo: its impact on CO_2 balance [J]. Biomass and Bioenergy, 14(1):83-89.

LEVIN A, LIU C F, CHU C S J, 2002. Unit root tests in panel data: asymptotic and finite-sample properties[J]. Journal of econometrics, 108(1): 1-24.

LEVINSON A, TAYLOR M S, 2008. Unmasking the pollution haven effect [J]. International economic review, 49(1): 223-254.

LI B, LIU X J, LI Z H, 2015. Using the STIRPAT model to explore the factors driving regional CO$_2$ emissions: a case of Tianjin, China [J]. Natural hazards, 76(3):1667-1685.

LIN B Q, ZHU J P, 2017. Energy and carbon intensity in China during the urbanization and industrialization process: a panel VAR approach [J]. Journal of cleaner production, 168(1):780-790.

LIN B, DU K, 2013. Technology gap and China's regional energy efficiency: a parametric meta-frontier approach [J]. Energy economics, 40: 529-536.

LIN B, LONG H, 2015. A stochastic frontier analysis of energy efficiency of China's chemical industry [J]. Journal of cleaner production, 87: 235-244.

LONG R Y, YANG R R, SONG M L, 2015. Measurement and calculation of carbon intensity based on ImPACT model and scenario analysis: a case of three regions of Jiangsu province [J]. Ecological indicators, 51:180-190.

LONG X, JI X, ULGIATI S, 2017. Is urbanization eco-friendly? an energy and land use cross-country analysis[J]. Energy policy, 100: 387-396.

MA M, YAN R, CAI W G, 2017. An extended STIRPAT model-based methodology for evaluating the driving forces affecting carbon emissions in existing public building sector: evidence from China in 2000–2015 [J]. Natural hazards, 89(2):741-756.

MADDALA G S, WU S A, 1999. A comparative study of unit root tests with panel data and a new simple test [J]. Oxford bulletin of economics and statistics, 61: 631-652.

MALMQUIST S, 1953. Index numbers and indifference surfaces [J]. Trabajos de Estadistica, 4(2):209-242.

MALMQUIST S, 1953. Index numbers and indifference surfaces [J]. Trabajos de estadistica y de investigacion Operativa, 4: 209-242.

MARDANI A, ZAVADSKAS E K, STREIMIKIENE D, et al., 2017. A comprehensive review of data envelopment analysis (DEA) approach in energy efficiency [J]. Renewable and sustainable energy reviews, 70:1298-1322.

MARIËLLE C, ERNST W, MAGDA R, et al., 2013. The potential contribution of sustainable waste management to energy use and greenhouse gas emission reduction in the Netherlands [J]. Resources, Conservation and Recycling, 77: 13-21.

MCKENZIE M D, 1998. The impact of exchange rate volatility on Australian trade flows [J]. Journal of international financial markets, institutions and money, 8(1): 21-38.

MEEUSEN W, VAN D B, 1977. Efficiency estimation from cobb-douglas production function with composed error [J]. International economic review, 10: 435-444.

MOHAREB A K, WARITH M A, DIAZ R, 2008. Modelling greenhouse gas emissions for municipal solid waste management strategies in Ottawa, Ontario, Canada [J]. Resource conservation and recycle, 52(11): 1241-1251.

MOHAREB, E A, MACLEAN H L, KENNEDY C A, 2011. Greenhouse gas emissions from waste management—assessment of quantification methods [J]. Journal of the air and waste management association, 61(5): 480-493.

MUKHERJEE K, 2007. Energy use efficiency in U.S. manufacturing: a non-parametric analysis [J]. Energy economics, 30: 76-96.

MUKHERJEE K, 2008. Energy use efficiency in the indian manufacturing sector: an interstate analysis [J]. Energy policy, 36:662-672.

OH D-H, 2010. A global malmquist-luenberger productivity index [J]. Journal of productivity analysis, 34: 183-197.

ÖNÜT S, SONER S, 2006. Energy efficiency assessment for the antalya region hotels in turkey [J]. Energy and buildings, 38: 964-971.

PATTERSON M G, 1996. What is energy efficiency? Concepts, indicators and methodological issues [J]. Energy policy, 24(5): 377-390.

PAUL B S, MICHAEL J L, 2009. A cross-national study of the association between per capita carbon dioxide emissions and exports to the United States [J]. Social science research, 38: 239-250.

PAULO N F, PIANA J, 2006. When "one thing (almost) leads to another": a micro-level exploration of learning linkages in Brazil's mining industry [J]. Resources policy, 49: 405-414.

PEDRONI P, 1999. Critical values for co-integration tests in heterogeneous panels with multiple repressors [J]. Oxford bulletin of economics and statistics, 61(4): 653-670.

PEDRONI P, 2004. Panel cointegration: asymptotic and finite sample properties of pooled time series tests with an application to the PPP hypothesis [J]. Econometric theory, 20(3): 597-625.

PERCH-NIELSEN P, SESARTICB A, STUCKIC M, 2010. The greenhouse gas intensity of the tourism sector: the case of Switzerland [J]. Environmental science and policy, 13(2): 131-140.

PETERS G P, WEBER C L, GUAN D, et al., 2007. China's growing CO_2 emissions: a race between increasing consumption and efficiency gains [J]. Environment science and technology, 41 (17), 5939‒5944.

POUMANYVONG P, KANEKO S, 2010. Does urbanization lead to less energy use and lower CO_2 emissions? A cross-country analysis [J]. Ecological economics, 70(2): 434-444.

RAMANATHAN R, 2005. An analysis of energy consumption and carbon dioxide emissions in countries of the Middle East and North Africa[J]. Energy, 30(15):2831-2842

REVESZ R L, 1992. Rehabilitating interstate-competition: rethinking the "race to the bottom" [J]. New York university law review, 67(1): 1210-1254.

ROMERO I, TEJADA P, 2011. A multi-level approach to the study of production chains in the tourism sector [J]. Tourism management, 32(2): 297-306.

ROMERO I, TEJADA P, 2011. A multi-level approach to the study of production chains in the tourism sector [J]. Tourism management, 32(2):297-306.

RUIZ-FUENSANTA M, 2016. The region matters: a comparative analysis of regional energy efficiency in Spain [J]. Energy, 101: 325-331.

SALVADOR E P, JOSÉLUIS P, MARIANA C G, 2008. Modeling population dynamics and economic growth as competing species: an application to CO_2 global emissions [J]. Ecological economics, 65: 602-615.

SCHEEL H, 2001. Undesirable outputs in efficiency valuations [J]. European journal of operations research, 132: 400-410.

SCHMALENSEE R, STOKER T M, JUDSON R A, 1998. World carbon dioxide emissions: 19502050 [J]. Review of economics and statistics, 80(1):15-27.

SERCU P, UPPAL R, 2003. Exchange rate volatility and international trade: a general-equilibrium analysis [J]. European economic review, 47(3): 429-441.

SHIMADA K, TANAKA Y, GOMI K, et al., 2007. Developing a long-term local society design methodology towards a low-carbon economy: an application to Shiga prefecture in Japan [J]. Energy policy, 35: 4688-4703.

SISSIQI T A, 2000. The Asian Financial Crisis: is it good for the global environment? [J]. Global environmental change, 10: 1-7.

SU B, ANG B W, 2012. Structural decomposition analysis applied to energy and emissions: some methodological developments [J]. Energy economics, 34:177-188

TERRY M D, 1993. Economic efficiency effects of alternative policies for reducing waste disposal [J]. Journal of environmental economics and management, 25(3):242-256.

TONE K, 2001. A slacks-based measure of efficiency in data envelopment analysis [J]. European journal of operational research, 130: 498-509.

TONE K, 2003. Dealing with undesirable outputs in DEA: a slack-based measure (SBM) approach [J]. GRIPS research report series I, I-2003-20005.

TSEN W H, 2011. The real exchange rate determination: an empirical investigation [J]. International review of economics and finance, 20(4): 800-811

VANEK J, 1968. The factor proportions theory: the n—factor case [J]. Kyklos, 21(4): 749-756.

WANG C, CHEN J, ZOU J, 2005. Decomposition of energy-related CO_2 emission in china: 1957-2000 [J]. Energy, 30:73-83.

WANG C, ZHAN J Y, BAI Y P, et al., 2019. Measuring carbon emission performance of industrial sectors in the Beijing–Tianjin–Hebei region, China: a stochastic frontier approach [J]. Science of the total environment, 685:786-794.

WANG J, H U M, JOÃO F D, 2018. An empirical spatiotemporal decomposition analysis of carbon intensity in China's industrial sector [J]. Journal of cleaner production, 195:133-144.

WANG K, WEI Y M, ZHANG X, 2012. A comparative analysis of China's regional energy and emission performance: which is the better way to deal with undesirable output? [J]. Energy policy, 46: 574-584.

WANG K, YU S W, ZHANG W, 2013. China's regional energy and environmental efficiency: a DEA window analysis based dynamic evaluation [J]. Mathematical and computer modelling, 58: 1117-1127.

WANG Q W, CHIU Y, CHIU C R, 2017. Non-radial metafrontier approach to identify carbon emission performance and intensity [J]. Renewable and sustainable energy reviews, 69: 664-672.

WANG Q W, HANG Y, SU B, et al., 2018. Contributions to sector-level carbon intensity change: an integrated decomposition analysis [J]. Energy economics, 70:12-25.

WANG Z H, FENG C, ZHANG B, 2015. An empirical analysis of China's energy efficiency from both static and dynamic perspectives [J]. Energy, 74:322-330.

WEC, 2008. Energy efficiency policies [EB/OL]. (2019-08-23) [2022-9-01]. https://www.worldenergy.org/publications/entry/energy-efficiency-policies.

WEI T, 2007. Impact of energy efficiency gains on output and energy use with Cobb–Douglas production function [J]. Energy Policy, 35(4): 2023-2030.

WEI Y M, LIAO H, FAN Y, 2007. An empirical analysis of energy efficiency in China's iron and steel sector [J]. Energy, 32: 2262-2270.

WERTZ K L, 1976. Economic factors influencing households' production of refuse[J]. Journal of environmental economics and management, 4(2):263-272.

WILSON B, TRIEU L H, Bowen B, 1994. Energy efficiency trends in Australia [J]. Energy policy, 22: 287-295.

World Bank, 2020. World bank open data[EB/OL]. [2022-09-01]. https://data.worldbank.org/indicator/SP.URB.TOTL.IN.ZS?view=chart.

XIE C P, BAI M, WANG X, 2018. Accessing provincial energy efficiencies in China's transport sector [J]. Energy policy, 123: 525-532.

XU X P, 2000. International trade and environmental policy: how effective is "eco-dumping"? [J]. Economic modelling, 17(1):71-90.

YI W J, ZOU L L, GUO J, et al., 2011. How can China reach its CO_2 intensity reduction targets by 2020? a regional allocation based on equity and development [J]. Energy policy, 39(5): 2407-2415.

YORK R, ROSE E A, DIETA T, 2003. STIRPAT, IPAT and ImPACT: analytic tools for unpacking the driving forces of environmental impacts [J]. Ecological economics, 46:351-365.

YU Y, QIAN T, DU L, 2017. Carbon productivity growth, technological innovation, and technology gap change of coal-fired power plants in China [J]. Energy policy, 109:479-487.

ZHANG L, XIONG L C, CHENG B D, 2018. How does foreign trade influence China's carbon productivity? Based on panel spatial lag model analysis [J]. Structural change and economic dynamics, 47:171-179.

ZHANG N, CHOI Y, 2013. Environmental energy efficiency of China's regional economics: a non-oriented slacks-based measure analysis [J]. The social science journal, 50: 225-234.

ZHAO W, DERVOET E, ZHANG Y, et al., 2009. Life cycle assessment of municipal solid waste management with regard to greenhouse gas emissions: case study of Tianjin, China [J]. Science of the total environment, 407(5): 1517-1526.

ZHOU P, ANG B W, ZHOU D Q, 2012. Measuring economy-wide energy efficiency performance: a parametric frontier approach [J]. Applied energy, 90:196-200.

ZOFIO J L, PRIRTO A M, 2001. Environmental efficiency and regulatory standards: the Case of CO_2 emissions from OECD industries [J]. Resource and energy economics, 23(1): 63-83.

附录 各省份城市生活垃圾处理的碳排放影响因素的单位根检验结果

阶数		方法	模型（9.9）				模型（9.10）		
			XF	TR	SR	C	XF	WR	DFR
水平值	含截距项和趋势项	Levin，Lin& Chu t*	13.33ᵃ	14.56ᵃ	9.579 55ᵃ	8.819 66ᵃ	12.335 6ᵃ	12.701 9ᵃ	3.744 40ᵃ
		ADF-Fisher Chi-square	96.75ᵃ	124.75ᵃ	77.480 2ᶜ	70.344 1	75.837 2ᶜ	75.408 4ᶜ	46.074 0
	含截距项	Levin，Lin& Chu t*	8.13ᵃ	7.33ᵃ	4.815 14ᵃ	5.557 69ᵃ	3.985 86ᵃ	2.894 02ᵃ	1.574 52
		ADF-Fisher Chi-square	87.81ᵇ	94.69ᵃ	73.065 1	67.151 6	67.355 0	54.996 3	37.739 6
	不含截距项和趋势项	Levin，Lin& Chu t*	5.62ᵃ	7.361 49	0.147 98	1.327 27ᶜ	1.143 21	1.525 02	2.032 86
		ADF-Fisher Chi-square	92.36ᵃ	24.486 8	52.739 3	72.671 4	48.181 8	36.202 5	27.876 4
1阶差分	含截距项和趋势项	Levin，Lin& Chu t*	18.84ᵃ	3.609 81ᵃ	30.376 8ᵃ	12.014 4ᵃ	41.867 4ᵃ	6.158 27ᵃ	0.917 77
		ADF-Fisher Chi-square	118.56ᵃ	67.814 1	109.166ᵃ	98.235 0ᵃ	105.340ᵃ	65.433 1	41.420 5
	含截距项	Levin，Lin& Chu t*	15.74ᵃ	10.244 4ᵃ	13.437 6ᵃ	8.396 84ᵃ	16.924 3ᵃ	7.787 38ᵃ	1.409 21ᶜ
		ADF-Fisher Chi-square	155.64ᵃ	142.644ᵃ	122.241ᵃ	108.162ᵃ	116.997ᵃ	100.360ᵃ	59.833 2
	不含截距项和趋势项	Levin，Lin& Chu t*	14.03ᵃ	11.440 1ᵃ	11.445 6ᵃ	11.325 7ᵃ	11.029 9ᵃ	7.762 07ᵃ	7.212 00ᵃ
		ADF-Fisher Chi-square	224.17ᵃ	223.114ᵃ	210.756ᵃ	182.082ᵃ	196.375ᵃ	144.762ᵃ	108.871ᵃ
2阶差分	含截距项和趋势项	Levin，Lin& Chu t*						15.073 5ᵃ	11.119 7ᵃ
		ADF-Fisher Chi-square						100.028ᵃ	77.008 6ᵃ

续表

阶数		方法	模型（9.9）				模型（9.10）		
			XF	TR	SR	C	XF	WR	DFR
2阶差分	含截距项	Levin, Lin& Chu t*						6.95793ᵃ	1.53454ᶜ
		ADF-Fisher Chi-square						120.376ᵃ	87.9034ᵃ
	不含截距项和趋势项	Levin, Lin& Chu t*						17.1886ᵃ	12.8378ᵃ
		ADF-Fisher Chi-square						249.069ᵃ	175.071ᵃ

注：a、b、c 分别表示在 1%、5%、10%显著水平下显著，即表示在 1%、5%、10%显著水平拒绝原假设，没有单位根，序列平稳。